JN317612

FIDESNO QVIO.

ハーバード大学ホートン図書館所蔵

ひですの経

折井善果・白井純・豊島正之 釈文・解説

八木書店

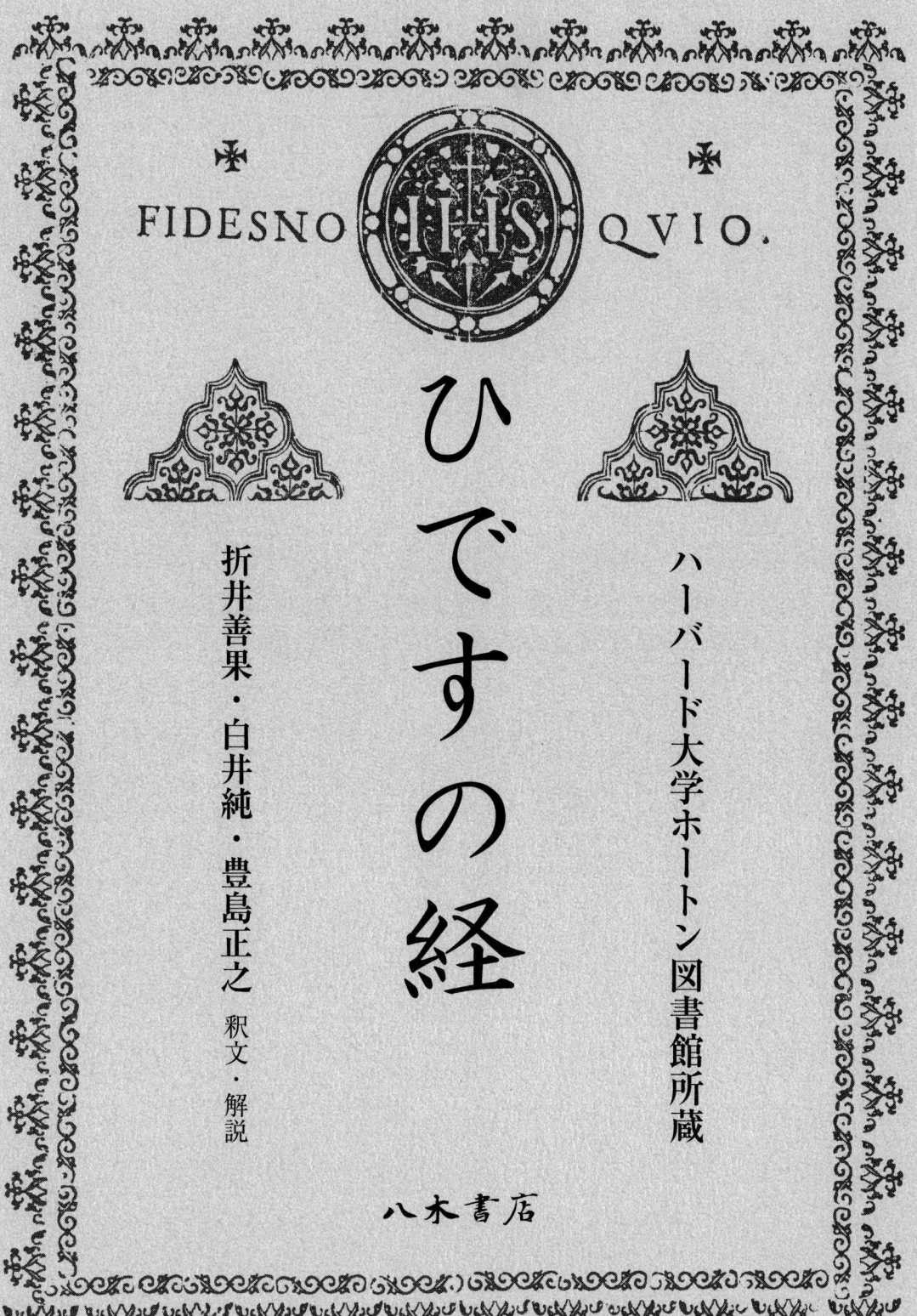

例言

一、本書は、ハーバード大学ホートン図書館所蔵の『ひですの経』（請求番号 Typ 684.11.435）をカラー版で影印し、釈文・解説を付して刊行するものである。

一、影印に際しては、表紙・裏表紙を七三％、本文および見返し・遊び紙を八四％の縮率で収めた。

一、原本半丁を一頁に収め、各頁の柱に原本の丁数と表裏略称（オ・ウ）を表示した。

一、参考図版として、プレス印刷の印圧を顕著に示す本文紙背（一ウ・十三ウ・二十四オ・三十八オ）、裏表紙の芯として用いられていた『ひですの経』断簡、原本に附随するカバーを収めた。

一、釈文は、折井善果・白井純・豊島正之が執筆した。

一、和文解説は、折井善果執筆の「『ひですの経』について」、豊島正之・白井純執筆の「『ひですの経』の書誌と使用活字」の二篇を巻末に付した。

一、左開きの巻頭には、ハーバード大学ホートン図書館キュレーターのホープ・マヨ博士による序文（Foreword）およびその邦訳を掲げ、続いて、英文解説「INTRODUCTION REDISCOVERING FIDES NO QVIO」を付した。

Legend

This is a facsimile edition of "*Symbolo da Fee*", a book published in Nagasaki in 1611, and currently located in Houghton Library of Harvard University under register number Typ 684.11.435. Houghton Library of Harvard University kindly allowed its reproduction.

The size of the images has been reduced from the original to about 84% of the text and 73% of the covers.

An "Introduction" in English is attached to clarify the book's provenance, as well as the significance of the Houghton copy.

Transliteration and bibliographical studies in Japanese begin from the other side of the book.

目次

影

印

ひですの経　表紙

ひですの経　表紙見返し

Typ 684.11.435
Harvard College Library
Gift of
Ernest Goodrich Stillman
1940

APROVAÇAM.

Vi este Liuro do Taifeiqui; não tem cousa por que se não deua imprimir.

Manoel Barreto.

Vista esta informação dou licença pera se poder imprimir. O Bispo de Iappam.

太平記抜書巻第四之目録

FIDESNO [IHS] QVIO.

慶長十六年五月上旬鏤梓也

ひですの經

後生扶る道の教と
信じ保つ儀や

御出世以来千六百十一年

NAGASAQVI EX OFFICINA GOTO THOMÆ SOIN TYPOGRAPHI SOCIETATIS IESV.

Cum facultate Superiorum, & Ordinarij.

Anno Domini. 1611.

LICENCA.

EV Francisco Pasio Viceprouincial da Viceprouincia da Companhia de IESV nestes Reinos de Iapam, e China, polla commissam que pera isto tenho do muito Reuerendo Padre Claudio Aquauiua nosso Preposito Geral, dou licença que se possa imprimir em caracteres Iaponicos o liuro chamado Symbolo da fee, composto pello Reuerẽdo Padre Frey Luis de Granada da ordem de. S. Domingos, traduzido em lingoajem Iaponica por alguns Padres, e Irmãos da nossa Companhia desta Viceprouincia, Compendiado em alguns lugares, e acommodado a esta Christandade de Iapam pera aqual se imprime por se iulgar auer de ser de grãde proueito pera a fortalecer na fee, e deuaçã, oqual foi examinado, e aprouado por algũas pessoas da mesma Companhia doutas, e bẽ entẽdidas na lingoa de Iapão. Em testimunho do qual dei o presente assinado por mim, e Sellado com o sello do meu officio. Em Arima. 4. de Iunho de 1611. annos.

Francisco Pasio.

APROVACAM.

Por cõmissam do Reuerendissimo senhor Don Luis Cerqueira Bispo de Iapam vimos este liuro intitulado Symbolo da fee, e não tẽ cousa repugnante aos bõs custumes, e à nossa sancta fee.

Aluaro Diaz.
Martinho Campo.

Vista a informaçã a cima dou licẽça pera se imprimir este liuro. Em Nagasaqi aos 23. de Junho de 1611.

O Bispo de Iappam.

初巻目録

✠ ひいですのきやう

御作の物をもつてDSと證じ奉る御作者と其御善徳と
見知り奉るの経巻第一　并序

天地森羅万像と御作なされし御主DSと見知り奉る為ハ多しと
いへども此一巻にハ御作の物をもつて御作者と見知り奉る為を沙汰すべし
さんぱうろ　ろまのゝ一に Inuisibilia quidem Dei à creatura mundi per ea, quæ facta sunt, in-
tellecta conspiciuntur. Rom 1. 眼に遮る物をもつて肉眼にかくれ給ふDSと其御善
徳と見知るべしと宣ふ也　然して作の物ハ作者自の業ざゐなるゆへ其と
知る事ハ御作者と見知り奉る為の大きなる便りとなる者也　爰に
寔みへ天地を先として同く人間のあるの上とも沙汰すべし　先又萬
物を治め計ひ給ふDSの御仁徳と萬事計ひ給ふ御恩と見知り奉る為の
大きなる便りとなるべき也　加之此儀を論ずるとりくDSと見知り奉る事ハ
いふに及ばず致ひなるを奉り御身と毎へ御大切に存知奉る為に大きなる
合力ともなる者也　其故ハ天地森羅万像と御作なされし其子細
為にあらず天の諸人達の為にもあらず　禽獣虫魚の為にもあらず只
我等人間の為計なりとの心得するとりく深き御恩と見知り御大切に
思ひ奉らずして叶はざる儀也　御為に御用なき事ハ作の物なりし

いおもとを賛り玉ふ上広大無辺の御作まで出まさでや　汝ん等よれ
為に作り給はざる事は汝ん等は無辺の御作なるが故に色々の経界へ入る
事なし又畜類禽類の為事を掲ざる事御は餝りにゆかる経験にてはべ也
変とりくかりど悩しき御生営は只人間の為計に絹へなとぬかれ知き
事なる又深き御大切の聴しなきは我等も常にお敬し奉りて深き報御敬
ひと敬はづきる理章太なる者也所以君は卿は大象虎狼野干の類ひは
いふに及ばず蟻蟻蚊蛇蟇蛙蚓に至るまでも普く通を書ひなく
御主は万物の長とある人間の上とは為計ひなしづきぞ此外の工夫と
いて後生を扶る為に深き徳と功徳と思ふ人の為にて大なる観念の
題目となるべき也御作者の御義羅清浄御智恵御仁徳御計ひ等の御
善は御作の物の上に然形粧きなべき也御ことは此書を四つに分則ち
第一御作の万物をいて御主我と見知り奉る為と題す　第二人と扶け
ならず事是攻なき御主要なりといふ儀と示し　第三以でその玉徳は
言善の礎なりといふ事とぬらめ　第四おろへしやよて勤為は
告け知せなく未来紀無に我の草りもしぬされ御寄特と挑ろとあく
人の心と増益蒸数る事譲諾の達及に玉らしめんがためや

第一

御作の物をもつて御推するなり
深き道をしるす

なにとしたる事まで大智発明の学者勝縁と雖まて無窮安楽とねむ
ますとげぞといへば只天地の間に奇妙なる御作の物これ始終と観念するに
なりがたく人の為用となる形形と無へ知る候なれべき観念にんと
徽ほと甚地能きべ人間の誘的と見知らざるをさんぐ我物なりひげのみと隆
して能べきぞといふますとも知らぬ也ゆへいんと不まで学者の誘に
なとなる所作は其極に隠て定めるまなまでなりと其べ此かれ事と
論ぜしぎんちよの学者は未達しなる光とも見ざるが故に論議縁にして
其定めと知所を能まども上智賢才なる学道の定めは人の安楽とめ
づきたる理といふは第一勝まなる所作とあるとに行りと其所作は貴雅
万像の御作者と見知り奉るは是かふなし候其此御推とりく安楽と
なんとなくは小縁まていけべる所を慶て対に意にして観念三昧なりなんば
なるべる事技修行と勧さるあまさの学者れ中ふせ祢ふといふ一人は他に
よふ小程で久しく修行と励しさる人也是はらうまれ勢の帝王の
御心に叶ひし霧霧の師範たりといへども此ふの修行に入らん事と御推

して間経仙洞の楽りと心め安楽にせんとすもし人間の慰めハ何ぞと
立まと徴せし人也去ば代に付てなの学者もこのきりしたんもんと
用る者なきハ是せ称らの道理と事にとひくハ煩悪にして此作の物の始
終とも無ハぎる人の為に恥辱の一番なりといへせきらひと励さんが為に
是と訳すべし彼学者観じきなに深息して云く今に当る所作と
いふハ其の御門ますと思案するにさりしと又其の所にハ是らひと道理
せざんで生と死ある是非しとも書り並し人分と定らす貪欲に
溺しく起臥飲食を業とし浮き流む世と渡るのをふらんやといへり
一ヶ条
去ば其の御門を立まし在る為ならざんハ汗と流し辛労ハ恥辱に
悩さや錯ハ皆空しき妄想也縦ひ善縁と結ぶといふとも達しさら
ますに悩さ香少人も人の達しさらむ故といふハ思と遁け善に分と治
ひろと云に此作者の此業と立まし在る観念三昧にむかりさら善哉の
窓めなき結紙して七珍万宝と見さ此後でなおと天上に回らさむ
下界の金銀珠玉ハ蘂燐のごとく露川づき者也金銀と選し珠玉と鏤め
さらむの基も又ハ室の林の影き流きたる仙境なりとも天の荘厳に
比べてハかりとなしとの基ならべし嗚呼有りに遂ひさら凡夫の
勝むに堪さら如観求德界の財宝よしても天上の楽しみにはせば一荘

程の事をあらざる物とおぼしめして只乱只草の色を衆と凌ぎ万里の風波を航りし難と艱難の艱苦にあひ数労功と励まし事様に慰癒のおりなしや天上ハ不退の楽の住所也百福荘厳の宮殿なり此を彼岸の称号なり不退の寿命の歓喜なり言語摂除接量思惟の及形に悩まず争ふ色と離ひ求めざらんや高天宮上の楽しみに至らん人肉身猥慾の身持を捨ずんバ叶ふべからず終に此土の楽き事を捨て肉身に色付さ惑ふ人ハ直ち悪と退け善に至るの大徳と求めまかれ宜めと勤め知るべきによて罪人の去らざる歓喜勇猛の心と含むべき者也是をいて人ハ天上の為に生られる者也といふ事と勤毎せよ其故ハ天上の楽しミと秋物事らと知まで也一世界の徳ありまゝハ諸天日月の回るといて其年を其故ハ人ありて一世界と回るといふよも順風んに任せバ歳月多くなして一回なるべき者也然バ天に懐ても星の中にてハ一点程のまゝ事らとなかさも行るぞ是とかく世界と天の太さにくらべ度大に生ますべきますに言語の及ぶ所に悩まずいて者の大きなる諸天といふを此の肉年の回に行りそれより数ち至て世界の第物皆に乱命なるべし其故ハ天地へ無心の物なれバ自ずに治まる事も

乱るゝ楽も叶ふぞ此思惟に至るに於てハ御作者を主とす楽と顕し
べしとならば天地の間に備る程の物大となく小となく其妙不思儀
なる此作の物数千万といふ数を知を以て天の次第を右に星に至る
まで一燈蓋も乱れずまし是を治むる主に見んでは とりくつ治ま
らんや下界の人として家を安泰に治むる者智恵備らざる人ハ
治め得ざるに況や天上天下の政ハ諸知恵備にして叶ひたまへ
むんばあるべからざるとぞんずるよりなる世話ゝの具に書述する者也又此作の
物は妙理と観念なさるべきまする成る子細とせ話ゝのいろく御作者を主
人に弟ますと知りたく思ふ望みとなんなりますと必ずといふに
御作者主として第一物の上の分ねに見ゆる森羅星も於其徳に勝る
徳儀ハ勝れて作りなすによて遠く思惟する者なるまんで其徳無量と
なるべきが故に此土の上にあるとして世の望りまし得さね御智恵
御善徳のなるまきを行ふ為なるまでも其理りと知り度思ふ望みと人に
なんなる故に人間の作所と定めなるハ世界の其中也是等諸俺
右と自由に見て思惟と徴ほとつき為也天子輝く万象地に備る其罪ハ四
維上下と顕さする行ふ為也ならず此上の其の仕事にする事ハ惟也
只此作の物れ給ひなると見て御作者の此智恵不可思儀にましす

要となさせ玉ふ為なりと書り又仕せ給ふ知恵の為に書しさら
にさても万物の本源へ為ふといふ工夫とばけよそ加へざるぞ見よく
天地の間に備る大奇妙と甚末迄も野畜の千種をもいで花咲
実のなるまと又秋冬が色かえるならし老若生れおて終も休息
命もしもに我かといふて行るに順ひ見又ある以本よまらへ行行我や
命の終りに及んで為あふ所にふむるべきぞといふ本とげよそえへ
ざるぞ他禽獣のごく水草とますとし肉の楽しみのと思ひて終
なき者とおよや嗚呼はやまる千萬人と生りる来へ其為に順ひ
只何で天と見ぬして下界の萬物と見て其性と定め理に従し為かへ
ある目に須ひはよ備へ色かれぬに順ひと書せや

§ 一

然あるうへは此他の物の性と定め理と知るますれば御作者様へを
付き奉る便りとあるぞ実といて表裡万像へ御作者不思へきべら
ぼぞ又萬乗汁以なし此要も色といて明かに知悉為する者となるにと
いふに御作者の物れ義羅結構あると見て其根本まで世中ます御作者
者の御義羅清浄へある計なく世中ますべきぞとよく毎へざるまじ
べくぞ此おんをいでて申奉りて書り給ふ御仁徳又萬事と治め

一ヶ条

計ひなき御智恵広大にまします御ゆへを観じ玉ふ惟に渡る事是
人間の智の寿命書冊となる者也右の学者皆是をよく前の
御主と見知り奉る者也又右の愚人ぼうよふ御主の御事を数へ玉ふ
為に天地万像の作を以て御主を申ひらはきと見知るべしとれ
御数へ也これとはんもうふよに鼓等者御て云く此もの経とら学し讃
ゑなぞと答て宣ふく我経典は御作の物あらとだびいも又是よと
楽しみなとして御心と歓めなひて宣もく Cæli enarrant gloriam Dei. Psal. 18.
諸天は御作者の御名誉と褒むと又 Qui fecit cælos in intellectu. &c. Psal. 135.
御主の天道を以て諸天を作りなさるゝ故に其をあらはすと宣ふ也又あるも
百四十六に見の雲と霧をせ雨と降し万山は獣の為に諸の草を生ぜ
させなさるゝ為の子ふさへ御書ひとらへなふよて其をあらはすと勧めなさる者也
此等の御勧め一姓二姓にはあらず数多に多くれ御緯なり同九十一ふ為ふ
御主おもてさせなさる物をもって我心と悦ばせなさるゝ御年月ある御作の
物の上とき楽するといて心と歓しるとや上げなさる也此心中の歓喜と
地のまするに御作の物は我等と歓さめ悦ばせ給ふ為に作りなさると
きへでや是とあく万物に備る美しく艶なるまは緑翠羅と増して
見る者慰へで綾羅錦繍と云ふは地なる美しき物なれどもお衣と

なして万事に纏へバ當する綾羅と増まてがごとし是する錦繍の花雨に付が
故也すなはち御作の物れ花雨ハ御主と見知りたる為に這べきにあてがひ
たりて一生を徹まかすべくハ深深き観んの種となるべき也是によつて
善人たる人ハ天地を篇として千草万木の上を見ても一ッとしてでん
慰めざといふ事なし

§. 二

すべて善人たる人ハ沼陀を姓當ありすとうてれすといふぜんちよの学
者も是を観じて楽しみとする事也故にゑちかといふ書に云く学者の
上のたのしみハ深しとけんハ最上の智恵と云ハ御作の物を精として
弄りなる観念なきぞや
すばびりによといふぜんちらの学者と勤めするかれ学士も御作の物に
縁る謹儀をよく弁へする理りと紀し逐とハ世界に當りたる教ひとなき
ざるが故にでうすと称めなひて Qui cum cognouissent Deum, non sicut
Deum glorificauerunt. Rom. 1. 御主と見知りなき世界に當りたる教ひと
なさざと宮ふ也きりしたんハ是に替りて御作の物れ奇妙なる所と
見てハする本と謂るぞ喩へで鳥獣畜れの子と菓豆万と書ん為に召く
れ意の巧ミとふるとと見でも則すカとらへなふ御智恵の源へんと極し

一ケ条

なるべし是を指しおいてさんぺうろ Nunquid de bobus cura eſt Deo? .1. Corint. 9.
御主ハ牛馬の上にまで心をつけ給ふべきやと云給也是ハ牛馬を守るとも
計ひ治め給ふと云へども牛馬の為のみ非ず鳥獣畜類に至る迄下されし徳
儀も人是をとり〳〵自由と叶へ又はとり〳〵御主と見知りなるなぞと
行ふ儀也然るに此の上に従はず御善と申なるは量りなき御仁徳
弥ます計ひ給ふ御力御智恵限りなき御計ひ等也是ぞ御仁徳と見
なりてハ大切に致ひなり御智恵廣大の愛と務きなり志をめ御計と
有く為なる所能行りとも叶へ給ふべしとの事母教と深くみけなる
為也此儀と勧めむ又為に御主段 Reſpicite volatilia cæli, quoniā neque ſerũt. Matt. 6.
是と能く思と見よと宣ふ也種と蒔事なしと以世反しうざるまゝに
此天鳥と等をも給ふと行ふ儀也
さべけの益もあらざる小さき虫の類ひまでも分と書人精識とらへなる
御主まして生まぜて御名誉の為に作りなるハ変きを御血ともく買とら
なる人とべ争うさし捨なるべきぞとお薬おするに捨てへたまふれもしき
んと起さるんや Circuiui, & immolaui in tabernaculo eius, hoſtiam vociferationis cantabo, &
pſalmum dicam. Ps. 62. 過東かと廻りて御他の物と見まべ御主の御前に変を
なるんの捧げ物と上なるといふ給也是とさんとあくまちいの数して

霊もくさんずに順ぜる程の御作の物ハ此主より我と作りたまひし第の
域儀とらんめ事ハ御作者の此名誉ならで表りなき此力と定をと
なれといふに同じ猶に従ひで天と見ぜて表底々ある所ハ則此主れ
底天に生中ず此所と讃談し続て地と見ぜバ禽獣虫魚万木千草の
品々将に此作者の此智恵量りなき所と讃談し奉る事也因に見ゆる
此作の物とさへ知る事能はざる下天の何んぞ其の御善徳とべいわく能ハ
知るべきぞ我身の中に具足する事とさへ知る事あたはず皮毛筋骨
五臓六腑のあやつりさまくや あるに魂ハ三ツの精魂となりくる色を現世
未来と勤へる是持と毎ふろふをと帯する也是御本に登り給る事神や
目前の境界とさへ知る事叶はざる下況や此作者の此上に於てをや其ハ
云語を以の及びならざる此主にて在ませバ只無言にして居るをならん
ゆへあうじとさんとあくせちいふよも宮也
御ろに此観念に至まる處の域儀と云ハ一ハ此主と見知り奉る事
二ハ御大切に催さる事是也右の善人達も此謙遜と勤め給ひ
中もさんと偏に至ろうおよさんぜしまよハ此作の物と観念し給ふ
以て此主と深くなるを尽くるに天地世界と共に作り給ひし下付て
大郎の纏と書めて中に聊ある事までも此作ならざるなし此主の天

初巻五

すと鑑てゐることなる者也是と學びてしこ發ハてよど善との經中に有
勝たる題目と抜おしてあまねの主膳の料理に撰へ花に識すろ者也
從從御主の御威光輝きおもへじんで計まじきが故に是と志願し
奉りてハしと書おくべき觀念の題目と累くべき事あるや

第二

此ハ及びならぬる御事まで在ませども御作の物と
便りとしておしあらしとも見知有べきます

最上無量に在ます御主此御儀との水上帝王の上れ帝王萬りなき
御智恵の源まて在ます我君天の諸人おほよせらひんの上に在ますと
申せども下ハ大地の底までも御照覧しあらい人と生りなる御儀然と
御大切の上にも末世の我等に至るまで大恩と懸させ給ふ上中事
無に御耳を傾けなえと鑑で我とある我あまねの為に御力と御大切ふ
思召ある事なりで千萬有ますなきが中んに是んと跪く者達所ハ者げ
我等と作りなる本へハ是御仏範計ふ遣で諸の楽しき諸の樂れ定めと
云もさ御大切に勤りなると数へおへて也御力と見知りならじんで
御大切に燃立有ろますも計よべくて至極に大切の題目といふハ我ハ為羅
清浄有ろます我ハ塵涼き物我ハ生身を薫ろ至君父母又へわきに

然切なる人是也此故に此等の儀皆違して備りたるへバ念々思ハ
なるゆへきや此方に備りなるまへ此善悪と見知らざる故也所々に此
光とりくんの雲とゆらめくへきなぐる作と亦に見なるまけつと
めたなるる皆とりくへつ見知りなるべきぞ見る程のまへ六根の门户に
面影と移して見る者也故に此方ハ此门户より入るへまけひた向きあ
る作りて去ませむ面影と持なるますも付つと我が浅智短才といて
広大無辺の御智恵にくらべなるならバ天地雲泥の隔と申なるも愚かなる
ますも也此御心の物と観じ見て登り去まされ此愛とおしまらしよも
寛ひなるよりかなべるぞ是又下界の孝心よりも増高上の儀あらと
毎へなるが故にんの歓喜と生ずる者也喩へむ鳥の嘴と河に浸して
水と飲と以ども呑去るに乗なし此一に二にとりく滴足するがごとく
我ホも慈悲万徳の源まで去まする所とるのまゝに観ひなるまハ付つと
此一滴の味ひとりくあるゆ口に悦びと生ずべき者也ら人なるべきの此命
力といて如此方と見知りなる此大切に燃立ますも付よつきと執拗教
んと強め後生と扶る孝心の為と勧むとし我ホにら人なるひてたと
未来と紀し垂なる是きだるへきたといて経文に書載せなる事も
亦大なる理り也此御心の物に影移々歴々なる次第と見て此方と思ハ

二ケ条

ならずんで其の盲目なるべし見よ万像の不思議なるまゝと有なる
樹木草葉に至るまでも根蒂枝葉花実の功能行りて又は蟻ていの
虱ひまでも心を留め見るに於ては御主の量りなき御善徳とおし
はからひをも見知りある御大切に燃立といふ事あるべきぞ此ほかの除
りみならざる後へ人と云人も不足あるまでも只流に泊し當る小児れ
数ひとうう云べけれ其故は幼稚なる者は經籍と案を見るすら畫満る全
なすつと云ますふのを撰りて條理添さますとへ知ね者也其如く我ニも其の
内經と云ものさへ於て万像の歴々たるを見て心と留むると以ども内德者と
云を有ると云にならざるまで幼稚の数ひに同じめきの紫へ内德者の御本
事と覧して總に救ふに紹介也其ふよて事とわくまちいのめきの後へ
果報なしと宮ふ也又さび忍んしやといふ經の世に Pugnabit pro eo orbis
terrarum contra infenfatos. Sap. 5. 其にあしあって無在の後に内德の物へ欲
なるべしといふ語也是内德の物と薬水に救ひしやりとして時刻
未せで返報行るべしとれ條也
家に又内德の物とさへ見知らざる惡人は此ほかの後へ争ふ内德者と
見知り有るべきぞ畫と見て是は樹也花なりといふ事とさへ毎へ也
してげと万物と内主の畫とも毎へ有るべきや添へといて是といふに

只無心にして年月を送る野梵山人に異なるなし枝には大経仙洞の
金銀を鏤めたる玉の台と見てはお後とこじ皆とくいぬ雷と戴ては と
渡るが如くなる者也我等も照り出ましまさわは智恵の源よりは仏なるまし
広大の森羅万像と見る時只恍惚として蓋をまでも也天地まで盤と
け郷の帳とたまはる金殿の粧ひも人の作りたる物なりとては仏の
物に伝べては只珠玉とおこて奥目に飛る小沼たるべし然によて是を言る
御智恵の海底に溺を流むやうに計ひたまへ野梵山人よりも尚
愚痴なる我等と心起しなひて御仏の物にけるる事を見て尊り
出ましまさは内に徳御智恵内力内慈悲清浄出ましまさは計は智と慈致
称しなる様に代々と年てと謹で是を言る

第三

性霊だんちよの字者へばたる題目とりく在る理の
光と知出ませます事となしたるぞといふます
ひですの条々の端へと云は世界に内仏若内一体出ますますと伝受し
なる儀也其則森羅万像を作りなひ萬の根りとなし玉ふ諸善諸
徳の源として出ませず萬物は皆ばる体に抱へられ遊るや此地盤を
ひですの条々の為に肝要なる儀なりと云むすなる事也 Accedentem

ad Deũ oportet credere. Heb. 11. 其子細ハ度々ふ案ずへし御作者ましますにて申す

三ヶ条

ますとひですにうつべきます所あるらと云德也其ハ其主ますると云ハひの

ますとへひですとりく知るもいりエ人によていひですにあづとは道理れ

光とりくふおすろもいる也其ふよて云んを申す数へをハ此一ヶ条ハ

道理の光といてふおもんべき事ならざる学者の為ハひですに及づと

つぐめ因にふおせらる教道と又爰に於てもひですの条目といふハ無学

ある者さんを忘げまじやの教へをこふよてひですの光と受け是と信ずる

者也去る時とおて爰に離るべし能々勘弁するに於てハひですと道理の

光も和合し胸中の雲霧を拂ひんとも寛ぐべし其迷ひとなりひる

ときんで秋の雲れ月の晴さらか如く其智恵と成め万里に雲なくして

月の正に中おるん地し楽しむづき者也是に付く道理多しと又

ども云四五ヶ条に挙ていふべし初条ハ清浄潔白にんとめんと

欲せバ先御作の物れ吹寸と見よ其ごとく御作者ましますとめに

知べし其によて御作の物の全くとしる事も又必ずあるなきべき事と

爰に離るべし其品八ツになる也一には定まりなき四大二には違しさる性と

指ざる躰ひ是則霜雪等也三には違しさる性と指もの金銀珠

玉石菜等也四には違しさる性の上に成長する命と指れハ千草

万本第也五ツハ命とねと入ども運せざる執ひ海月石苑などれ執也
六ツハ六根の上より出ると働く性と持もの禽獣虫魚第也七ツハ六根と
動揺の性の上より智恵といふ光明と毎のる人倫也是則下衆れ万物の
最長也八ツハすびり川ける体よして色形と離き候体也是以安如と
いひて天ふ出ます無色の最体也此いんおよれ如くハいひ出き来けハ
ききどもも粗き大概といふかけりとあるある色形の執ひよりを示如
多しとかおせらめむ其如理論もなび雅さいんおよハ皆示体同じ
かれども速を示勝劣の差かけりとえんを申すれ数へて見ゝ命か
家といふく天上天下の万物の位の差ゝける次見て此極まる所の位
まづぎや舎や際限なく上りのぼぎやと称するよ際限なくより上りゆく
為しと云ハ是なれうられ次てそむけり此極ま所どもして什ハ
ざる也さて極まる所の位ハ是極位家上の体也是と名付て根本の玄変
よしも根本のかうざらしも根本の動し事よしも万物の根元よしもいふ都也
是以此まで出ます也是又示体と依るまつけ玄ひと根本の上より依と
いふすなけきぎ也故よ是ハ忘てられよて無始よりをいる来自ら出ます
なる事ならと見立しる本是一の次理や
二ツハ物の動くといふく見立しる次理也極りて万れ物の動揺するまは

秘書　八

三ケ条

其体の内にか外にか動し来るとも動揺する者ハ有情のおもひの
動くまハ内より命根より動ぜらるゝ者也其魂ハ命ならびて後
動揺するまハ外ハるとゆて内自より見えぬ事也又有情のおもひの動く事ハ
外より他の力をえけて動く者也其例しハ眼前に外なるまでも魂撥と
見ゆるに及ばざる下界の物の動く事とハ暫く置て諸天日月星
宿の旋転する根本と窺ひ見るに此ハぴりいむ人もうびきといふ十番
目の天の東より西へ一日一夜の中に一遍するにつきらきて回る者也此天
ハ諸天日月星宿の東西へめぐる根元也御るに此十番目の天ハ自力よ
動くや他力をえけて動くやと尋るに天ハ有情の体ならねバ他力をえけてんバ
着て動くまけべき事なし此天と動物と体なりよう有来る自由也
さきば其体も亦他より力をなるや自ら力ありや否やと尋るに若
他よりえけてして自ら体も力をありと云て若ハ有也其故ハ自ら
体と力と持たまハ有より外よりかし若亦他よりうくると云て其他ハ
けくより体とえけるとも知れやと尋ね共ふ Non datur progressus in infinitum.
よして其根元無極まる所の其根元ハ諸の
体の根元力の本源万善万徳万物の根本なる事歴然なると
見えたてまつる其今一ツの道理なりかりであきらかなる道理と

なかすらんハ出生ますますにとくひでもなほ更に入ざる者也さハ
よつて此一ケ条ハ仲の条目の地盤となる者也二ケ条めハ汚き里よといふ
学者のいはれ如く御主出よ里人に御仏者と称趨致し度との
自の性とらへるでもなる一文不通の凡夫ならしもあらんなしと
いふますなべしと云実の御仏者と見知ならざるが故に顕ひに落ると
以て世あると毎へあり度との念ハ深き者也所経とのづゝある本源まし
ますべき事とハ知るといへども誰それといへる云と知らざるが故に定き本なると
構ハて祈る称む者也あるなりして仏の魔法世にひろがりそれと云の
技乎とハ的故に散撰する者とハ佛歌神歌と思ひて鉾楯に及ぶ
事なり人によつて云の技乎かしこふなりと分けで父母妻子眷属と
捨てあるとおぬんと千里とも遠しと書なるなりしと不知まもてぎんちよ
さらんこきりしたんれいにとらへといふも亦此れ程によるがゆへや
四ケ条めハ人として大衆の笑ひに逢時誰が勧めといふますもなく出案
するは様もなしといへども為本なき時ハ天に向て服とけ天の照説
れるなしんで我と憐をむへと我をなる者也花に人の教へけるはやハとの
づゝあめのしる所也
家といひて天地萬像の御主御一体出生ますと云ますめぐ一ぞ則出生て

初巻九

三ケ条

在申す也故ハ人の危さ小のぞんで天命と行る理也ハ萬事うかひ
なることを申すと毎々思ハバ也人の取ひと激?させなる内主ハ全ッ萬事
叶ひむハざらんや此内主ハ盛みて独く在ましませ御ら慈悲無量広大ニ
して人ニ御力と深度忠為ますと聞しなふ者也立ケ条ハ天地萬物の
次第様撓着て乱りまするなく四季の增暖日夜の節て月の盈虧日月
めぐらますがしを清ところ萬像治まらぬとひて内主御ら一作まし
申すといふ儀となおせよつうまよの以ろごく天地の間ニ備る程の物
けれも不足なくして遂したり萬色と悪しといふ者あらで恩寵の
盲人なる聰子御ら作の物ッとして人間よ生物と入まれなべき物
なし萬事と勝まて終りなんで見る小飽足附ど志德ニ及ども次第
なまれバ全ッ御ら作者なくしておきたりといへや抽して信なる人作れ
物さへ作手なくしておきそりといふます叶ハでど況や内作なきまし刈どの
物へ至ニ人作のなとよむざる儀なまれバ内作者なしといふます叶ふべきこととも
喩へば画図の縁なると見て筆者あるますと知り大風の港ニ入と見てハ
楫取ありと志り漏刻の時と違へぬと見てハ時治手ありとしるごとく
天地萬像のごとく治まると見なば全ッ万樹の政と計ひなふ内主
在ますといふ儀あらんやつうまよ学者ハぎんちよたりと以世存せれ

光といゝて光となへらるものなり

§一

なりとうてきどのほし称へときけ大地の座ヲ結構なる殿舎と
建立し天の光とみけましてあまねくあらんヲ上界ニハ発き御作者なりと
きひて年月を送り而して地中にあまり上ら建天地の間ヲ徳ふりどの
物れ歴くふめなると見て地中まで少しハ厨なるまじとあきまでつ
きものなりと
されバかりで久しく地中に居るにとよびどもて二三日の間なりとも日輪の
光なくならて又本の如く輝きいでんと見バいかゞ思ふべきぞ光といゝて涼き
御身のなりどと名へよ御作者なしといゝん者ハ只貪欲よ無仏なる諸
天の廻り行を見てそのつゞく勤き廻るといゝんやと改めて涼き理と
諸するに及ぶども只目前の境界とりく出来せで御作者ましますと名よ
思しされバ天地の間ヲ与程の千草万木ハうへおそひに以て邑山野と
荘厳し金銀珠玉ハまたうさかにして地中になり河水海中に魚数
山野の草木花咲実のり清水の流を湧きいでて湯ヲ出るまで皆
人間の心と慰しる妹也いきとしいける物れ中に猛き獣猛き翼の数ハ
までも称り荘り花中に嫌よ鳥の囀りハ只自の琴笛也春秋牛羊

初巻 十

三ケ条

六畜象るの類ひをもやしなひ巣立のため山野に住が食物と化り
とさうひ人ハ萬物の長と定め置くで是あれ群生と动として國郡
郷邑とを追し天下と掌に握るまさてを表さ内乗りかと内偽者と
鈍めなならむんで及べくとも文海中にすむ異形不思議の奥れまでも
皆此機微とあろ者也故ハ見とおおひふして石につきふろもけり又風大と
見わまを奇妙不思議なろ事多し故時ハ温気平生穏く発り故時ハ
厚く発て雲と成ら雨と成て世界とうるおを扶けとなろ事是皆
人と書肩の為也此ふれ事と見ふぐ難ハ自然なりといえや又化て
天と見ゆに三光歴然として人の心と照でし晝夜更に止時なく
世界と廻ろといて日表とふち月と照て歳となし四時の間ハ生百物生じ
飛花落葉の精髪とならを也日れ離し月の継すろを又年小意して
すかと遠へまも諸葉の数つもりがさしとふとも悉皆後ずろ時なし
小計南計ハ万里と隔川と入ども大海と渡ろ因あてとなら者かの
諸葉ハ天下界の万物にかれくの性と施し巣立ろ者也又日臨の湯気ハ
ふて物換のもとをなせども下界に仇となさぬと命て萬物と巣立助
まハ内主の計ひのうち定也万民是と為らぶろハ世に見別ろ故也此されれ
事象が舌治平安まさゞしてなづさや此次第村挽とりく英き

御作者量りなき御智恵の源なくして叶ざるとぜんちよならつうらも
論じ定めし者也然ば論ぜしまず御作者より人の上に究機に的ならんが
為に計ひ給ふ事也譬ば又萬業なるハ微雨降り怎じ川といふ大河のい
一國の内にまぢ其に萬民耕作殺根さずと御遊徳なきて
其内中を流行にいろといふ大河と毎年時至て河水みちあがりやうに
計ひ給ふ也右をとりく畑畠内去と溢し五穀豊年に護する事作
内に勝せり又めぞおたるあといふ内まゝゑうてざといふ大河が
りく右の如く計ひ給ふ也御作者より人と治めたまひ為にめさ計ひ給ふ
ます術に限りなき御仁慈に懸ざや覚又一年二年のまの小極ざ天
地動りてより之に其に計ひ給ふ者也
すべ乳母の孫児といたゞるが如くそだしくれ時に應じて花実を結ばせ
又ひ農の目乃概を成薫風南より吹て微源を生ずる事も覚と
は計ひ給ふ御本生中すぞといふ事とわもろ者也と同じ学者の書
孫し事ら為呼んと付ぬきりしたんの為ハ恥なるざや枝ぜんちよれ
学者もひですの光を受るに於てハ御主出と為経数ひ奉るべきぞ我等ハ
ひですの光をうけながら覚に為るべきまず中て恥辱なるざや

§二

初巻十一

三ケ条

御身に天地万像を作なされし其心は人間に使はしめ給ふ為也
万物の成様と違へずして人に使はれ奉ると喩へても糸竹管絃の調子と
採へさつげてし肴よ會難の用に隨て人に使はれ奉ると或は食物と
なり或は裘となり又は耕作の助けとなり或は家居車駕の大用と
なる者也いきとしいけるもの総成書育の為山野の程それ薄くと
生じなは西緑の色をとりく書は巣立なす也西といふは日輪の勢気と
なりく河水と空中にのりし上せ雲かさなりて而して降る者也風は水に生
あがり温気によりて吹と云へども元又日輪の精気とうけずして叶はず
一世界に於てなるべき事あるに是は日輪世界と照し順ぜずして叶はず
去ぞ諸天も無心の体なるが故に皆て自力に廻る事叶はずして一天への
上に安然一体づ定め置なりて晝夜ともまなく順るかとらへなす者也
此成定平剣封まで去十方世界といふ成仏の万物は皆人の為なる
事明也然るをゑんではぞ御作の物の内一ツとして人間に恭敬礼拝
申べき物あらんや物毎に其理分明なるといへども陰と陽く通身一度く
さらは日輪也其ふよてぎんちよ元と称をなふ也先其理をなさまとさけ
日輪は光普しといへども四季の寒暖とかし 万物に陽気を施さま
晝夜の隔となし為めにびりをもうべるといふ十萬日の天地廻る精力と

さむしてけれど御仏の物ハ手に合力なくして薬立茶一ツもなしたべ
日輪の旋天ハ一年の間に巡り一週せりといへども尽空の論となるとなし
十万日の天の勢力とゆくめぐり行者也七曜の天のめぐり行ますも皆是に
より一天ハ又ハ香論行りといへども他力とたのみ力と合する故にて西と
降せ風とふらせ雲暑寒に依り行者也迷にひふの治りと力ある諸薬ハ
拍子とうろへふうす呉なくさあべろいさと以ろきんちられ字者ハ比次
身と見て則御仏若生申すといふますとふしく徹しぬめなる者
是程無論なる物の手に力と合するますハ香治平なるんぞ行るべくきや
是ハ御仏一体の甘まで生申すや多至あらぞ世話乱さべし家とめく
御一体の御至生申すますぬ也加程歴々なる御仏の物と見て進ゝむ
御仏若なゝらんといふや是となしといふ若あらぞ因行りなぐく盲目な
除へて上平れ書おしなる画満と見て自然苗ちといふや世界ハなる
なる冊あれハ書おしなる画満よりも勝まて最しき小悩せや春ハ櫻楊
桃李の色とあるそひ百花れ繚乱なるますと見夏ハ千草万木ハ
花とも懸く緑の濃と見秋ハ木々の紅葉さなぐ錦と騒せる糀と見
冬ハ白妙なる雪の色天地と改め瑠璃の色情やゝにして月日星れ光輝く
まハ不及れ在り也是に勝りてめでたなる冊あるかりで羅しき画満とべ

初篇　十二

二ケ条

書おきまげぬべきぞ是と見て自然といへげまで喩へ禁宮の宮と号して大なる館を建立し座敷を構へ家具を調へ飲食潤沢にして萬事難なる事なく調へ置禁宮と譲し置めんに彼禁人は是と見て此禁宮は只山より出来たれ崩き落て自然にありと云ぞ終ずべきなりまなるべし世界も亦如此彼天の三光と見備て地の万物を見よめずなる何組仙洞より経に勝るなる生営にあるまや天井は月日星とりく耕り飲食は限りなき山海の奥崗山野の木の実草木実多し又海中は魚類の為風大は鳥類の為山野は獣の為也是皆人間の用所と叶ふなる家具となるぞ其生営の家主を知ざるまする識者に為痴の至なるべきや故ぜんちよ此学者も此旨の作者は治年ならぬと云来此旨に知る其他なるも十八に Cæli enarrant gloriam Dei, & opera manuũ eius annuntiat firmamentum. Ps. 18. 天は此の作者の名誉を顕し同く天此生営は作年の作所作とふれくといふ儀也

§ 三

其は唐大なる世界の作りとしても作者在せすと云来は卑小に及ぶべし只我小人間の一軒計としても御作者ありと知て知る者は是に付んとあぐまちいの人に於いて此作り是は作者特れ中小身一の者数は人也と

あゐ皮肉の上とさして宣ふや　かゝれ上とて殊く無気皮肉の上に
論ぜバ無量無边の不思議と見おもんべし　醫經に其論説まちくなると
人世書並に来けべからず　余へで帝王の四海を掌にし百官卿相に
宣るとりく万機の政をなしゆゑよるも世人肉の中に其主宰と定め
ときゆゑ其ハ雅者特也其治り氏勝手さる事　玄德の及ぶ處に臨む
繊瞬のこくを一ツとして不思議なることと云其なし　骨肉を潤さ為めに
皮とゆてつミのにひ飲食と消さん為めにすとうまでよして脾胃ハ繊瞬
かり其と血にふして配るとひいゞとよて全肉に通用する十二の
血筋かりすびり川びたまとして全体に精気を渡さハ心の繊なり
是と配る筧の如くなるかるてまやといふ血の絡らざる気の及ぶ筋
かり又肉に據き密き窩と是る精とべ頭の脳に絡り絡なひて其よま
全肉に配るとハ稀るおよて血の通さ丸さ筋かり此肉に物と是よく精と
通さるぞ又動き働く精と血体に配當するとハもましいまよよて
動搖の為に精力と運ぶ筋かり此動搖則肉れ所存に任する若施さて
飲食と血気となして又其滓と更る為に大小の腸胃かり其如きとも
さゆゞくなるによて　それくに當る腸一苑あり　黄膽の袋當是
其一ツ也又頭の脳とさもとと源しむる為まもるを定めゆゑ也是則

三ケ条

鼻と喉との風を通ふる肺の徳也去ばせんちいどゝよて六根に使はく此具ともあまた作りなす也如之人の全体に生り給へる程の如く有る此具も有り其骨と筋によらるゝ事有り其品ゝに随て役と勤むるぞ然ハつまと見てよく出来するにいくハ大きに務くべし若れ極り去性ハ弱くにして猶さ強さの摩落有りといへども諸人功の経しまおる者也人智といてハ誰の心の功をとなどつきぞ窮といて此経者の御て智恵限りなき事となおせよつうまよといふぎんちよれ学者も覚と論して書置也

§ 四

茲に又大きにあらざる儀と弁ふべし去と云ハ禽獣魚の所にそなはれ葉と勤むる事能見て御作の者の御作々と定まるべし去故ハ功能保ち欲と活き性気と守り子を書き立る体と見よ根に元来智恵なき者也と云へども如此の所作となさまはめなる葉我や無て自分に加意の精勉とらへなさ此智恵の源なれバ行るべく正去故ハ功と巣立る事りとならんまとハよくいふるる者也鳥ハ巣と作り食に禁物と撰び草ハ根と見て懇ろ同じ形なれどもなとて懇ろ乳雀ハ大鳥なれども庭鳥て出と懇ろまする一小鳥なれども鷹と見てハ懇ろ同く雛ハ

たかるむゆへ恐をなすとも小さき猫と見て恐れんや
又しかのれいの力と書に為に持ちたる具と見よ故に獣は角と蹄を
もつて獣を防ぐも有り或は牙歯の強きを以て防ぐも有り又は其力速
疾にして獣より遁れに安きも有り又食を求る不足ならん為に
持たる具の数其あやなりけれさゆへなかる事ゆへに其妙不思議也
或は足を運びて食を求るもあり或は蠢き動き飛翔り或は泳ぎ或は
嘴を以て堅きを砕き爪をもつて引裂き又は歯の強きをもつて嚙破り
乳しるをもつてやしなへれ或は生れ下ながら食を求るに猶さも行る也
此等は生物智恵なき者なるに智恵あるやうなるは何ぞと云に
作者の御智恵広上無量の源より其力を巣立るさんちんとの精魂と
そなへくは計ひ給ふゆへ也
余をもつてなおせよ二三歳の童れ母に出て毎香利になつるを待ちて
はといふべきや此小児のなおまつてはあらじ何者ぞ個に続し行らんと
云べき也其如く智恵なき禽獣の智恵あるわざをなすを見ては無量の
智恵備りたる御作者もしてめし計ひたまふといふ事明也其ゆへによつて
ぜんちよの学者も万象を計ひ治めたる御智恵広上の源より其徳を
計ひたまふとよく弁へたる者也さんとめぐさちいのさ上を観念しおいて

初巻十四

二ヶ条

我人なりや否やとハ疑ふべくとも御作者在ますや否やとハ曾て云を
ざる儀なりと宣へり右の道理のごとく御作者御一体在ます事疑ひ
なしといへども我ら上ハ心と名る東流さん中の味をもて諸の
御作の物を三ツまで分て演説すべし一ツにハ諸天と四大の類二ツにハ
禽獣草木の類三ツにハ人間の類也此外の儀と稱ぞろとりく御作
者御一体在ますと云儀と號さてつき究極めは御作の物れよと
稱ずる儀もく御作者ま備り給ふ無量広大なる御善徳の内まかて
御ざんだあでと申て温色にましますに御仁徳さび忘くしやよて
無量無辺の御智恵おむふだてくしやよて万事叶ひ給ふ御力ハ三の
御善徳と號さんが為也いざいあきで四十に此三の御善徳ハ世界と挽げ
指のく三の御指れ出くなりとえり此三と一つに挑げならずおろび
でんーやと申なる也是限りなき御はくひ篤の儀也
然れば諸の御作の物れ中小小さき蟻虫の類ひまでも此のおろび
でんーや耀きたまハざるハなしといふますと云し號さてつき也是此観念
よるおる證儀ハ尤流しと知るによてもたび宣もく Beati, qui scrutatur testi-
monia eius. Ps. 118. 御律とえ史すなる者ハ果報なると御しく聖説にも云
御所作とえ史きん者ハいかであらんや是亦ぐさの御所作の上にハ幅だて天上

天下の造作れ物の上よりも勝れたる儀なれバこそ比ホと観じならん人の
為にハ造作者の御善徳とも計なくござぞ又如何程の御大切とら
捧げ奉り我等發心とげ奉るべきぞめでたのんでけ給いくぞと讃誦さて
ござんて奉徳とゆるとゆふまかるべう候

第四

天と四大の事

さて右の論へとして爰に顯すべきなり　御ぼんだあでと申者の
以仁徳量りなき上より御身に仕へ大切に存じ奉るべき為に人を
作りたまへと思召されし時召す身と書し為に入べき程の事とも作り
与へたまへと思召しも若し世あらよて一世界に有程の物悉く人の為成
せと云ますがし是に於て第物人に使はれんとて萬機也然に第れ
物のお生する為にハ下地と作者と具足有べきなり所要也此世
界と作りなす時も始計ハなき也爰に天地四大と作りなす時ハ只一気
計といひて出来るといへども有程の物の出生する為にハ様々なくして
有ともと思召し計とりくハお来せと元より天地四大と始として彼の造作の
物よりも又く小与へ通なる精徳織りかくお来るやう小計ひ定めなる也

一ヶ条

現在世界に出生する程の物れ下地といふハそもそもの経也総若ハ此まて
出来ず也然具と同どろ半ハ諸天也故に諸天ハ此紙者の為れ為具なきハ
者にさはぐれ徳候と移至なる教也者ハ一ツハ諸天ハ心ころぶちいへるよりて
不滅ニ体也者説撥ハ下一番の月の天ハ火大に隣て隙間なくめぐりと
以どもつつよ里以来おしを滅者構共するまもなきさ也二ツハ天に
日月星の光と給へなひて世界と照し萬物の為なとぶちなる事光又
天の徳也成にたびたび Solem in potestatem diei, lunam, & stellas in potestatem noctis. Ps. 135.
日輪ハ昼の為月星ハ夜の為にさだめ置なふといふ儀也三ツハ不易の徳に
依りなふ也其によて昼夜三光東よ里出て夕ハ西にかくれ東よ里
今に此定めと違へず四季の轉後となるとや其ふよて日蝕月蝕と兼て
よ里勤へ出そにおしも遠ゆ事なし叓とりくさへ天下国家と同どろ
づきんも日月星れのりと疑ぶるがごとく光と鑑て政に乱ることなく
国家と正しく治むづき事肝要也加之わにゆれ導師となる人の上までも
なすがまゝて曇りなくむ其光と受て勤むづき者多る迷ハなからんや一盲
衆盲を引て之へろのまに落づき者也四ツハ諸天の廣大なる所と力ろふて
獄れよりかハなし五ツハ諸天の旋るまなまも早くして昼夜なる
ますなし光に付て尤に妻くらべけなむ霊ツハのせまし六ツハ諸天の

輝かる事誰か是を感ずべきや殊に夏の日は暑熱甚しくしかも堪
難しといへども夕に涼しき風の音づれて昼の熱さを忘れさせむ
哉その月の光まんまんとはらしみどりの色秋めかちなりといへども常住
見別さかまするまで肉身ともに御寿特とも年と付ざ御作者とあるを
有かすを及ぶるは也是とかぶすか為に小児の生れ下より日輪とも
見ざる萬さ所に蘂立て是非と毎ある時節と争らて月星の明なる光と
見するに於てはあるべからぬ作夫とくべきぞ月どもを生ともを毎ある事ある
まいけるハ只然て立べしかも経天の荘厳となる日月星の羅しき粧りと
見て其の内作者の御作ミ作謙の及ばざる所と知るべきやと学者の
云く Intuere cælū, & philoſophare. 天と見て其上と論ぜよと云語也此心ハ荘羅
なる御作の物と見る時ハ御作者の上とげと立ますべきぞと観察
せよと云儀也 Videbo cælos opera manuum tuarum, lunam, & ſtellas, quæ tu fundaſti. Ps. 8.
又ダビツ宣く御手の御所作となる諸天と月星と見奉るべしと
云語也
其なかに此荘羅なる所にのぞんと営むべくもざ只下界の万物に其結
構と離さとますといて知るべし是又日輪の上に明に見ゆる也草木是ハ
日の旋りをそる小によて天地の気陰ましくも吹風ものにしも野山の

初巻十六

五ケ条

色も香りもてゆき草木の葉も黄ばミ落て野面にまだく寒の
こゑしさびしらの意も物がなしく覚て四方に照らす人の心物毎に
悲と催をば殊なるをといふなるなし又冬木まで人の心と寂敷すと見ゆ
角か花咲日陰葉ざうる故也春は暖かなる湯気次第によくふよて万物
折とぬて野辺の草葉を萌お出葉しく。雲淡く草木の花も
綻び鳥の囀りうらゝかにして四方の景色も長閑なる季なれば日陰の
徳也人も亦其精徳と見てれて歓びも悲を花にならんと見ゆ角か
花くも日月勝をまで人皆花と性し眉と顰め悲と生ぜるや
花皆下界は天より物へ請るといふ挨拶や

第五

日陰の事

今まではハ天の事と論ぜといへども委細には陰陽を押並ての上也と
愛に委く論ずべし先日陰の事しくさしなる事誰か難し出さんや
あなしやごらといふぜんちよの学者自ゝして人の世におさるまへばれ
為ぞとは陰と見る為なちと自意し角か花なに陰ぞ日陰に籠る徳
仮と見て人は工夫と激をつき為のきにも生と見えさるまなきなちといへる

ん也然ニ彼学者も日輪と天地の主とハ見たれ共天ニ備る名珠の如く
なる物と思へり
去ぞ人としては日輪の精徳と見なして移らざる事とげぞといふに
せ故られ入るごとく常住見別なる故也去によて例ニ譬りて性しき
おと見迄ぞ大ニ移く来光日蝕月蝕の上ニ見ミ角も猶移くべき事
なり諸星ハ日輪の光をうる物なれども蓋ハ日乃光とのて曜らざる事も
又不若法なるぞや然ニ月ハ増減ありて常に日輪の光とうる事なり又日乃
蝕し月の蝕するも猶券精なりと入ども不足のまなるによて
移く来なし　さんとめぐまちいの学者ハ常住の物と経めれ大なるまと
見て移りどといふ事なしと定へり去ぞ日輪の精徳と定ニおて顕れ
ぺし先一ッニハ諸星に光とりと来る星又下界の曠けとなる為ニハ
日輪の光と備てありく去用と施まれ学者故ニ世界ハ日輪の主に
旭を以て星れ果力とものる学者然ども去本ハ日輪ニなりとん的よ光と
指て学者の語ニ Sol, & homo generant hominem. 日と人として人と生ぜと
されハ人の色身と作りなるためニ第一の道具と定めなるハ日輪なら
二ニハ日輪の光とりく去水れ溼氣と空中へ引揚るや然ニ風大の
中ハきびしく寒冷なるが故ニ溼氣風中まて凝るまつて雨露霜

五条

雨と成て降るものなり是をもつて草木五穀をうるほし昼夜
たえず禽獣虫魚木の葉草の末までも日輪よりなる人命と云ものべし
三十日のめぐるをもつて晝夜の隔となし四季の暮をもするなり故に
日をすへまるよつて天地の間日月見ゆる経に日輪さし出ぬれは晝也
沈るれば夜也天に備る十二の星のよつて日のめぐり運る間一ツづゝ滞
留する程ハめんせよつて凡三十日に定するなり此十二の星をかり果をもつて
一年とするなり四ツ四季の移り後日夜の隔のまゝなし太に沈れば遠
かり見人の為に常用也又見となる する為に一の仏ありて見人に
色カハ四大和合をもつて生じたる物なれば常に四ツのくゝりまでといふ遠
用ハ色かに留まりてかるなり常用とは四大の遠用也燥くと湿ると寒さ
あつさ等の性なり此四ツの用ハかに拾てそれぞれの所かり色源にして
湿る性とハ色をまといひあつくふして湿る性とハさんげといふ熱精に
して燥く性とハ出るといふ燥きてひゆる性とハめらんこりやと云也故に
人の無病息災なる事ハ彼四ツの性れ平等和合にかり此間げまれ
とも増り減るをえんで無例に遠ひて病となるぞ常に此よて術の法さら
らひハ此四ツの性和合して年中そるしく此薬立ぬ為にわ宜の時節と
窓法にならちかひ四節と定めたる差也さんげの為にハ毎三月出されれ

為めハ夏三月色さまの為めハ秋三月めらんこりやの為めハ冬三月と
定めおく也故ニ春ハ温湿にしてさんげと謂ひ夏ハ熱燥にしてこうれ
らと謂ひ秋ハ冷湿にして色さまと謂ひ冬ハ寒燥にしてめらんこりやと
謂ふ者也此四季ニ分ちて右四ツの物と謂ひ中すとかく春和合平等に
して息災勇健なる者也又此四節ハ五穀草木の菓実と結ぶ為大
事なる其冬ハ色の寒さと躰ひて草木の精氣根ニ集るが故に春
陽の来て花咲実のなる事安く夏ハ天の氣熱燥なるとかく菓
菰の冷湿と承ひて成熟する基ひとなら結風起きぞ草木の葉
莫むき落て其精衛に根ニかへり明年結ぶべき菓実の用意となる者
者也五の為めハ草木ニ限らず禽獣魚鳥も四季ニ従て繁昌する者也
實とハかく観ぜぞ誰か御作者の御慈悲と知らざらんや誰か御
慈悲となるまざらんや四季の精後となりく年毎五穀草木の実と
結び禽獣虫魚の繁昌となるとも万民の養ひとなるにあらず其ニ
よてだびいさるも百三ニ Quam magnificata sunt opera tua Domine. Ps. 103. 為に
御主御作者ハさても広大なる事と揚て思ひめる也此めハ四季れ
轉り替る次第と見る言ぞ又御作者の深き御慈悲露れる也抱下て
人ハ正もてきもよて諸篇の極めよ至極めに轉り替るまと云しと

すなはち放に春秋の二季なくして冬の極寒と夏の極熱に
むらざる寒熱甚だ強く命も危ぶむべきほどと思し召して冬の
極りなき寒さより長閑なる春に移り變れあつさ極りて後は又涼
風の秋来るがごとく定めなき也是偏に和らかなる御計ひなれや七十八
日輪昼夜の隔となる本是世の代なるによて人皆心を付ざれども
是亦奇特一なるは先昼夜の隔をいて年月を勘へ人々の年齢
なとの隔となる者也又冬の夜は長く夏の夜の短き事をけぞと云に
冬は草木の根とさし時節なれば長き夜の寒気をいて上にさすべき
勢力を根に深く入せ夏は菓実の熟すべき為に陽気盛なるに
よて夜はみじかくして日は長し
昼に餘多の奇特あれども夜も又奇特多し先夜なくば萬の上を
いく木草を潤し昼の辛苦を忘れ六根を休めて脾胃を平げ
奇特を胸に思し藥て食物を消し手足全体に配る者也加之夜なくは
欲味よしもに堅根を以て昼ざ熱き跡も山林よりおて食を求むるに
便りなり又夜は静なる物なれば人の心を天に通し奇りたらはすれ
便りとなる者也是をさしていて In noctibus extollite manus veſtras in ſancta, & benedicite Dominū. Ps. 133. 云るも百卅三の夜は天に向て掌を合せ内ちよと喚き

奉行といふ謂也表ハ天下四方の政とも知らるゝによつてだいじ王位も
秀頼なりと云ふ儀也又いざいあまもまらがう海内方と表中小望を
奉ると云ふ也就中善人ハ表中に起上り月星のいろどりうるはしきを
ながめて内儀若の善羅清浄に生ます象を観じ勤立なる者也

月星の事

月の上を論ずるに付日輪の名代とも云ハべし其故ハ天の御定めに
よて日輪夜を照さん為に此を定め給ハ晝也月ならせず暗に慈を結ぶ
づきが故に夜を照さんやうに定めなる也月ハ自己の光を持さ日の光をうけ
付て其趣といふに先上れる諸星次第に日輪に對面するに隨ひ光を
まし十五日めに正面に向ふによて滿月となる也しかして月ハ水と濕氣を
司どるが故に潮も月の盈虧に隨て滿干あり月が滿る時ハ潮もみち
欠る時ハ潮も乾く者也磁石の針を吸が如し此ふの事内にまよふ計ひ
是ハ必ず争ふ付べきぞ其人間の為に用あれと定め置なる者也又
濕氣ある物を益する機ハ月の盈虧に隨て草木の潤ひも増減
あるのみならず貝殻の數ひふ明に見く當る人の上にも血氣と生
ずる業月の盈虧に隨ふ者也嗚呼荒とよく思案せハ御作の物のうへに
大なる者皆を見おもんべし月の有り所ハ百千万里隔と以へども不思議れ

万物に有る精魂と通じ玉ふと聴玉ふまづは大なる器物に似玉ふや扁星も
有るならぬ精魂と聴玉ふ其外星の数つもりがたくさまは此儀者よ星
かに知るま能はぬ者によて Qui numerat multitudiné stellarũ, & eas nomine vocat. Ps.48
さるも四十八に御主は星の数を覚りあひてそれ〳〵に名を付玉ふと
いふ語也此ハ御主ハ星の数を知玉ふて有るその精魂と照覧し玉ふによて
お為の名と付玉ふといふ儀也扁星の人に使はれまハ渡海の舟師と
なるのみならず有るの精魂不可勝計人の色あれ上に千万なる
星のいろまも皆此星の精よ星なる者なぐ此中の事皆色
ものみ為りてある所なれども陰りなき器物によて人の五体に徳く
受も有るの上よ星は理と知しる人たれて精力まて割りするま
要きものや

第六

四大の事

天と三光の上とバ廣く論じぬ今又此下界の万物の下地としてつくり
なす四大の事と論ずべし茲に先不知説なるま作り故四大ハ其ま歟おも
性作りと以ども聊も換じ正のるますなし先とげまぞといふは

四大のうち一ツづつに二種の性と御作者より与へ玉ふ也先地大ハ燥と寒
との違用あり水大ハ湿と冷との違用あり地の燥と水の湿ハ其性
敵対ハ物なき也地の寒と水の冷とハ相応するが故に地水の二大互に
挟臣する事なし又風大ハ湿と温との違用あり水の冷と風の温ハ
其性相敵ハと云ども風大も水大も湿性あるをもて二大相応する者也
火大ハ熱と燥との違用あり風の湿と火の燥ハ互に敵対の性なれ共
風の温と火の熱ハ相応するが故に風大と火大相敵ハ非なり然に四大の
性ハ互に敵対ハと云せ又相応する性とも御作者より与へ玉ふと云へく
世界穏に治まる者也又四大の上に奇妙なる事あり物によてハ他と
臣と為て大なる力ありと云ども他より来ると雖と防ぐ力ハ弱し又物に
よてハ他の仇と防ぐ力ハ強しと云ども他に仇となる力ハ弱し変と云へく
四大又平等に和合する者也此例しハ火大の上に明に見えたり物と焼にハ
強勢なりと云ども水に逢てハ其仇と防ぐ力弱きが故に消滅
するなり地大ハ他に仇となる力なけれども地と臣せんとすると防ぐ
為にハ強き力あり故に水火風の三大地大にあらく当ると云せ臣なる
事なし此故に四大ハ常住滅せざる者也其上四大ハ御作者より玉ふてに
定め置玉ふ所にあて乱るゝ事なし各揃て其所にあるべきの儀事を

初巻 二十

六ヶ条

本所に帰らんとする者也其例風火の二大に明也地中に風の籠る時ハ己が本所に帰らざるが故に本の風大に帰らんとして大地を震動させ家を崩し石を発ておる也蝋燭の火を逆に成ども其焔上に揚る事ハ本所の火大に至らんとする故也又四大ハ各其体を保たんとする也破壊を遁んと欲せず水火風の上を見よ火の中に風の中と成る事あれども程なく其始ハ一ツにみちある者也又一滴の水を灰塔の上に落さすとも一図れと成る也雨のあしを砕けて斑々に降ると云ども地に落てよりハ一所に集りて流行者也其体全く成る時ハ悦び楽る事安きが故に其体ならんが為也其で四大に限らず四大和合の有情非情も各其体を保ち悦ばざらん事を欲く者也水に湯を入れども暫くに冷て更ハ元の塩を火に入れども塩の性ハ水なるによって火中に留まる事を好まず飛おる者也澤に生じたる樹木ハ日猫の湯気を得て其梢高く生ひ立者也又水辺に植る樹ハ水の方へ根をさし也是皆己が体を保ち　そ故てんとする故也嗚呼人の心れ逢へる所欲食打眼の外の思ひ毎なる事なくしかの万物の始終本末とも堪毎せざる事ハ汝事ぞ眼を開ひて能看よ御作者主ましても其に小らん々全く熟知の明白なる事と

第七　風大のまき

とまでハ四大の上を押並て論じぬ是よりハ四大の上を各々に説き施し先風大より始て云ふ風ハ幽妙なる徳儀雑多あり一ツハ風なくんバ人間を先として空を翔る鳥地を走る獣も命を続く事あるべからず是故ハ風大の徳用とりく人畜鳥獣ともに口鼻の息れ通ひとなり猶のあまりと源して生を保ツ甚道也此湿の潤ひを受んで人畜ともに存命かも叶べからざる事ハ風ハ立居起臥ともに為用なる者也是風の一徳也二ツハ日輪の光を助る故ハ風大也日ハ風大に事光を縮して下界の万物を照させ也風大なくんで日の光を受る事もあるまじけれバ天が下ハ暗冥ならべし三ツハ地大水大の上に日輪の陽気甚しき所とも風是を涼しむる者也四ツハ此外の徳儀しり尚勝ざるまありきをなかなかするに風大ハ前の所定めといく上中下の三ツにわかるといへり一ツハ上部の風大ハ火大に障るが故へにみて熱き者也二ツハ下部の風大ハ地水の二大に障る故にく温湿也然世為天の時分ハ日輪の陽気地大水大に指宿りて風中に置るが故へに温熱となる也三ツハ中部の

初巻　二十一

七ケ條

風大ハ至て寒冷也所以者何上部の熱勢と下部の温氣とに風中の冷氣攻よせられて中部の風大ニ甚く集るが如くニ甚稠密なる者也喩へバ茶釜の空氣甚しきが如くニ湯氣空中ニ集て升庭温りニなり其ハ其の熱勢凉されによて湿氣空中ニ入て升庭ハ冷らふなるがごとしさて此風大となづくる事とげぞといふニ中部の風大より雨露霜雪の事をとなしてたと肥し草木と言ひなすが為也然バ雨露の事をといふも風大の徳也

去程ニ露霜雪の上と遂く溶さて雨とバげぞと見るに雨といふハ日輪精氣といふ湖海の水氣と引上げ枝稠密の風中まて凝堅り而して雨となり降る者也喩へバ醤酒と醸するに火氣といふて香酒氣とのばする時甑ニ冷水と入て上ニ垂バ香酒氣出りわきまりて醤酒と淋て滴るがごとし去バ此雨の降る体と思案せざ此他者の奇妙なる御汁ひとも的ニ知べし然ニ一切人間の智恵と一にして雨一粒とふらさんとするとも叶べからざ雨のふる体と見よ喩ハバ師と中に持て物とふるふがごとし是といふて千草万木痛く香事をと知るに更る者也是又然よバといふ經ニ見えさる如く四室と洒ぎ潤さのみなからざ野山の果までも無し去程ニ此雨と降しなる御汁共のわざと見る小然ニ

はつといひてあまりての薬を下されなん也 五穀草木根蔕枝葉花實
諸菜の種を先として禽獣の食物までも皆天より恵也然汁ひ
なる薬ハ五穀草木禽獣魚の助けといひて人も命を保つ故也是を
指て食ひ川此山野に草木を生じなる薬是別人の為になりとされども
百四十六に定ふ也山野の草木ハ人の食物にあるなれども是を食する鳥
獣ハ人の為なるによて也是ばかりで天の慮ハ深きゆへに是を除すべ
ますと此事に計ひなる也若此旨にまびちことといふ經の廿六に内損を保たべ
天の慮とらへなるべし御内損を保つ毎もんで天と除せなるへるぞとおゆで
よらぬ定ふ也然で天を除せなるといひてあくらぬ人の命を保つ経のますと
らへなるぞ第一御身を存ずるきや是にんと付ざる人ハ智恵なき
けなものにひとし
さて又風大のますといふに吹動く時ハ悪んといひ吹きも動かざる時と
あらるといふ也然ハ御内徳若世界に風とふらせなるよりて人中に出来ざる
處低む多し一四ハ大にいふぞ大海より上る温氣是中まて天と
なりて陰雲に包まれてあると風ハくへふき送りて陰雲と潤し草
木を育む若此故に天ハ多く海のかより吹き来る風まで降る也
二四ハ万里の波濤を隔ち陰く出て小渡海するまで西風の大地也

七ケ條

若し海上に風ふかざれば商船の通りも絶えて自他の窮乏を補ふ事叶はず又陸へは車馬に荷物を積負せて陸地を運送する如く遠の海路を隔たる異国の珍宝を船に積みて運送する事も風の大徳に依ぞや三には時として風中に毒気生じて人民のなやみとなり病死する人多き時風起て悪気を散し汚穢を清むまでぞ病悩並に治まて万民壮気を得る者是又風の要徳也此等を先として風大の徳多端也いふとも盡て能ぞ悉に語るべし唯ら此等の徳儀を見て御作者を見知らざらんや見知ても又尊まざんぞ人倫とはいひ難し

第八　水大の事

其御作の始めには水大は地大を覆ふてすこしのあき間なしといへども大地をば人の栖家と定めたまふによて水を一方にかきよせて乾地を残したまふ也爰て水大一所に集りたるを大海と名付る也此大海にいはれを以て品楽とすべきもの数多有りて御作者の御誉となる事共也先ず御広く大きなる事万国通用の海路となし魚類をいろく生れ人の養ひとし玉ふが為也此故に数くの入江入海有て人家に海水を

をくなしたる也又海中に於陶器なる小瓶のごとく幾千万といふ事と
ある事ども皆御作者の御慈悲と御力とあらはし奉る者也先御慈
悲と云は此のことくにてテ渡る船の体を雨露風の時の須臾□中に
水たれ観念と相勧じ水を掛る筈の体息となしたる也其内日に
御慈悲に勝るや御力と顕し奉るといふは一滴の水の落るさへも度々
なさば石をも穿つ事なるひとなる小海中の小瓶のごとく白浪滔天して
岸を打来り絶ずといへども右より左に至るまで崩れ来ることなさは御作者の
御栄を此ひたる御力ゆへなる者也爰に上古と云ふ如く四大は皆是の本所に
至らんと望ミ水大は地大の上をつゝむ露とりく本所とする性
なる事故一度是とたくよせたりてよりは未再び本所に帰らざる事
御作者の御力と顕し奉る者也加之水土の境と見る事多くの小さ
き砂を荷ひて高き来る浪を防ぐなる事誠に奇妙の一儀也是等ら
ども見てあへてぞ論ぜんと欲はゞろうさよ寄に如く大海と云は百千の
河の流をおさまる所流の水れ湧出る水上就る人の生涯珠宝運送の
基ひ並に船舶の通路異域貿来の守りともなる也熟て大海に含む
遠儀と雖らへられてはぞよつきや

§一

八ケ条

茲に尚勝れる大海の塩伐有りと書れたます譬諭の及ぶ所に
惣じて一滴を汲で云へし先海中と採取とする大小の魚類異類
異類の如く幾千萬数や人智は其異類を毎に定むべからず並て
其数に尽くとや其故は魚類の胎中に有子と見よ雛子は其へ出る
づきぞは一ツづゝ生産すべき子の数々又幾計の事ならんや山野の
禽獣多しといへども魚類の数に及ぶべからずか程其数に及ぶもの
魚類と御作者より作り置なさるとげぞと見るに猟人は山に入て獣と
鳥に其を目に見て打取りといへども漁人の業は虚空の中に有るが
故にけ為に網と下しても功なき労とせざらんが為めに計ひなさるは其趣又
魚の子は巣立やうと見るも不思議也親は子と産捨ずて大海は乳母の
如く請取て巣立せさせます奇妙の一儀也御作者の御定めに順じて
海水の力のみにて叶へたまふ又貝の類も異類不思議也赤黄赤白黒の
彩りといろ〳〵の色と形を貝も有りながら有る上平の册まる海底に
入て置ける哉や又魚類の風味いみじく有ります朝夕続る事なれど
偏ずるに及ばざらんとは何ぞや是と観じて御作者と思ひなさて
空く嗚呼不思議有る趣を或人と作り玉ひて上より滋味と含む
魚類と作り置なされますへけますぞ則人と御子の如く思召て御大切の

故也然バ人ハ知ても心内慈愛を取て御作者を崇敬し奉らずんばある
べからざるぞ

第九　地大の事

夫地大ハ人畜草木の總母也其徳を論ずるに付て全く水大と差離るべからざれども其地水の二大ハ其まゝ助けあひ其徳を通ずれバ也水ハ地の強剛なるに由て其体を保ち地ハ水の濕氣をうけて其体堅固なる者也所以者何粗石等に云し如く地大ハ至て乾燥なる性なれども水大の濕氣をうけざるに於てハ其体砕て灰塵の如くなるべしされによりて御作者ハ計ひ給ふ處ハ地圖までも大海の廻り地中に行通る様子定め給ふ也すべて此性ハ他の三大に從る劣なりといへども諸天と三大の徳用をうけて以て人倫の大本となすと也則三大に勝れり大方右に配さ為し先其居する所ハ天の一圓の中心なれば譬へもよほどせまく事なし喩へバ大厦の中に一鞠をつりさげて置るが如し其ばの力に依るぞといふに御作者より地大に與へ給ふ自己の勢力といふく天圓四維の真中にする者を喩へバ磁石を擣付さる針ハ北にむきて

九ケ条

是ハ細くまるきが如く大地も四維上下の虚中に居して発動する
事なし　又大地とハ世人畜の住所と定めなすがゆへに人の生ける間ハ
物ハ巣立死して後も流し捨さしむる也　其上水火風れ三ハ時として人を
害となす事ありけり　風ハ民屋舎宅をふき崩し大船小船の破損となす事
ありけり　或ハ洪水出来て田畠を流し国郡を費す事ありけりといへども
地大ハ蓋て其儀なし　若地震の発と人脱かれざるハ是風の所為にして
更に地のなす事害に非ず　却て草木の花実五穀の熟ひを先として
生る六畜金銀銅鐵鉛珠錦繡其外人の宝とする物多分ハ地大の
其徳也　さて又地より涌わき出る清水れ数々大河小河の絶ざる流れハ
幾ばくや　是皆人間を先として禽獣草木を恵む　其外人身に
添ハ出で経絡して五体の中に血水の流れ繁多ありて身命を
補養するがごとし　又清泉も河水をなき所ハ井を掘て其中の水を
汲ければ用を叶ふる事　是又大地の徳用也　さて又般若の御計ひハ
奇妙なる哉　此等の水の上を見るに一年二年ハまだしも猶数千年の
昔より今日に至るまで泉ハわき出る事を止ず井水ハくめども尽ず
又河の流れハ絶ずして亦本の水にハあらざる事幾ても続りけり
さても般若ハ得と大地として此等の河水と化りなるぞや　諸学士

是と知らんと欲すれども勝手にして深く察し難し是と知らんと
欲せば只御作者の御慈悲なりと思へ又人の生の為に所々に
湧出る温泉も大地の深き徳用や是又御作者の内大切深甚なる
縦也わき出る所は同じごとくなれども熱湯冷湯の隔てありて病に
應じて其用となること奇特不思議に非ずや海其徳と見ながら其
御主と知らざるは甚無欲の至り也其上又地大の徳といふは世界の初に
御作者より定めおかれし法と違へず木は木草は草其種子とつゞけて菓
實と法じまけ年々に五穀と生じて人畜の養ひとなると
其色是又奇妙の一儀也ゐと眺めて能々思惟せば御作者を見知るなり
養ひなるべき其色一粒の種地に落て成長し木となり草となりて
花咲實のなると見よ誠に奇妙不思議也然ども是平生の儀なるが故に
心と留むる人なし留むる人あらば世に稀なる事なりともはなれ
平生の事を抔奇特なりと毎へて御作者を見付其御善徳を仰ぎ
奉るべしとさんとあぐすちいの宣ふ也

第十

地に生ずる草木の事

十ケ条

五穀草木の生ずる体と見るに先其〻の種を地に落是で定まる又
日月星の陰気降りて其種と蒼育し成長させ木となし萌と
なるを言也然に五穀草木といふハ人倫の為にあつて叶ハざる所あつる
物なれバ末世の愚人是と見て悔に汁ホとバ三光より受さる気陰と
の恩ひて進へざらんが為に世界の初に五穀草木と拵りおいし時ハ日
月七星と未なるらしめおホ御諱計とりく地より生じさせ給ふ考也
是五穀草木の直ニハ全く御作者の御意あつる事と毎ハさせむべ為也
其より末五穀も草木もそ是〻の種と地に落し三光ハ陰気と
降して蒼育し成長する種に定め置給ふ考也
其種に五穀草木の種の成長する体と見るに始中終皆不思議のこと也
さんとならバまつ是にんと付をいて小麦の生ひ出る上と演て云く
農史に小麦の種と田地にまけバ冬ハ白く是と蓄ひて先づハ皮と腐らし
中より芽出と生じ漸く二草と成て終りに末に穂を生じ其
穂に亦実と含むも多大也一々是にんと尋めて見るに先其穂に気皮
つゝむ事ハ其中の実と保し風雨雪暑に損ぜしめざらんが為と見えて
考ふ又其穂に芒と生じさるハ鳥に啄まれぬ為に模為と結びさる
ハ也其根の四本に蔓る草木の穂の重さと戴く為と見えてあれくさに

又数ことゝ勢ひとハ長さと強さとのまさるへしさてを尊特なる
本尊雖ハ花と観じて御仏前とならひならざらんやと定むる也
きべ五穀と先として草木の実と見るに四季折々に加意して生せる
事物に御仏前の御大切荘嚴ならず也加之物によりて八宮庭に
用る為と事ら物によりて八種経て後の畜へとなる花道文物によりて八
身命と書く為と事ら物によりて八只献ことなるの之也さて又此の本尊
供養きん人ハ身ら御仏前に御礼と申上御大切に存ならざるべきや
他に花と取る御具とも見知らざる後ハ喩へとたんに例なし其人まて
挿す趣き路次まで一宿とかられ亭主ハ雖人とも知らざる也丁寧に
宿とかし酒肴の物と出して糞をつき所に嫁日彼人一礼するに及ぶも
るに鞭て行んとぞ亭主げとらぶつきぞ只無数の程人と見るまでに
出るべき事をも知く諸人は一生の挿の間に我も御仏前丁寧に物と
出しなすまじ目なるに事御礼と毎に申上ざる後ハけしも云つき障
なし　扨花ハ田菜へ如き浅見なる人の事也僉物の内ハ山海の珍物と
集め衣裳の内ハ綾羅錦繍とつら飾る金殿ヲ座し朝夕菜花の物と
出しなぐさむ此ほどにけれしるまでへ分ぞとだまも取もして只畜生の
ごとくに用ゆるハ甚無識の至り也

十ケ条

§一　それ人の病を治すべき為に作り置なる草木は幾千万種やある品々に
奇妙なる薬性を含みて諸病を治するまゝ其の奇妙不思議也さて草
木の根葉のまゝを服用すれども石の中にも薬性を含める物多く能く
工夫とめぐらせば御作者の大切は偏に慈母の子を愛するに異ならず
然に薬とならぬ類と結ぶ草もなき山吹長春等の類とけぞと
見るに花も人の眼を慰ましめ香き匂ひをかざして心を楽しましめむ為
為也山野にさき乱るゝ千種の花は色香妙なると見よめでなる
画師の筆にも及ぶべきぞ菊の花は上と以て白菊紅菊さまざまにして
其の花の隠逸なる君子也の蕾より咲出る牡丹の羅しき薬は花赤
花の富貴なる君子也花の胡の蝶と帯て媚ある野も如何なる
王嬙西施の衣裳としてを嫉む計の粧ひ也泥の蓮は淤泥より出て濁りに
そまず紅白色と変へあるを多くに露あるしき風情桃李の春は風に忍ぶ
梨花の雨と帯び梅が香は四方に匂ひを添る薬は右のさる事も帝王の
百福荘厳も草る花に点んやかゝりて妙なる薬とけの為に作りなぞと
見るに人の力と書入為のは惜しまぬどもを慰るの為に所為なる薬と計ひ
与へなる薬ぞ白や

§二

又諸木の葉立ぬと見ゆ小花も不出候の一事也先草木の為には根と
いへるは其根の間をいとすぢれごとくなる小筋とらへあいて其
土の温気を吸とりいふを枝葉までを全く通ずるやうに計ひ
なす也人のかれ中にさまぐの筋といへる血気を通用させなすごとく
一枝一葉の間までも数々の筋ありて両露の通ふの全体に行わたる
やうになしなす也又世流々の火のごとく諸木諸草には無量なりと以せ
二ツともいふなるき葉は太なる者特也是同じけれども大小替り大小
同じけれバなりとも替りけれども等しきはなき也此不出候は人の上をも
いふ事也当今世界の人の数様りなしと以へども遠き近さ
なし是といへる御仏者の御智恵有りまさる事如何せよ又
草木の実のらぬさき共葉と茂らせなす葉は荒き両風に傷さまて
其実雪落せざらんが為也然とも両露の通ひと湯気とも変わるに
根も葉のしげりなるひまぐなる湯気とも両露とを変る者也又其
実の性れ弱きには筵ときさるごとく太なる葉と覆ひなす也花は蒲萄
又は瓜などの上に見ゆるなり

§三

十七条

木の実薬の実に付て不老保なる御汁と知らんと思ハゞ松の実胡桃
栢の実などハ上と見よ此ハ霜と排ふりどの樹なるによって風雨に侵
さまで銀銀に並づきが故に之を以ハ先外に強き皮ときせたるハ猶も
ト小家の如く強く堅き物とゆく実と包ミたる也松の実かやの実も亦
めたし又木の実ハよって一段大なるゆへ木ぞ忘撓て折づきが故に堅固に
強き枝と作り付たる也故に其実全しといへ世折るまなし又石榴の
上と見よ花とりく咲作者と幾を重ぐづき節目ゆり先外となるゆる皮
またつをもるハ中なる実も此のごとくになくびぬ手にとり合挟ぜ
ざらんが為に落さきぬの如くなる物といくつもさけたるハ吉瑞となし
たる也一粒づゝにわくさ様とらへたる也柔ハ実の上和らなるによって強き物に
陶るをこんで其実全からんが為也又粒一ツづゝよりも小瓶と出して皮に包付
陶るまハ命へバ胎内の子九ケ月此間臍の緒よりも母の養ひとうくが
ごとく木の根より通ずる潤ひとうきんが為也此菓の滋味ハ病人の為に
其の燥きと潤し健かなる人の為にハ風味ゆり皮も又菜性の滋味さ
熱惹さてしく五臭とふとづきりでれ人ハ皆の花と思ハざるべき又蒲萄の
はびこるに付て其根へ小さけまども滋の味さまるし先此実ハ一段
風味と含みまちしると醸して酒にせるにば世の国の名酒よりも百菜の

長とある甘蔗より生又菜の形とも作り砂糖の如くに酒と等く作る
事もあり又其にかの菓と漬まべきくある也と為人の食の為に
干物となして乗也営の迹形めさずらと云へども醫者の薬にして用る
迹形へ数とも知れども小さき薔にさへ如程の盛りとらへ々ず衆に奇特也
御主の御禅子表も我らが上と成れよと蒲萄の根と菖に添へなひて
わきは蒲萄の本也汝等へかづら也かぐらへ本に連らざるべ実と生ずる
ます汁もたが如く汝等も其本に連なりむんで現ぬの実と束ますべら
所ぞと宣へぞ既此蒲萄の上と見るに生ぬ其力に任せて上に登る事
汁さまじべ此佗若より生ずし〱に伐る縦付なひて大木の枝に這せなへべ
其樹の高きあれども訢付上る甘蔗其如くきりしたんも自力に天上の
快楽と遂る事叶ふまじべ其御ずい之の上より大木に添ある御主役と
世界に降りなひて蒲萄の懸ると有るきりしたんへ此君の御大切の
高き木未に知付なからべ乃上天に至らんまず頼ひなし

§四

諸木の中にみのる事もなく花さく事もなき木とべゆの為に作り
なるぞといふ人あらば涼き迹の為ぞと云ふ故に人の目と悦しむ食物と
ある事をまらぬせども紙屋と作る事又大なるあるれども其実営れ為に

十ケ条

材木ならんでも叶べからざるによて実をならさる大木とも生りなるハぞ実と
結ぶ樹木とひきく繞りなるハ其実の甜易からん為也実と生ざる樹と
高く繞りなるハ棟梁の用木となし玉ハん為なりとしぬら是也
横棕松杉の類ハ也又此主人と此務をなされ為に栴檀流水の
ごとくなる葉しき物とをあまさ生りなるや又生ぬる実と結ぶ木
あらと以て世その能となさる樹なり是なれバ無益也といふるや其役に懸ざ
是とべんの才覚と廻らし智恵と巻ともいて実のならせ玉ふ為に作なす也
其によて論ハ実のならぬ梨と切て基としてよき実と生ざる梨れ
枝と続とりく上品の実と生ざるハぞ是ニ付てさんとらんおろうおよ
実ふハ若きあめんど忍とといふ樹と甘くなさんためにそ根と打破りて
其中に松の苔と入て植きでも剣甘くなると以り是ニ主も不思議
なるまでと知らせなさ事なりむ為とて以る樹ハ枝葉ともに美しくして
重子立のびり栄のなしハ見ゆるに似て長く種しるのたてがされども
其ハ此樹ニ涯湯の二ツなりけれどもよき実とハ結ぶとて以ヘ世一所ニ植ざればハ
其実熟せざるが故ニ涯湯の両木一所ニ植れハ涯木ハ湯木の方へのを其
枝とたとむ故それによて涯木ハ湯木ニ離れて実熟せざる時
農人是と見て湯木の実とむて涯木の本ニ打添て熟也是とりく湯

木の実ハ毒する者也ひげいらといふ樹よ滛湯の二ッなり湯木の合力
なるときハ滛木の実毒する事叶ふまじと也ちなぐ花又雨よる事也
其によて花と知りざる人ハ湯木の実と知て滛木の枝ふ付て置ハ
其より小さき虫出て滛木の実よをひ上せバ其実よく毒すると也寔ふ
二ッの者特なり一ハ此小虫のわざ然ゆく無味なる物と毒味とあしめふ
事二ハ枝実幾千万といふまでと知れども件の虫より一ッも
残さず悉くに其味をなふるまず花也花蕾と出葉して御作者を遵ひ
奉るまじきや者特と残し置も此物ハ一ッもなしと凡こ自ら内證の物へ
付進を求ふ合力するやうに計ひなふ事悉皆内作者御一体の内衣具
あらと数へ給ふ為也爾ニ論ぜしごとく血数草木と作りなふ事と
いふとも一年づゝに其実をもつる物なれどもいつまでも生くやうに計ひ
玉へども漸く果實ざによてそれより小種と残さぬやうに計ひなふ也此
種も一粒と植て又一粒と生ずるにおいてハ多粒の事もあるまじき
以人ハ内者特といく一粒より万倍となるやうに計ひなふや

第十一　貪欲の上を論ずべき條事

十一ヶ条

御作の物をもて御作者を見知らしめんといふ心疏なきで草木の
上をば大器広平ぬとて又諸御作者の御善徳を顕し奉る為に禽獣を
上を備へし此等ハ万物の御作者を見知りならんとする人の為に
大きな益なる事也其によて古への聖者多くハ是に志て始めて其学心を
本としたる事王数ハ大臣も雑多かりし中にも四海に聞く君徳
ハ蔵に備へれたりしあきしけんでれと申大王ハかりさとうでれさと
いふ継おの世にならびなき学者と師範として此学心を究めおかいハ御作者
なる禽獣にいたる迄の事共特と明らめたまへんと顕き事共書きによて
あしやあひりかといふ事に繪をと下さき猟師までもあき又禽獣を
目どろ枚去れ數ひまでを枝かりさとうてれさとふ行て為けだもの
上に知またらん程の事を告知せ又ハ禽獣の上に能にもに珎らしき
子細を見たる程の事を悟枝学者に顕ハせとの物語あらけきで余病
菊にも生ずる枝を知附ど群り來て是を養き剣枝学者ある事を書
西に載せくであにまちふきといふ一部の書を編立ある此内生ハざん
ちよまで生ます中へ多数を厭めたまへん為のそにきへかりて小内営
行りけるにきりしたんと名をゆるさるゝ輩ハ此人をもく御作者を見知り
奉る御善徳ともなるひ給ざまらん事に奉らんと用ひざらんや故にと

此篇に飲食衆具の上を具に論じて讀誦の人として御作者と見知りたる人にへしめんと思ふ者也然ども尤にあらずとつぎ飲食の所作に付て信じがたき事も有るべけれども第一まず叶ひがたき御作者の名誉の為にかくあるとおもひとりて飲食に當る役と勤むると心得たにとかくハ不審もあるべうぞともべからざるの及ばざる事さへ理りで作者の底大に至まで徹所まで賛讃し恭敬し信を致ひ奉るべき事本意也

第十二

飲食に當る世界の様体の事

此量りなき内に世界の上を人の為に飲食衆具を作りなす時別様なが鱗畜書肩の為にへべき程此事ともなる也先第一ハ食物也是亦一ツにハ、若年ならず故に喜ぶも若年なる事るべうぞさるによってそれしに當る食物とめいしくに作りなへなる也是ハよつてハ肉と食し是によって草と食し或ハ血穀或ハ蟲衆と食するも有り極めて小さき衆の是ひまでをそれぞれに當る食物を作りなへたまふハ分しでびりするを百卅五に是と伝さかいて宣ふ也 Qui dat efcam omni carni, quoniam in æternum

十二ヶ条

misericordia eius. Ps. 135. 御主ハ一切の畜類に食物を与へ給ふによって御憐を
無量なりと申すべし此御憐をハあるとしあらゆる生類の上に施し給ふと
いへどもおして鳥類の上に頼もしや申す故ハ先鳥類ハ草まを食せしめ又
山野に五穀の実一粒もなき極寒の雪霜深き時節までも数限りなき
鳥類と薬草のなき事ハあらず此等精状や益と雄ハ謀ふに渡てありと
いへどもはなる時分までも飢渇の為なし　さても忝なき慈仁なる
事と鑑ること人の上に於て母殺心を起させ給ふ為に慈悲まで
うちに小児を捨る者を見よ此てれ彼をさへ捨たまふに争ふ状
捨る事なきぞと思ふや申すべき世界に畜類禽獣の為なるしくの食を調へ置
きいても人間を養ふに申すと思ふむさぼる為に入種の深さとする精誠と
思ふ事や是皆眼翼嘴羊足の精力なんど此畜類禽獣の内に物に
よって他の生れの食となる物多し然ども是と此申ますにとさむて
剣時に給ひ果をつぎ放に申す獲物と殺しむる為にそもしくの力と
汝ぐべき衣裳とかくのごとく与へ給ふ也申すによって或ハ羊足翅のそやきと
身くる害と通たましゐもあり或ハ皮毛の強さと革する作りく歌と
汝ぐ便りとし又ハ流れる為に勝せさる才覚あるとりく書時の眼と
道たるもあり又ハ一類一所に群集して言力とりく力を全くするもあり

畜生ある者特なつまハ自分の悪欲といまざ形の欲をざるさきより
有事とかひで知るによつて未おの己とおしてふげある也さて又扨ふが悪欲に
さし向ふ欲乱を知て其に別を囲む畜生余へぞ半草ハ猿よき迯来て
我の意りに集る也又若所悪けをば好さ所と撰びもとしる物をもらへ
なる也其によつて燕ハ冬の間寒国にハ堪忍しがたき事と知て暖国に行
畜生ハ食の様ならん事と勤むるゆへ也又禽獣の上をも此事行
ものなるがゆへに己をと菜と撰びとる物とらへなるや

§一

扨禽獣と賤しなるふましき為に血気の性と定めなる如く群生するを
子と産巣立る時分と定めなりひて燕雀さへなる也ぱらぢんとつうまよと
いふ学匠も是と見て大に驚く也其故ハ燕雀の時となきぞ其有ると
遠へども子と産巣立る為也又時節己をぞ其ふ離なくして雌とも雄とも
毎へども其有とも忘命するも也然に是と見る事人の上に於て恥辱
なるぞや人ハ婚姻の為にやむ時と知れども是別人の生を付の挨じ
さる理をに悩ぞやまと害ひ巣立る事も為乱高乱ハせる程の営をも
なすとぞといふまと見る先至て有径所れもりしあしと撰びよきとぞ
所と構るま定に渉る所ども其例し多しといへども今其一紙りく勤毎

十二ケ条

せよ或寺中になの子と産けるに高僧見とかて多くは無益也只一足先
にして四ッ産ろる子の内三ッとへおて遠き所に抛すてゝ其親来て
みれなくもららうまと怯む氣色引せ所こそかゞまちり終に死し
ろる子と見付畜生のうふしさいきろる子れ程に含ミ来て初の如くに
垂れ人こ見と見てなの儘て置きもじき所に捨つけして四諸の屋の
上に垂れむ来て又子のなき者と貼しきも生とかひで終に高く垂
なまろ甍の上に揚り又見れ所に含ミ来りね見とゆく御作者より
ねなる子と巣立よと授けるふ又こちんといふ精強へ見程強さといふ
来と見よ又高れの子と巣立る程見るに乳房と指まゝへ乳汁の為め
遠りとあるべきが少人に世よ乳房とらん玉へ只親のおる食と洽せ
よと授けるふよて清東とみけりあれ為子の為に食とおむる者也
親子遂する程なけまで其内へ食をね来と肴ミ先子にのミ含むる者也
其側へ薬よ子とおて餘に入てかに垂べき親餅と運びて書よます
ねが為に此大儀の所もらと以ども御作者より授けるゝ大切の之も
ちとれ精進よ見と勧むる者也さん為るあるど実ふへめるに人御主
苦儀なる大切に思ひなき也結に捨てくも聚物を安き勧めとあるべしと
其儀ぬに雖れ子とおよに聚き命も生ぬきじへ臆病あるゆふれども

子ふ手とらせんとする者あれバ怒らげて身の毛を立て追く者也
尤よく其子を養ひそだてぬれバ親ハ其子と指捨る也其子や親の恩をさ
ますを忘れたといふ鶏や鳥など道理を不審とふと来るもなし
諸の鳥獣畜類ハ食とおもふ為の眼とらへなみ蚯蚓の類ひに眼の
なきまいんと思て云く其こうる御門他者の流き御言恵みをまし計ひ
あらず雨ならば其故ハ彼ハ土中に掘て食すを土と思へまで眼とおもひなれど
諸の木草も又花に籠し其飲食ハ只土なれども只とある根は土と
湿気を付べきなる也又禽獣の子をそだつるにあまさの者特にり先
鳥獣の巣作る得と見るに継ひ起恵ある者にしてを加様勝れる巧を以
ふと来あるべら附ぞ押並て其巣の形ハ絲の如くにして程らひハ生る
べき子を適じて大小と定しる也羽も毛もいまぶ生ひ出ざる子ハあらく
あるべきまゝと着てぬるを私ある物と拾ひ集て巣の間に殺也其
子も捷き巣の中に糞とせバ悪く汚るゝき故にわきへよせてする故
親よりまた拾ひ捨る者也さてを者特なる御汁ひ戒起恵ある人よりても
是に勝りたるわざとふとつきや其バ鳥獣の中に知ある人の使とある者
なし故に世の御汁ひ役りく此ふの類ひれバさるやうに汁ひなる也
其によてこうぬなりで知ても出頭なく生ずる物なれ其又鳴べるちぎを

十二ケ条

などいふ鳥の秘ひ也鶴ハ月毎に子を産也昼ちかきへてふじかの卵子紙
薬立る者也文鮑に歌と法ぐる具とさゆぐにらんなふ本と肴よ鉞ハ尖
なる牙武ハ角蹄ハ剣なる故也若天性臆病にして歌と法ぐかなき鮑
也ハ小げなる者に畢き是とらんなふ也是ら猪康の秘ひ也げ是よ鱼も
臆性なるりで有是も勝也て畢き者也文歌と法ぐべきる具調らざる
おまを用ゆる時ハ有る具のなべき所まて法ぐ術とする者也喩へば牛
などもいまだ角のおまざる間すを窮とさしおて法ぐんとする者也
純雑之文鳥の子ハ鷹の翔ぶりと見れば其のまくすくむ者也文異のきく
本ハ人よ是も貪鮑る勝也角ちら臀是と読まんとしてがものといふ人
呈す酒と煙と乳とを入て華の子れおふなくに双べておけば有子一ツづと
かぎなて乳汁と飲と也是剣御は猪若よ是有精羅とらんなふによて
見称ども食の乏所と採りて為る者也なの子ハ目れのがれおよ是毋の
乳房とよく為称ある也若乳しら出らね是ではまて強くの母ちを糺
りくおみ人絞り出まがごくするや是家牛るの上すを好みて見ゆる也
さても法ゆハげおよ是孝びけるぞ此耐よ是らんなふ心さちんとの精小
川ありまで也文貪鮑の餅食の上に有御汁ひとおしなふ塒く膚と
漲を為也ハ鉞ハ毛鉞ハ指ゆるひハ精鉞ハ見有ぶ所て多き者也有中に

ねともの根は毎年回きと替て新きは生ずるといく長くす力と挟ぜざるやうに計ひなく其也四肢けるものは梁の代りに爪と蹄れわくさは便りらへなき其也又す力と書ひ巣立る為に全体のつゞひくお痩せざんば捷りあるべきがゆへに足の長さ多めは長さくびとらへなき也死足は長くして頭短くんで食とおむろすを不毎あるべきがゆへ也魚は日の光と当て餌食とおむろ抛なまで寿為に入柱の光と眼にらへなき也猫も又然

第十二

禽獣の力と書ひ巣立る才芸の事

とまでハ禽獣の棲処と押並て論じかたし巣は鳥が上に備る棲処と名く小論ぜざし先草ハ野鳥に出て常とてもふげども同じ縁りある常の中にありしかしと見なてよきと擬ひはしきまではまわや先は草のこにあらざ蔽の鮮もめんし人は智恵ありといへどもさらぬ自のは知来なし先に付てすらびたよといふ学者の記録ふけるる山林に籠り緑る苦りして食来のは常ばのを用ゆるに常まの好悪と知らざまで折く腹痛と拵也飢ると以ども腹痛の甚

十三ヶ条

しきますといへども合する事とゆるし給へ歎て申さく御ざ我くれ
此草木のみ悪しと見せ給へと申しと河伯氏なさおく語として康一足
多くの草と合ふ事て枝及ぶ者のおよそ至悪しきと捨よきと果て
さりながら其草木よしあし能見知て合せじとゆへよ枝人の腹痛も
平愈すと見る事有草をも又為其精なる精純行り是ハ第れ草木の枯果
づきますと知て此の末のみ営みよりもまして其人是と説として
衆生の間に為末世の是悟とせようし又草れ子の面々乃母の教と学
知も為其也命へど千草の群りなる中のみ子とつきなる母も若干や
御られ子どもハ何の草に隔てられて母と見失ますれど面々教と
たて母と慕ひ呼時母も教と合すれにそれしく子どもハ花も姿を
讃られ群草の中とぞ通りて教とのそしるべとして面々の母ハ花の
為つく者や鳴呼其なる武妙なる武術ひ教恵ける人なるとも
其教の隔てハ学ながうるべきに草ハ生まれて女程と経なれバ其甚なと
学知也又雛の上と見るよも不思議なるまずけり母為合と見出して子
どもとよべどひよこハ其教と学知て皆集る也蓋小為其精なるハ雛を
かいとりて出ると世に母の教れ隔てと学知也忘とてめといふ教然
学べきり来てくらひ翼の下に集まとの教と出せぞ其下に集り我等の

ねぶりと見て残さよと呼べど声と出して残さんとするや一羽雉が
数へ我や嫁に御仏若し是枝亦に智恵とべらへ云ハ詠ども男と書し
心得ちんといふ精とらへ名といふ事なり也又さればじ是よとさん
どんだろうおよれ紀しなき事なり海亀に解脱なり石花とかく、蛤抱
ときに蛤に石花の予あちこちに競ひかて石花へ湯氣とうきんよてハ絲
罪けでかに小さき石と投入れば亦声石に縛られて石花ハ絲寄ざるざる
時かふへもさゝ絲ハくもさゝ出し總に腸すると入り忘れてむやの酒
びとらやといふ水の亀りに名山なり声あの狐ハかふと始めて海亀にかり
海に入りありと流めて尾汁とほてねる所にかにハ声様と知らして尾の
上にのる所と汁にて詠みげて食するとも也から狐ハ赤来とも取りて
食し残しさら庭鳥などとべたと穿て埋ミ置や是れ明日と知する
隠也又狐のありに付ざら蚕と掃よ才覚も賢き者也蚕に攻られて為す
なけれど木の枝と含て水中に入り次第、ふかと流むれべのミハ水れ
むらぬ所とおめて頭とさして上る所に果して首とも水にさし入るれば
為すなく枝含ミさる木の枝にのミハ葉もる時魚声枝と流して残ミ絲
云さとも也鼠ハ池亦すくづゆへに池の入さら蚕のハれ細けれど尾とさし
入て浸し知てなむる者也去、ぢいまよりて肉食する獣なりかれづ

十三ノ条

歯の間透ざるが故に食しざる肉のこざはらざるば害氣の湧出し
さへ楊枝を用ゆるにもなけれど只若しむしろかの事なし此歌ば
御作者より提げ出し為に作る小魚を悉しかいて書らちいまらが
にと頼けど枝魚をさまるる小肉と論ひおて作歌者や愛とりく
あらいまよへ若し紙面也小魚へ秀男れ書ひとゆる也又蛸の食と
求めんとしてへ海底の岩に吸付てそれともせましで若る所に鰯
などの小魚石うとんゆてそれによりそへで年とのべてゐて食ふと也
猿人も又めし西めへ金色の変りとなしてんめへ花枝の針とつらふ者也
むらたまやといふ魚のまず紙つらまよといふ学者の書けるへ此魚へ魚と
くらふと人ども水に好ざる者へ小や海河の通りにゐて弱るどれ魚を
とりてあげ所と嘴とりくるてらに頭紙つき類に魚を捨させて奪ひ
とり食ふと也しかげまいといふ小魚を飼ふ人もあうまを小さき
鎮を足につけ紙このごとくに板を添へてする也や又を板に縛るべの
如くある物紙うくりあのはしめへ餅筒をくりつけ一ッめへをと入れ
今一ッめへ水と入れてさげおけど枝小魚をと論ひと出ふ時へくちばし
まで糸と引てをのるる筒と引あげ水を飲んとする時へ水れつ紙
引めぐりが世なるつに水をなければ下にすをときさうる水盤の間へつ紙へく

くちばしにて糸をくはへゆるめゆるめこに握りて終には水をはり
なげて飲也是皆人の見る事なれども珍しき事なれども見別ざる
人多し扨して爰に記す也又むら里いそといふてちいさくみじかき
獣ありくびより尾のさきまでは毛の代りに針の如くとげあるもの
渡りてありまんで然ぬむが故に木の本に行て落さると捨て跳ねぬべ
捨ひあつましとぞ己れが穴に運びゆく也去る運よし握ると見るに尾能手
足とつゝよせてかとしめむすに針と付らるゝ如くにならて木の本とはなる多
こる多くまるびまんごとあまた針に刺さてよう見るのごとくにかと伸て
まんごと負て穴に入る也又てがらめけれどといふ奥まで不思議あるまなり
泥の穴に流れぬれば魚に全く奥は堵寝入しとも也然とてなれぬれが
泥中より出て捨よりも又漁人狗と驚る時ふつりとぞ穴奥に
させれば奥はいとと借して竿より竿本に来て竿然なやすすが故に
漁人はつりと抛川とえりあれりあれといふ人虎に付て書けるは虎を
猿とすさて捨が故に大猿あまたあるに思びめて木の本に往て
死しるふりとすれども猿を渡る猿どもそと見て死しるとは思へ
さしとが恐歎なれども敵さどこの為と知らんが為に先一疋の猿と悪也
虎は南も恐死にして動かども猿再三に付て試るに終ぶけれべきる也

妄想の思ひをなしておりくゆゑ虎の上に飛あがり飛くゆゑ腕に咬と
虎も殺と起て怒に乗て喰んと也さても無益の働として己れが
身を害ふ為に此ほの才覚なき事ハ雖ども所詮やよく其根元と見よ
猫も又ぬ此の巧をとなふと也是皆人の知覚也翠林において蔟に流起飛し
さらぶり此なせで鳥来てを付所と押へおて食する也其ハ人の経所に然
鼠のかゝハ覚ある事なればかくの如き笑ある表盗と称しろ守禅として
御旭若く皇祢ことを覚め垂なる也其為に身ハ与へ身を粗くしてつめハ
するど也双狼ハ光ありて害ある物と見如くの精りあり其に甘人に對しなる
御丁寧ハ是すても明白や
狼と羊との上を論ずるに不思議あるまゝなり狼ハ生物子と多く産む
然に羊ハ一年に一ツのみハ産む然ば狼の数ハおゝく羊ハ其数多きに細と
はぞといふに狼餅食を求めんとして深山より野原に出る時忍びきなけ
れども牙に勝負の如く群りて巡めぐり如に足つかれて日まひ倒れんを
狼あればハ負ゆるといふんぶや群の狼ども其をおて喰ん也故に狼ハ多
くありといふ是を雖働無すればハ甘く皇二種の御汁ひなり一所ハかくの如
不思議ある是をかくて狼に食をらんなる事ま二所ハ其是をかくて狼の数
すくなきやうに計ひなる事是也然ハ無き勤と多く巣立たまふ也

御計ひをあらゝらんといふ毒の虫これよりて見ゆるあるは毒虫にくはれ
たる人十二時の間に療治をかへざれば必死する者也此虫は一度に十一の
卯を産ども十分では有る母虫を食して残る一ツ計を巣立る也其一ツは
子も終には母を喰ひ殺すといへり故に此虫有如くおさ也ばらじゝといふ
也まを毒蛇なり人にくらひ付てはまる座にあるくらひゐの間ときり
すてざれば人死ぬ事して叶ふどかなりであしき毒蛇なるが故にはまる
顔に鈴の如く鳴物を作り付る也此かまびすしき物と時は世あるつ也人ある
毒ときけば別室に毒蛇なりとぬめて其悩とあらとが故に深く喰はれ
ざる者也あるべきの毒蛇数は勝手を入らざる者は疑なきにはあらじ
其を作りるも来いふといふ不審なるべし答て云く能此を治むるには
貴寺の二ツなくて叶はど忠功を貴ぶん為には来禄と定め並科と
守をん為には粗械の攻具を調へ並あるひ也るの如く何も施人御守の
為に毒蛇数とも作り並あるはたらか也ある此物へいざらされの人民に御祈
禱とらへあひし時は毒蛇とかく若しあるひは悪魔の万民を守し
めるまを牧坑の扎ひまて攻めるとなすきりつらに見えるあ
其経は魔殿の力と書く餅食のさまじくあるがまゝとあると救むる才覚と
方具の色くあると見えるに御作者の御智恵豊りなき所説をのかや

初編 三十六

十三

一切の群生ニ同じ食同じ衣を定めむでござりて尽くに足らざらざるぞ絶
情なくに定めなす本ハ甚ニ薄りなき故智恵也忍りあるゝの紀録ニ
見ゆるハ獅子ハ老して食と求るに力足らざらざれバ子どもをつまて求めさせ
得ふ老さらハ衣ニ為まらて求食の残り末るを給也子どもハ食と求て
親子為ふ迄ぞ親ハ先子どものつらだ祢より感ずる風情まて求後
諸ともに求むと念するとえりさとゆく人も父母ニ孝行の続と
すづき若也又海庭ニびいなといふ貝行り小魚と念て己まが書ひとき
鉢ども貝ハ脈と指ざるべ魚とおづきめてあし　鉢ニ忍すきいらと
ふ小さき魚あてはかいの儘と離行くますあし　明ニはかい食の望を
あまでぞいと探て結ぬる雨ニ伊となき小魚どもくらハまんまだ知なぞ
してはかいれいの間ニ入て推よと儘あるぞすきいらもや明ふゆらすて
かいとさし　知らすまばかいハ口明ふいと寄て入さる魚と押へもり忍さ
きいらと共に念ふ若也さびりによとつうまらぬ人の書ニ見ゝ為也
又諸の魚の上と見るにはせハ角とくらふふよて求衣凰もお寝せり先
觜の上ハゆびら打發て鬣ニ纏行り下ハ刹力の如くにしてよる里打
かくまでにかすて鐵燦若也又上下のくちばしすきまもなく合さるだ
ゆくてふぐハ為へさるとべ強さ来あし　亦も又なさし脾胃の強き事ハ

食物強さが故に濃し安からん為也又薬ハ毒の為に悩ざ人の飢ゑの
為に作りなすが故に細く人に刺付く生を付とらへなす也それによて
刺付てよ生ハ雲霧に入ても又悔る者也然ホの本来場自然に出来ると
いふづさや又御作若よ生そ生しくに計ひなすといふつさや
立ごふやと云るの上ときけ然るハ巣と作りて子どもと巣立る時日影の
強く当る所をまでさけの光と子にあてじと翼とひろげて覆ふと也
又花て後食とおかす東汁ハさざまでせず子ども巣と作りて親と入遅さ
餌とおめて喜ふと也若始所あしけまで他に絶えんとて子どもさす
親と翼にのせて絶さとよりそも父母に孝行の道と勧しるゆ総や
又血穀若よ木の実と啄むるの上といふに先一ッハ鹿る也然るに尖り
さらくちばし一ッハ東ハ食と拾ふ為のそに悩ど飢となさんとするもの然
故なんが為也それ上云中にいつる食物と穿ちおさ為におる意の飢と足とと
猶也又水にすむるれ親ひと見よ枝ホが足ゆハ水ッきいり足といふく船に
櫓械とたてさらざく自里と始る若也くちばしハもぐらどして平く酒へ
のこぎりのそれ如くすら足奥の滑ッかっと呼へて落ざらんが為也
大るズ仰ざく足の長さるハ其頭も示長さ也然らざんべ忍とひろふ
東汁ひがくさがゆへ也鉢も足に同じかめろといふ鉢ハ雌小猶りて長

十三ヶ条

高きがゆへにはねが足ゆへ三ツのふしあり狩と負をんとする時ハ自ら足の
ふしを折てくゞまる者也長の高き程くびも又高て長き也何も不然
然るハ大象ハ其胴体に應じてくびとおなじくびくハ其身を通し
なきるがきがゆへにくびハみじかくして鼻ハ長き也其鼻といふく地に
ある食を巻て用ひ又水とも吸して口に入る也此獣に條多の興ある
茶の中に一ツハ蝋するとて人の見る茶を悩ひて其時其に各まで人も
通る在所へゆく也為人より見らる迄でおうりでも其人と言きんと
する也又鷲の上ハ見るに枝ハ従らの雲井を飛翔る為あるによって空中
より下れ餌食を見付る為にいかにも隠き眼精と此鳥生れ付たる也
たとひ又眼精隠しといふともちと心じきと始る才覚なくんで益ある
ゆゝしきがゆへに其才覚とも与へる也是によって為亀などを取て食
はんとするに其甲を離ざま什ハ(ぜまざ)ハ雲井迄に飛揚り岩の上に
落して甲を打破りて食ふと也是に付ておかしき書に見へきる事あり
昔ゑすきろと云名をぬさる歌人ありしがとのつゝ頭髪落てなから
しに或時わし亀をつんで空に揚り甲をわらんとして石を尋るに其人の
頭を見て石かと思ひて亀を落しかくまへあやまたず頭上にあたって
疵を被り終に死しあるといへり

又人のうにすくまず第一とをに篤しけれども毫径として諸用に
など唯多作り並なる也是も毫ばひさまぐなら先走べきらといふを
長毫く美しきなむ也故へ仏拙く力強くしてめでたうなる悪しき勤すをわへ
わりまた合ひ付也毫時猟人落合てある毛筆又かけごといふへ年足はそく
腹くびを毛みじかく一順毫羅なるなり也此なの力強く足をやさ来へ
兎鳥のじし獅なるなどとべや耳どもるささ紅毛筆文ますちんといふなり
たく選しく毛あらく悪しき姿や羊の毒從して猿と猪ぐや
おでんごといふなへ雉鶉篤の群にすむ鳥とかぎ出しをくよまて
猟師は色を見せてさらしむる也又水小鳥らなも行り全体の毛長く
して錦と兎さらがじし猟師水鳥と射をべめるなる狐蜜するに河に
とびへて毫鳥とくへ来て猟師に渡して毛筆毫かなの羽て兵戦兵器に
して毫能も又給て多謂ふ也ども器して宴に載せさてく人の
献され為にすよる此篤と作りらん乃ち来大なる御大切に頂きや

第十四

倉頡の功と察書する才芸の事

倉頡も人偏に篤しく四大和合の体なるが故に四大の徳用なる蜜

十四ケ条

熱湿燥の四ッとそれ〳〵の気に随ふるやうは四ッ平等なる時は勇健息災也
若大過不及あれバ則病悩おこるや人は喜怒とゆく菜経と求め
醫者と云ひて諸病と療治する者也貪欲は喜怒なりけれバ醫者と号ぶ
本付ざるによって是れが病と治さづき菜とバ云ふへざるにそのつゝ毎ふる
之をしらんとれ精と御他若よりらんへ云ふ也此従に於くは人よりも尚
賢き也人は醫と云ふらんとしても三度肱を折てこそなると以かふ
枝木は己を小ろ菜性を生ゆるに毎ふるます恐に不忘也
益は雛の服にまけなると見えべせりだうかやといふ薬と含来て枝が
服にすり付て治する者也人花と見て枝葉の服菜なるます毎へ
毎る茴香の服菜となる薬とバ大蛇より習ふ也又人の気れ血とおさ
ますの菜となる薬とバかうろまらいのといふ獣より習ふ也枝に病ひ
行りと云へども竹林に入てきりかふれもがらふ悩めく足より血とおさ
者也さて其血と留めんとしては泥中に入て針ぬと塞ぐ也家猪の病
あるぞ海亀の解法と服して愈るや亀の毒蛇と食て煩ふ時も
おもげのといふ薬とおてはさるとみてより人も其薬とぞくけしの
菜とは知らるぞんぢやといふ名の山にすむ羊は将人の矢にあたるぞ
武薬とさもて立ちる鏃と抜と也おも胸の間に疾のふさがりて咗来と

ねずみハ威勢と名て性悪悲と称れハ己れが耳すて鵜ぶり出也いたち
鼠と闘て平と負へでけうあといふ事といへどもいやきを悪山猫を
病あれバ蔦と名て剣念ゆ熱ハ五穀てまんならぬといふ毒蛇と
名へぐ蛇と合して虫る也でろりんといふ大魚ハ海中にすむ猿と名て
薬とし獅子王ハ猿猴とくすりとさ狐の為ハ松脂くさり也熱の
病と称るまをいろ事と付れバ剣平念をと入り
又魚鳥の悉く枝に摘気と摸ろも書生の為也玉て霊と若しむ
鳥ハ枝末まで霊の悉と捨て腰の子極ろ也極めて罯と痛む鳥ハ悉く
なれバ腰囲と云て霊の子玉ろ也花場のれ書生小悩さやおろつが何と
いふ悉の赤海にさし出ろみさきより数十里と隔てむらへへあひりゝと
いふ腰ゥあろ悉あろが放に枝の中ハいろくの小鳥ども数千萬と
いふ数と知れども皆みさきに集りて腰の悉のあひりゝへとび渡ろや早く
来ろハ遅きと鳥とみさきすて待合する間に旧数と経ろが故に獵師
斯時苦と雑知て多くれ鳥と知苦悩也魚鳥も又めさし悉く枝に苦所と
摸ろうすハ小悪してすミよき所と求むろ故也中より子と産附に
ゆハ水れ加減もあろによて営の苦所とかへて他所へ移りぬ也斯ゆ
魚鳥の天氣と見て動れ用心とするすも又書生の一ますや

初巻　三十九

十四ケ條

当は沖にのぞむ時なきせ大風の吹んと思ふ時は蓋て汀に寄付也
海は泡沫の盛りと已まざ摘なとなど以ども風雨そげしからんと
是また經の意を飛揚り風雨と含め給ふ浮雲と通りて吾上の長樂なる
意とおもしろ若也實に為不思議なるまゝとさんと行んばろうじら書垂
名也海中に小魚行り大風吹べきまゝとおもはゞ小石を含て待者也
是小さく種をあれ浪に漂泊せざらんが為と見へ魚も氷を構ふる箸
是と見れば則大風の用意を從するとせかれども小き鱗の未おれ西と定て
人の師範となる事妙不思議に勝ぞや古今の事と思推して
誰か御經若と見知り御智恵とするは御計ひと給ざならざらんや

第十五

貪欲炎熱の歌を附ぐる具義に才覚の事

あ経に貪欲小分の病ひと深く才覚行りても歌よみならぬを附ぎ
文歌に富とならとなと定て然どれば不足さるべきが故に是とも般若よ
そ是くに熱にて計ひらべ名若也大家の才聊に虎の威風の角筆は
げの用とらなる是皆歌を附ぎ歌に富とならとおぼその及具に勝ぞや
文は小の極歎もを附ぐれど徳なる炎熱の熱ひまでをうれしく小附ざ

乃具とおさるハ構もら為歌と割する乃具なけれバ我ハ其力速疲に
して笑ひと通ぜ我ハ力と流ぜ才覚奇妙にして命と全ふする者也然ハ
其の迦ひけあるに迦の手まけざれバ以足まて搭と跳立て其の眼と
昧ますも也又総の鷲鵰にきらまんとする時以の二ッの足まてすぐに
たち耳と詩て力の長と高くなして縛ねる所まわし鵰也ときらんと
おらし合すまで総毎力とちぢめてわしとあまし其傳まふげさる也
又翁の鳥の鷹まあふ時れ分野とみよ鷹と合する時鳥ハ飛ぶべき事と
懸まて翁とりげて鳴もけり小ぎんとするに力尽くしてハ什ハじと
喙さら餅と咄出ともけり隼と鷲小合する時鷲ハ飛去案什ざれバ
くちばしと上まなして下し合する鷹と荒んと縛始也鷹も挑捴
なしざれで胸とつらまて死する也又深水割川なども行るとみれで
精と尽して其わさへもびりし来覚雁鳥の水ま恐れくといふ事と知が
ゆへ也危るぢまとといふ覚悟の鳥けり鶉雲雀小のごとく叢ま住もら
もび来て巣ま陥る時ハ先まさ所の地小下りて草まの中と傳ひりて
巣小入者也覚巣のけり所と人ま知れじが為也拙下して鶏さ禽獣とハ甘
多分ハ勝負ま拠り其がぬま身ん深くかと謹むまに歌と演ぐ
乃となるや余へで康ハ勝負なるによて深山叢樹小のま住てまなけ

十九 象

まじを頭とかげ四本の毒とかぎて用ゐんするが故に害と通称くます
多し又猫さけだものゝまを取付ど捻され(じ)ひにおろまでを用ゐんとハ
する若輩総ハ其のまが猫家に陥る時多く用らてまあふのさに用らて
すり入と入り其人に足跡と見せしが為用ら狮子とも己まが猫察と
出入する時人寺足跡とつなぎて往来と知らんまず代燃まて寺毫と
縦横にありきて行さきの知れざる様にすると也象に付てそりいの
といふ人の父が来り猟師象牙をとらんとて象とらする時象ハ
猟師に逢まて通まじくてけまバみづから牙を打折て狩場に捨ると也
其人のわまじ代害をんとするハ只牙とぬきて我と帽むに悩ざまバ牙と
らへてかと金入きんといふが上へせいらんといふ陥に毒蛇あり人其に
合ろまで十二時とさだして死すが也又此ぬに至たちのごとくなる小動
あり枝蛇其と合て餅合とさ小動此害と通まんが為にされづさむ穴の
入口と底くし出る口と狭くさ蛇小逃るまで底さ口よりふげ入て狭さ
口より出ろ也蛇つゞひて寺穴に入るに狭さ口ふにまちて出るまずと納ぶ
小動跡に廻りて毒蛇と二ツに合ひ切て殺し寺笑ひと脱すく也又ある
程小さく鉄さものしてを仇と通すくると御河徳若よりらへおもわる
あし蝸牛の上と見ら枝ハ瓶とねざまでゆくさきの雞易と見ろ来

ひですの経　四十一ウ（僅存）

地まくら也猟師此鳥をとらんとしてまづ巣を尋おしてまつちりに
枯草を集めて火をたけば母ハ煙のたつを見て子どもを焼じと
巣の上に翼をひろげてまつ火を防ぎけるを是火ハあふがれて孫雛たち
母の翼を焼ゆへに立まどふを猟師是を付て初羽を落りあふの
紀録に見ゑ奇なる蠶の子を巣立る才覚ハまことに不思議なれば人が付け
人様也巣とくらべ人ハ世人人家をおもしろき業ハ人を渡りとして歌を詠ざ
子どもを能見候なく巣だてんが為也又巣の作を見るも奇特也推もなく
下地もなくして屋をわる也去計すてハたまらずさぎ故に常を変て
すさとする也泥なき所なれバ水鳥に紛て幾度も翼を浸して
培りに滴で終に泥となして用ゆる也さても奇妙なる才覚成枝
小さき鳥のかに如程の才覚あるハげにまぞ御作仏者の御教へに
悩どんでも今ら計づきや此鳥を先として諸の鳥れ巣をく作と見ら
見ても有用に語ておなじ姿あら又卵をあてむしろ代見るに雌雄
之不孝所化とぶちて枝継て食をおむもさて其来て卵をはぐくめ枝
出て餌をおむをで其ハ妻てかいことあたゝめかはるがはる労しかはるぐ
休ずる事まことに誠に不足をり野渓を経歴として牛ると飼ふ牧士の
ふまり牛群りて子を巣立る所に独巣来てまよ子を浴んとす者バ

十六分条

親牛どもを魚と採へて一處ねまなくびえ世の中に垂て稼勤とはぐ
とせるハ又花に譬りてその色が如其足ハ従足となきハ従足とそろへて
一處ねに速ると也猶に其趣きハ譬ると云どもその子と思ふ志しハ譬
難ど
行る是よんといふ事行り花に付てこんばしまよとさんとゆんばろう
ぞよ書なきまときけば事ハ風ゑはげしき寒天になぞさふ下て
砂に巣とくひ子と寿をそだ侍る也然バ冬ハ風荒くして波打溜も高
けれど汀の巣のたもち難らん季節御伽若よ皇帰をなさんや其
事の子とそだて巣を離れまで二七日の間ハ風波揺らにして其の日の
長閑なるがごとし然と察る人其時節と能窺ひて渡海するに気遣
なき者也鳴呼雛さ天んが離る花とも推して涼さ轍毋殺とゆざ
らんや其の事の轍ひ然さ入捨ゑハざる御伽若なるぞ争ら我が人間に
御帰さを驚ゑハざらんや又くうことゝいふ事に殊しき季行り其事
卵然寿べぎ時節ハ雄の事の巣に入て其卵を温て己がまと寿垂也
卵と温をさする事ハ花と知所どして雄の事の子と我子ぞと思ひて
そだ侍る也又乞ろぢをといふ事も同轍の事れ子と塗をて己がまと
一ツにしてあてぬ巣立ると云り然どもその子ハ巣と離まて境本の毋れ

なるときけバ書冊を捨て彼と慕ハやー是非に信じ難しと思へども
ぜひもや是十七ヶ条に御伝若し是を偽へにしる事とかく信用に
足り難きと改めて見よ能く法に違ひたる諸國の人民ハ天狗に塗
まれたる人とも云ツべし左れば終に成ずりし忠義ぜりよれ内法と
成て偽是に偽ハ勝する事ハ彼者の本冊の書と成とともに偽慕ひ
行が如く也又雁鴨の雛に多とかやう総数なるも不出說也以なの衛く
飛ぶつきカあらで小鳥の翼とがく抜ておおまりるのおに垂べるハ飢さるが
如人に偽る小鳥と知て論ふ也それよ是後ハ又次第に重く垂てより
者らハしむる者也将寄に付て不出說なる事行り人皆知が如人に
寄く手なし其の於れ出て霊さ時ハ骨小小鳥と知て生ながら腹に
あて、者とはてしむる也生物寄ハ脾の縁出て強さが故に於れのかれもで
偽おて餅と致しむると思へども彼小鳥とへ論ふ事なく者まで救ちて
もどまきも而も者飛者ら事と離て見て者日の中の者者へ行あそと
思へり是二度彼鳥ととらさる人が為と見ゝ為ち者べけれども主君
たらん程の人ハ是と鑑て忠偽義士の勤功と定しくする事なられ
其離あるづきカなをんで責て者忘しと流くもべし
終に生としいけるれハのもれなと免せざるハなしと思へども　奥書ハ

初編　四十三

十六ケ条

多ふ子と愛すれバ見ゝにも小鳥にも其の子ハ親の養育に預ゝ
ざる迄どもみづゝ巣立ゆくによて也去なぐゝ其の中まても子と愛すれ
其ふさいハ鳥まで我其ハ雛子の見さに望めバ口中に含ミ運て雛羽さ
きりて与里吐出さとさんとゆんがろ者よの書小見ゝ角力鳥執もふ
しそ子とせよ色添しと以ども又情と知らぬ鳥も行り添へざるまと
以ふ鳥ハ卵と産む小巣と作る雛もふくあつむる雛をふし帰ると見
めざ産を捨ると云り然ども雛子世の巣立行やうに御鳩若ふの
計ひとふし多ふや又鳥も子どものかいとまりさる初めものり毛れ
白きと見て母ハ我子と見知れどは数経て黒き毛の生ひおざるまでハ
書よ来ふし雛鳥の書ひと云よ鳥ふ子計ひの子也又驚を雛
子の数多き時ハ巣のふへ一ツと捨ると云り然るとふの鳥来て捨ひ
とり独ざるとすれまで巣立ると也わし雛子と捨る理をとさんと行ん
がろ者よ書の子来行り　わしハ子どもと巣立る時巣の凋まて雛子
一ツづゝと捕はみむくろ也若子どもの中に眼力弱くしては光と見る
ますけざるひふあもざ我子にハ社疎き事と泣捨ると也人も是と鑑ミて
親の聡謹とふろづざる子どもとべ強て霧覚せざると鳩若よき付鳥紙
ゆく数へ多ふ者也

第十七

御作者の御智恵ハ小さき虫の類ひに上ニ顕ハれ玉ふ事

信おもんみるに御作者の量りなき御智恵と御計ひハ大なる獣よりも小さき虫の類ひの上ニ在ぬ因ニ顕ハれ玉ふ也故ニ学者の以りにらハ象王の大なる体と見るよりも蟻の哀れなるを小さき蚊と見るに尚以奇くべき理りとなり其謂ニ云く大なる獣ハ頭面手足の備て血脈六根等の揃りと御作者より与へ玉ふも猶あるべし然ニ蚊虻の小さき体中に此等のあやなり総達してあらせ玉ふまハ猶以不思議也小さき蚊の体の中に物を見る眼もあり食を味ふ精もあり臭ひをかぐ鼻もあり体ニ応ずる手足もあり翅もあり人の血をぬむ為の精もあり吸とりたる血を治め置腹もあり又毛よりも細きくちばしありて而も其中うつろ也かほど小さき虫の体ニ此等の道具を悉く小体へ並べ玉ふ事奇ても猶余りある御作也然ニ當れ人ハ大象の構を見てハとべ奇さて此等の小さき類ひにハ心を付るますなしと是ひりにらの諱也是亦尽理を撥せり故ニ今爰に小さき御作の物の上とおく論して御作者と見知り御智恵となるひ奉る様と

十七ケ条

しるべし然バ先蟻の上より見る蟻ハ其分ありて小さしといへども要なき事ハ大なる勢ひを勝所也蜂の生れハ幽座の食とのミもとめて以後の畜へなし蟻ハ当以来の畜へとする者也其によつて萬の生老の用意とし老給ふべき物と萬より生畜ハ垂也されど所く人も枝と鑑みて現世に生と存ずる中に来世の楽惜となさんにハ又蟻ハ土中に物家と構る小舎然とバ用ひざる處も只ゝ汁まで土と掘りはりおしうる土とべ人の築地とつくごとく穴の廻りに積とく也其穴も又速にハせざる堅折なる為のよし是戒歟と其内に自虫にて入立ざらん為と見ゝ角ゟ四畠に出て食とおもる時大なる蟻ハ麦の上に飛りて稲と給ひ切て落せば下なる蟻ハ待ゑて葉と芒とときりのけて其麦粒とわきさきにと己きが穴に運び行也實と以く諸の生れの中に蟻なりど力強さ物もなかりしと見ゝ角ゟ其故ハ蜂の食勢ハ己きが分粒の物と持てさへ永く行まけざるに蟻ハ分より生も大なる物と終日持運ぶまゝ白也而も五明の月にハ表と日に継で運ぶ也實に有不思議なる事行り小麦と穴の内に其まゝ入置らバ潤ひと物て生ひおづるが故にむざ粒より萌の崩しおろかくば給ひ切て置が故に萌になるまけれど又土中に久しく置らバ終にハ朽果つるによつて天氣よければ折ゝ引出して干者也

竭る者妙なる才覚或物のくち腐るまへ湿気の所ねある事と蟻は
雖っ数へけるぞ蟻にも聲音あらしといへども兎とよく知しめし御作
者より察さるゝ故也又大小して一度に引来付ける物とへ嗅ひ切て
度こに運ぶ事是亦不思議の才覚也其より尚不思議なるまあり
あの、紀録に見くるたり蟻は己れが穴の中と三ッに分る也一は平生の
居所一は食物の蔵と一は死したる蟻の墓所や是絡じ詳しといへ
どもを枝が穴と崩して見もばぬ白也是に付て嘗け書きんてまとふ
学者の見たる事なりけん或時野邊に出て蟻の徘徊するを見るに
餘多群りたる蟻の中に死したる蟻と一匹引ゆ也枝人すりおと
らんと窺く愛に穴のほとり付てそばし詰ねまで間より一匹出運て
又間もなもどり再三出入して後には餘多の蟻どもおまて其死骸と
請ねや其時間より蟻一匹蚯蚓のきれと含こ出て送りの
蟻どもにあたへ是と知て其ゆる也さて死骸と穴の間に引こむ也
さんと棄ずるに先一匹出たるは枝死骸と己がくるの蟻あらや否やと
見定めん為なるべし再三出入したるまへ見定めて其よしと同類に
告知せたると見ゆ然る而して餘多出たる事は枝死骸と請ねらんが
為や又みゝずのきれとあたへし事は他門の蟻に乳といひしんなる

初篇四十五

十七ケ条

べしさてを不思議なる事が枝葉者は花と見て蟻ゆへになかりや
なやと値しをけつと書置しを思へば志す理也悟ち花は自己のみと
無に悩ぞ御作者と重なへ取之をちんとの所ねなきは落て又落く
づきに悩ぞ
蟻よ虫も高小さき虫の耳くも多き菩薩論へぞ草木の枝葉花実に
生ぞる虫の取ひ也名色形も同じ所ぞ青黄赤白の論計り又小さ
肉すを大小計り虫によては鋒りに小さきが枝に形和見定め難しと以
どもを　細くとりく虫なるますと知也其体さへも見難ければ録尚平足
六根の論ては尚以見へざる也然どもを試ますを其論てなれんぞあるべからざ
録なれんば細くはげ先として細くづきやになれんぞけとかくら枝葉と
論せづきぞ論よ来に的なきは食と治むる服薬とも持ぞんはあるべら所ぞ
あらなきらの虫れ体に試其の論てと作り付のまます薬来けひのみ肉
力に悩ぞんぞ女ゆにとしてら汁せづきぞんと始めて思惟せで広大なる
大地と見て御作者の量りなき肉力としつどく試其の極小の取ひと
見ても量りなき御力限りなき肉智恵と毎へなる菩薩作では天の
広大なると見て御作者の肉力と徳を備しては試其れ小さき取ひ給
観じて同じ肉力となるひ奉るべし

第十八

雄と働ら蜂のこと

諸の虫の中におゐて其才芸の奇妙なる一ッといふハ雄と働ら蜂也故に昔より其をうまことゝいひし人ハ五十八年の間其振作と習ひしんと精と出せし者也又或人ハ野邊において蜂の巣れ邊小居と結び居乃其とのきハみけて見ゆると也然して二人ともに蜂のよふ書と作て記し置し者也我今爰にしぴりによると思ひあゝのと云二人の人の記録せしまと路へとして書べし讀誦の人其と信し取しとなふ來ゝさき其故ハ其蜂の自分の才芸ふ徹其只虫の所作とのく人々に何似若と知しめたまハん為にめ然計ひのことしぬよ其種に此蜂ハ一切の虫ふ皆て主君と抱也故に一ッの巣に巣立ある蜂の中に也將に在て厳しく秋大なる蜂二ッ三ッ出來る也其間と一ッ主君と撰び用ひお猟るとべさし致其と者也其多主分乱と恐れくと見く多か然べ往にハさる蜂にも下知となして雄と働らしむるに寂動に巣と働るべき為の用と充ある蜂集りて若き者のしるなりくめる也其蜘蛛ハ暴蛇並等の乱ひ雄とぬミ來て盗みんとする時若きと

十八ケ条

なめて遊ばんが為也此故に又家の入口二階三階の巣に蜜を作る事
なし其盗賊と成て来る族どもを厳しく防さんが為也
去バ巣を造る時ハ最初に先蜂王の巣を作る也此巣ハ殊に麗て大き也
夫より時ハ薬地をつく也而して後通ゝの巣を作り始るに其巣の角々ハ
一様にして六角也次又白姫共が為に巣を作る也白姫と云ハさんがめのよて
雄の蜂より王も去せい大なる蜂也然ども郎姫なるが故に其巣とば
小さく造る也
作ります年忘れまで蝋蜜を作る也蜜ハ不断湧なるまゝ有り花より
蜂どもハ王君のお後に並居て蜜を作る事なしゆく時ハどもにゆき
帰る時もともに入り君の前後を囲繞する御也角て日帰る蜂と
二年にみち助者と芝しき蜂どもとハ巣の内に残しときなる年の
蜂ハ野におて草の花蕊花ゝを集め蜜と蝋とを作るべき具を
足の股に付て運び来る也其時役者の蜂どもを出あひ家へ持物と
下をも取り又下しけるを請取て巣の間へ渡しをはり白姫なるさん
がめのどもるに只食物を集め家へ水を汲来て蜜を造る蜂にあたへ其
園まゝを結ぶ也此等が水を運よと見るに罣とば捨ざるども其才覚に
不足なし西ゝがめの上に落き葉のやうなる物くわると水に浸し又

にほを含ミ来る也蜂にさせて八門戸を堅めて毒とし敵を防ぐ役も
有り蜂王ハ老蜂とも小田ませらせて外からしこと花みけり普請の
下知とふと者也
日の蓄されば蜂其家の内ニお集り其々に悦しき時其と知れる
役と持ち蜂の二番三番おして割するとすれば直ニ是を作る也
又其番をしるべしとして各一度ニ寝る者也然れば其盗人の用心として
夜番と勤むる蜂も有り昼夜の差なけれバ中ニも防ぎ難き家敷也
夜ハ諸蜂の寝入らる次でと得て晝ハ外ニ出ぬる隙と窺ひて窃と盗みて
給ふ也夜番のはちよりて盗と見付る時ハ殊殺する事なく一堆を
打掛とかへて殺さる也晝の盗ミとも見出せて其て殺さる剣時ニ殊殺する
者也
夜明ぬれ其又役者の蜂二番三番おして起きらすとすれバ前蜂
目と覚し剣おて面々の役と勤むる也其花ニ急らるはちあれで其飛
甚深して外花と刺殺る者也花と蒔する事れ緊しき如く又蜜と
私ふすも正しき也故ニ労苦して帰る蜂あれべ生かるく書生代
かふる本切也其為小家のにほつれ出して日外ニあて看病の蜂ども
待と雖其ども含ますと勧め痛る也蓄其て又夜氣と防ふると覚えて

初巻　四十七

十七ケ条

家の内へ入るや直して病中のゝおもしを働くまじと教えしを書生
一行の作と見ゝ命ゆゑ死するまいかほど死骸と家の外におゝして
葬る也
野に出て花とおもしろ時風烈しく吹べき力と吹散さざらんが為に
塔なの上に飛かり砂と摑りて力と重くなれと也又日蓋してまらが
家の巣へ入る薬汁ざれば木草の陰に立して窮れうらかに付けと
しもがかにあして泊るや巣の窟に翼とあ居そにいくいくは飛まず
ぬぎざるが故に有用んとなと也風雨はげしき日は野におる薬もなく
皆内に在也然ども有日と流に送るまなし家は厠と掃除し不浄と
外に捨る也厠と構るとも窮と作る巣の亀り少くあげ途に引迫けて
構る也花ともく窮は清浄潔因ある物と毎へよ
又作所に極り有時は蜂王と其中に包囲ミ衆蜂は前後左右と囲みて
供奉する也蜂王産と定むまで衆蜂も世に出まりて囲み養する
作也蜂王高年にして飛薬叶ざれば肩にのせてつまり也若時と
して蜂王と見失いますれど群蜂おもに飛散て為おもしろ薬不斜
王の力ゆへ臺く葉孫の悪しき薬するによて有としるへに為めへぞ
若蜂りて逃へ包あ也為ても求めぬざれば衆蜂ちりぐに成て為て

一ツに集る事なし　雄蜂ハ毒尾とねて欲と法ざる徳と奪ふ欲徳と
割し同執の飛斜と対さとえども王ゆへけ毒尾なりや否や未分ぬ
なるどと入り其故ハ蜂王自討と行ひしまとバ未萬て見ざるん
なし道といふ聖王れ鏡とさんさ一代也豈ハ自ら行ひ討ハ臣下に下知
して行ふ事道ゆ王の尽とさよに慈悲なりて民と憐む時ハ臣下二ん
なく最長く思久しと諸のひろぞなれ数へ垂けるも道也されバ蜂ども
野溪の花に戯さ蜜と作る事ハ其立夜更暮のはまで其状の末まで
と限りとさを帰来去バ川務り其状に作り垂さる蜜と食して揺前
する也花と為て出る時も巣と守く雛ねく事なし　巳濂小花なくして
守く趣んとする時ハ先前驅の蜂と老し雨の暑寒と花の有無
見定て後なして八萬て趣く事なし　又末この蜂ども同じ野邊に
集まる時花すくなけれバ互に争ひ鉾楯に及ぶ事もなり又巣の間に
蜜すくなふして其れ害ひ反しつらんと思ふ時ハ他の蜂の蜜と奪ハん
よて人の弓箭と如くなり其の蜂共手こになり大将と先立て軍と
なし戦場に蜜と殺さとも行り宴とりく　收蜂の上ハぬさりを恐さ
うを人間の戦に相似る者也　豈に又一ツ人に勝さる蜂なり人ハ未来と
知る事叶ざれども蜂ハ道と毎ハて西風烈しうらんと知る時ハ東天

白日なりと以世家の為りと雖ども本なし蜂を飼人是を見遊で楽
天氣の替るづさまを知て農夫に告ると云り是は小の儀を先として
加程小さき蜂れ共に御他若よりも人の才覚の奇妙なるまゝ事に
縫まゝを及び殺し又是をとけの用ぞと覚えに蜜を蝋とを他らしめ
たひて人間の用所を達したる為也徒に人は是小んと付るまなく
御乳とも申上ぎ他若の御哀恵の力御慈しまれ涼さ所とも
感ずるまゝ様や

第十九　蚕の事

蜜を他る蜂の才覚も奇特なりと以へども錦を織る蚕の上を見遊べ
又労らざる不思議也是は虫の葉をとりく天子将軍の御衣服の御裳乃
疎物も皆いくとよりおこる者也ぞろまゝをびいぶとと云又者二是れ
書と編立は虫のわざを截ら連ね事中を捨てりくかく裳小服とを
色し先は蚕を年よりめつまゝを小さき種を産出ると年明ぬ春も
立で初出して糸八日のさし番る暖かなる所又は女の懐の中まで
あくむるに三日を経ぎして小さき虫となりて六根を具しておるや

さんばしまらせと根拠としてしゆいぞれ日一切の人間活るべき本と
教へたる也加程小さき虫の種より人命とらんなるは其人の白骨小再び元れ
命とならん事なる本体の御行生作るべきやと言ふやさればは虫生と
交りて別人より枝が餅合として葉の繁となる也ゆ連解りて是と
治よ本枝と日より続で絶間なし日数経て後少し寝入て治ひ垂
さる合と混するとすれども又起上りて治よ也治よてハ寝寝てハ又
合一めは二三度もさのきべきあ力免ままるせいにある也角て系綿と
作るべき時なきで全く合ますと始めてある営をと本とする也先頭と
上てあるやと見まハし系とかくべき木の枝と類ひ別意と作る也ある
か野邪より寄妙不思議也是よりもおそさいとすぢと腹中よりくり
おしそ為全ともなくしゆハしくりけ邊間もなく編立終より自ら
纏累してある意と滋就する者なさてある平滋の義しく堅さ本と
いふより意と水に入れくとぢもある肉小少しを水の通ずる本なし
いとしんよてハ先はまゆと湯より入て暖めれとぞうさぎべいと紙
繰とるまも叶ざる也又此年の種として殊し垂くまゆと見るに
是亦不思議の一事也ある肉より纏り居時到きべき蚕己きとまゆと治ひ
破りて出る也ある形は蛾より譬りて小さき角と翼あり此枝ホヅ史蠹

初巻四十九

あひはなてやくらひとなし　其後夫ハ縊て死し妻ハ江ニ溺りて亦ニ
ふたりを小さき様と蚕虫也又是も蚕終りぬれば縊て死する者也實と
われたれに所蚕と作り蚕虫なりまするいと紬と作らせなりいて人間ニ
らへなふたりまなおの理迄なしとみえく舎女さてをも殺さ御阿尼魔
留変の人のためにまさよ綾羅錦繍といふもは事ぞ其は虫のひとへに
営む所小悩ぞや潔は虫と慕しなぐ御らへ牟の内卑とするまじきん敷に
無益の事なりや

十九ケ条

§人ニ仇とならと小さき虫の事

蓋小人なて云べし所下卑れ第物とべ人の為ニ作りなりまするの也と
以世仇となつ小虫多き事ハ何事ぞ其の本れ数と巻ハ聡眼の人と
若しなき畫の困迄と躅みとするに讀得となとます其し其の虫れ
れひと作りなりますいへと答て云く所人と作りなりし勤めハ聡き読
道の位にして天精胸情と自とどりぬなつる禽獣虫魚にても若と
ならとのならし也然ニ人御作者の戒と破り不順のかと嫩し
ふたりより以後死苦病苦と先として小さき虫のれひまでを人間ニ仇と
ならと罪動まとり是ハ破戒のかに於てハ於我の御谷あらとしる
べし人をも所の為所小とひくむしにも足らざるかと於ならで内戒と

遠慮するが少人に徳の光れ能ひまでも顕はるべきと思さて仇と
なると棄む也能々是を思惟するにわれらの御為ハ又御哀憐ともなる慈悲
其故ハ現世に苦患なきに於てハ一向寛に恍惚して未来の勤めに
懈怠なるべし爾へども違犯と乳を離さんとする時ハ乳房に苦き物と
塗如く世界に苦しき多きとりくく人の恍心と離させみひて未
来の快楽と願ふ様となしなる来む深き御慈悲や

第二十

右の外念珠に依る不思議なる証拠と
品を挙　次第不同

右の条々に我ら念珠秘奥の証拠とみて人々ハ御作者共ま
さどして叶ざる程無に為作に依りなく盛りなき智恵力と
人間と思めし内大切成物と治めなる奇妙なる内計ひ為の御善証と
毎へなるべしと以世行も思なる人の心と導んが為に念珠の上に
なしなる不思議なる事ども撰び集めておく寛かのする菩提
一あらびやの国にふいにすと云ふ鳥あり此鳥ハ世界の中に唯一つの
なり其鳥ハ五百歳に及ぶといへり死期来ると覚ぬれバ其国に多き
乳香とみいらなど云薫葉を集めて巣の如くにして其中へ入て死する

二十ケ条

若也日を経て青魚の腐りたる肉より一ツの虫湧出て次第〻〻に繁
長して後ハ翼出来り元の如く此魚となる也夫も同く数百歳を
経て後時到りなば仲のごとく叢菜の中まで飛し又虫生じて魚と
なる実ニ此亀いふ世ニ絶る事なしと以り愛とりく此鳳若の
此カ此自生自立なるまゝ明白也第の魚ハ雌雄おなさらひてられくと
お滅する事なるに此魚の上ときけバ誠ニ奇妙不思議也又此一魚ハ
生涯の間着て猟師の手に掛るまもなべしとぞ世ニ一ツのみハなく
して末代までも絶る事なかりけれバ也
一雁の群りて大海を渡る時ハ一列ニ連りて後なるハ先なる雁の尾乃
上ニ頭をねせて泳ぐ也其先ニ立たる雁ハ頭を休むる所なきゆへニ海の
面遠くして草臥ると思ふまで次の雁ニ先達を譲りて後ハ第一
後なる雁ニ頭をねするも也此故互に力を合せ辛労を配さて助なる
海とも渡る若也雁の漁る海を渡るもせさ藤さまじくして後なるハ先
なる雁の尾さきをくへ一列ニ連なりて力を合せて渡ると以り
鶴の密書をもて腹に縫りゆく時海をこびこし渡る時ハ若群りて
三角に添をなし一本の角なる魚を先ニ立後ニ連りたるハ次第〻〻に
先なる魚の背ニ頭をねせてこびゆく也是をいく力を合せ力を揮め

よく恩ときらんが為也さてさきなる鳥の蕃ま跡る時ハ是も亦れ廉の
ごくにするとや孝ハ人倫も此ホの禽獣の然と鑑て手小るを手に
かと添づさます也言かと一ッ小合する時ハなかりしとふまなし
一にありあいりて紀録ヲ見くさるも當ちいちやの思れ帝二足の名ると
措めるぞ也一足ハ母方一足ハ孝子の弱也二なく世ヲ稀なる者なりべ子孫の
ならんますと親きるに世親子一ッ子巣立けるゆゑにみや更ヲ孵すに本
なし養時母とさくにつきて孝とも見くざるごくにしけまべ弱是ヲ
孵しゆゑ孝養包さるを恩とおのくまで弱ハ孝母なるまと見て
識くさる所ヲ然あがり自ら力と落して死ま同く母も続て然より
とび落て死しゆゑと云り嗚呼無智の獣の中にさへ親子の恩れるを
知りさる本然ヲいくる不忠識也猿て孝みと遠へけまで自ら孝力
立せしとけるハさてを萬代の一ッまに鳩ぞや而ヲ無知の人倫として
惜もさ此なと遠ふべき本ハ恥てを御降り於り
一個鳩も雌雄二ッの内けまかるとも死してま生残まる鳥も
再び孵する本なしと云り鳥類さへ此是妻ヲ人の鏡とゑべき所也
一なと飛りゐる本も国ゑく人ヲ使無ん為なまで獣の中に
家と添さてなりど賢きものハなし其の賢き然とある人れ書盃ける

二十ヶ条

業多しと云世中まゝ不忠悲歎しハ家財商人一人商賣のためふ
旅所ニ赴くに飼さるゝの僕ひとして主人と慕ひ行也故人路次
まて用所有りて傍ニ立寄ける間ニ銀子と入さる袋と落しおしも
若ゝ然して行きかね當所ニ来て見れど銀子もなくつゝさるなをなし
驚さて出しけるのなニ立帰り落せし銀子と態ニ見る間ニいお立
寄さる傍ニ至りて見れどなき處ニ行り而も落せし銀子の袋と守り
居爾ゟ嬉しく思ひて袋と取上帰りさる人とするにあハ主人と慕ふ
業汁なれども判形しさる也是ハ悪くしても日数と経れども香間
故お食せざりし故と也是忘りあゝのゝ書ふ見ゝ爾ゟ當執さ人主人と
ふふまゝめ忘るなきしバ尤不忠の臣不わ恥つへき處也主君ニ對しても二心なく
身命の危さとを厭ゝさゝきと叶ふとのく御德若よ主人ニ教へ
ある趣也
一つるも又或人商家の奉公として世渡りるゝが故ニ弟まり香用ふ
叶へり毛の色ゝ反しく形爲當にして見業也けの歎ヶ嫌之或先愛
氣強ぢにしてびけめくるまハ底野とを怪しとすれども人ニ語ふ
業ハ自由や又請様ある趣とかとさる面る論とひけ爲ゝしく荘り
立ら述全人佛多付さると云へれども底さ小路とも怪しと踊りそね

頭とふり法とらミ蹄と揃へてあがら勇めける氣色湛へざる時ハ是拙劣
知りさらに似る角力なし汝んでれとやせし帝の祭かひしぶせ
もろといひし名るハ裸なればハ全人とも祭せ殺を立てハ帝よ至かふふ
人とハ祭せざりしも而も自ら勝と折り皆とくゞめて帝と祭せなうと
以り体足るハ弓勢の用に備らせさうと見えて戦場まてハ増益
勇氣節一也猿彼先時の意と心ハ己れも勢と合て断ひ白丹と見ても
怒れども鏡にそらさら飛鏃と見ても惧と踏むがごとし加程勇を稽さる
事らと以て世来げけるなどに祭平の氣色悦びやらするを知れども又
氣としづめいでよ勢ともたてむと以り是場御行儀者の御心に随ひ
なる故也然るに人間ハ御行儀の内訳而と背きて当る我路に迷ふの也
肥させるまのりを糧き器と服て悩人多く随はれども我柄かたに憶
して御行ハ平とあるひとなる本まれ也

一ト獅子ハ百獣の王さうによて己れが位と知り如く法の振舞となさど
為時として摂師より知団れなかなければ静に時場と遊く也
物のけまなりて人に見られざるを知れども是と早めて逃げたます
迷らならと以り又亡日の餅食を給ひ給しらうども本日ハ齋へといハ
せぞ向ひ戦よ若めハ害とあし障氣の姿あれども仇となさむとや

故ニ女堂部と名する事ハまさ也されバ強さと制し弱さと救ふ志し
ゆへに此ニ百獣の王たる者也恥べしく人偽の猛獣にだも劣りて
威勢富貴の人と諂らひ微力貧賤なる者と悩ます事と
一孔雀の雄ハ雌と思ふ事深くして行時も離るゝ事なし此故ニ
雌卯を暖むる程ハ其雄ニ付添ふます所なぞそまさに依て雄ハ卯と巣
よりまかに捨て砕く也雌ハ此穏ひと脱まんとして巣とくふ所とめ
ずを雄ニ隠さを為ニ巣とおる時ハ羽毒をもせぞして無び驚とを立ね
者也又悔る時ハ荒余所まで鳴き騒して壊ふハ毒もせぞして巣に入るや
花鳴さる所に巣やあらんとおんどりと付る物也めさ者ニと巣立物が
故ニ世ニ孔雀の絶る事なし其程ニ此鳥の為しさ代見るに喩ふべき
物なし花といはんとすればまさ花ハ零落して色と失ひ孔雀ハ死しても
其為羅衣へども為ニ喩へんとすればされハ其一ッにかくる彩りけるまなし
項の上なる立物より動て頭の嚢毛のいろどり尾ニ連まる珠なの
紋めなる画師の彩色妙なる織女の巧をよくてを争ふ花にハ及ぶ
べきぞ全体羽毛の輝く事ハさながら金糸とみだせるがごとし翼の色乃
妙なる所ハ虚空に雲く如ニ紹角なと時の人多く此鳥と見るが故ニ
さして其為羅と窈かども当んぢやよりまさ動て花とげまし やの心へ渡し

さる時ハ凡物の変態状是果多しと見り時に初の是し論んでれと申さ
内帝も是と徼通して寿吴の異ひとなしかハ殊ても亡ると宮
する者あらば癡斜ふ変せらるべしと論ゑと下しなりと見ゑ多し
さバ諸の禽獣の羽毛といふハ己まが飲食の糟より書ひおこす者延正味ハ
血氣と激て骨肉と稱ひかとハ羽毛と生じて力と發ら者延之ふ
孔雀の用る飼食のかとより加粗美しきいろどりとなと東雑が葉
ならんや鳥の自葉ゆへなへうじ又毛の自然よもいひ難しとゑて
出推せバまる根元ふもとづくべし

第廿一

人身の上と稱ずるの序

天地萬物と大世界と号し人身と小世界と名付る也是萬物各々に
備へる體質と人の一身に具足する故やさバ大世界の體質と知る本
御祖者と見知りまる内身體とかく毎ハなる理となる質なれど粗大ま
稱じ千ハ又小世界の極り四肢百節血脈命根以下ハ體質と知るも
同く御祖者の内智惠御力内慈悲等の内身體と鏡ひなる為の
大なる理りとなる物ゑ是ハ畢して他ま紀まぬし先發ふとくへく

初巻五十三

二十一ケ条

観ぜよ一粒の種は地に落て根蔕枝葉と生じ本となる葉まと
なるを見る毎にも全く種の自業にハ非ざれバ是恐ず力無量の為作
にぞなし又来なると識嫌するにとゞくも一滴の白露母胎に
落て頭面手足の形となし筋骨皮肉の境と私りも血脈六臓の
あやどりを調へ眼耳鼻舌身の精魂と全備して出胎すると見ては
為いく御作者ありと見知りまり随喜嫌と毎なるならだちとなるべき
ますめぐ白也是に付て醫道に以るときけ人の身ハ中にハ大小三百餘
節の骨あり是と充右になつ時ハ行身の骨一百五十餘也此外と先と
して皮毛筋肉の品々血脈六臓の流なるあやどり眼耳鼻舌の如
妙なるからくり拙じて全身に備へる種の来一々挙て算ふるに於ては
幾千萬萬の微なるべきぞ如之是外で多き物数の大小強弱長短
本為餘る来もなく窮る来もなくして それくれ自生と付る者也
稲ひ給の人のんと一ツに集め歳月と經て巧むとふとも争是ハ
なおべきぞと醫道の学者大さにあきれ果る者也さて是とよく
見ぞ一滴母胎に托して赤白和合と先とするまで也而にも渉以血
足にたらぬ境界の人智天才と誇る計の手際と謗らる巧とハ何の
なと知ぞ當て父母れ所為なくざるまめらけしましても白露の一雫に

扨てとや鉄剣父母の恩を悪見として見とおしたる無意識力の水上
あつまり顔ひなし此俄と指も神ノ湊ハ上手の手を絞めたる猫甲六
具等の一端しだてたるを見て見るを俄者なし只端と火中に抛て
かへりにふれ里と云ふ同じめ此義複の漢ゆへ強て拘る事ならざる也
雄等の醫王なれの八人が建立のかくり妙なる所を世を借画人が為に十
悲ハ書と化して云く予此書を編事強て醫と借よるに悩む徒は
俄者となる業し俄営むと挑ぐる為也所以者何は俄者となるよ勤めハ業
素と彼へ百史の牛羊と平向くなの心ハ跟附ぞ人が建立の徹妙なる
所と見て見ると巧をなす辰大の御河顔魚と見と通りなへ自在れ御河
力と河俄の拘り不足なく志が如と書ノ悪見とらへなく御河仁徳と後ぞ
致ひなる事ら喜爽の為致ふ也と云いうちべ此が也のハひでその悩
法と定むぞ正しきぞんちよ命ろと以世古今無双の名醫なるによて人
が建立と徹細ならなし学力の上しゆ里俄者と幽田不毎へなる者惑
まへ小世界の嫉俄と知るまハ世れ御河暮嫉と見知りなる為の足しろ
なりといふ事顔ひなし放て危なおて紀ならし鉄ども見是ハ我家の
為す悩ぞ是ハ些頼なさ事なれぞ　細砕　書　銭るに及ぞ

初心書　五十四

第廿二　一身の下地なる骨節の事

人身建立の下地ハ骨也故ニ先一身たる上と四法きんにハ骨のあや取りと
細砕論せざる事可也然とハ此微細論玄なる事多けれバつぶさに
最小截る事能ハず徒ひ長説ニ及ぶと云ハ此讀誦の人に明ふ綱紀
するの事ハ只細し而ハ若ハ繁雑を厭ふ人ハ書に向て脚の縮揺と
成と以此ハ理明らめ難きが故ニ前編と用る者也是までをいまだ
足れりとせざる論として上代の學者ハ精と精とれ血絡ハ皆ら人ニ
昭臨ありて是を割て見ると也今代ハ何も不審しきまゝよりて
患ニ人身を割て見ざれバ明らかならざと以なり加様なる難き骨節の
あや取りなきで微細なる所は漸く容さ大略のミと思してゆふべし
人身ハ頭上より脚下に至るまで作くの骨を組上て連立なる者也
其骨の数ハ大本是ニ云ひし如く三百余節と見ゆ扨身体ニ付ホとくなる
合するハ何も強き筋也骨ゝ手小お連なる所ハ凸凹有りてきり
くハせさるごとし而も強き筋ともく緊しく縮付けが故ニ小擬すてハ
離れ事となし又動かずして付ざる骨の節ゝも挫治の他まる

てうつがひの如くにして用に随て縮めたる舒する屈伸の為なり
發とりく起居動静の自由となる是也而して内には血脈を含ミ骨の
上とは皮肉まて覆ひ其中には経絡の通用する是也此一身れ大なると
微なる喩へば股と脛とは柱のごとし足は礎節は脊骨は棟木は
並しくして其上を横に双び並るだんぐのあぞら骨は椽木とも
云ふべし扨て骨の上に覆ひたる肉は壁とぬりたるものごとし白皮の
いろどりは上ぬりの白壁に似る角ゆ噂呼其数なる我妙なる哉三百餘節の
骨の数々大小長短の寸尺聊もあやまる事なくそれ用に随て出
来る事は誰が為しきる所哉や誰ら母胎に入て此墨ら縄れ為とば
なしきりぞかりし年と経たる生営は終に上手れ巧匠にあるとんば
叶べき事能く乞と出推とんべし

第廿三

あゐゑぜたちいに付てしぬべき事々の事

先に論ずべきゑぜぬちいの精根に付て並てしぬべき事々なり
一人図のなりゐは一体にして而も三ツの精根なり一ツのみは乞逃がたくする
在体と書ひ巣立る精根と名付てゑぜぬちいといふ也二ツのみは其托する

二十三ヶ條

色体に眼耳鼻舌身の働きを為す力と動揺する力となる精根と
名付てせんしちいまといふ也三ツには意智ある所の継となる精根と
名付ていんてれきちいまといふやすべて人間のあにまは色ねと離せて
をんぺきす、だんしやと云て一ある一味是体をらと以せ右三種の惣領
ある精根と一体に具足して素聡となるとます素子奇妙不可思議也
上古のひろぞおの中に色と現しとして一身に三体のはたらきとたて
右三種の精根とそせしくに一ツづ体へさるもあり也所謂生育覚長の
性とべ一体に体へあにまのべぜたちいまと号し肝と素拾所とき見ゆ
嗅味触と一体に体へあにまきんしちいへと号し心と素拾所とき意智
ならぬと一体に体へ色と宿上とし頭にまいんてれきちいまと名付て
素拾所とべ頭の脳とせり色ある脈あり三ツの精性へ雲流惣領ある
ますと見て一体のあにまれ然ば外ひ現しと思ひし故也然ども
変ぬは色唯一のはたらきに三体と全体あると知るべし除へぞ一ツれ日晴ぬは
光明と暖気と干燥とを含みて陰さと照し冷なると湿め滋りさると
燥なるは又色紙まて張りさる灯籠は只一ツの燭まて真黄赤白の
色紙見するに似る事也
二物よそ人の身ぬはかろろなつらはよて生付さる熱精あり又

うみどろ〳〵として油氣さへ潤ひあり是を物に喩へれバかろ〳〵ハ火
うミどハ油の如し故かるゝ火を以うみどの油に付て燃る間ハ人の
命を保つ也又燈ハ燃る程あぶらとも費る如くかろ〳〵の熱精も時ゝ
剋ゝにうみどれ潤ひを費しかる骨肉とも同時に干燥する者是ふ
よて諸の生れ日ゝに飲食を用ひて此ついえを補ふ者也人久しく食
せざる時ハ忽ち衰弊するも此理や其ハ食物纎臓に入て消化して
血氣筋にあつる時腦膏のごとく稀できぬへうみどれ潤ひと成て
かろ〳〵熱と書ふや然と以其が潤ひの位ハおついえさるゝハ及ぶど
して漸ゝに衰へ行が故に熱精も又衰へ行き終ハ消て世人の命も
亡ぶる也
三者を以る如く人身ハ頭上より足跡下まで食気をとりくきついえを
補ふ物なるで食物の氣の通路をつきふくして外べ膚どきによて
十指の爪さきまで全身に經絡とげく流ゝて行渡り血氣筋と
通用して補害する者を喩へバ草木の根を見ら大小のすぢ脈搏に
まて所として至らざるといふ事なきがごとしきゝのこ有ゝ是人身を
皮肉も筋骨をおうると云て毛孔ごとき穴流ゝて身中是則四肢百
骸の上まどりく其精氣書膏とたゞひに通ずべき通路の為也

二十三ヶ条

四皮肉筋骨血脈六臓四肢百節為三ツの精髄と具足してそれぞれ
やしなひとなるとする也一ツにハあゐらくちいましてこそふおゑの
食氣とりとる精二ツにハこんべるしいハよりてりたらるところが体に化
する精三ツにハこれふお適せざるとへ遍救する精也此三ツの中
まをふて主精なるハ初めのあゐらくちいまも也主於ハ全身のやしなひ
経絡の中を通りて血体とめぐる時四肢百節ハ其中よりこれきしくに
おいてのやしなひとのまおて余をへ容く者也喩へバ磁石の傍に金銀銅
鐵と並べバ磁石ハ鐵のミを吸おて余にハおもへらざるがごとし是をとおし
めもべし飲食脾臓に入て消する時四分に化する者也一分ハさんげと
云て血也是身の為に第一也やしなひとなるべき大分也又四大に配當する
時此さんげハ風の性也二ツにハ色きむまと云て痰飲也是水大の性也三ツにハ
出うまらよて黄水也是火大の性也四ツにハめらんこりやとて地大の性
是也此四ツは全体の至しやしなひなるが故に経絡の中に入て全身を廻る
時四肢百節ハこれきしくふお痛しよるふとよりおいて其體とべき脂ど
喩ハバ骨ハ強く堅き体なるが次に右四ツの中よりも陰燥なるふとある
よりおいてとのこれ至しやしなひとせを絶滅て此四種混乱して経絡の中を
廻るを皮肉筋骨等ハこれきが性に随て擁てより来る是あゐらくちいハれ

精なれバなして為精とする者也
血一身遍立の五具を有ち数多にして品も又皆これ造世首て尤魅
する事なく手に仕へ手に含む者也両も有ちハ受て仕へ受ハ又餅と
はごくむ也喩へで歯ハ含と碎きて胃の腑に仕へ胃ハ含と消して大腸に
仕へ大腸ハ正味と糟糠とわかて肝に仕へ肝ハ血と生じて心に仕へ
心ハ血と氣に化して頭脳に仕へ脳ハ全身第一の尊き物なるが故にすべ
りいわんすると生じて四肢百節に懐り内外のきんちいどに精ぬと
なる者也此も又唯之にして毎にべし
又一身の内にハ更に無益なる物一ツもなし 茲に益なしと以せ枝この
用と為し枝を雄ちと見せど此不足と達する也喩へで肝ハめらん
こりやと云ふ苦ひの為に無益なりと捨せど脾臓と謂ひて孤
やしなひとするなごし
其べ身此中にハ百千の五具ありて面々皆々の役と勤むる事を又不出
試也統く物に喩へせど受餅の門にハ極人すくなきが中に一人二人
して第の葉と嘗むとい世留受の家にハ顧極多くして皆々の役と
ふとごく人間も下東の第物の具長として出作りしが故に其
命根に仕なる五具多くにして両も二ツの役とねさるハなし 喩ハバ脾ハ

二十三ケ条

食を消する事を役とし 大腸は正味と糟糠とを分ますを役とし肝は正味を血に化する事を役とし 心は血を精して気となしますを役とし 動脈は気を發してすぴりつあふまるとなしますを役とし又経絡は血を全身に運ぶ事をやくとし 神経は経絡につきて気を全体に運ぶ事をやくとし 筋は又すぴりつあにまると運ぶをやくとのせがやくとする者也 其外脈耳筈のやくも皆之にして雑乱せざる事如自然ぞ准之して能と毎へし 其二種のやくとなすと為けりと見ゆるは是其一に二の用を施さずに添ずるが故也 然ば右余く代論へとしてゐぜすちいきの精嘘と相応に論せむし是則脈絡者と見知り御蔓嘘と毎へる絶り尤添けまむや

第廿四　ゐぜすちいはの精根の事

其程に右動象のしめを論へとして人間のあるなる使るゐぜすちいはの精根と論ずるにゐぜすちいきとは人為と成長し成長しなると書前する精也 其成長書前も食物とりくなるも然ぞ食ますと用る時ゐぜすちいはれ嘘として其食精化して人の骨肉となる也

これハ魚肉五穀野菜等の自性を精として人の筋骨血肉と化する
ま術ノ奇妙なり一ツ不思議ぞ是を微妙といふべき為ノ人の胎中におゐて
成長ありてそれ〳〵のやくとふとを者也
家動の成長といふハ歯也此やくハ食物を噛砕させて臓腑へ渡す者也
先家ニ於くも此作者の御智恵の程を思ふ事を見よ向歯ハひらく
して薄し是食物を喫きらんが為也臼の歯ハ強くして尖あり是
むつかしの汁ハざる堅き物を噛切るに便あり奥歯ハ広く平ら也是を
よく食とかを砕くまむやすし而も石磨の目ときりくらかごとくす
ひらき而小高下ある事利す用に叶へり舌ハ亦食とのせて上と下に
打つへしく残る所あく歯にかゝさくぬつする者也歯のやく終りぬまで
かみ砕きさる食を喉の役として胃の臓ニ並こや
喉ハ二ツある也一ハ飲食の通る喉ハ又一ハ息風の通ずる喉是也飲食の
喉ハ胃の臓ニ続きさる作和らにして常ハ打しばミて塞がれり是風
虚の気と通じて胃の臓の熱精とさますゆへさき為也飲食と用る
時ハ是を強く広るが者也息風の通る喉ハ肺の臓ニ続く也是指環と連ね
たるごとく堅くして更に於しばミ塞がる事なし是ハ入る息の滞り
なからんが為也御ろに専此まゝ亦霞ひ行り此治の輔の椗肉の扼りに

二十四ヶ条

はき出く息は上さまにあふひて風と通じひく息は下さまにあふ
ひて風と通じ是故に此二の咽喉右者は双びとして上下に分りて
肺胃まで息並に立り食事にのどは下に下りて息風の咽は其上に
分別在に付て不審なるべし其儀なれば此二のには双びてあるべし
さあるべ人飲食を用る時誤て息風の咽に飲食入て息の通ひを留め
死に及ぶ事も多かるべき故に此儀能なる事はめる者て云く元より其
にある二なれども一所に双ぶと云々世人飲食を呑ずる時食事の通る
のどには下にさがりて食物をうけとり息の通ふ咽は上にあがりてゆき
ちがふ是也喩へば天秤の皿の一つ下るべし一つは必上るがごとし實とりく
人飲食を用る時二のには上下に隔りて留て危さまなし扨て是妙
なるあやつり哉家上の作意甚巧をなす所なるべき節て難くにたれど
なるべ食物喉と通りて落行く所は胃の臓也
胃の臓とは鍋に喩ふる也其ゆへは人の食するほどの物悉く實に集ると
胃の臓は自ら持たる熱精にて煮とらかすによて也然ども此鍋釜と
胃は自熱のみにて十ひ熟さがゆへに譲りあるゆへ肝の二経も己が熱
精と通ずる也而るに胃の臓は二つ重なる物にあるべし其二つ重れ中間に経の
臓より黄水と入きて下への下に火と燃がごとく胃の臓と下より是めぐ

ひろや黄水ハ色出て暖かなる精なりがゆへ也其外全身の熱精も
悉く胃の臓の熱に力をそへる者也人能食し終てより手足の肌
さき冷く成るも此理也さてん肝臓を先として
全身の熱精胃の臓に力を合て食事を消し終りたるべき時銷鑠し
さるとハ以てとちいの小腸を以てとちいのとハ小腸大腸の両臓と
いふ然此以てとちいの主なるまを細きすぢ数くおて末ハ一ッの太
すぢとなりて肝の臓に続く也此すぢ終として食事の正味
肝の臓に至る也其べ此味の数くのすぢの以てとちいれに続く本を
求むるを細き理をとげぞと見るに正味を肝に運ぶ時聊も兼きとハ
通さざらんが為也さて其あるきなハ跡に残りて以大小の腸に言ひと
なりて残る糟糠ハ以色屎糞や
肝ハ又食にさる食事の正味を己が熱精にて調煉し終に後にて
右第二十三のんぬ小見ゆるごく四分になると者也所理正血痰飲黄水
めらんこりや色や此四ハ則四大の性也人の食する粮の内ハ皆四大の性と
異なる故也然ハ血を先として右残る三も肝より全身に行渡りて
皮肉筋骨等を養ふ也其行渡るやうと見るに肝より一の大すぢ
なり其名をかあをといふ也此大すぢを根本として数くのすぢに大小

初書五十九

人の全身に要るや上ハ頭の頂より下ハ足の趾尖ハ十指のつまさき
二十四ヶ條
までも至らずといふ所なし喩へバ一の木の本より大小條多の枝
繁茂するがごとし是則經絡也此經絡の内川となる中を血ハ余の
三ッ也に混じて肝より出て廻る也然るを皮肉百骸ハあやらくちいへの
精とりく已ましく和意のみと川和て力と相害する者也喩へバ肉ハ
その性が性に随て温溢するときけバ骨ハ其が性に寒じて堅燥するを
川とり骨肉その性くの宜しからひと和て脈絡のやとハ髭鬚ちか
身の毛となる也是経に肝より全体にくだり至る害ひの脈りも無益
にへ宣しくなりたる經脈に納りてるなしくの用となる者也先黄水ハ
經の脈に納まる也
經の脈ハ素虚所則肝の津液さへ通用すれバ静すなはりて黄水と肝
より出て已に納め而も已之が害ひとする也若此通ハすなはに
滞りあるぞ黄水經の脈に至る事　けれどもて全体にうち蔓り
病となる人の色黄になるなる是と黄疸の病といふ又經より大
腸ハも通ぜざる所にうるが故に黄水大腸へ下りて素精と随せて大腸則
强勁して痢と通ずる者也黄水かしてふならずんバ大腸ハ自ら糟糠と
出し捨るかふき者也さて又めらん出りやハ脾の經に納まる也

脾の経も肝より通路ありてめらんこりやとしとりもせず書ひとする
故也又も人に飢を起さするまねび役也其揺作といふは胃の腑に食
なくして空虚なる時めらんこりや脾の経より出て胃に入れば胃は腑の
中にて彼血に結するは也其時人飢を覚えて食事の望を起すや又
めらんこりや胃の腑を起さずんば人食事の望を失ふして存命危さに
沈むべし然れば實に一つの不思議ありめらんこりやは物の味をいふ即く
其性なるまゝで重くして下ると雖とし黄水は火の性なれば軽くして
上ると薬とる然るに黄水は膽の腑より下なる大腸に下りて大経と
通じめらんこりやは脾の経より上なる胃の腑に上りて飢を起さす
右なれば自性と背くに似ずや名醫のあびせいなは是よりひろぞは
すて万物の性を極めける人にさへ其を大に驚き此儒者の内計ひと
結ざるひありしもうろさ人めぐし是できりしたんに於くとや
きてもさ疾飲は是りて胸する経腑にし金体に打散てあれ潤ひと
なる故也實に人の飲む湯水漸れまた次ふに出して此出のの是搗き
あれ書ひとなるもとい也書ひの食力となる故也是胃の腑にて
食を鎖鑠する時湯水とりく是を和細して又消化して経腑に移り
血と成て全力と廻る時も其出きものと漏くなし輝さすらくと縦く

二十四个条

通ずる役となる者也人辛労とふと時あるは出汗といふもあやし
然じて此水汁の修まる所ハ肝より出る経絡の根本なる大すぢに
随ひまハりのすぢと傳ひて腎の絡に至る也
腎ハ水をしると納むる絡あらと以せうつりなる所穢くして全体の水
しると悪き毒を受けるます汁ハざるが故に膀胱に至る也　是は房緘也
右経に此水しる腎の絡より膀胱に漏下るあやつり々醫王のが出いれ
深くじと見て未だあぜんちら角あとを以せ内経君の内通を此源き所と
発さ人まも是と能見よと勧むる者也故にと覚ゑかしいふへし腎れ
絡の左右より出るまも和りなる細きすぢ二ッ出て左へ一ッ右へあひ
膀胱に至るや　此すぢの付所の膀胱ハ二重の皮なりさて上なる
皮に荒細き穴一ッありすぢれうつかなる中より漏下る水汁此穴
より二重れ皮の間に入る也下なる皮まも又穴あり是上なるかハの穴の
通りにハあらず違に寄りまによて水しるハ二重れ間と潜りて下
なる穴より膀胱の間に入る也又上下のかハ能吸あひ急ぎハ未水通ると
ともに下なるかハの穴塞がりて水ハ終に洩るまじと防ぐる也さてを
云説に皮を通る勝をさるくと巧を舛がもをいれ是と感ぜしまい秘理也
又小便の出るハまも二ッれ筋ありて双方より寄しめよせて塞ぐ也除へバ

人の二ツ指まてつまミさるがどし用ゆる時ハ自ら開け用ゐざる時も
塞がる也此ゆゑ開も又人の望ミに任する事なれバ小筋らの勞精也
心ハ是血絡の王なる故に諸絡是と因連し其性根撰にして壽命の
溫氣と一身に施し其欝縮に心の絡れ中ゟハ二の要所なり先肝の絡に
繋し通ずる清血と一れ要所に引納めん心の撰精とよく練りきたひ
次の要所に移る時又そこにて又よく練りきたひて終に上品の清
浄れ血となると名付てさんげいわるてりといふ也此上品の清血
より又心の撰精と交ていくおる氣るゝとすぴりつびたると号する
事是ぞ壽命れ氣といふ也人の生れる經絡ふると率を全く此
すぴりつびたるに依る故にすぴりつびたるハ撰さんげいわるてり
いわるてりに伴ひて全体に至りたるともく納一身に壽命れ動きと
なさしむる故なへぞ肝の絡より身と書く血と織なハるとなる
經絡成肉の中に周みちくていわむくんの絡より壽命れ氣と全
身にくばりなしも又至りて經脈の通路はり是といわるてりあと云也
壽根本ハ心よりおこて上下二すぢにわるる也一すぢハ心の絡より上をさして
弥り頭上にとゝまりて此皆ニもびこる一ハ心より下をさして降り
手末枝足れ趾までおよぶ也此經脈のうつかなる中と大きいなる上品の

二十一ケ条

清血ハ心より出て通ずる時ハ寿命の気も同く倶ひ行て全身に
灌ぎ送る者也然バ心と根本とする脉すぢハ肝臓より出る血すぢれ
下より付て全体にそびゆる也故に経絡のしもハ足まで経脉より
實とつく一身を補養する血ハ上なるすぢの中に通り寿命れ気と
異しなる血ハ下なるすぢの中を回る者也其経にハ二経のすぢれ上
下に至りゆく理也ハ云もなるすぢれ清血にて熱精なるが少人にて上
なるすぢれ血とさらして滞りなく全体と順環させんが為也若
然らずんバ上なる経絡の血ハ凝滞して回る事叶べからず其ハ清血にて
暖なる事とげぞといふお而となる心に物熱まるが故也是よりて心
とハ常に涼しからざれバ人の命と保川べからざる是と涼しむる役といふハ
即肺れ経や
肺ハ軽くして和らかなる経也常に往動く事なくして息の通ひと
なし窍を繕ふる事鞴の如しひろがる時ハ外なる涼風と咽より内に
引とり心の熱精と涼しめさだむ時ハ心の熱精によりて暖まりたる
風と吹おくして又新しき代り請むる也めさする事磨擦ともにさし
ざると也く冷風常に心と涼しむるますも絶せざる是肺の第一の役也
又喜然と云ふ事も肺の経れ役也常に出入る息風と肺より強く

吹おせば声風喉の口なる然塵小出りて声と生ずる也故ニ喉中に痛
有りて然塵の聲を出さる時ハ又たとへば小さく微さる時人の声に
響のなきを云いふ也故ニ亦喉の口ハ急ならずして華葉の口ふ
以て押ひらめさるごとし声平らなる風と潜りて通る風まひびきの
出来ると云声といふ也此声に口舌唇のあやどりと加へ是バ譚となりて
人の心と顕つとなると微妙巧ニ奇妙不思議や言といへく楽ざるに
人の力ハ一として無量の物なし胸中に入く暖気と吐さる風ハそや
心と源しむる徳りなりして肺より出ると云き捨ると見れバ是亦声
声と微し譚の種となる奇也其バ右の如くに樹勝れあやどり奇妙なる
本多端有りと以て世俗ハ察されとつある心の精根なるせんしちいの
徳と成ると云べし

第廿五

せんしちいきの精根無まずぴりつあふきるの本
一方の成長言育となると包ぜあちいきれ精根とバ經右小稲じねとも又
見ず知して萬物とわかち金力動揺して右形と継き精徳の上と
果して云べし是則せんしちいきれ精根也人是と異異せざんバ世界の

二十五ケ条

有物と見ゆるとして内外共と自知しあるゆゑもあるべからざれど故に御作
者より此精根と人にあらへあらず者也
其性に動揺見聞の繼とあとつきあらん人かれ肉にすぴりつはあに
まると云ふ物なくて叶はざると毎へらすぴりつあにまるとは喩へぞ
日輪の如く輝きて在る其清淨微妙なる物人かの肉に在ると名付て
すぴりつあにまるといふ也此魂魄と云んと欲せば時として其らに
頭と打ちて目請外のちらと見ゆる是ら頭中に籠るすぴりつはあにまれ
まなこの人見の逸わ出る氣と成として數出かはらく光也其へ此すぴ
りつあにまるは右の十箇条に記てとすぴりつびたるを種として出来る
者也故すぴりつびたるハ心の臓より頭上に上る時頭脳にて心の臓の
如く二ツの所作りて此より枝に枝れ諸に其性と變じてすぴりつ
はあにまると化する也是に又二つに分り一つハ見聞の精と施し一つハ
人かと動揺と速と含む者也故に此二種のすぴりつあにまるハ總てに
宮り三ら筋の中より眼耳鼻舌かふう流りて見聞嗅味觸と
あし又ハ四肢百節に至りて動揺する精ともなる也中風と號する人の
かれすくみて動く事叶はざるハ動揺の精と施す本のすぴりつあに
まるの通ぜざる所に滞りありて通ぜざるが故也其かすくむと云也

又針灸等の事ハさいゑさ然るをつきまハ見る嗅味觸となどなれ
すぢりハのほまられたるゆへ滞りなくして自由に通ぜるゆへ也然バ
此ほのすぢりハと頭より全体に運送するをといふ頭中に於て此
すぢハと生じ発せる脳脊骨に下りて其骨のすゑまで
充満せりさて脊骨ゆへ小さき穴作多ありて其より数々れ筋出る也
数て其数四十八也此内廿四ハ總より上にはぢ出りお残る廿四ハ總より
下に行渡る也是ほの筋となとして脊骨の髄より枝すぢハと
全体にくばる者也称又脊骨の中にとより下まで落さ度ありて
髄と左右二にまくるが故に左右に夢る筋の出所ありて雑乱する事なし
嗚呼愛に於く観ぜるに御作者の内意患内の程を誰ハ作ざるまま
ざらん一滴母胎に托したると元として加程の奇妙と観じ多くぞ也
又食物の精化して發じゆく体と見ら先肝の総まで一精して血と
なるかと思ハ其血又心にうつりて再微調練して其命の氣と發じ
保命と續け命根の氣又頭脳に上りて神落清光の嘘氣と化して
見る然知の智と成る事心あらん程の人然も畏ぞといふ事なる
べからんと勉めて此惟せバ内作者愛に感然しおなまずと知べし　謹て
之丈と激せ

秘書 六十三

二十六ヶ条

第廿六　肉のせんちいどの事

せんちいどハ肉ニ二種ありかのせんちいどゝいふハ眼耳鼻舌身の五
根色也色とハ見る事嗅味等の識とふと來全く肉のせんちいどれ
精力ニ依る儀ニ在て若肉より初めて備るべし
惣じて肉のせんちいどハ十数四あり名数の脳れ肉ニ備ハれり第一番の
せんちいどと出むくんといふ也出むくんとハ統るといふ心也かれ眼耳等の
五つニ受る面影すべて爰ニ寄集る故也又五根の識とふと來も出むくん
より始てくばるすびりつあにまるの精力ニ依るが故也然ば出むくんハ
五根ニ精力をあたへ見る事等の識をなさせ五根又見る事等の面影をうくる
識知しかの境界の面影を並べて出むくんニ渡して其然と以て世
出むくんハ其性柔弱ニして五根より來る面影をうけても深くつま
能ハざるべし第二番目のせんちいどに速ニ送る者也さればせんちいどと名付て
いまじなさんと云也眼耳等より出むくんニ集りたる色香味等の
外境の面影悉皆受くる也第三のせんちいどと會數ニあてても
ゑすちまちいわと名付け人傷ニとゝくハ出しぬちいわと云也其名異

なる事ハ人間の勝劣となりたんが為や し其程にさんちいどハ元より色
おもらと火世外の二よりも其性をすぴり川にまし故に色形と
離れたる体と称也喩へば草ハたとへ見て悠まれども猶と見て悠むく来ば
得ぞといふはたゞハ味ナ也猶ハ欲すらと毎かう故也其ハ欲味ナの為
なハ色形の種に悩ぶれども草色と毎かう事ハ忘れちまちいその体
なるによりてさんちいどとおの二よりもすぴり川にましといふや
其四無れさんちいどハめもりやと号する也色外の五ッ肉れ三ッとめく
識知しなる種の事と悉く諸記て納め五精根也さめもりや念動
まをがしハ事と火世人倫に殊しで彼ハ是り色文内外若よりらハなる
無價の宝家也所以者何と治め家と保つ人先例と鑑みて未来の安
危と量り孝文とする人の先師れ孝体と習ひ始て後代の人に傳へ
故きと温ね新きと知るも皆以くさめもりやの体用也加之後生れ
動めの為の宝体色よりまさる事不可勝計

第廿七　かのせんちいどの事

かのせんちいどハ眼耳鼻舌身れ五根也さ五ッハそとしくに外意の境界

二十七ケ条

よりて根境合作して識となると云説也然バ諸根の中に第一勝れたるハ
眼なれバ先よ是初めて論ずべし先眼根に対する境界といふハ諸の
色形と光明也然ル㕝眼と境界とハ間を隔てゐれバ見識する事
叶ハざるが故に諸の色形ある物ハ其が作に全く替らざる写しを不
乃空中におし垂る也説撥とい々と欲せで鏡中の影像と見る鏡と
此さて花鳥の向ふ上ゑで其花鳥の形像血然として鏡中に影ハ移る也
是とげぞといふは空中に通徹する花鳥の写し坐円ある鏡に押
留られ難通する事叶ずして鏡の面に残り留まる故也然らバ人ハ
鏡中の花鳥ハ何ぞよ是来るべきぞ然バ外よ是眼の境界の影像
見ゝ来て眼の瞳に写されバ影中よ是も又外に出せん人ちいど出む人
よ是双眼に続く二の筋ゆりて其中とすぼり川あふまる僧ひトりて
瞳に精と聴をとゞく根境合作して眼ハ物と見る其時にある境
界の面影は二の筋の中よ是上りて出む人ふぼり出む人よ是又
所くに奥いせ人ちいど小残り約束右廿六ケ条にいふが如し去ても
内外者の内力ハ勝りるき物ぞ人ハ一枚の花と見んとする時ハ諸色と
集め附割と核して漸くに書出せる事ある小諸の色形ある作ハ流色と
うぜ附割と核さど短速自然に已ぞが形像と空中に写し出さむ精

徳とらへるゝ本末万本末ひるゝ陰力に臨ぜんバ誰か見と付べきぞさて
又脈の候ハ本すに己に是ども山河大地出色煉經表裡万像とても
患者脈經の候さ門戸と通りて人の所用にある本識の奇妙也
第二のせんちいどハ耳根也是はやはりと見れに耳經の奥にみまんがと
いひて隠しとつかめさる縁なり是中に風と含めり大穀とまりさるに
喩ふるやかくる本がゝ蓋葵は風縁に中りて響とふと時人ハ物と
交へる也其病によて枝みまんが挾ミし含ミさる風氣先殺をとせば
人諸猿とある者也故に耳めへかに攙かりて穴も又斜めある本
は風縁と守りある御所若の根計ひと見ミ角かもべかれ蓋葵は
ふくろにふろづかすてハ人物と交本竹へまじきが故に色も脈に
留しく出む人よる充者に筋下りてすびり川あふまると壊る也は
精力と耳根に良て根境お感して織とふと者也角て交りさる
蓋葵の語の公是ハし云ハ件れ筋よる出む人にあて是よる文結くに
関のせんちいど小納まる者也
第三ハ男根也色も出む人よる二の筋とトしてすびり川あふまるは
通ぜる也は筋の男の經まて留まる所ハ和かにして花蘂ふんどれごとく
ある陰也さて男根の境累ハ剥ひ白ひふまで物の白ひ風に奈して

秘書　六十五

二十七ケ條

鼻孔に至り件のしべの如くなる肉に當る時根境合体して人ハ香と
嗅意を起す鼻ハにほひとかぐのミなれバ息風出入の門戸と成り豆
脳の溢痰と下ル水門とをなる也喩へバ水大の二大より是に上る氣ハ
高と成て降るごとく人の身よりも不浄豆を播て上る溢氣あるべし
下降ゞして汁ゞと成と下し捨る水門ハ別に鼻の二や
其四ハ舌根也舌境東ハ言味や舌根よをすぴり川あにまろの通よ
筋脉に二つ有りて横に數枚とさとせ也上に霞ひろる肉ハ小穴充液して
味ひと筋に通ずる也此肉常に潤ひ滋しくして萬の味ひ雑也自ら有ら
舌に自分の味ひあらば言味共に同じて五味の差別をしるべからず
熱病の人すさと溶て苦しと覚ゆるも舌に苦味ある故や
其五血當因れせんちいどハ身根也覚ハ寒熱溢滑堅軟兼靭等と境
東とする也此せんちいどハ前の四に蓄りて覚りやらぬなく全体に
充満して行る者也故にすぴり川あにまると運よ筋も頭上より脚下に
はびこりて至らざといふ所なし覚又御行御糺さ御計ひや
然らざんバせんちいどに感ずる所ハ水火に生因由に當るといふよりも
香臭と覚ゝざして身と守る薬汁なべらざるべき眼耳鼻舌身
五に付て奥義多端なると以ハ略して茲に記さざ

第廿八　せんしちいへの精根よりおこる十一のぱいしやんの事

右間かのせんしちいどれかに又せんしちいへの精根よりおこるぱいしやんといふ物あり是を何ぞと見るにせんちいどとりく境界の好悪を識知する時分のために相應しる境界をバ弥望しもとめん事欲望し又分の為に不相應なるをバ悪そせと憎み嫌ひ避せんと思ふ此の二つの精根の猛より發起すると押並ねてぱいしやんと名付る也此等のぱいしやんの起る次第といふは先境界を識知する時寂初に起る心は愛すると憎との二つ也己れに相應する境界なれバ是を愛すると發り己れに不相應なる境界をバ悪ざる心起る悪逆なるを悪すると嫌ふとの二を根本として又四のぱいしやん至る相續する也一つはあいする境界を未だ求め得ざる間ハ是をそれと戀慕ふ心出来る事二つは求め得ぬれバ喜び楽む心出来る事三つは又嫌ふ境界の未分れ上に来らざる間は是を厭ひ恐るるの心の發るます四つは漸く来りぬれバ弥さ悩む心の起る事都合是四也是に又根本の二つを加へぬれバ合て六のぱいしやん也是を名付てこんくぴしいべるの六のぱいしやんといふぞ此等の

ぜいしーるんとは生れの力と云ひ命と保つべき為にかくて叶はざる
所あまたある若此為故は境界のね然はせんちいどといく識ゆすといふ也
ねきとあいし然きと姫よ心なるんで照求通遍の二情もあるべからさる子
過求通遍の心なるんで力命と保ち書ふ事を得るゝ愛と
いくぜいしーやんは所あまたあります也
さてまさ右六のかにいらしいべられぜいしーるんよて五つありさ五は力に
おはしまさる境界ともとめゆんとするに清りおはしまさる時起る情也
求次第といふ子先もとめんとする境界子清り有りて求め得けれは
如何程まさともとむるならくて叶ふべからさと私母教にふ心ないまる
事也一ツ有清り深けれは総子求めゆるまは叶へしと力と落ちて心のお
まる事也二ツ又清得多しと以世求めんと欲しるまは深さ時は精識と
五きんとおよ勇猛の心出きる事也三ツ又欲する望を深しと以世
清得剛けれは烦おらく心おきる事也四ツ又求めんと精識と編さ中
すも欲へさや求めゆて壊すを也と奪んとする若あまきで何か様る
心の起る事是は五ツ也此五も又生れの力にかくて叶はさる儀也始と
為にといふ子一力滿書の為子所あある境界の中に求め易きも
有り又もとめ難さをあ若此求め難さともとむべき為めは然もとめ

ゆへしとなれば邪婬心と又精勤をつくさざるとならば勇猛の心をかくして
叶ふべからず又路にもとめ好ましき境を強て求めんと欲せず却て
労と苦を謹とするまじくるべきが故に時に随ひ境に従ては邪婬
心と失はずも恐怖の心と懐くますを又以て肝要也尚亦慎りれば
なきに於ては悪欲の害を脱れ行く本源なるべければ肝要も明白也
勧れべき血のむいしやく上の六とかへくすわ勤合十一となる也此ほかは
誓心の勝と称ぶと是愛とゆく境界のおい意不おい意の差別を知るべき
ちいどの精根は頭脳の中に備もり精覚過求苦楽齋通當の精根は
心に備へるとみゆべし此二種の精根と押兼ねてせんしちいされ精
根と名付るや
至極に此ほのむいしは人は身命保壽の為に肝要なるのみならず
後善過悪の勧めとも成る是造命へと揺りれむいしは人は也家と守る
人の為には刑罰と制へ便行りる勢ところ人の為には勇気とする
善ひとなる也並しけりさとるてれが為に依らは殺場の武器は智謀と
味まずかゆ是べ大将軍れよりは好まかうざとつくり又好境とみて
見情と進まよ是名誉を望むんと悪名を恥るにも起る是此二ッは
形を捨て正にゆせしゆる妹となる也善悪はよ自ら誉をあるが

二十八ヶ条

ゆへにこれを望むに慈れて正に悔し悪ますは恥辱を招く物なれば
もぢを取りて私を割する事當爲の慣ひ也中ますも女人ハ生物を
恥る氣色涼きがゆへにその氣にひつきて悪と追くます多し例を上古に
彼ゆにかゝりての紀録に見えたるを驚げましやの名に得れ理き
ともそ正さ女人際多自害する事有りと也めるに割すま世
此性ますにむ事ならげまは致賢人様て於武を垂けり自分己壊
自害したる女とハ変錦を蹈て正其恥骸を裸にして人おに恥と勝し
而して後に葬むるべしと也此よりしわさく萬民に枝察しわせで
性ます血に亡もて自害する女一人もなかりしとぞ右屍の上ますを
もぢとさゝんますと涼く痛むが故や実とりく見るに恥辱を取ま
誉まと慕ふ計ハ未来の善に悩ます世難彩悔正の連りとおろます
類ひなし実にとツんぬづき事有りでいしや人ハ本来其自性善ますを
悪ますを悩ます世用ひによて善悪の名と始る老絶喩へで悪まつきと
悪し悩むづぎと悩むそさんで悩悪ともに善と悪ら悪まもじきと
悪し悩むまじきと悩むそさんで悩悪ともに悪とおろ也絶も准之
然まハ此善あと分川ますハあめ以てれくちいきに彼ハる智恵の段
なきで其智の光と先立てでいしや人とを追せで善に遠ふます

へらるゝを結る所に多くれ人其根の識に住て境界の色相を糺さゞる
むいし至人の歌する處に随ふが故に當家に達する事多し又強ちに
達するの事ま相應目前の境を貪りて押て理を枉る人も有る者也

第廿九

あにま以てれきちいまの作業趣用を
論ずるの序

夫人間のいのちといふハ唯一の作なれども其精根ハ三品也所謂
べぜたちいわせんしちいわ以てれきちいハ是也べぜたちいわとやんし
ちいハの精とハ粗合に論じぬ此篇ハ以てれきちいハの躰とおこ論
ずべし此躰ハ前の二に超て勝れ是を以て人倫の第一とする者也
前の二ハあにまゐ色身に托する間の其用と施し雖其の後ハ精の其
職て用とハ施さゞ以てれきちいハ一躰ハあにま色身に合する間も其
用と施し雖離して後も猶其躰实有る者也所以若俗人のあにまハ
色と離れても作と保ち性と失なハざれば色に相ハ断どして其葉と
為と者なさて離其の後も亦の色作に論らん事と好むと以へども他の
色に合るべき性ハ有し愛とい(ひ)あにま色身と離れてより人畜草木の
間に渝ぜきと云し人ハ其性と知ざる故也其ハあにま以てれきちいハの

祝寶六十八

二十九丁

位と見るに此御作の萬物の中にとりわけ天上のあんじよおよび深さて其
位をも備へ給ふべきハ一物もなし人と萬物の長と名付るも此あにまと
具するが故也、禽獣のあにまも賢き業あるといへども人のあにまに
比すると云ハ大海の一滴にだもあらず此廣大の天地と人の為に
作りなし給ふも人の為ハ此あにまあるが故也上ハ日月晝夜と照し天ハ順
行逆行となして春夏秋冬の隔となさせ下ハ四大轉次と乱れども
其土ハ草木禽獣と育し海河ハ無量の鱗と生じ湖の航海時と違
へども風雨霜雪折に隨て其品変ひ人倫に仕ふるも皆是あにまれ位
あにまに依てなし給ふ所也術家ニ有人倫の理に隨ひ此れ内控に
徳や人と此の内容しと呼是此亦人と成て内在せしむるとも此
身なる時ハ天上に於て然る深き位と極めて不退永くの楽をと無
窮の毎ふ所也まべ上古の聖者等此あれ悦ひと観じてよくあにまと
稱しに名付る故ハてんだと忍てるに及ばでのおりぞ人てと名付
さるんぬ故ハころがらふ云んておさつりるあなつうらの語びと名付
さるも故ハ圓満清浄の果とも名付故ハ上のなつうらと云れ當し
下のなつうらの本来とも名付るわけ不思議のあにまに付て論せ

べきまうしと云ども世俗の耳にきゝとゞのを擬びて謬玄なるとぞ
識せし

§一　以てきさ川なるあまねの作の事

上古の智者の教へ垂所と云も今時の人の辨を学ぶる所と見るまゝ
以てきさ川なるあふまれ作は人力のおよぶ所にあらず、たゞしなるあるまゝ
ぬ田也此ほるまれ地に徳て人は命と存じきんちいどの葉とあし　無智
なるもある老弱能く分別ある所とおよぶ所といふに付て謬の色なる作は
まてりやとほるまれ二和合して成立すると云ふべし生命なる作
なるべきまてりやとあにまと合して其作と成せる也是と又人倫の物に
付て物よりは論へて一様の大力と見るに是にまてりやとおよぶ所なり
議は是まてりや也非治の有する鉾丹筋の姿はほる所也其如く謬のこる
から作も此の他の物を思てまてりやとほるまと和合して一作と
ある也但し枝と是とに善ぶなり人倫の物のまてりやは成てまや
せらん女也ほる所は亦ほるまあしでんさる也此御門倫の物はまてりやは成てまや
ぬてまやびりいま也ほるまは亦ほる所すゝたゞしなる也まてりやびりい
まと云ふは弟のおよぶ所すゝたゞしなると更保川下地也ほるます、たゞし
なる是に合して此一作の色形とある也さてまてまやせらん女と云へ

紀要　六十九

二十九ヶ条

剣也の色形と云也是を名たカの名へ付てぬるにたカのまてりやと
まて里やせるん歎也織へ色形の体あまべまてりやびりいまとおろぬ
す、だんしうろと合しさろ体あろ故也而してたカの形へ是あろまはし
でんさろ也きべたカの形へ臣ぶ此しも織をしておく織ろとあく
まてりやせるん歎へあろまあしでんさろ子糸雑してを独立する者也
まてりやびりいまへ是子異也あがまをだんしうろと雑せて独り立来
あし也しをあろまに依く立物也哉へ大水金石のおがまによ里哉へ常ま
本會動のはろまに付き哉へ人倫のあがまと異する者也
今是と論として人倫のあ子ぬへ人の為子あろまあらとふ理と
ぬすにあ小ぬへまてりやびりまに順此もまてりやせるん歎ま此べ
只是はろま也此理と符粋て見ろ子徳の色形の体へあおのこのしでん
てと深てへまてりやとあろぬと又此二と合體しさろこんおじとれ
あ子摘ろ来あし　きべあ子ぬへまてりやびりまに順ざろ理とふに
一ふ也してまてりやびりまへ着て葉うろますあし　徳の葉へあろま
る里あろ也火のまそて里やへ暖気と發せ此水のまてりも涅と謂此
ます能つと暖涅へ火水二のあがまる里おろ葉也徳准之二ふへまてりや
びりいまへあろぬと更ろ下地の此也太工の哉と云ろふへ材木と下地とし

胞治の力と備る時ハ胞と下地とするが如し三時ハまで望やびりまハ
弟のかゝるゆへ更保川望とかゝるの事や家とゆてかゝるまハまてりや小
胞也を毒性名がある出生亀ある又かゝるまハまてりやせ気毎まを
胞也を毒故き生れの経へそれ〳〵のかゝるまかゝるあまゆとまて望や
びりまと和合して成立する経なれバ也まハ群生のあまゆさハけいろ
時ハ並て人倫のあまま小推てとや然ハ生れの血経分系と割系て
見る小色形のかまかま命根形を〳〵ても色別あ小まかゝ人と云て
基源を違ひ也故にして生れのあまゆへ名ぞ色形なし色形なけれバ
眼目の見る所まて胞衣を眼目ハ見ざる故ハ皆色無也と云ハ程不知也喩バ
虚空ハ風気充満されども眼境に胞衣ばかりで人ぞと見ゑまする能バ
又一鞠とかゝるまゝ一握く揚り来るとふとハ肉に風と含めたる故也それによりて
鞠被せて風散されて揚る事と始め然ハ鞠と割あて見る時眼に
遣る物肉にあらしよりて皮と添て鞠の肉にあらぬ物あらしと云ハ愚の漢也
まべあまゆ色と雑ゆされて血経六根へまとひども能葉あさとゆけ程と
毎ょ危し又あ小まとかゝるます、だん〳〵はゐありと云し此程ハ人間の
はまハ人のきゝ、だん〳〵やゝ為まはゐまとあるのを小胞衣をあまま剣
す、だん〳〵やや群生れあにま亦め然然バは小まとそゝ、だん〳〵やといふ

二十九ヶ条

理也ハ一ッハあにまハ越じてまてりやニ勝也り易也るまてりやさんすゝ
だんしやなるべハ勝也るあにまハ程はざゝだんしやさらづき事二ッハまて
りやびりまと云しでんてと和合してすゝだんしやと成ますけど
はろまとまてりやと和合してすゝだんしやと成也故にあふまへはし
でんてすを悟さをれるぬあしでんさらすを悟ざ也べ只見すゝだんしやさら
づきます三ッハ諸の色お行る体中ニまを生れ上ハそ也しの葉の
根元とある物あって又其ニお封の四大と和合させて其体と保つほろぬ
なくて叶ハざる儀なるべしでんてハ此はれかふさが故にあにまますゝ
だんしやある事類ひなし
又人ハあにまの徳によて命と存在ゆと云ふ理也ハあにまハ色々体の為に
すゝだんしや行る命なれども あにまを色分ニ托する時色ニ云しでんさら
命と魂をを放也あしでんさら命とへ成長書育し同れと生ざる葉
鳥也草木すら花実と葉へ実と結び種と生ざる葉なる事ハ枝がはえぬ
すゝだんしや行る別命根とあらて云しでんさら命れ用と魂をを放也
獣也草木のほろぬの徳ハ見と限りとして此上にある事なし
人ハ亦あにまの徳ニ依くあんちいどれ葉あると云ふ理也ハ人間のあにまハ
べぜたちいわれ精根と云を称して具する故くせんしちいわの精根

ともに心を離れてある徳なる也　此故にゑせなちいまれ徳としてかやう成長
書肩し子孫と生じ出る事をなくせんしちいまれ徳として見聞嗅味
觸と云ふ也又せんしちいはの精根よりあへちいはの精根もおなじ故にかの
為にお念する境とおもをお念せざると思む事を堪る人間のよろこびゆる
以て見るちいまよりおる徳徐や貪欲のあまりもおこるの為なる
おろまさ、だんしゐるおろが故に此本の徳備まはと云へ世俗へ色と限りと
して子よりるまるし　さて経に人間のあやまりにし一筆の玉徳まて
書智分あの用と題して名付て以てきちいまとふや色ゐに
家上の一徳也ゐん者より備まはる諸徳の中すぐを智恵といふ徳としその
無量無邊の内蔵徳も内智恵の徳家上也其第一本一ひの子内力とりも
智恵に勝きる精徳と限りの子本一ひまるを此故に今にいふ上右の
智者ならんの名をゆと名付てんおと云てるにたりてれおりぞんてこを
又以てわきつゐるなつうらところがらなつうられ結びしを限りしを
云します也やし別の者ば人のあいまへ書肩月安第の出れたらる用と
題されのをなへまぶうろすぴりつあろ其の為作と御作のすぴ里つ
あるゐん者よりの作に備まはる智恵とぼんたあでれ徳用も備わるが故也
此智恵とぼんたあでの二徳へすぴりつはろす、だんしや代深て他の

初書七十一

二十九ケ条

御作者事叶也此故に禽獣の上にハ置てなき甚重宝といふ人畜の
あにまの勝劣然顕なる事似毎なし其ハ禽獣のあにまハ色形と離て
まてりやにあるものといへどもまてりやより起てまてりやに備まり
まてりやと離て独り立事叶ハざるゆへに是れがらもまたひにしてことと
ともに滅する也以て是さらハあにまの御作ハ色に替りてまてりやより
出ざるにゆてりハの御作にあるゆへ又ころがまさるあるゆへ出れがらもまたある
ざるなれば色に付積なくして絶なくすゞりいの御作や故に色滅でても
滅する事なし又色御作の譜的に人のまてりや和合さ物なるとハ
以ども其御作と深い事ハ人のまてりやに拘るが事なし　智恵とあん
たはでの徳と敬するも亦深めたる

§二　以てきさとのます

以てきさといふハ人間のあにまに備てる智恵の徳也此智恵といふ諸の
御作者物御作ハる事叶ハ程の物御作に限る物とも人のあにまハ知る甚御作
あるものといふハそれくのかうざるまで独立する也四大諸天人畜
草木ハ月星辰金石珠玉等也御あるが事叶ハ物とハ未生ぜざる人畜
未生ぜざる草木等也此ハ現在に其御作なしといへども未来に生ぜ
ざる物なきハ御作者叶ハもの也又此現在の天地と除てい体になさ

所の天地日月四大人畜草木等とも作りのなきまゝに叶ふ物といふ也此ほは
現在する物をあらはし未来にあるべきをもあらはさざれども又あらはさんと
おぼさばおぼしめすべきが故に作者来叶ふ物といふ也作に所なき物とは
なんの以前いかなるせんたうろきめいらなど也此ほは古今なく未来もなき
まじけるも作に所なき物といふやすべ作あるを作りの以前も作に所なき
とも人は智恵の徳といふ慈悲毎知する若也其程に人の物と知るといふは
めうなる来ぞと思ふ知られぬ物の写しと智恵の内に生ずると知るとは
いふ若也喩へて物の光るといふは其作に随て光と生じおなじといふが如く
物と知るといふを知られぬ作の写しは智恵内に現ぜるといふ也め此の写しと
ひろそひやの名目にはこんせいとをいひ内の詞ともいふ名付る也所以は
にしも其出る心向は心中の思ひと詞に写して他に知らする如く智恵内に
現ぜる物のうつし絵いく智恵は其作と毎するが故や経ぜる所は人も
此智恵の徳とみくなとしなる来と毎よる若也物によりてはぬ因に
知り現によりてはぬ因なる所と以へども物としてき智力の及ばざるはなし
すべ物と生ずる作は生ぜらるべき物と実に我作に含むる又実には含まざれ
ども生ぜざる精力と含むる二に一なくして叶はざる儀なきまで智恵も
知らるべき境界の写しと智内に生ぜるべき為には其境界に所なき写しと

ひです　七十二

並ておもづき手前あ也諭へバ眼ふ物と見るふハ元見らるべざ境界の忿を
ぺし忿と瞳み写しおさまハ着て見るまゝとゐを耳根鼻根舌根身根も
又め忿然できんちいどへそきしくに完りさる境界至て他の境み錫る
かふけきどもを智恵へ秀精力み泊りふくして万境ふ渡て知る甚恋放み
あるからる併もすびり川ひろ併をうにべるざるもはゆちくらるを他らき
さるも他らきざる併を悪く知る甚恋光みよてひりをもうてれへ智恵と
名付て万物と以入り光万物と知るづき為み万物の忿をぺし忿と智困ふ
含が故やさて此ふの忿を乞し忿ハ増すびり川ひろ六すべし忿や
さなきみとひくるすびり川と写して知る菜汁ハべら耳ところがら
忿をべし忿ハすびり川と写を菜着ておけハざきでも也　又すびり川
のをすをあるをころがらる併の右つうらともうにべゆさるふ見た時ハあれだ
らる忿をぺし忿み写を菜汁ざる甚恋うにべるざるなほうらとへ人畜
草木等と見る時は人は人は木は木は鳥は鳥と一くの色おと見るを
とへども押梨て人間と見鳥獣と見木と見草と見る所といふ也
さばらおの併もうにべゆさるなほうらふつでおるがらる忿をべし忿み
うり川をます汁ハざる程とげぞといふふ拙じて忿をべし忿ハ色形の併よ星
おてを全く色形ふハあるを漸く色形み走雛する所ひろもの也例と

眼境に寄る時大山大木等の見すべしも傍の膝に全体すら隠く
的因也然にうかべざるなりうらといふは彼此色々のおと捨て本意
長短の形と離れて見る所なれば色と写るとゑとべしとも亦形おと
離れてすぴりつにもつぱらとなべら何ども智恵の内に備ふるゑとと
思しゑ内外のせんちいどれゑすべしゑの如くばろちくらる形おと現ぜバ
形おに悩ざるうにべるさる故現ぜざるまげ付ハべうせさてる形の理あろ
うにべれざるさへをころがらるゑとべしゑに写ると来付ハざるゆへ全くすぴ
りつの理と写るとまへ形は付ハざる者也此故に全体へすぴりつとを
うにべれさる故も毎よりかあし家とゆえく見らして生きとれ精根へ
すぴりつよる本類ひあし者故へとぴりつの見えとべしゑもうにべるさゆの
ゑとべゑゑも色形の体に写り備へる本付ざるは此の備へるべき精根へとぴ
りつよりどんバ有るべら所ども者上有るがらる精根へとぴりつとをうにべゆさる
とも知るべきかあしと以るとつの本理へ大に難渉成せし如く智恵と
ゆて物と知るといふへ先ニ形く物のすぴりつにつる写しと智内に生ぜる
故なりさて色全くころがらる精根の及ぶ所に悩ぜ然に人へすぴりつ
とをうかべるさる故を毎ゆる来歴然なれバ此の写しと智内に生ぜ
どんバあるべら所ともすぴりつにつる写しと生ぜるまも亦色形の及ぶ

二十九ケ条

所にあらざるべきと生ずる智恵ハ剣すぴりつあるまゐらけし也
此経に能く大智殺ぬのひろぞおでらたんぞりさそうてれを以てき
きとハすぴりつ好る精根ちらと定せりゐ経に人間の智恵と
よく物と知り毎よる次第とみるすを亦以てきさとの精のすひりつ
ある説擬ぬ図なきハ在に所と強きべし
§ 三以てきさとの精といくうにべろさるると知る次第の来
以てきさとの精とゆく色おのうにべろさるなりうらと毎へ知るなハ
二種にわけり一ハむぱるちくらる物と観ずると云くきうに色ろさるなれう
らと毎よる来二ハぱるちくらる物と雑多はべく見る所よく文きうに
色ろさるゝ毎よる来其ハぱるちくらる物と観ずるといくうふべるさると
しるといふも喩へで一定のあると見る時きる毛すぐ尺なる形状とみぬを
しそ此花ハるもらとみる所花にうにべるさ物也又ぱるちくらる物と雑多
はべくうにべるさ物しるといふハ喩へで雑多のあると解べく見る時毛の
色る形すぐ尺ハ様各同じ形どしておぼ讃る所と患堵すていげきの色の
よすをおを讃らざる所わると毎ハ知る来花にあるのうにべるさ物なれう
ら也はてるのうふ色ろされなりうらと毎へきるよみ文一重挙て満も
うにべれさるのなれうら物毎よるといふハ先るのなれうらハいきのるも

或人に尋らるゝ違なり又断る性なるまするを答へさせては真と捨てにて只是
跡あらといふ所のをと見ると以く勤のうちに籠るされなつうらと答へ
知る者也是答へ種ハ右二種の内の初条に当る也さて又るの一れとなの
一れと述べく見ゆまするハ名いでひなへ名なる性あきべ色右遠して同う
ざまきどもるもなを名跡なる所も替る本なしと見るまする跡の
うちへるさるなつうらと答へるなる也是答へ種ハ右二種の内後の分条に
当る也是二種の名の内げきと成しも備ひ来りて勤のうちにへげさる
なつうらは答へ知れば又一重あらでひろぞひやふぴ要んてと号する
なつうらと見出也ぴ要んてとは含跡あ本と含要するうにへるさる
なつうら也さてぴ要んてと答へさる上まる又すゝたんしやころおからると
以本と答へる也すゝたんしやころおからるとは諸の当情脇情のなつう
らと含要しさる所也然是ころおからるすゝたんしやと答へてよるま又一重
よりて諸のすゝたんしやと一統に答へる也諸のすゝたんしやとはあし
でんてみあらざして独立するなつうらと統て名付る所也是又滅
滅と不滅とあるおからる以んあるおからる諸の体のすゝたんしやと押来
さる所也滅の体とは四大和合の形物也不滅の体とは諸天三光等也
あるおからるとは右二種の体と合せて名付る所也以んあるおからる体とはさぴり

初巻七十四

つの術ゆへ者よ本也吉のごとく諸のすゝたんしや以一統手毎へてよ宜文
すゝたんしやふあらざる物とを悪く毎なるなり也すゝたんしやま然ざる物とハ
其諸のめしでんて也如此麻なる所とひろぞひやゆへ忘んてのこんせいと、
いふ也こんせいとハ智絶也忘んてとハ諸なるや此忘んての内に自立の
なきと術れのなあひ務也自立のなきとハ其者也者ハ絶手術く術と
たもちたまふども自立本なの為術也万物ハ者手絶ら速なる者の内
力に術るが故手所生術れの為術やな理手性当ぜんちられひろぞ
は諸も如此自分れ智恵とゆく名ばうらの死理と紀し万像表理と
是なるとして深く悟り高く拜りて天地万物の為主者と麻へ知り
なる者也其と表してむらたんハ高天原一統の金鏡さびりて太中に
悟ると入り其者手あらざ下東かの万物の理と極むをべき智力天手
いふなる天地の理とあらしてゆく絶手御代者者と麻なるとの理也
なきかりし蹈義なる理と採り始むるに入てれきとれ精根とあれ手後ハる
精根あらと見んハ蒙漢也内分のきんちいどへ人畜世に自分手当る
あれの境東かとむけちくらるに知るのをまてうにべるさるなばうら以知る
ちらゆる本なし然手人倫あ内分れせんちいどれ力になよばざる
うに為るされなばうら以麻へ其理とあらし性と極むる本始因なきで

せんちいどれかまたすぴりつゐろおだてんしやば具足する縁機歴然也
なきおのうにへかさるなきうら羽つる次第也といへば又すぴりつゐろ
なはうら羽うふ包るされるまでをあきむかちくらるまでもはれ羽へ知る
次第と號さべし寝まとて湖いふべし出るだと雜まてりやと深さ
すぴりつよりておのすゝだんしやはらん来綱し疑さ一縁なきむ先
すぴりつのすゝだんしやかぬまゐるまと數へて而して後まう
是と毎知する次第とべいふべきと答云くせんちいどれ識知する所と
のこ見るにといへばすぴりつゐりといふ本ハ經し疑けれども道理の
押さ所と踏へとして智恵の見る所よ隱ル時ハすゝだんしやすぴりつ
ゐると云しといふますわけつど故よ多く是といふべきで寝ゐハ
先は類ひと深ていてきき(生き)との精力とつくそきと毎へ知る次第と
きけ蛭して人間の物としる動門といふハせんちいどれ里かにあし
せんちいどハまたすぴりつと知る力なければでいてきとすぴりつと
毎ハあらんが為めハ全くの道理とぬらめだんじに據りあて終めハ多く理と
きハひろ勢也　此例しハ堆蒿のひろそは蒿婁の果條と見付るま
ぬるや　先伝で天の順環するとかん時智恵の役として去動搖の
理也と知らんと欲するに天ハ自力よ環るや他力と受て動くやと告惟

二十九ケ条

する時並じて無心無念の体ハ自力に物捻する事うふハざまで天の
旋循無能力ふよろへしと決定しそさて其能力ハあーでんてまハらんや
す、だんーやならんやと思わちにはーでんてハ能のす、だんー至と物捻
らべき自分のちゝゝなけまで天と物応ゆ能力ハ乞す、だんーや帝らと
決定し又其す、だんー至ハおゆおちゝきて、だんーやあゝづぎや各やと
思わちに出れおちゝ体の精力ハ星霜と経て無窮ゝつ物なきで豈経
平等ある事継でと天も其物応ろまお今平等にして重迷ふく
日月の循環時と遠へぎて盡裁と量り四時と約ゝ事一刻も打遠なけまば
乞出れおちゝす、だんー至れ及ぶ精力ま脳応てゆおちゝす、だんーやに
あゝぎんで　刹乞す、だんーやすぴり川行ろさゝづき事類ひあーと
天の循環とかちといふく全くの理と直して娃嫣のひろぞは嫣ハ安然の
体と見付さるものせさて又諸のあーでんてハ指するものす、だんーやふ
膣ゝ物なきでもすぴり川れ体ま依まろあーでんてもさぴりつあゝぎんば
なべる所ぎと決定する哲也乞刹人间のいんてきさとのさぴり川
行ろさ、だんーや松見おーさる次第也

§四いんてきさとへさぴり川あらといふま

其理まさひり川と毎ゝゝかへさぴり川よ是所まると依そる事

此ハ是でもぴりつの具体と見ゆるゆゑんてさきとの力も又是をぴ
りつなりつきまするゆゑ也　此理に随ひてさきとのをぴりつ
なる證據なり也先人間ハ智恵の働き限りなくして思ふ所も巧む所も
際限なき事是も一ツの證據也満足と試みんと欲せバ猶くわしと難め
眼を閉て此現在の天地のかたち新しき天地と思ひ巧みて見ら金
銀とゆく山谷とゆし珠玉とゆく禽獣とし鋼鐵の草木と生作し
其外萬物の性ねとし人間まて生立改易をも一ツ心に叶ひとゆふ事
あらんかぎり心に巧み替へたる天地萬物と又川かへくすの姿に資度
巧みかゆるとゆふ事も智力に至所ゆべき所なれども禽獣のせんちいどれ
肉なるも外なるを堵てれ自ら精根なきなべそうしの境界定りて
其境を越る事能はざるもしくに定り自ら境界の内とも永く知る
かハなしめぐ程賢き禽獣とても只其分と害ひ一れとお繞する為に
所あなる際のみとしる義也然に人智の精力ハ現在の天地万物と
論てかくじるとを限りとせず未来を以てあるまじきまでも
際限なく思ひ巧むまゝおのれの及ぶ所に帰せずおのれの及ばざるハ是をぴ
りつの住作なるべしてされきとれ精力ハをぴりつなるゆゑ也
又人ハ我にんせいと知作に我さんが為に無量の律と定め無数物すを

二十九ケ条

其名を称せば来以てきさとれ精魂すぴりつなる説機也然して
こんせいもといふハそれしの物の正理を智内に観ずるすぴりつなる
事しなるが故に天下に於くこんせいと従生せる衆人倫のなかに
なし譬といふハ内の出んせいとかに聞つを聴しなまで色なる人間と
謂て他の生ずるに蓋ろ者極万湖会勝するを称でん中の悩慾楽
等と引つとまするといふも其意の音にして云向ハ悩む文会勝の
己を巧をおかる言葉をあらはすと書ひ子と巣立笑ひと避さんが
為に御他者と作り付る事や故にあるハ我心もにひとしく
いぞひたハ諸心に其志ろ詞讃ろまするし人ハ記憶とみづから巧をみせう
定りる物なるべ心くの譬同じく時ぞ記憶同じうせと以ども我と
深る事ハ讃除ぞ統も毎言利にの人ハ我に隔て譬を穀し嘘さとめめ
堅きと私げ人の心の悟覚までも記憶とゆく無に後易するまその
例し諸心に多ぬ也かろ不必減の記向をたくを出せ以てれきとれ
精力ハ余らるおさらざぞるおのかに及まぞいかでら会勝の上するを
記憶といふまなららんや
又以てきさとの働く次第と見るまを其精力すぴりつなる説機
ぬ也働く次第といふハ夜動ハあべきさんよて我の物の上に枝色と

知る一偏也喩へバ迷悟善悪是非邪正ホと見て善ハ善悪ハ悪邪ハ邪正ハ正と
見知る一偏也　但准之決ハ於ゆぢ志よして一偏に見知りさる物と
紀しぬらしめる事也喩へバ迷ハ悟也悟ハ迷也善ハ悪也悪ハ善也是ハ非也と志り又
善ハ悪にあらず悟ハ迷にあらず邪ハ正にあらず是ハ非にあらずと志り
執をわかち執ハ同ぜざる物也二ツハちぎとくるそと云て紀しかけさる本の
上と云事商量する也喩へバ邪正の二ツはまとらとりはれとら捨てんと
思惟する時是さと擬ひ出ると捨るハ人倫の反とする所由らと
見ゐしてさて正ハ是也邪ハ是なきバ皆人邪と疑へし正に染せざんバ
あるべる所ぞと商量する是也但も亦准之して毎々急し結まべと
是と見るにも其枝也名利の欲ねと離まてうふべからぬ理とあつかふ
精かハ人と深て他の生覚になさ本的自也さてかうは無らさとあと
とてもきとハころだからだてんしやに悩ぜしてもねのだてんしやに
趣越すろ事歴然なきバ全く色すびり川行ろだてんしやある本
類ひ有
尚亦人の智恵と以て巧を出しさる事の藝能と見るに智恵ハ色ねに
悩ざる説擬教ハ於ても也看て驚し是とに至てある貪欲ら弦の具の
数と集めて山野海河の眺望花鳥風月の気象甚裳結己の猶め

祝巻七十七

二十九ヶ条

まで天を荘上に耗り家屋の内に写し垂来りや哉へ文と為し名と
定め鎌台にものといへせ紙面に心と写して其さ境の人倫に芸と
示し今の世の事を記録し後の代の人に伝ふる巧をとなとます
行りや加之箕数の妙術奇特なるますハ嶽に伝授ふしたり不思の
事ハいふに及ばず然るに論する高天の循環四季の轉變日月の際する
事迄までを時刻と遠へず箕数の天より星盈て量り知るます奇特の
業にあらずや驚かるきめいでといふ人ハ川をなる水精の内に諸
天日月星辰と作り謡め順行逆行とあや流り月の盈虧日のお没
湖の干液日月の際にむるまでも時と違へずあるまし其ると以り
さて亦工匠の勵器と造る巧を金銀の細工の流なる平淵詩人歌人の
出せざる作業管絃の調子雑楽の拍子と見よ此等と巧をおせる人
間の智恵と禽獣に等く全く之れなりと見ん人ハ嶽に理不出の尊り
なり為人ならて禽獣の上まを不出紙なる巧をとするますなきに
あらざといへども技等ハ諸事一概に定りさる所作のまるて境と出ざ
人倫の智恵の巧をハ限りなくして而も之れの力に超越する所作
多端也猶別かる奇妙の巧をとなとなして其きとれ精力ハすびりつ
なりどもであるべけれど

又してはさとハ毎へ知りさるまのすぴりつゆうしきぺーしと智恵の
内に納め保つといふ性ハすぴりつあるに純撰ハ我か若也第ハ此れ
しきぺーしとしてはさとハ智内に保ち納めをんで大きいふ種く種くの
物さともと来申つけハべきやさべつのしてはきと用小譲て
種くに名付る也第の物と一偏にあり毎かる所と指てハしてれさもいひ
小わ隔歴する所と名付てハぞゆちしよといひ其推商量する所とべ
らあしよと名付け御まへ知りさる来のしきぺーしと納め置き納め
置さると用ゆる時思ひ出す所と指てハめもりやといふや其に付て
さんとあぐすちいのハ智も毎ハめもりやれまあらとしり所若して
きとの物と毎へ一しつ葉ハめもりやに納まるさるしきぺーしてり
じいべるよりおるによて也喩へて若見さる人のおもひの内のせんちい
どに写り有りさると云ふ人と見ざる時もかたるが如くに思ひ出すが
ごとし其べ諸のうにべるさるとすぴりつある志きぺーしハ皆めもりや
してはさつゆうに納まる小依く有りきとうてれハしてれさと似
名付て志きぺーしの藝とよりと説小種く知見するにすぴりつと
納ひるまハすぴりつの是るより外に付ハざりバすぴりつゆうしきぺ
ーしと納め置くめもりやハ其性ハすぴりつさるべき来小的也然に

二十九ケ条

めをりやとゝてきとハ名異にして性同けきハ同性なるゝてを
きともすびき川なる本頭錯亂家に人るていふべし此数へと字
の人間のハころだらろとすびり川ぶる二樹のめもりやぶりと見こ
めなと旨云く人間のハ二樹のめもりやぶる也一のハめをりやせんもちハ
二のハめもりやゝてきき川ぶる色也故ハむろちくらる色形の色をべし
色と納め此ハうにへろさろなれうらとすびりつぶる色をべし色と納むる也
故ハ禽獣の上すを人間の上すと色分の本にぶる物也此ハぶん名よと
人間のあま後小のをぶる禁器を極に人としてうにへろさろなれうら紙
思んは出来ますと又也にすぐきさらめもりやと杉さろ人の左令にさをを
ぶろ本も皆色めもりやゝてきさちいけれ葉也旨せ称らと云ひし
人ハ物の名と二千つげて一通人にいとせて安さろと次第と遠へをに字に
いひおしさろと也又忽ろしやの忠王にさいろと申せしハ数十万騎の
官軍の名と逸一に知て面この名と嘆きのしとぞ此等の不出識の
めもりやハ色お汁の力にゐぶまに悩をと放に禽獣の上のハおと旨て
測しるさ紙や奇理とぬるにとふ小せんちいどの識知る色もゝ
てきさとれ前ハ精力ゐ底大なる如くめもりやをんしちいハよ色もめを
色やゝてきさちいもて逆に勝利く故也又ゝてきさとハ花してをを

精力衰へざるまでも気おにあらざる説拠也きんちいどハ気おとろふるが故に
老衰の人ハ男女も弱くなるとゆへどもいつてきさとハすぴり川
なるが故に老後小便更々なる者也
古今の名醫と謳評吟味せん人ハいつてきさとの精力すぴり川なる
本と知るに毎々急し遊し先まてを持いまだ壇しとせバ着て先名
醫の不足に以て只偏小意痴の紛を取也爾へバ日の光ハ明らかなれども
気性毎の救ひハ和て暗しとするがごとし

§ 右の數に付て起るべき不審とがこのます

問云くいつてきさとめもりやいつてれきさちいもて名異にして同性なるハ
いつてきさと然すぴり川なるとハ云綴し取りは若けれ老衰の人ハ男女
等のせんちいど衰ふるごとくめもまやを亦衰ふる也男女等ハ気お
なるが故に衰ふる本の白に迄でめをまやも亦気おとろふべし既に老
気おなるハ同性のいつてきさと然すぴり川といへハ不審なり
答云く老して衰ふるめもりやハきんちいと也老ハ気おのめをまや也
胸め並く亦をぺし気を亦気お也而もはめもりやハ蜜樊溫燥等の
加減によるが故に加減お遠するまでめまへ胸並く亦をぺし気もよきに
衰ふる者也めもまやいつてきさちいもてすぴりま川や胸並く亦をぺ

初巻七十九

二十九ケ条

し志も亦すぴりつ也故に年老ひ錦衰へても衰ゆる事なくかへつてあし
まて四よめもりやいんてれきちいへの性ハ衰へたると云せめもりやきん志ちいへ
衰ふるに随ていんてれきちいへともに老ふる嘘に不足るまいん答云く
あにまと色体と和合して一人となる間ハめもりやせんしちいもちいん
てれきちいへめもりや小仕ゐる老也故にめもりや至せんしちいへに納まる
ぴろちくら形ねに不足ある時ハめもりやいんてれきちいきも其不足と
思ふほどして仕つる也とハいへども誰人の後ハあねに拘らざるが故に
いんてれきちいへめもりやハ一分の嘘と敬してうにへろさゝるもぴろちく
らも障りなく思ひおもて老也いんてれきとの業も亦ゆくかくれ
ずし此家組ハ次の不審に当て示べき者也
問云くいんてれきとハすぴりつにして其用も又妙なるべき事らバ小児ハ
智光を発するまゝなく狂人の智恵も倉動の患をたちまちいへまを
劣れるや是不審也答云く此の不審を解かんが為めに右第三の§に
載する教を論としていんてれきとれ出ろおらるなりうらとすぴ
りつなる随うら体毎へしる次第を能徹底せよ然らバいんてれき
とハ志きぺし志てりごいべろと教ゆるせざるべ拘と知る事叶ハざるといふ
体と納めるべし此志きぺし志いんてりじいべろと安然めハ此仏の講釈に

一　さらへまふごく人間のあにまも色身の納となられたまはざる證は
安然の作は色ね和合してせんちいどの為なれば あるべしとおぼしめける
ますけはざる作なりつゞ少人色身の納なりそれと智間に微證めぐる也
人間のあにまは色に讃りて色力に合作して色力のあるとある物
なればを生の間にせんちいどの為とはくあるべしあいんてりじい
為るともしろますけんが故に御微の納なり色とらへあらはざる悲惑
然ばいんてまさきとはあるべしあいんてりじい為るとおぼける次第と
ふ小見言納中は色声香味等のかの境界なり現未する事もしと眼
耳等の五ツの門戸より身躰中に通るも也是坂間のせんちいども亦
我自分の精力といくかなる色とりからすべしなるを為義落ある
あすべしあと豊く小生じおもさへ於て色木のあるべしあは漸くに落く
あらて終み色ねと妻雑する時いんてまさきと自分の精力といく
あるべしあの間なるすびりつるあすべしあおびりつると生じ
おもやさてめ心のあるべしあにうは色るそうなほうらは現せる悲惑
然じてゆんてまさきとは此等のあるべしあと通とりてうにべけさる為ぞ
むろちくらる本のはくいりつる事もしと生じて智無とみと悲惑除へで
眼は何か境界の事もしと通て見識と成せらるゞとし家といくと見るに

以てもきとれ葉と亘くなとづき為めハ肉のきんちいどとよろしく
仕上べき事肝要也それによりてなりをもってれの端に以てきさとの
葉となと為ハ同時に又肉のせんちいどに御ハざれば付ざと以り
為にこうあるゆへ色力に和合して命根ともならはるゆゑもなる物なれ
然ば肉かのきんちいどいふハ以てきとれ葉となと為の仕ひ及具
なる事明白なきべ及具に不足ある時も以ててれきとしもよろしく
葉とせざる事也然へど能書にもとと以へども縫紙に任せざるべ
縁精とあるひ雑し　さべ小児ハ頭脳に温氣多くして柔弱なるさで
肉のせんちいど大ゟなるざるが故に腐蝕なするる事能ども老衰の
頭中へおて冷燥なるが為に物毎に失念多し流孵の人ハ酒氣厚く
昇りて脳と眛まし擽痛の甚しきも燃氣頭上にありて脳と
覆へるが故に肉のせんちいど悩乱して以てれきとれ働きに妨碍
おなる若狂乱急躁の漢に癲癇の葉なきも又此理也
云く腦膸の人ハきんちいどの葉なきごとく癲癇の葉もなし既に以ん
てれきとしもきんちいど小高く腦膸せべすぴりいとハ云顕し着云く
以てれきとハすぴりいなるが故に着て腦膸する事なし既擽も
腦膸の肉すを以てれきとれ葉全くなきに悩む夢中にうにべなる

二十九ウ終

理りと見る事なるも元以てれきとの業也ふべからざるとしるすは
色おのづてんじやの為に所に脳せ又ゆく膽中の夢を物にして
営みなし多分は以てれきと無念にして業なき事いふ答云く膽臓は
其関縁多しと以ども多分と以で胃の腑の食気頭上に昇りて
内のきんちいどと躍ひ亦内より外のきんちいどに通ずるとも塞ぐ
時内外のせんちいど障ことして騒く所作とはじめ休息するを名付て
膽臓といふ者也其経にある面色体に和合する間は尤多く数ゆる
ごとく以てれきとは無内のせんちいどの忘さべし忘と境界として智
毎とふと者也総にせんちいど代塞ぐ食気は亦忘さべし忘とも患者
覆ひかくさず故に以てれきとは内よりつき境界なくして智恵の業と
ふと事能はど院に業なければ其なき業とかへりみる業もなし喩へば
眼精見ゆる事もなしと以ども寄来て虚空とうけを境界の色と尋ぬれども
眼境相対せざるが故に見識とふと事能はずして眼精なきにはあらざるが
ごとし
問云く以てれきとは亦じゆちえよとも名付て虚空とゆひる処なるに
猶くは夢中の影像に迷て其虚なる所とゆめざるや答云く
此不審を能せんが為めに先人の夢みる理を聊話にいふべし夢と

二十九ケ条

是は右の無緒にいふ臓腑の氣漸々に落くあらむらさくをまで平生
間のせんちいどに写し置る事のなすべし是ハ前々に聞をあらさま
てハ赤源を来喜源ぬくまを脳きを来喜聞ハぬくまを脳きして喩へで
雲間の月と見るがごとし或ハ紙面に記せる文字の多分ハきくてきたる
くに残りあると讀つけて見まで文章の義理雑乱して少々疑に
似る事も此故に夢見る人ハ海上に車あると説せ山系に船と乗り人あるに
る類と異しる類に牛角と見るまなり是別人の夢みる理をあら
脳臓に夢なきも前ハ此故也然に以てこれさとへしゆぢあよとて
虚実と紀きを論あまで夢の違ひと似夢中まを毎よぐきに于儀
なき事いんと心もで言理さ多し先夢みるときも以てこれさとへ
いかも違しに脳きを夢と別夢と毎へ親に脳きと取る事度々夢中
まをいる者也めいさの明めへじゆぢあよの葉あるまの白なまで夢中
めく着てじゆぢあよあしといふべら府ど前又めいさの明めへ夢見る無ふ
あし多く違ふのまあらと云もて着よ以てこれさと前の義理と紀きを
めへぬせんちいどの思きをぺりえんしや役略とする也然に夢見る人ハ
かのせんちいどを全く密りさてかの境界の実否と紀きをせん
ちいどらむんもあしで雲霧にきぢらまでぬらあへざまべ略とらんさ

ゑすぺりえんしやなくしてじゆちしよの儀を殺する事もなし
事故はありとうてれが数るごとくにしてれさとれ御さはげきも同の
ゑすぺしえんに向ひとして付(べき也)ばや加之人間のあまねくはろま
なきばゑぜたちいはの話とりくかと書ひ巣立ろまでとも為でが葉と
する者也然ば睡眠の時は悉くにしてれきとの形像と出て一分補書と
身一とするが故に夢中の影像と見てもいんてれきとは強て事虚実に
物らざる故也されば覚る時だにも多境紛乱して邇一に智恵と仕(ざる也)ば
かなはざる事多し況て睡眠の時に於てをや故に字々の深細なる理
甚深なるをも能く工夫と凝して徹底すべき者也

§六　ぼるんたあでの事

右いんてれきとの外に亦あにまに依る一ツの徳用あり名付てぼるん
たあでといふ也又名をあぺちいとゝいんてれきちいぼとも名付る事なるに
あらざるいんてれきとより境界の好悪を礼す時境と好しと見我為に
好事なりと見ればぼるんたあで起て好に覚悟し別疑ひ望むや
若亦境と悪しと見我為に悪事なりと見るまではぼるんたあで
是を嫌ひ悩む者也さて境界の好悪は悉しを実に悩むと云也
てれさとは只に遂て悪さとなしと礼されとひくはぼるんたあでは好に

二十九ケ条

悪しきと悪しと知る時はあにまはでそと離れ去る也されば人をあでれ
業多しと云へどもぬむと離るゝの二ッと身一の業とする者也
去程に以て生きとの業とはくは右に云ふこんせいと然生ざるごとく
あにまあでも境界に執着するとはくあもろと云ふ物と生ずる也あもろ
とはあにまをあで境界と執する思ひと云ふ也喩へば織りなる漏斗の
諸編とめぐらし時とう川東へ落おもりれ業あるごとくあにまあでを
此はもろにりまで覚境に悪しそれと求めんと業のなと為る也是ふ
よてきんとあぐまちいのち Amor meus pondus meum, illo feror quocumque feror.
何もろは是我らのおもりなりいづくにゆくも皆ねまりまで行なりと
云り又云く Sicut corpus pondere, ita anima mea amore fertur. ころだら体も其
重さにひかれて動くごとく我らが魂はあもろにひかれて動揺すとはんは
喩へぞ金石等の体は自分のおもりにつきられてきんとろ然指て動き
ゆくごとく人倫のあにまあではあもろにひかれて覚する境界に悪きんと
趣くなりと云ふ儀也然れどもあにまはでのぬを覚する所をきんちいどに
勤するもおのぞろちくらる境界の上にあるが名誉官位器械等の
うにべろさるともぬまたすびりり川行る境界ま覚悪する物なれども
あにまあでは是あべちいときんしちいと云ふ悪なる精魂ある事ぬる也　言

故へあぺちいとせんしちいとへ人倫にあらでもゑれのむちちくらる境界の
外を好む事叶ざるぞ也是によてぼるんたあでと亦あぺちいと以てれきさ
ちいと名付急ち喩へぞ以てれきとへ境界に限り端といふまなく
あるとしあらゆる事と毎へ知ごくぼんたあでを境界に着るなく
あるとあらゆる事と望を遍く精力あるが故也　委上ぼんたあでへあぺちい
ときんしちい然れ愛する境界を嫌をぼんたあでの愛する境界と
あぺちいとへ亦嫌む事あり然ば一ッのぽてんしやよ星手に封する二ッの
あくとを同時に生ずる事叶へざる也ぼんたあでとあぺちいときんじ
ちいとへ善悪のぽてんしやある事歴然也さて又是へめる類の善悪
ぞとゆへすぴりつとゑれの端あらと善に通し故とめる類ふといふに
以てれきと然すぴりつあらと徹する所理へ皆ぼんたあでのすぴ
りつある所とも離ざる者也
先以てれきさとすぴりつあらと離ざる第一の所理へ以てれきさと云
うにべるさるとすぴりつ行る事と毎へ知る力と指ます也委ごくぼん
たあでもうにべるさるとすぴりつ行る事と乳ひ望む精力と指事
也白なまべぼんたあでへ是すぴりつ也又以てれきとへ其の為作とじる
力行るとりくすぴりつあらと離縦ごくぼんたあでを其と望む

二十九ヶ条

精力なるとりくすぴりつさんと来ぬらけし又いんでれさとハ其御さ様
にして而も源頭なきとりくすぴりつさんと說擬と顕せざくおん
たるでを亦其ぬむ所と嫗之所ハ様て也而も以てれきとよ見すら
な程ハうにへろさるすてもあきすぴり川なるすてを、のき其如く源り
なけるで其よ源之おんたるで乃嬪電も源りなる来なし　扨おん
毎あてハ會歎のあぺちいとに篤くころだ、らろだてんしやなしばめくら
御さなるべら所ど宴とゆくおんをはでハすぴり川なるますぬ図や又
様のひろぞは殺ゆらざく　おでんしや、のぺきんしいまとだてんしや
あぺちいて然其性同を恭施様せハおん毎あてと辱くいんでれさとの
おでんしやハすぴり川なる来ぬらなきで其と慕之おんたるでの
おでんしやもすぴり川なる来顕なし又星べらだあてよて自己の
望をと勧遐する自由の嬢ハすぴり川なるな流うら絨深てきれの
なつうらに統ハる来叶ハざる恭施　此故よ會歎の上ゟ自由の所佩
なるまなし　様ろに人倫ハ自己の望をと勧遐し我と心と日どろ自由の
嬢と具足する来歴様なきで此よ嬢と統ゆるおでんしやハ然しを
すぴ星川なしむんべなるべら所ど其又例おんたるでなきハおん毎あてい
其すぴり川なるおでんしやよら来顕なし　其で此自由の嬢ハはろ

まてろおんたあでよ倫へるといへどもらぢらてるへいんてれさとにあらず
於、ゑ自由の徳ハ此二ツのおてんしやに並備ゐるとんゆるべし又おんたあ
でとあぺちいてきんしちいとハ味ふ罰撰する事もおんたあでれすぴ
りつある究機ある者也あぺちいてきんしちいとハ尝よ命と勝むといへ
どもおんたあでハ時としてが命と抛だんとするまゝりあぺちいてハ
ゐと拒てもがの極育とぬむといへどもおんをゐでハがと揺してを
ゐと薬立てんとする事ゆり寝とゐくおん匈ゐでハ色がに拘附ど
して色がに勝をふるなはうらあるる事なゐ也発るすぴりつゆる
なはうらや寝よるんと為めでん倫ハ群生に替て二種のゐのぺちいて
ゆるまと見付べし一ゆへあぺちいてせんしちいと今一ハはぺちいていんてれさ
ちいと也御身には二種のあぺちいて二ツなぐごろおらるあるば一ハ無益也
表故ハ色おのばろちくらる境界とぬむべき為め一のあぺちいてせん
しちいばのかあよ用ある事あし去ば甘となつうられ薬ハ諸のひろ
ぞはれ受覚するごとく貯あるまに不及なき如く貯あよてを
赤ゐるなきる抱不退であぺちいていんてれきちいとハ無すぴりつゆる
精徳さるべきま覚悟ある

§七　いんてれきちいハあふゐれ御ハすぴりつあらといふま

此経に充ふ裁する条々の天理とゆくゞんてれさともおんたへのでを
二ツなぐるすぴりつけるおてんしやなる米ゐらなきでさ篇のぷおてん
しやと全体するあふゆの体も又すぴりつの体なるまするゐなる若過
所以若け也じて萬物のなつうらと見るに結へ世体に篤く体もさもて
結ぶお意するまえ不易の一儀也然ばあふゆの結述なるゆんてれさと、
おんたあでハすぴりつなるま類ひなさ時ハすぴりつける結述と
含むはふゆの体もすぴりつの体さらづき来けの類ひらはらんや若
此理と細別せざる人あらで熟て是世にすぴりつの体ける米といまだ
見ざる故さらべし人間のはにまに限居ど雑事をすぴりつの
体なきまハなとの字若ゆ白とする所也先其の為体ハぷうろすぴりつ
よて推草のすぴ里つまで在まかす也此理とぬると見るに萬其の
体らるだなるむで此出るおへまてりやぴりまとわかまと合せざして
付べら居どさあらで其の為体に錯しきまて里や似具しめべし
是又なづき儀に悩ざきべうなる居ど其ハすぴりつの為体也此上其に
出るおあらバ萬物の性化若さらべうきを故といふと云に出るおらる体の
物と化するゆくうなる居どかに向て下地と求めざして付ハざる若過
喩へバ細治ハ織と求め大工ハ材木と求むるがごとし是によて下地なけれバ

けども作りおきます けれど 然るに其は元来一物ならし天地の万
物と様なくして作りなば 様は上まる 無量無辺の天地と様なく
して作り出しなすべきおもむきがてんしやと様なべて見出ればからる作に
顕さむがらる作に顕さるゝは別見すぴりつなる作なるまいて
顕さるる程也又無始の作もすぴりつの作也見無辺の天の環るといつて
強然るべき兼継花に載するが如し加之いんおよの作は全く以てり
ぎんしやなきは智恵の働きともとするをおのせんちいどよりまぁる
忘るべし忘と用ゐるますなし は故に出たるおなしよりて不足なます
なし 愛といふ其作すぴりつなる徳機から也其上いんおよいいんてれ
きとゝまべるだめでの徳と異せり は二徳はすぴりつにつよ顕さる作に徳はる
兼ねは然で見示いんおよはすぴりつなる徳機也
然るべしと見といふ見ゆるに世にすぴりつの作いふ兼は様なき所
なるに人体のあるのに限てすぴりつにあらどといふは所謂理不尽也
既にはいうこへいんてれきとと異し自由の徳も備ふる兼は人との
様と見なる所也見又色作よりおる徳織に顕さる見色作よりおがに
於くは氣の會勤するならんや然るはいはに体よりおる兼顕なし既に
見顕かなんばあに体は其作をぴりつなる兼けの顕のあらん又其万物と

御作にさまし事ハ量りなきさる御恩と御善徳とあるべきからでハ御作の
物すを施したまふが為也然れバ世のなる御恩にとりても尤勝れるらん
てれさとりまべらだいでの御徳と人のあにまにゆらんなき事ふぬなきハ
此二の御作つどして叶ハざるすびりつの御作とハ守らるへたまハざらんや
さて亦御作者ハ大世界の段とすびりつのぜんだよといふあり事
ごく小世界とある人のとをもびりつのあにまにどらせ奉るべき
事也此の御変に人かてはんじらといふもあにまといふも眼耳
等の識知する所に隠されバはりとハ更に云顕しと云べし甚だ悪顕の
御也草木の種に添へ奇妙の精徳萬種を含む種々の徳儀も日に
見る人ハなけれども用ひといくし顕然とごくあにまも五根に出能
きまども徳用既に内の利きまさハ用と見て作としてハ多無の法也

§八　あにまらしよなるハ不滅の作なる事

らしよなるあにまれ作とすびりつあるとだに決定されぞ
不滅の道理ハ自ら顕ハれ苦塩放ハ地してすびりつの作といふる
けれども四大合成にハ暫くに衰へもつべき理なし又色にあら
まんとハ絶にまふさるべきるもなし変といふをひ里川ハ首て滅無の
儀なき道理ハ洞然として明白也然ればあにまらしよなるハすびりつの

併なる本古家々にふ動なきハ不壊の性も又うたがひなし故に今実に
原論するに及ばねど左程にあふぬの不壊なる所ハ古動困の天理の外に
又能多の論も有る物にあれど此篇とおく挙ていふ為し一ッハ万国の
人間押並て名を揚を誉と後代に留めんことを望を又此分壊して
よき生を後生やはらん然らバいかゞきんと気をつかひ心を立を本花先
あふぬ不壊なる論やもし人も倉勤に篤く現世一旦の事にして
末世に留むる併名んでけものゝ名を揚をけものゝ命終して後の
本とぞ跡くつきぞ然ふ人倫ハ雑数ることしもなけれども万国篤く
とのづくめさの心と生付くハ然しも末世に残る併なが故に後が為ふ
名を揚を香りふ末を桔をて末世の気をつかひともする若也花今一の論也
又世の能の萬物と観ざるに鰈さまる情脳情の執に命なかき物多し
家の命ハ二百歳に及び色いふきといふ鳥ハ五百歳と保つと云り松樹と
先として数百年と経ても猶いまぎ縁なる木ハ経執いり夫ハ永劫
不壊也四大も又めさし実ふとしく万物の界長さる人間の鈴と見るに
僅に百年とさへ没るもの勝なら生とし生けるものゝ上に甘一と
するハ寿命なるに万物の目なる人間の鈴鰈さ樹木禽獣ふさへ劣
まるハ花河伯若の不足と云べしや並し河伯若ふ不足なる本竹ハ

初巻　八十六

二十九ケ条

ざる迄ハいのちなき人ハ現世一旦の寿命のみに果るまじき命と存ぜんで
あるべからざれども是亦あにまの不滅と顕す一ツの證や又世と諸善諸徳
為徳の為作もらと無ハなきぞ人間ハ未世までもとどまる不滅のあにまの
なくて叶ざると見る者也所以者偏して下界の在親とかゝるに
仁者もあり不仁者もある也然に仁者ハ貧窮にして不仁者ハ文富
貴く仁者ハ苦痛逼迫して不仁者ハ楽と栄よろこび多し又仁でもと
覚ひなるに万徳すでにあにまの為達なるまじべりなれども悪法の善も倍なり
なすべしさて悪法の一善ハ賞善罰悪といふ徳とする極なまじ世ハ
賞罰厳重に出まさずして叶ぬ為なれども然る処に現世まで仁者と
賞じ不仁者と罰しなす事様なるハ是一ツの不審也是し世にハ悪
法の善なしとせんやなしといはんとせば万徳為達也けりといはん
とすまじべ賞罰と見ぬ事難き也然らば親されにて是は人倫
にハ不滅のあにまの由にある證や其故ハ此悪法の善徳にて不足なら
んが為にハ現世の賞罰なしといふとも未世まで是とおもひなすべし
末世の賞罰と定つき為にハ亦人倫に不滅のあにまなくんで叶ぬ
為さらば實と云く世と見知なれバ不滅のあにまハとのつゝく顕然する
者也其理に以てもされ川なるあにまもれ不滅なる其理聡撥と論じ平て

とは篇の末に愚なる人の心に起るべき不審をかく解給ふべし
問云あにまハ不滅の体なりとも争ふ色と異見する人間も亦不滅の
体と給はざらんや答云地にして人の死するといふハあにまと色身の分散する
といふ義也然に又人といふハ此内のあにまと色身と和合したる所なきまで
此二ツ分散する事なきにおいてハいつまでも人ハ滅するまじべし
所詮終と以て分散せずして叶はざるが故に人ハ死滅する者也人を
死滅すといへ共あにまハ残り留まる者也
問云始めある物ハ皆終りありと見るとの学者の決定する所也然ば
あにまも始めハあるべき事ら終りならんや答云始めあればかならず終り
あるといふハ天地物といふに限らざらんよて色身の体より生じ
たる物の上や論へぐ草木ハ他の草木より種と変るが故にはじめ
ありて終りあり禽獣も他の禽獣より生ぜらるゝが故に滅亡の期と
通を給ざ火も余の火より生じたるゆへに所定を消失する者也然
どもけぢやあんよて元来一物ならしと有無に依りおしまひし体ハ
色ねよてを滅する事なし此故に諸天の大ハ始めありても終なし
霊と云ハ見るに以てのちいまあにまハ体を始めありて終るべきに
非ずと云ハ元より色へすぴりつなれば父母より生じおひに依て其故に

二十九ヶ条

有無して作りなし給ふをまでも也然れではこまれ不思議なる所と見給に付てを万物の御作者出玉ふ事す所ハ歴然の道理にもで證で有るあるべき事乞人倫の本意や

第卅

御作の万像表裏とりく御作者の為作無
内善徳廣大なる所と観察する事

さハ皆一世の為にのする所の義理篤子心と留めて思惟し工夫と徹ふべき人ハ此天地万像ハ能生の志ありて万物と主宰し安置しなしまると分明子調物もべし此ある主と名付て申となる也然で其の御作者全備しなし万善万徳を遂一にある作子篤く無量無邊なるまでも人間の測量まで推量しなる事付とど以世流をと汲で水上と云り一滴と嘗て大海の味ひと察するが如く御作の万像表裏とりく管見の窺ひとあしなるに量りなき内恵意量りなき内はらなき内慈悲の数々の内善徳弱をなし者に此ふと観念工夫する事きりしたんの心と發し信心子燃立内なる所に至む役となるが故子と此世の終りにぜ祢じをとも勤一ヶ条のあると踏として六日の御作と挙でふべし

第一初日ハ此天地を作りなすと書きあり天とハ諸天地とハ地水
風火の四大也 此を作りなすと云事兼て其下地なるに此元来
一物もなき所にありしと出来て此間説一ツと同く天地四大ハ始に出現し
さらとんと心得べし 滿寳に人と爲めて工夫するに極くも御作者の量
なき御力御自由自在の御神徳と勘毎して然果つき無 先天の
廣大なるに付て天文の學士等が論説と見るに地丈も廣大なると
以世天ニ比して八唯一點のごとしと以り然ば天ハ至て至て上なる
天經其作る大なる時ハ十天目の以ぱりよハせる經廣大なるべきぞ更ニ
忠雅極量も及びがたし是亦此の御書諸の何んじら爲ニのとの
極樂と更なす淨刹なれど人智學力の及ざるを撤る理也故ニ深く
是と答き其下なる天の上といふ處し以ぱりよに續く天ハ九萬目也
其名と呼りいむ人もうばれと云や是動揺の初といふ也此天一旦
一廻の内ニ東より西ニ一廻する時其下に至なる八ツの天とも引つれて
廻也是ニ續く八萬目の天也是則諸の星の備へる天也此天の大さと
ふらんと欲せバ先其の上ときけ大小其数様りがたき諸星の中に
其外大地ニ百ヲ倍なるもあり下界より見ゆ第一小さく見ゆる星を皆
大地より也大なる数無 故ニ為 大地の經なる星あるぞ 縱六萬目の

三十分余

天子像なるといふとも其体あまりに小さくして下界より見る事
叶べからず是皆右に数明の学士等天経と号へ其数を極めて定め
するところにして首て数ケと幾事なり遠微にして渺見よ加経太なる星と
幾千万といふ数とえし是像へ垂るる上ぐをも推未遠図多さハ其数の
天の体ハ皆経太なるべき故やちば上下ハ四方の際天下ハ地水風火の
四ッと下地もなく万具をもなく時刻も猶ほど生滅をなくあせと定ふ
計まてお親さる故な分法身の法自由自在ハ皆計の御力なるべき
故や是と立丈さんとすれば智力と絶し只怪しとなるのみや
第二の日ハ水土の二大と分ちたると見ゆる事也其揺体と見るに拙
下して四大ハ重きを下になして軽きハ上と居所とする故に御作の初
よりは水大ハ地大の上に居して尺寸の乾地もなく覆浸せし者也然と
第二日目に水大と一本によれと定へハ水大別に薄に隠ひ一本に行よれハ
乾地并に顕れると人倫の揺数と定めたるや嗚呼尊なる哉妙
なる哉水の自性に任せへ見んハ地大と遍く浸覆して本所に居べきと
いふをべけれども第一度定めたる法とことを水土の境と乱ら
ざる事無量広大の御力と顕したまふ也多ふハ砂石とともに漲り
とし自浪滔天すれども其境と越ざるハ奇ても尚雄行り

第三の日にハ大地に下知しなひて萬の草木を生ぜよと宣へバ
山野の草木五穀の数々を出して一度に大地より生起現はし
たる也是亦草木にさへ内力也未三光の暖氣もなく雨露の恵ミも無
より降る根蒂枝葉一粒の種子もなき所に御掟の内力のミにて
千草萬木五穀野菜数々を出して生起せし事甚深無
量の御自由に顕れや是亦後に作りなさるべき人間の用と為てより
内證じなふが故也さらば草木の暖氣とバ大なる恵く記しわきバ實に
再論するに不及
第四の日にハ日月星の三光と作りなる也此亦も只御掟計にて出現せり
さて日月星宿の光の暖氣の妙なることハ雖ち緯紙に出すべきぞ
經文書籍といふとも幼少の人も能ざべからざ先日輪の上といふに
至佛下界よりみる所ハ僅に寸尺と思ふといへども水土の二大と一ツに
して一百六十六相倍程大なる者也此等の事ハ学得とせざる人に對して
一向に説きます微細けれども吾く也然世日輪水土の二大よりも大なる
所程ハ雖けんすと落易き者也渺茫とあらんと欲せバ日本の究極と為よ
論ぞ其中に續拾として去る傳にけまても立並く時去る御續拾の
大よりも大きなきバ去るよりおろ方ハ未だ尚廣くなる也第又傳に

立さる物松明の火よりも小さけれバ是より出る影ハ漸て小狭くなり
て終にハ滅失する者也実と以く光と請る体光の出る体よりも大
なる時ハ是の影ハ末びろになりゆき光と請る体光の出る体よりも小さ
けれバ是の影ハ末有て狭く成て遠く至らざる事眼前の例也と云と
諸として日輪と大地とハ大小を量るに日輪西山に傾て地の下と
廻る時水土の二大ハ日の光を請が故に是時地土ハ空と成也然に地
げの末ハひろくなるや狭くなるやと見るにせばく成て是末の
三十ケ条
げもやうく一重の天までも至さて二重の天迄ハ行至れどさて
月輪ハ一重の天に有が故に其天に行き届く水土のかげに月輪廻り
合る時月光が隠くなるを月蝕といふ也是に付かげ二重三重の
天まで至るに於てハ二重の天に備る星共といふ星も
三重の天の星共いかにも時として蝕をもべけれども左といふ事
なけれバ水土のかげハ二重の天に至つかずとして滅失するが事明白也
然則日輪ハ水土の二大よりも其体も大なる證據なる者也其ば
其大さをはかるに何程ぞといふにおほよそ水土の二大を一百六十六合せたる
程也かりで大なる体なれ共廻り瞬の速なる事喩ふべき物も無事に
なし其をはるにといふに日輪の朝に東の山の端より見

ゆゑにとすれバ小半時とも経ずして其体残ども出る者也去バ日輪ハ
水土の二大よりも一百六十六わ倍大なる体なれバ其体と一輪様をめぐり
までも水土の二大と一百六十六度廻るに等き也是亦小半時までを足
ざるといはく日輪の廻りはしの速なる程と知色し誰か是と思惟して
あきれざる人やあらんやあるなる電光雷火にしてを是以下争ら及ぶべき
ぞ然ればかりで大なる体に早さかとらへ多く内外若も欲事兼叶ひ
なひ内自由自在の御主にて在ます事是のミまてを明也猶亦
日輪の徳儀の源を兼とハ天上にハ辰星と月輪に光明を施し下にハ
昼夜の隔となし四時と移ひ草木と魚と禽獣其奥の繁昌となし
土中の金石海底の奥緒までを其徳に洩ざる者也かゝる日輪と雖
一の内證のミにて内作なされし一ッの内善徳へある計のまさらつぎぞ
身血の目にハ海水にて不知しかひて萬の奥義為義と生ぜらと宣ひ
げれバ刹時に生じ出せる也去程に奥義の上れ徳儀とハ何におこ紀し
ねきバ全て輪にてつぎれ洩ざる世給で霊魂の類と見備して水底の
緒と見るに不思議の義千万萬数や中までもいと名むつぎハ如程に多さ
奥義の義うましくの姿及奥に雖るまでも顕るまでをなくして堵其
用に叶へる兼務ても推雖ばかり是と観じて古来のひろぞは等ハ四ッの

祝巻九十

三十ヶ條

ぬ句といひ並り一ツハ云くなつうられ葉ハあやまり來ゐさ智恵の葉
なうと二ツハ云くなぞうらの作者ハ當ふ色勝まゐと達しゐろとゐと
なうと三ツハ云くなつうらハ所あゐに不足ゐしと四ツハ云く式と
なぞうらハ扨てたゑまゐまゐしと色情全云なうと以せ知るき
身三身四の句ニ服とつけて觀ゐゐに素ニまゐよろ奥意の御ふ大るゐ不
足といふ來ゐし實にしびく淋凡よか程に達して不足なき生熟の
ゐくと足具も入ゐる生他をなく時刻ども様さゐしてめきと宜ふ計
まで始ニお現さやゐふ内他者の内智恵力の底大無量ふ去ゐす來と
身六の日ツハ諸の勤と他りゐひ天地の間ニあゐよろ物と内微妙
ゐてよ星第物の具足として人と他りゐふ也然で人畜生の做大本
在ニ顯し達バ實ツハ悉く首思まる言程ニんいゐんく人以ホの内他の
物と觀じて内他者の為御と微妙不思議の内善德ともおハ毎へ在ゐ
ゐし元らり無量の為御ゐるで然んじゐの天才もでよびど並て
人間の淺智ニ授くとや

§一

さばさんぢよにじゐの數と路として見ゐに現在ニびしく於れ為
御と毎へ在ゐ石ハ二ツ行り一ツハあひろまちい紙の石二ツハ禄がちいとれ石

是也あひゆちいとれゐといふも内外の万像表裡の上に備はる微妙の
埵域と見て此等の埵域ハ悉一ツ内外者の為作に出まし而も其勝劣
なる理といふ限りなしと内外の物れ流きと渡て御作者の水上と
無へなる本や又稱ぢちいとのゐといふハ此の為作と内暮域ハ人智の
とよぶ所に帰き人智の以推観察ハ末曽為作に相違して凡盡不出
段の此まて出ますと無へなる所とねぢちいとのゐといふ也然で是
あひるまちいとれゐといふる作と窺ひなるに諸の内外の物に行る三の
ますと見よ是則作と精と然との三也此三ッ手ふお慈するが故に
然といふハ精力とあり精力といふハ其作と無へなる者也然で此一生に
紀きて万物ハ悉皆此内外の物ふまで万物といふハ無量の内智恵内力と
無へ無量の内智恵内力と無ハて又為作の無量底太に出ます所とも
無へなる者也然ども実ふ一ッの心ゆ行り万物と化りなふといふ跡しなふ
此の内力と見てうまづうまてる作と量りなる小とびくハ其接量ハ
お遠きべし其故ハ今此天地万像の外に拾千万の天地とも化らんと
以念さば程なくお現させなふべき量りなき内力と椙なくでや其ば
万像表裡悉く於集まで内力と合せ精根と迎えといふとも経
なくして蟻蟻一ッとても化り出きき本叶ふべうざきハ御作者と御

三十ケ条

他の助け精力無随なる善なハ是といふ也精力の善なとゆく御の
善なを示ゆ自ら生べ其の為御ハ弟の物乃御手望りもなく讃り
ゑみとんゆよ是又ねぢちいとのたや然れどもさたといくおなら世
為御と毎ハ在るべきんぞ天上天下の萬物と雖も五根の境界無智
なあの及ぶ所とも思量を雖せざんべけんへら所ざ所以者何故為御ハ
色と雖も形と雖も不動不發不増不滅也いつ故に始もおだに始も
色彩のはろまも始もたる理の為御なると以ハ世人のこふたる理ま
始も寿命の是御なると以ハ世人の思ふ命小始も無量大なると
以ハ世人の心ハ底大まあるも蒼羅清浄なると以ハ世人の心ハ蒼羅ま
始も無量の内智恵なると以ハ世人の心ハ智恵ま始も勤て為御も
内善雄も人智の捷量観察ま讃て云臣無絶の為御也然ども此観念の
慈まおて云語と絶し出無と爾めて只恍然と嘆ぜく人是別其と為
至讃談し在る者無故ま右のさんぢよにじら其ハ言ま経し好と見
ゆら出をきりにうられ一為と叡して人る其の為御と毎へ在る来
叶ひとと毎ふつ時に其まを傳し在るなると以り是其る人智の
及べざる御なつゞ故や
然ども此為といくく人間形色所の彫料の種重とそろにてての彫料

惜しい無量や而い者は無しとて破戒の経を重る科に降し数あるが
故に破戒の科と雖ぞと見えば此故まで無量也さて此の為徳は
無量無辺の徳なれば我らが罪を破戒は是無量の重さなる事実と
いかに自せり此故に破戒にあしくして見つべき来世の報ひも示し勤めて
をへしを懸給ふ多くの人は此程とよくしると云へども若干の破と死を
尊ぶ世間の盲人来世不退の苦患と見る御憐みの眸を喚りに
ぜひなくとも見知り給はざる事嗚呼憐むべき盲人の
分野給

ひですの経

初巻終

初巻九十二

三十ウ象

右一巻ゝ違字ありて

○三ッの經の十行目　影山ハ　影山のへや

○四ッの表の三行ゞ　観んハ　欽ん也

○廿の經の十六行ゞ　堪毎ハ　勘毎也

○廿八の經の　十七行目　湯ハ　湿也

○三十一の表の九行目　群生まとハ　又也

○六十二の表の一行に　無塵ハ　無塵也

○七十一の經の十七行ゞ　俳ハ　世也

○七十五の經の二行目　あーでんてふあちんやハ　あーでんてなちんや也

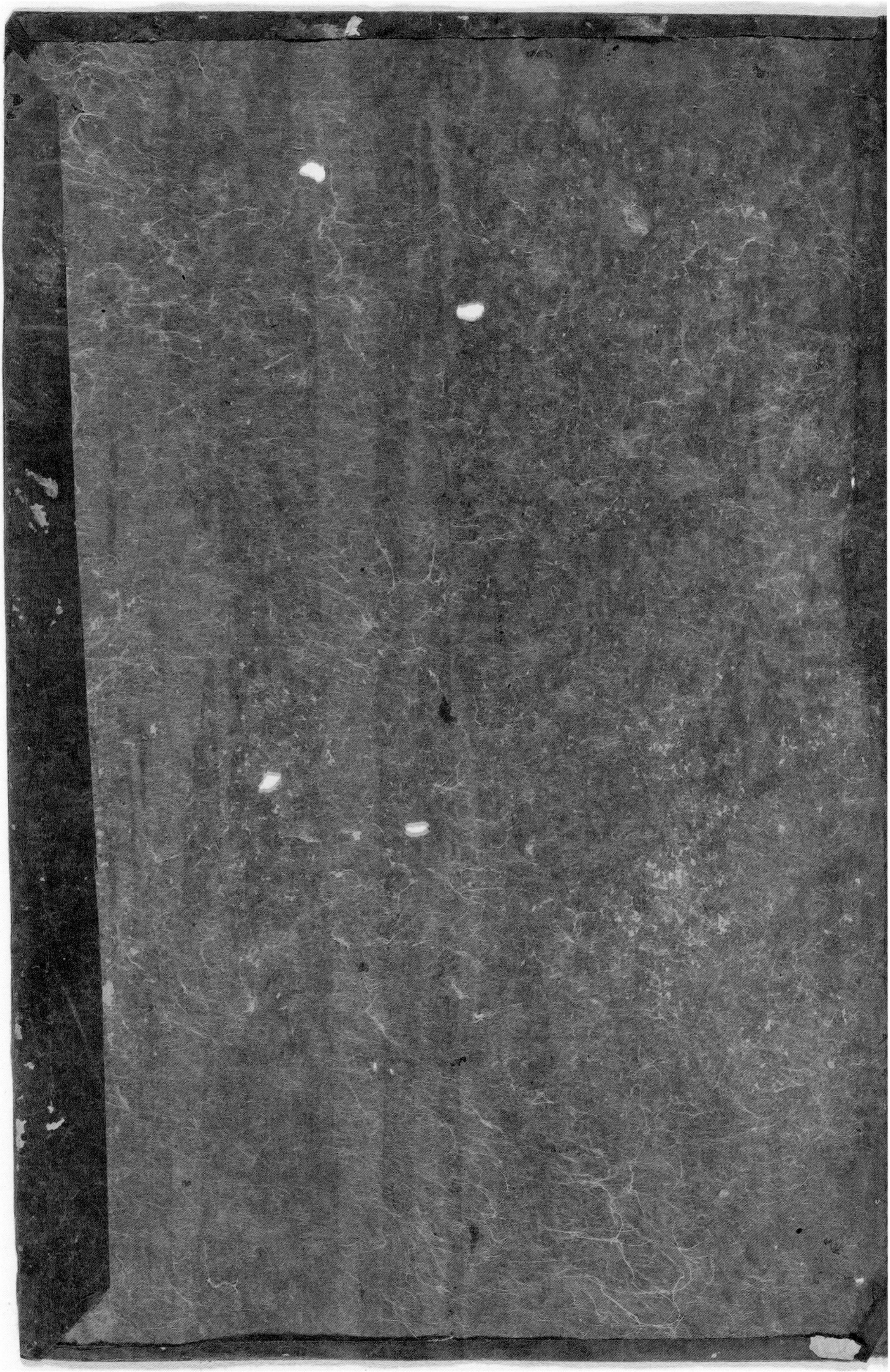

ひですの経　裏表紙見返し

ひですの経　裏表紙

参考図版

参考図版　ひですの経　一ウ（紙背）

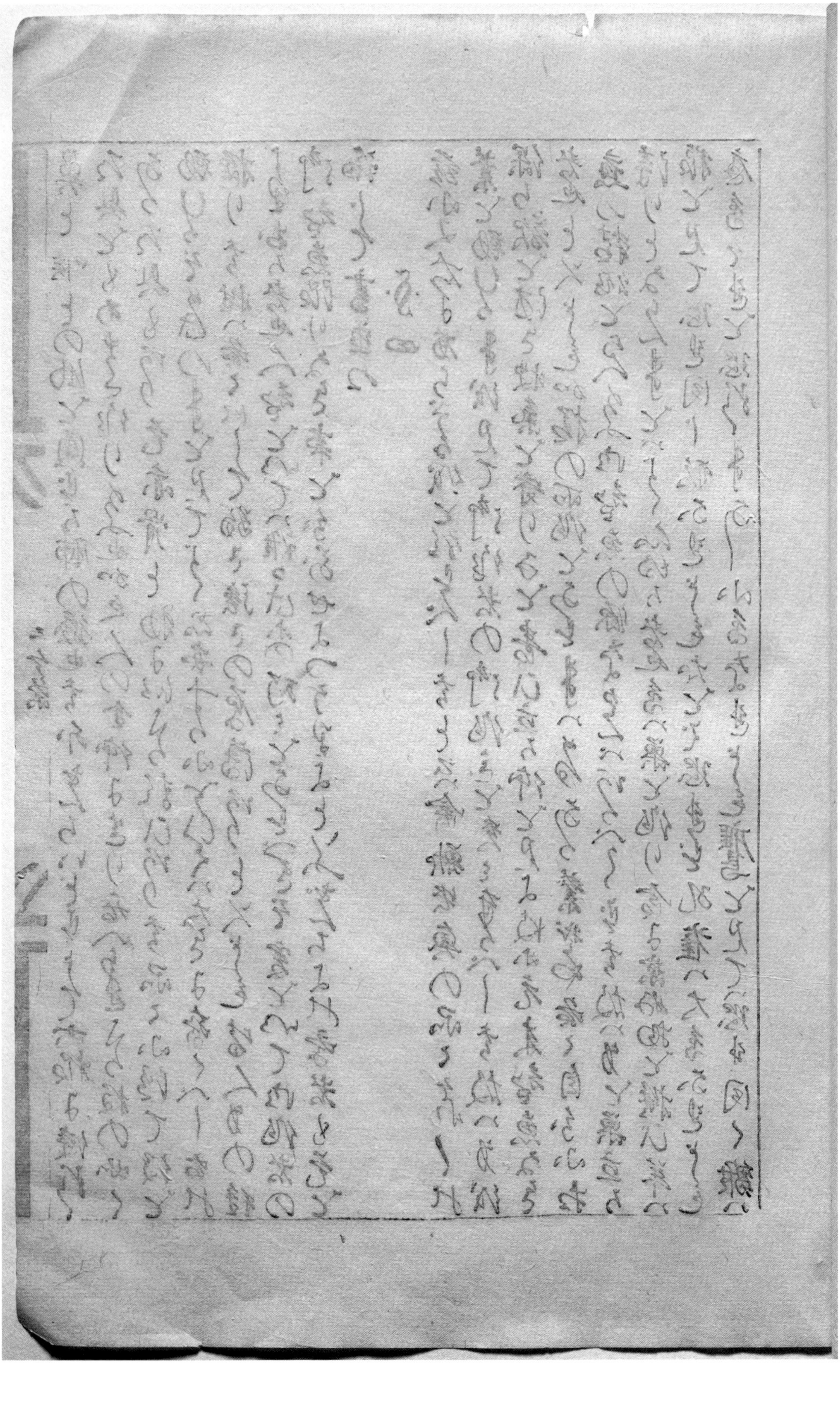

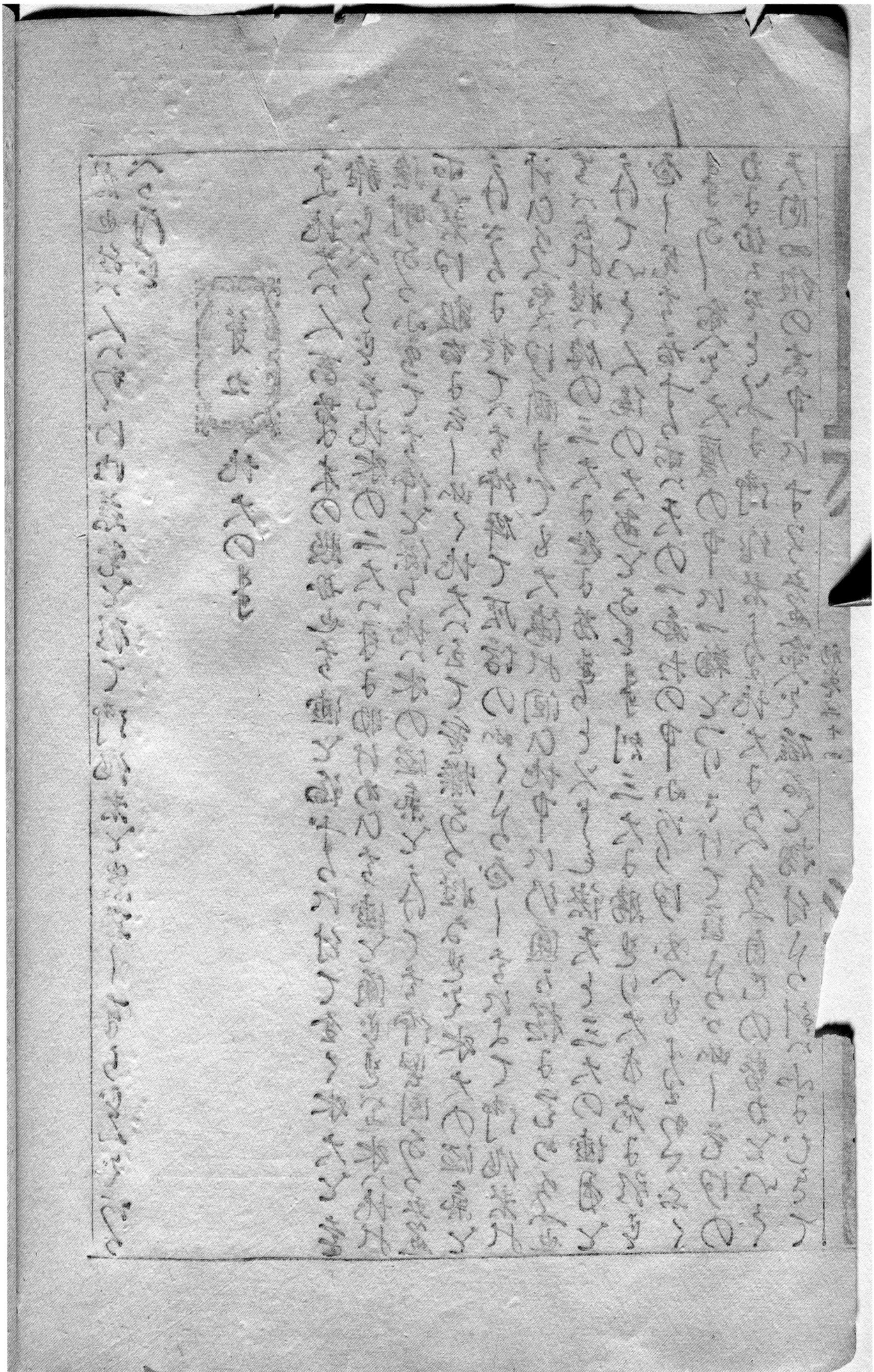

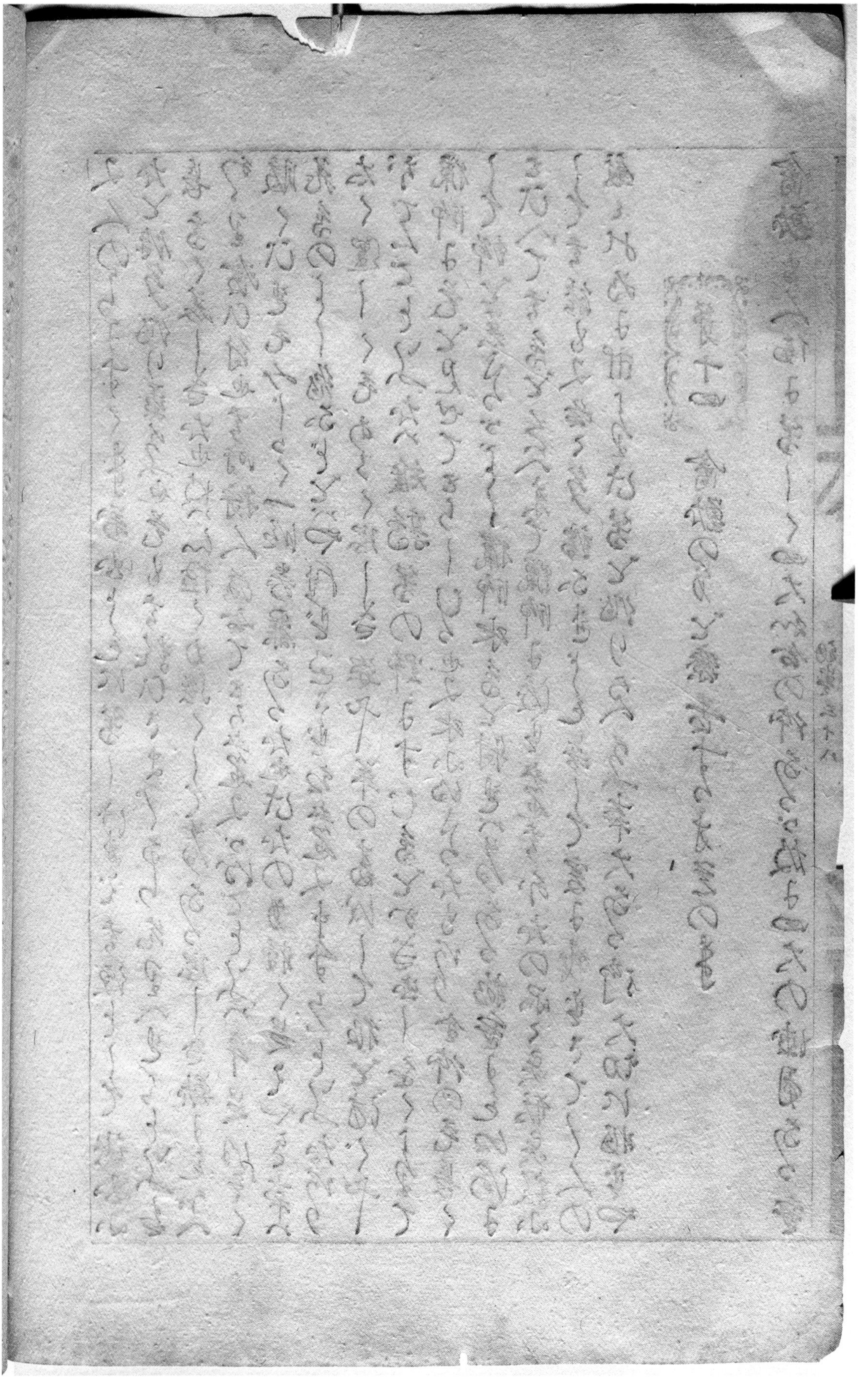

参考図版　ひですの経　三十八オ（紙背）

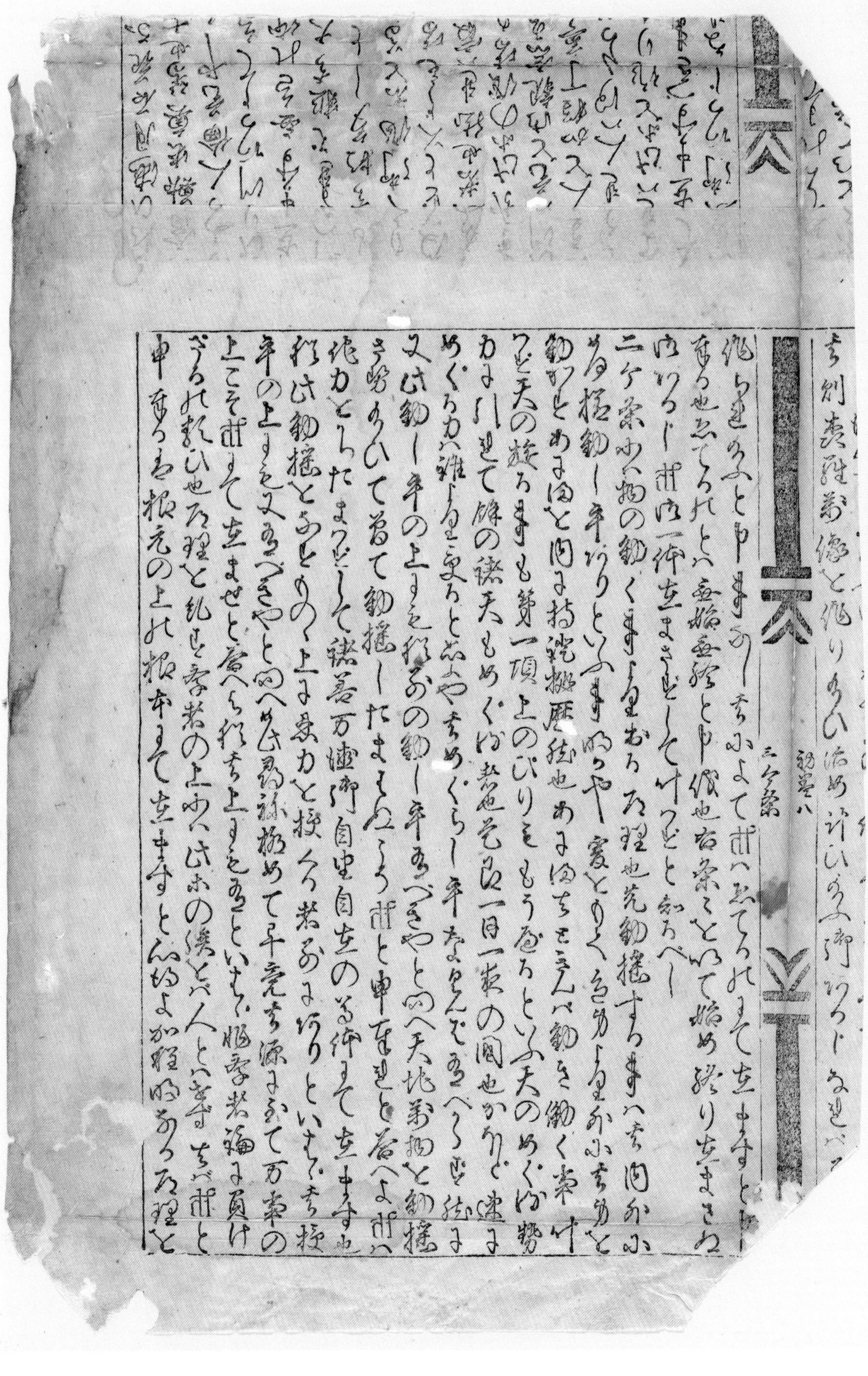

参考図版　ひですの経　断簡

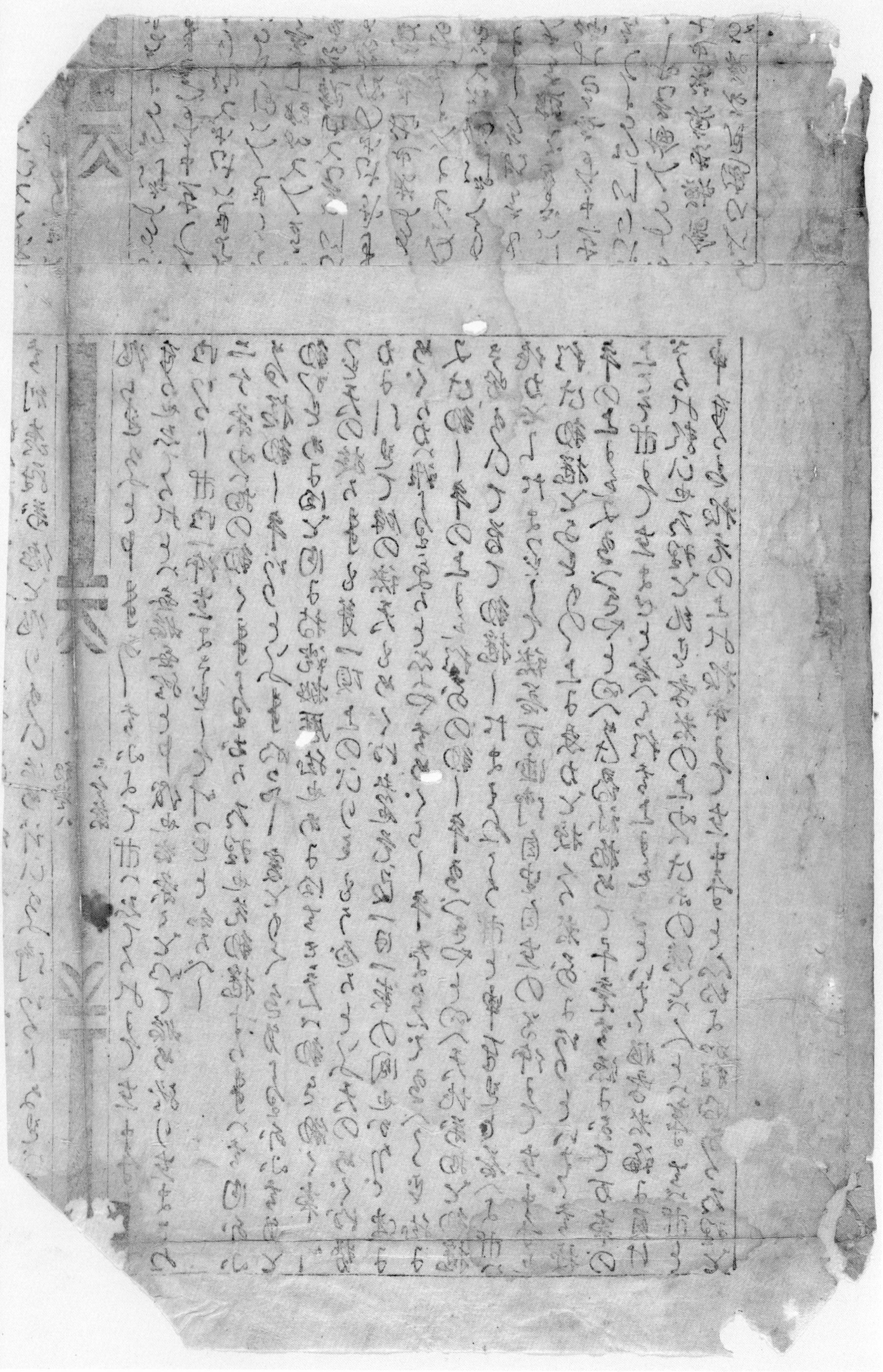

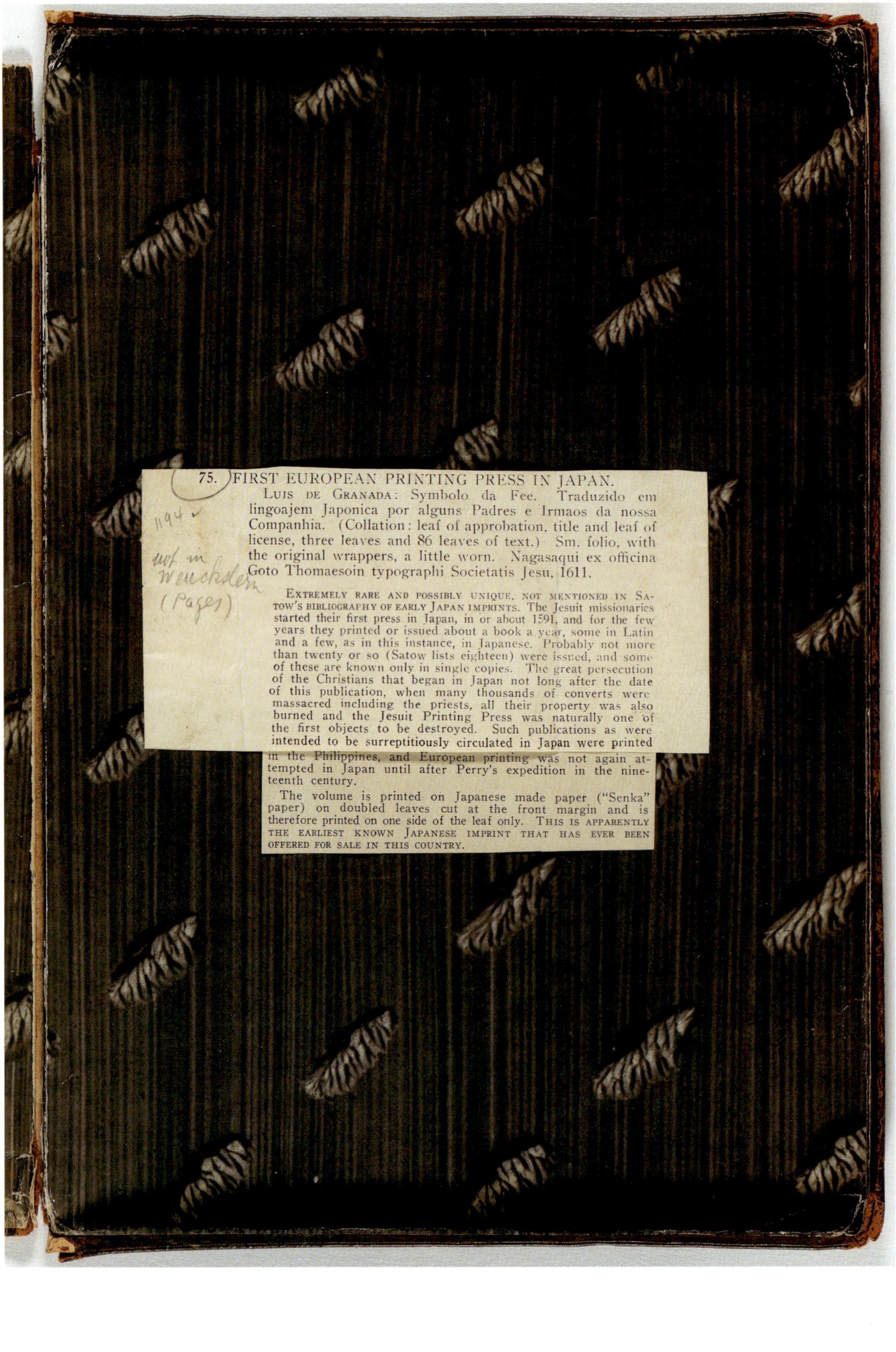

75. FIRST EUROPEAN PRINTING PRESS IN JAPAN.

LUIS DE GRANADA: Symbolo da Fee. Traduzido em lingoajem Japonica por alguns Padres e Irmaos da nossa Companhia. (Collation: leaf of approbation, title and leaf of license, three leaves and 86 leaves of text.) Sm. folio, with the original wrappers, a little worn. Nagasaqui ex officina Goto Thomaesoin typographi Societatis Jesu, 1611.

EXTREMELY RARE AND POSSIBLY UNIQUE, NOT MENTIONED IN SATOW'S BIBLIOGRAPHY OF EARLY JAPAN IMPRINTS. The Jesuit missionaries started their first press in Japan, in or about 1591, and for the few years they printed or issued about a book a year, some in Latin and a few, as in this instance, in Japanese. Probably not more than twenty or so (Satow lists eighteen) were issued, and some of these are known only in single copies. The great persecution of the Christians that began in Japan not long after the date of this publication, when many thousands of converts were massacred including the priests, all their property was also burned and the Jesuit Printing Press was naturally one of the first objects to be destroyed. Such publications as were intended to be surreptitiously circulated in Japan were printed in the Philippines, and European printing was not again attempted in Japan until after Perry's expedition in the nineteenth century.

The volume is printed on Japanese made paper ("Senka" paper) on doubled leaves cut at the front margin and is therefore printed on one side of the leaf only. THIS IS APPARENTLY THE EARLIEST KNOWN JAPANESE IMPRINT THAT HAS EVER BEEN OFFERED FOR SALE IN THIS COUNTRY.

HARVARD COLLEGE LIBRARY
E.G. STILLMAN, '08, M.D.
JAPANESE COLLECTION

参考図版　ひですの経　カバー

釈文

釈文凡例

一、漢字・仮名の別、仮名遣いは、原本通りとする。字体は、現代通行の字体に拠る事を原則とした。字形の詳細は、影印に就て観察されたい。

二、キリシタン版での仮名「ハ」は、ワ音の仮名であって現代とは用法が異なるため、敢えて「ハ」で翻刻し、「バ」もこれに倣った。他のたまたま現行の片仮名と同じ字体であるもの（ミ、ノ、ニ等）は、助数詞としての用法に限られる「ツ」以外は、こうした用法差が見られず、平仮名で翻刻した。

三、漢字は、字義に対応する現代通行の字体を用いた。

【例】宵　原本の活字は「霄」で、キリシタン版「落葉集」も「雨かんむり」に分類し且つ「よい」の訓を与えているが、現代語「宵」の義であり、「宵」で翻刻した。

【例】斗・計　原本は、他のキリシタン版同様、「斗」・「計」に同一活字を用いるが、文脈が「北斗」であれば「斗」、他は「計」で翻刻した。

尚、特に翻刻に際しての漢字整理は行なっていない。

【例】殻・穀　本書及びキリシタン版「太平記抜書」は、この二字を共に「穀」の意のみに用いており、「殻」を「から」の意で用いる例は無いが、敢えて統一しなかった（本書及び「太平記抜書」以外の他のキリシタン版には、「殻」字が現れない）。

四、原本の誤植は訂し、注に原態を示した。

五、原本の日本語部分には句読点が無いため、適宜句点、読点を補った。

六、原本の改行は　」17　改丁は　（二十三ウ）　の様に、それぞれの終わりに示した。

七、原本には序文の一箇所を除きルビが無いため、キリシタン版一般、及び当時の慣用に基づいて、適宜ルビを補った。

ルビの仮名遣いは、原則として現代仮名遣いに拠るが、ウ・オ段長音・四つ仮名・カ行合拗音に就ては、キリシタン版の例に従った。

【例】　常住《じやうぢう》、広大《くわうだい》、月輪《ぐわちりん》、憲法《けんばう》（「ばふ」としない）、綾羅《れうら》（キリシタン版の例に倣い「りょうら」としない）、大《おうき》に・大《おうき》なる（「おおきに」・「おおきなる」としない）。

複数の読みが考えられる場合も、キリシタン版ローマ字本の用例等に基づき、又、原著西語版・羅語版を参看し、最も妥当と思われる読みを示した。

【例】「体」は、キリシタン版ローマ字本の用例では、タイは実体の意、テイは様態の意であり、文脈に応じて読み分けたが、「象王の大なる体を見るよりも夏の夜の如何にも小さき蚊を見るに」（44オ5）の様に両者判じ難い文脈では、西文 maravillándose más de la fábrica del mosquito que de la del elefante、羅文 magis culicis, quàm elephanti fabricam admiraretur（象のなりよりも蚊のなりに大きく驚き）とあるをも参照し、タイとした。因みに、キリシタン版ローマ字本宗教書にカラダが用いられる事は無い。

八、欧語には傍線を施し、当該段落での初出には、原語をルビとして補った。

【例】　ほるま《forma》、ひげいら《figueira》、せねか《Seneca》、恵実土《Egypto》

欧語ルビの原語の綴りは、原則として現代正書法に拠るが、当時の表記に拠ったものもある。

【例】　へいにす《fenix》（キリシタン版ラポ日対訳辞書 Phoenix の葡語表記は fenis）、あくつある《actual》（現代正書法 atual）。

西葡判別し難い場合は、原則として葡語形で示す。

【例】 さん（São）、でるひん（delfim）

九、本書は活字印刷である（解説「活字概観」を参照）。釈文では、各漢字に就て、他の後期キリシタン版での当該漢字・活字の有無を左傍に示した。

● ・篩 『ひですの経』のみに見える文字
○ ◦裘 『ひですの経』・『太平記抜書』のみに見える文字
△ ▵盈 『ひですの経』のみに見える活字（文字自体は、他のキリシタン版にも見える）
▽ ▿肺 『ひですの経』・『太平記抜書』のみに見える文字で、且つ『ひですの経』のみに見える活字
▲ ▴簾 『ひですの経』・『太平記抜書』のみに見える活字（文字自体は、他のキリシタン版にも見える）

これらのマークの無い無印の漢字は、先行する『さるばとるむんぢ』（一五九八）、『落葉集』（一五九八）、『ぎやどぺかどる』（一五九九）、『朗詠雑筆』（一六〇〇）等の後期キリシタン版に同じ活字が見えるものである。

【例】 猿 35オ14（二回）、同15、16、17の全てが互いに異なる活字で、うち35オ16のみが『落葉集』、『朗詠雑筆』に見える金属活字であって無印。他は全て▲。

【例】 麦 『落葉集』に一種類、『ぎやどぺかどる』に二種類の活字があり、本書もその二種類を用い、全て無印（二種類を互いに区別して示す事はしない）。

尚、『ひですの経』中の用例数が非常に多い漢字（例「事」九百八十五例）では、その全用例の熟視比較の暇を得なかったので、全ての活字が先行活字と同一であるとは言い切れない。用例数が多く、且つ微妙な変異が少なくないため、全てを金属活字と断ずるにはためらいを覚える字の例に、「獣」字（百三十二例）があるが、判断を保留して全てを無印としてある。

尚、△▽▲は、それらでマークされた活字が、先行の他キリシタン版の（金属）活字のいずれとも異なる事

を示すが、同一マークの字が互いに同一である事を含意しない。

【例】　駒　51オ5、7、8に三例見え、全て△であるが、これら三字は、互いに異なる活字である。

十、西語版は主にIntroduction del symbolo de la fe (Salamanca, Los herederos de Mathias de Gast, 1583)、羅語版は主にCatechismus in symbolum fidei (Venetia, Damiano Zenaro, 1586) を参看し、他の諸版も適宜参照した。

LICENÇA.

EV Francisco Pasio Viceprouincial da Viceprouincia da Companhia de IESV nestes Reinos de Iapam, e China, polla commissam que pera isto tenho do muito Reuerendo Padre Claudio Aquauiua nosso Preposito Geral, dou licança que se possa imprimir em caracteres Iaponicos o liuro chamado Symbolo da fee, composto pello Reuerẽdo Padre Frey Luis de Granada da ordem de S. Domingos, traduzido em lingoajem Iaponica por alguns Padres, e Irmãos da nossa Companhia desta Viceprouincia, Compendiado em alguns lugares, e acommodado à esta Christandade de Iapam pera aqual se imprime por se iulgar auer de ser de grãde proueito pera a fortalecer na fee, e deuaçã, o qual foi examinado, e aprouado por algũas pessoas da mesma Companhia doutas, e bẽ entẽdidas na lingoa de Iapão. Em testimunho do qual dei o presente assinado por mim, e Sellado com o sello do meu officio.

Em Arima. 4. de Iunho de 1611. annos.

Francisco Pasio.

APROVAÇAM.

Por cõmissam do Reuerendissimo senhor Don Luis Cerqueira Bispo de Iapam vimos este liuro intitulado Symbolo da fee, e não tẽ cousa repugnante aos bõs custumes, e à nossa sancta fee.

Aluaro Diaz.

Martinho Campo.

Vista a informaçã acima dou licẽça pera se imprimir este liuro.

Em Nagasaqi aos 23. de Junho de 1611.

O Bispo de Iappam.

【邦訳】

許可状

予フランシスコ・パジオは、イエズス会日本・支那副管区長たる処、総長クラウディア・アクワビーワ尊師の命を受け、ここにSymbolo da fee なる書を日本の文字にて印刷する許可を与う。

本書は、ドミニコ会士ルイス・デ・グラナダ尊師の著にして、本副管区のパアデレ・イルマン諸氏により日本語に移され、一部は要約され、日本のキリシタンに適合させられたるものにして、正に日本のキリシタンのために版に付す所以は、信心・信仰を堅固ならしむるに多大の益ありと断ずるが故なり。

本書は、会にあって学識を備え日本の言語に通じたる諸氏の査読を経て認定を受けたるものなり。

件の証として、署名し、職権の印を捺したり。

有馬にて、一六一一年六月四日。フランシスコ・パジオ

認定書

日本司教ルイス・セルケイラ猊下の命を奉じ、Symbolo da fee と題せられたる本書を検したる処、公序及び我らが信仰に反する何物をも見出さず。

アルワロ・ディアス、マルチニョ・カンポ（原）。

上記の子細により本書印刷の許可を与う。

長崎にて、一六一一年六月二十三日。日本司教。

ひいです(fides)のきやう初巻目録」01

第十九、蚕の事　四十八」05
第廿、右の外、禽獣に備ハる不思議なる徳儀を顕す事、次第不同　五十」06
第廿一、人身の上を論ずるの序　五十三」07
第廿二、一身の下地なる骨節の事　五十四」08
第廿三、あにまべぜたちいハに付て心得べき条々の事　五十五」09
第廿四、べぜたちいハの精根の事　五十七」10
第廿五、せんしちいわの精根、并にすぴりつあにまるの事　六十二」11
第廿六、内のせんちいどの事　六十三」12
第廿七、外のせんちいどの事　六十四」13
第廿八、せんしちいハの精根より出る十一のぱいしやんの事　六十六」14
第廿九、あにまいんてれきちいわの体、并に徳用を論ずる事　六十八」15
第三十、御作の万像森羅を以て御作者の尊体并に御善徳広大」16 なる所を観察する事」17（目ウ）

御作の物を以てDS（デウス）と称じ奉る御作者と、其御善徳を」01 見知り奉るの経、巻第一、并序」02

天地森羅万像を御作なされし御主DS（デウス）を見知り奉る道ハ多しと」03 いへども、此一巻にハ御作の物を以て御作者を見知り奉る道を沙汰すべし。」04 さんぱうろろまのす一に Inuisibilia quidem Dei á creatura mundi per ea, quae facta sunt, in-」05 tellecta conspiciuntur. Rom. 1 眼に遮る物を以て肉眼にかゝり給はぬDSと其御善」06 徳を見知るべしと宣ふ也。惣じて、作の物ハ作者よりの業ざ明なれバ、是を」07 知る事、即、御作者を見知り奉る為の大きなる便りとなる者也。故に、今」08 爰にハ天地を先として同く人間の、あにまの上をも沙汰すべし。是、又、万」09 物を治め計ひ給ふDSの御仁徳と、

一　称「せう」のルビは原本にある唯一のルビ

万事叶ひ給ふ御所を見知り奉る為の」10大きなる便りとなれバ也。加之、此儀を論ずるをもてDSを見知り奉る事ハ」11いふに及バず、敬ひ尊み奉り、御恩を弁へ御大切に存知奉る為に大きなる」12合力ともなる者也。其故ハ、天地、森羅万像を御作なされし事、更に御」13為にあらず。天の、あんじよの為にも非ず。禽獣虫魚の為にもあらず。只、」14我等人間の為計なりと、思案するをもて、深き御恩を見知り御大切に」15思ひ奉らずして叶ハざる儀也。御為に御用なき事ハ、作の物なかりし」16（序オ）以前も、今も、替り玉はぬ広太無辺の尊体にて在ませば也。あんじよの」01為に作り給ハざる事ハ、あんじよハ無色の体なるが故に、色相の住所入る」02事なし。又、鳥類、畜類の為にも非ざる子細ハ、余りに過たる住家なれバ也。」03爰をもて、かほど夥しき御造営ハ、只、人間の為計に調へ給ふと明かに知れ」04たり。是又、深き御大切の験しなれバ、我等もDSに対し奉りて深き頼母敷」05心を発すべき道理、莫太なる者也。所以者何、獅子、大象、虎狼野干の類ひハ、」06いふに及バず、螻蟻、蚊虻、蝦蟇、蚯蚓に至るまでも普く恵み養ひ給ふ」07御主ハ、万物の霊長となる人間の上をバ、如何計ひ給ふべきぞ。此等の工夫を」08以て、後生を扶かる道に深き徳を得度と思ふ人の為にハ、大なる観念の」09題目となるべき也。御作者の御美麗清浄、御智恵、御仁徳、御計ひ等の御」10善ハ、御作の物の上に如形輝き給へバ也。然るに、此巻を四ツに分つ事、」11

第一、御作の万物を以て御主DSを見知り奉る道を顕ハし、第二、人を扶け」12給ふ事、是双なき御重恩なりといふ儀を示し、第三、ひですの至徳ハ」13衆善の礎なりといふ事を明らめ、第四、ぽろへしやとて、初当より」14告け知せ給ふ未来記、并にDSの量りましまさぬ御奇特を挑るをもて、」15人の心を増益、恭敬尊重讃談の達道に至らしめんがため也。」16（序ウ）

第一、御作の物を以て思惟するより」01深き徳を得る事」02

古より今に至るまで、大智発明の学者、諸縁を離れて無事安閑を好む」03事を何ぞといへバ、只、天地の間に、奇妙なる御作の物の始終を観念するに」04あり。是をもて、人の専用となる宛所を弁へ知る儀なれバ、其観念に心を」05懲す者也。然れバ人間の端的を見知らざるときんバ、我等が行ひ、何の道を修」06して然べきぞといふ事をも知らぬ也。ゆへいかんとなれば、学者の語に、」07道となる所作ハ其極に随て定むる事なればなりと。去バ、此等の事を」08論ぜしぜんちよの学者ハ、未達したる光を受ざるが故に、論議邈にして、」09其究めを知らず。然れども上智賢才なる学匠の定めハ、人の安閑を得」10べき道理といふハ第一勝れたる所作をなすにありと。其所作、即、森羅」11万像の御作者を見知り奉るより外になし。乍去、此思惟をもて、安楽を」12ゑんと思ハゞ、小縁にてハ叶べからず、度々時に応じて観念三昧ならずんバ」13有べからず。彼修行を勤たるあまたの学者の中に、せねかといふ一人ハ、他に」14ことに抽で、久しく修行を励したる人也。是即らうまの都の帝王の」15御心に叶ひし寵愛の師範たりといへども、此等の修行に入らん事を思惟」16（一オ）して、内裡仙洞の交りを止め、安閑に心をすまし、人間の究めハ何れぞと」01工夫を懲せし人也。去バ、此儀に付て、古の学者も今のきりしたんも心を」02用る者なれバ、此せねかの修行を聞にをひてハ、懈怠にして、御作の物の始」03終をも弁へざる人の為に、恥辱の一篇なりといへ共、其行ひを励さんが為に」04是を顕すべし。彼学者、親しき友に消息して云く、人に当る所作と」05いふハ、DSの御事を思案するにしかじと。又、別の所にハ、此行ひを修行」06せずんば、生を受たる益なしとも書り。蓋し、人身を受る事、禽獣に」07等しく、起臥飲食を事とし、浮き沈む世を渡るのみならんやと、いへり。」08去ばDSの御事を工夫し奉る為ならずんバ、汗を流す辛労ハ恥辱に」09非ずや。余ハ皆空しき莫妄想也。縦ひ善縁を結ぶといふとも、達したる」10事に非ず。其ゆへは、人の達したる行跡といふハ、悪を退け善に身を治」11むると共に、御作者の御事を工夫し奉る観念三昧こそ、至りたる善徳の」12究めなれ。倩伏して七珎万宝を見ず、只仰で分別を天上に廻らさば」13下界の金銀珠玉ハ塵埃のごとく擲つべき者也。金銀を逞二し、珠玉を鏤め」14たる玉の台も、又ハ園の林の潔き流れある佳境なりとも、天の荘厳に」15比べてハありとなしとの差別なるべし。嗚呼、妄りに迷ひたる凡夫の」16憐むに堪たる状観哉。満界の財宝とても、天上の楽しみに比せバ、一塵」17（二ウ）程の事にもあらざる物を求めんとて、兵乱兵革の危き難を凌ぎ、万」01里の風波を航りし骸を鯨鯢の腮にかけ、空敷労功を励す事、誠

二　原本「遑」に誤植

に愚」02癡の至りならずや。天上ハ不退安楽の住所也。百福荘厳の宮殿あり。如意」03満足の珍宝あり。不退の寿命の歓喜あり。言語譬喩校量思惟の及ぶ」04所に非ず。争か是を願ひ求めざらんや。高天最上の楽しみに至らんにハ」05肉身執着の重荷を捨ずんバ叶ふべからず。誠に此等の拙き事を捨て、」06御主に近付き奉る人ハ、忽ち悪を退け善に至るの大徳を求め、其身の」07究めを明め知るべきによて、余人のしらざる歓喜勇猛の心を含むべき」08者也。是を以て、人ハ天上の為に造られたる者也といふ事を勘弁せよ。其」09故ハ、天上の楽しみを我物なりと知れば也。一世界の僅なる事ハ、諸天」10日月の廻るを以てしれたり。其故ハ、人有て一世界を廻るといふとも、順風」11心に任せバ歳月多からずして一廻すべき者也。然バ、天に備はる星の中に」12三十年に一廻する事なきもあるぞ。是をもて世界を天の大さにくらべ」13てハ、一点程の事なりと分別せよ。天の大さ既に如此。況や其御作者の」14広大に在ますべき事、更に言語の及ぶ所に非ず。所以者何、大きなる」15諸天といふも、DSの御手の内にあり。それより放ち玉ハヾ世界の万物」16忽に乱却すべし。其故ハ天地ハ無心の物なれバ、自分に治まる事も」17（二オ）乱るゝ事も叶はぬぞ。此思惟に至るに於てハ、御作者在ます事を疑ふ」01べからず。去ば、天地の間に備る程の物、大となく小となく奇妙不思儀」02なる御作の物、幾千万といふ数を知ず、諸天の次第も古より今に至る」03まで一微塵も乱るゝ事なし。是を治むる主なくんば何をもてか治ま」04らんや。下界の人として国家を安泰に治むるにも智徳備らざる人ハ」05治め得ざるに、況や天上天下の政ハ▲証知円満にして万事叶ひたまハ」06ずんバ有べからずと、ぜんちよなるせねかも具に書置たる者也。又、御作の」07物の妙理を観念すべき事専なる子細をせねかのいはく、御作者より」08人に万事をしりたく思ふ望みを与へ給ふ事を何ぞといふに」09御作なされし万物の上の外相に見ゆる美麗よりも、猶其内に籠る」10徳儀ハ勝れて作り給ふによて、委く思惟する者なくんば其徳無足と」11なるべきが故に、此工夫に至るを以てDSの量りましまさぬ御智恵」12御善徳の尊まれ給ハん為なれば、其理りを知り度思ふ望みを人に」13与へ給ふ者也。故に、人間の住所と定め給ふハ世界の真中也。是、前後左」14右を自由に見て思惟を懲すべき為也。天に輝く万像、地に備る森羅ハ四」15維上下を顧みさせ給ハん為也。去ながら此等の事のみに執着するにハ非ず、」[16]只御作の物の艶かなるを見て御作者の御智恵不可思議に在ます」[17]（二ウ）処を尊ませ玉ハん為なりと書り。又、此せねか知音の為に遣したる」[01]文に、さても万物の本源ハ如何にといふ工夫をバ何とて加へざるぞ、見よ〳〵」[02]天地の間に備る大奇妙を。春来れば野辺の千種もえいで、花咲」[03]実のる事を。又我等が色身、元よりなかりし者也。生れ出て後も、智恵」[04]命ともに我力を以てあるに非ず、是又如何なる御方より与へ給ハるぞや。」[05]命の終りに及んで如何なる所にか至るべきぞといふ事を何とて思ハ」[06]ざるぞ。但禽獣のごとく水草を事とし、肉の楽しみのみを思ひて跡」[07]なき者と思ふや。嗚呼、あやまり畢れり。人を造り給ふ事ハ、其為に非ず、」[08]只仰で天を見、伏して下界の万物を見て其性を究め、理に伏し、色身ハ」[09]あにまに随ひ、あにまハ色身の奴に非ず、と書遣す也。」[10]

§一」[11]

誠なる哉、此言。御作の物の性を究め理を知る事、是即御作者DSへ近」[12]付き奉る便りとなるぞ。爰を以て森羅万像ハ御作者なくんバ有べか」[13]らず。又万事叶ひ給ふ御処も是を以て明かに知れたり。其を如何にと」[14]いふに、御作の物の美麗結構なるを見て、其根本にて在ます御作」[15]者の御美麗清浄ハ如何計尊く在ますべきぞとよく弁へざる事ある」[16]べからず。御ぼんだあでと申奉りて量りなき御仁徳、又万事を治め」[17]（三オ）計ひ給ふ御智恵広大に在ます御処を観見し、其思惟に渡る事、是」[01]人間のあにまの寿命養育となる者也。古の学者皆此道をもてDSの」[02]御事を見知り奉る者也。又古の善人じよぶに御主の御事を教へ玉ハん」[03]為に森羅万像の体を思案して、心を用ひば即われを見知るべしとの」[04]御教へ也。さんと　あんとうによに或学者問て云く、何れの経をか学し読誦」[05]し給ふぞと。答て宣はく、我経典ハ御作の物なりと。だびつも又此上を」[06]案じ給ふを以て御心を慰め給ひて宣はく Caeli enarrant gloriam Dei. Psal. 18.」[07]諸天ハ御作者の御名誉を貴むと。又 Qui fecit caelos in intellectu. &c. Psal. 135.」[08]御主の天慮を以て諸天を作り給ふが故に貴み奉れと宣ふ也。又さるも」[09]百四十六に、空の雲を靉かせ、雨を降し、万山に[三]ハ獣の為に諸の草を生ぜ」10させ給ひ、鳥の子にさへ御養ひを与へ給ふによて、貴み奉れと勧め給ふ者也。」11此等の御勧め、一往二往ならず、数篇に多くの御辞あり。同九十一に如何に」12御主、出来させ給ふ物を以て我心を悦ばせ給へば、御手より出る御作の」13物の上を思案するを以て心を慰むると申上け給ふ也。如此心中の歓喜を」14得る事別に非ず。御作の物ハ我等を慰さめ悦ばせ給ハん為に作り給ふと」15思へば也。是をもて万物に備る美しく艶かなる事ハ、弥美麗を増して」16見る者也。喩へば綾羅錦綉と云ふハ惣別美しき物なれども、衣裳と」17（三ウ）なして身に▲纏へバ尚其美麗を増すがごとし。是其錦綉の宛所に付が」01故也。其ごとく御作の物の宛所ハ御主を見知り奉る為なれバ、其にあてがひ」02奉りて工夫を懲すにをひてハ、弥深き勧[四]心の種となるべき也。是によて、」03善心ある人ハ、天地を先とし千草万木の上を見ても、一ツとして心を」04慰めずといふ事なし。」05

§二」06

去バ、善心なる人に限らず、往昔ありすとうてれすといふぜんちよの学」07者も是を観じて楽しみを得たり。故にゑちかすといふ書に云く、学者の」08上のたのしみハ深しと。此心ハ、最上の智恵と云ふハ御作の物を梯として」09昇り奉る観念なれば也。」10

去ば、ぴりによといふぜんちよの学者を初め、其外の学士も御作の物に」11籠る徳儀をよく弁へ、其理りを記し置といへ共、DSに当り奉る敬ひをなさ」12ざるが故に、さんぱうろ是を諌め給ひてQui cum cognouissent Deum, non sicut」13Deum glorificauerunt. Rom. 1. 御主を見知り奉れ共DSに当り奉る敬ひを」14なさずと宣ふ也。きりしたんハ是に替りて、御作の物の奇妙なる所を」15見てハ其本を尋るぞ。喩へば▲鳥類畜類の子を巣立、身を養ふ為に各々」16相応の巧みをなすを見ば、則其力を与へ給ふ御智恵の源へ心を移し」17（四オ）奉るべし。是を指し給ひてさんぱうろNunquid de bobus

---

三　正誤表により訂
四　「観」を正誤表により訂

cura est Deo ? 1. Corint. 9.」01 御主ハ牛馬の上に御心をかけ給ふべきや、と云(いう)語也。是別に非ず。牛馬をも」02 計ひ治め給ふといへども牛馬の為にハ非ず、鳥類(てうるい)畜類に与へ下さる、徳」03 儀も人是をもて自由を叶へ、又彼をもて御主を見知り奉る為ぞと」04 ある儀也。取分(とりわけ)、此等の上に顕れ給ふ御善と申(まうし)奉るハ量りなき御仁徳、」05 万事叶ひ給ふ御力、御智恵(おんちえ)限りなき御計ひ等也。是、其(その)御仁徳を見」06 奉りてハ大切に敬ひ奉り、御智恵(おんちえ)広大の処を驚き奉り尽(つき)せぬ御計を」07 もて如何(いか)なる所願ありとも叶へ給ふべしとの頼母敷(たのもしき)を深くかけ奉る」08 為也。此(この)儀を勧め玉ハん為に御主JX（ゼズキリシト）Respicite volatilia caeli, quoniã neque serũt. Matt. 6.」09 空を飛ぶ鳥を見よと宣ふ也。種を蒔(まく)事なしといへ共(ども)、乏しからざる事ハ」10 DS其等(それら)を孚(はごく)み給ふとある儀也。」11

去バ、何の益もあらざる小さき虫の類ひまでも身を養ふ精魂を与へ給ふ」12 御主にて在ませば、御名誉の為に作り給ひ、貴き御血をもて買(かい)とり」13 給ふ人をバ、争(いかで)かさし捨(すて)給ふべきぞと思案等するに於てハ、たれか頼もしき」14 心を起さゞらんや Circuiui, & immolaui in tabernaculo eius, hostiam vociferationis cantabo, &」15 psalmum dicam. Ps. 62. 遍界を廻りて御作の物を見れバ、御主の御前に貴み」16 奉る心の捧げ物を上奉(さしあげ)るといふ語也。是をさんと(Santo) あぐすちいの(Agustino)▲釈して」17（四ウ）宣はく、此(この)心別に非ず、有程(あるほど)の御作の物ハ御主より我を作り給ひ、万の」01 徳儀を与へ給ふ事ハ御作者の御名誉なれば、其(その)量りなき御力を貴み」02 奉れといふに同じ。誠に仰ひで天を見れば、其(その)広々たる所ハ則御主の」03 広大に在ます御所を讃談(さんだん)し、伏て地を見れバ禽獣虫魚万木千草の」04 品々将に御作者の御智恵(おんちえ)量りなき所を称讃し奉る声也。目に見ゆる」05 御作五の物をさへ知る事あたハざるに天のあんじよ(anjo)の御善徳(ごぜんどく)をバいかゞ弁へ」06 知るべきぞ。我身の中に具足する事をさへ知る事あたハず、皮毛筋骨」07 五臓六腑のあやつり、さま〳〵也。あにま(anima)ハ三ツの精徳をもて過去現在」08 未来を勘へ、是非を弁ふる分別を帯する也。是何方より得たる事ぞや。」09 目前の境界(きやうがい)をさへ知る事叶ハざるに、況や御作者の御上に於てをや。DSハ」10 言語譬喩の及び奉らざる御主にて在ませバ、只無言にして尊み奉らん」11 にハしかじと、さん

五　インテルズレ

とあぐすちいによも宣ふ也。」12
然るに此観念より出る処の徳儀と云ふハ、一にハ御主を見知り奉る事、」13二にハ御大切に催さるゝ事、是也。古の善人達も此修行を勤め給ふ者也。」14中にも、さんと　あんぼろうじよ　さん　ばじりよハ、御作の物を観念し給ふを」15以て御主を深く尊み玉ハん為に、天地世界を六日に作り給ひしに付て、」16大部の経を書給ふ中に聊なる事までも御作なされし御主の天」17（五オ）才を謹で尊み給ふ者也。其を学びて今茲にてよどれとの経中より」01勝れたる題目を抜出し[六]てあにまの王膳の料理に擬へ、左に載する者也。」02雖然御主の御威光曜き玉ハずんば叶まじきが故に、其をしる[七]し」03奉りて只今書出すべき観念の題目を果すべき事専也。」04
第二、DSハ及び奉らぬ尊体にて在ませども御作の物を」05便りとして少しなりとも見知奉るべき事」06
最上無辺に在ます御主DS、御憐みの水上、帝王の上の帝王、量りなき」07御智恵の源にて在ます我君、天のあんじよせらひんの上に在ますと」08申せども、下ハ大地の底までも御照覧し給ひ、人を造り給ふ御憐愍と」09御大切の上より末世の我等に至るまで天眼を懸させられ、言上申事」10毎に御耳を傾け給へと謹で頼み奉る。我あにまの為に御身を御大切に」11思ひ奉る事ほど干要なる事なきがゆへに、其心を歎く者也。所以者何、」12我等を作り給ふ事ハ只、其御心宛計なれば、諸の楽しみ、諸の徳の究めと」13云ふも此御大切に籠り給ふと教へ玉へば也。御身を見知り奉らずんば」14御大切に燃立奉る事も叶ふべからず。然るに、大切の題目といふハ、或ハ美麗」15清浄なる事、或ハ徳深き物、或ハ重恩を蒙る主君父母、又ハわれに」16（五ウ）懇切なる人、是也。御あるじにハ此等の儀、皆達して備り玉へバ、争か思ひ」01奉るまじきや。御身に隔り奉る事ハ御善徳を見知らざる故也。願くハ、御」02光をもて心の闇を明らめ給へ。去ながら尊体

六　濁点に見ゆる部分は、解説参照
七　仮名「る」を漢字「願」に誤植

を直に見奉る事叶ハず、」03 如何なる了簡をもてか見知り奉るべきぞ。見る程の事ハ六根の門戸に」04 面影を移し八て見る者也。然に御身ハ此門戸より入給ふ事叶ひたまはぬ」05 尊体にて在ませば、面影を持奉る事も叶ハず。我等が浅智短▲才を以て」06 広大無辺の御智恵に比べ奉らバ天地雲泥の隔と申奉るも愚かなる」07 事也。只、御作の物を観じ、見て量り在まさぬ御処を少しなりとも」08 窺ひ奉るより外有べからず。是又下界の学問よりも猶高上の儀なりと」09 弁へ奉るが故に、心の歓喜を生ずる者也。喩へば九、鳥の觜を河にひたして」10 水を飲といへども、呑尽す事なし。只一口二口をもて満足するがごとく、」11 我等も諸善万徳の源にて在ますDSを有のまゝに窺ひ奉る事ハ叶ハず、」12 只一滴の味ひをもてあにまに悦びを生ずべき者也。与へ給ふがらさの御合」13 力を以て弥御身を見知り奉り御大切に燃立事も叶ふべきと、頼母敷」14 心を強め、後生を扶かる学問の道を初むべし。我等に与へ給ふひですと」15 未来を記し置給ふ貴きぽろへたすを以て経文に書載せ給ふ事も」16 亦大なる便り也。御作の物に顕るゝ歴々たる次第を見て、御身を思ひ」17 （六オ）奉らずんば、真の盲目なるべし。見よ、万像の不思議なる事を。如何なる」01 樹木芝草に至るまでも根蒂枝葉花実の功能あり。又ハ蟻はいの」02 類ひまでも心を留め見るに於てハ御主の量りなき御善徳を少し」03 なりとも見知り奉り、御大切に燃立ずといふ事有べからず。此等の修」04 行に至らざる族ハ人と云ハんも不足なれば、只徒に明し暮す小児の」05 類ひとこそ云べけれ。其故ハ、幼稚なる者ハ経籍を開き見るにも画図か金」06 字かと云事にのみ携りて、儀理深き事をバ知ぬ者也。其如く、我等も、DSの」07 御経と思召さるゝ万像の歴々たるを見て心を留むるといへども、御作者を」08 貴み奉る道に至らざれば幼稚の類ひに同じ。如此の輩ハ御作者の御本」09 意を翻して恣に扱ふに似たり。其によてさんとあぐすちいの如此の族ハ」10 果報拙なしと宣ふ也。又、さぴゑんしやといふ経の五に Pugnabit pro eo orbis」11 terrarum contra insensatos. Sap. 5. DSに対し奉りて無道の族に御作の物ハ敵」12 対ふべしといふ語也。是、御作の物を蔑如に扱ひし代りとして、時刻到」13

八　右点に見ゆるは紙の繊維
九　原本「ぱ」に誤植

来せば返報あるべしとの儀也。」[14]

爰に又御作の物をさへ見知らざる愚人あり。此等の族ハ争か御作者を」[15]見知り奉るべきぞ。画図を見て是ハ樹也、花なりといふ事をさへ弁へず」[16]して、何と万物を御主の画図とも弁へ奉るべきや。喩へを以て是をいふに」[17]（六ウ）只無心にして年月を送る野老山人に異ならず。彼等ハ大裡仙洞の」[01]金銀を鏤めたる玉の台を見てハ、前後を忘じ、脊をくゞめ、雷を戴て江を」[02]渡るが如くなる者也。我等も限り在まさぬ御智恵の源より御作なされし」[03]広大の森羅万像を見る時、只忙然として暮すまで也。誠に玉の▲簾を」[04]かけ、錦の帳をたれたる金殿の粧ひも、人の作りたる物なれば、御作の」[05]物に比べてハ、只珠玉を取て魚目に宛るに似たるべし。其によて頼み奉る」[06]御智恵の海底に溺れ沈むやうに計ひたまへ。野老山人よりも尚」[07]愚癡なる我等を引起し給ひて、御作の物にある好事を見て量り」[08]在まさぬ御仁徳、御智恵、御力、御美麗清浄、尽せぬ御計ひ等を恭敬礼」[09]拝し奉る様に、代々を重てと謹で頼み奉る。」[10]

第三、往昔ぜんちよの学者ハ何たる題目をもて道理の」[11]光を得DS在ます事を分別したるぞといふ事」[12]

ひですの条々の踏へと云ハ世界の御作者御一体在ます事を信受し」[13]奉る儀也。是則森羅万像を作り給ひ万の枢りをなし給ふ諸善諸」[14]徳の源にて在ませば、万物ハ皆此尊体に拘へられ奉る也。此地盤は」[15]ひですの条々の為に肝要なる儀なりと、さんぱうろ宣ふ也。Accedentem」[16]（七オ）ad Deũ oportet credere. Heb. 11. DSに執入奉り度思ふ輩ハ、御作者まします」[01]事をひですに受べき事肝要なりと云語也。去バDS在ますかと云類ひの」[02]事をバひですをもて知るもあり。又、人によてハひですに及バず只道理の」[03]光をもて分別するもある也。其によてさんとます教へ給ふハ、此一个条ハ」[04]道理の光を以て分別すべき事なれば、学者の為にハひですに及バず、」[05]たゞ明白に分別せらるゝ者也と。又、爰に於てもひですの条目といふハ無学」[06]なる者さんたゑけれじやの教へ給ふによてひですの光をうけ、是を信ずる」[07]者也。其旨を少々爰に顕すべし。能々勘弁するに於てハひですと道理の」[08]光も和合し、胸中の雲霧を▲払ひ、心をも寛ぐべし。此迷ひを明むる」[09]ときんば、秋の夜の月の晴たるが如く其智恵を明め、▲万里に雲なふして」[10]月の正に中なる心地し、楽しむべき者也。是に付て道理多しといへ」11ども、たゞ四五个条に挙ていふべし。初条にハ清浄潔白に心を明めんと」12欲せバ、先御作の物の次第を見よ、其をもて御作者まします事を明に」13知べし。其によて御作の物の重々をしる事も又専要なれバ、其をも」14爰に顕すべし。其品八ツに分る也。一にハ交りなき四大、二にハ達したる性を」15持ざる類ひ、是則雨露霜雪等也。三にハ達したる性を持もの、金銀珠」16玉、石薬等也。四にハ達したる性の上に成長する命を持類ひ、千草」17（七ウ）万木等也。五にハ命を持といへども達せざる類ひ、海月石花などの類也。」01六にハ六根の上に其身を働く性を持もの、禽獣虫魚等也。七にハ六根と」02動揺の性の上に智恵を以て是非を弁ふる人倫也。是則下界の万物の」03霊長也。八にハすぴりつある体とて色形を離れたる体也。是即安如と」04いひて天に在ます無色の霊体也。此あんじよの数々ハいひ尽す事叶ハ」05ざれども、粗其大概をいふに、ありとあらふる色形の類ひよりも其数」06多しと分別せよ。如此算数譬喩も及び難きあんじよハ、各其体同じ」07からず。徳も亦、勝劣の差別ありとさん とますの教へに見えたり。」08爰を以て天上天下の万物に位の重々あるを見て、必極まる所の位」09有べきや否や、際限なく上り行べきやと論ずるに、際限なく上りゆく」10べしと云ハゞ、是なつうらの道にそむけり。必極まらずして叶ハ」11ざる也。さて、極まる所の位ハ是極位最上の体也。是を名付て、根本の真実」12とも、根本のかうざとも、根本の動し手とも、万物の根元ともいふ者也。」13是即DSにて在ます也。是又其体を他よりうけ玉ハず根本の上に他と」14いふ事なければ也。故に是ハゑてるのとて、無始より以来自ら在ます」15尊主なりと見立たる事、是一の道理也。」16

二にハ、物の動くを以て見立たる道理也。惣じて万の物の動揺する事ハ」17（八オ）其体の内にか外にか動し手あるをもて動揺する者也。有情の類ひの」01動く事ハ内にある命根より動ぜらるゝ者也。其証拠ハ命ほろびて後」02動揺する事叶ハざるを以て明白に見えたり。又、非情の類ひの動く事ハ」03外より他の力をうけて動く者也。其例しハ眼前に分明なれば証拠を」04用ふるに及バず。然れバ下界の物の動く事をバ暫く閣て、諸天日月星」05宿の旋転する根本を窺ひ見るに、此等ハぴりいむん もうびれといふ十番」06目の天の東より西に一日一夜の中に一廻するにつれられて廻る者也。此天」07即諸天日月星宿の東西にめぐる根元也。然るに此十番目の天ハ自力に」08動くや、他力をうけて動くやと尋るに、天ハ非情の体なれバ他力をうけずんバ」09曽て動く事叶べからず。爰を以て此天を動かす体別に有事明白也。」10されば、其体も亦、他より力を得るや、自ら力ありや否やと尋るに、先」11他よりうけずして自ら体も力もありと云ハヾ、是即DS也。其故ハ、自ら」12体と力を持給ふハDSより外になし。若亦他よりうくると云ハヾ、其他ハ」13何くより体をうけ、ちからをも得るやと尋るにNon datur progressus in infinitum.」14とて其根元必極まらずして叶ハざる者也。極まる所の其根元ハ、即諸の」15体の根元、力の本源、万善万徳万物の根本なる事歴然なりと」16見たてたる事、是今一ツの道理なり。かほどあきらかなる道理を」17（八ウ）分別する人ハDS在ます事にをひてひですは更に入ざる者也。其に」01よて此一个条ハ余の条目の地盤となる者也。三个条にハつうりよといふ」02学者のいひし如く御主DSより人に御作者を拝趨致し度との」03自の性を与へ給へば、如何なる一文不通の凡夫なりとも、其心なしと」04いふ事有べからず。真実の御作者を見知奉らざるが故に疑ひに堕ると」05いへ共、其を弁へ奉り度との念願ハ深き者也。所詮をのづから其本源まし」06ますべき事をバ知るといへども、誰そといへる真を知ざるが故に空き本尊を」07構へて私に拝む者也。其よりして人作の魔法世にひろごり、それを真の」08扶手と心得、彼に対捍する者をバ仏敵神敵と思ひて鉾楯に及ぶ」09事あり。人によて、真の扶手かしこにありと聞けば、父母妻子財産を」10捨て其を求めんと、千里をも遠しとせず、古より今に至るまでぜんちよ」11たる人々きりしたんの道にとり入といふも、亦此道理によるがゆへ也。」12四个条にハ、人として、大難の災ひに逢時、誰が勧めといふ事もなく思案」13する隙もなしといへども、為方なき時ハ天に向て眼をかけ、天の照覧、」14私なくんば我を憐み玉へと頼み奉る者也。是、何人の教へけるぞや。只をの」15づからあにまのしる所也。」16

爰を以て天地万像の御主御一体在ますと云事明也。其則DSにて」17（九オ）在ます也。猶、又、人の危きにのぞんで天命を祈る謂れハ万事かなひ」01給ふといふ事を弁ふれバ也。人の願ひを成就させ給ふ御主ハ争か万事」02叶ひ玉ハざらんや。此御主ハ威有て猛く在まさず、御慈悲無量広大に」03して人に御力を添度思召事を顕し給ふ者也。五个条にハ天地万物の」04次第梯橙曽て乱る、事なく、四季の転変、日夜の隔て、月の▲盈虧、日の」05めぐる事少しも法をこえず万像治まり行を以て御主御一体まし」06ますといふ儀を分別せよ。つうりよのいへるごとく天地の間に備る程の物」07何れも不足なくして達したり。若是を悪しといふ者あらば愚癡の」08盲人なるべし。誠に御作の物、一ツとして人間より非を入れ奉るべき物」09なし。万事を勝れて作り給へば見るに飽足らず言語に及ばぬ次第」10なれバ争か御作一〇者なくして出きたりといハんや。惣じて僅なる人作の」11物さへ作手なくして出きたりといふ事叶ハず。況や御作なされしほどの」12物ハ更に人作のをよばざる儀なれバ、御作者なしといふ事叶ふべからず。」13喩へば画図の濃かなるを見て筆者ある事を知り、大船の湊に入を見てハ」14楫取ありとしり、漏剋の時を違へぬを見てハ其治手ありとしるごとく」15天地万像のたゞしく治まるを見ながら争か万機の政を計ひ給ふ御主」16在まさぬといふ族あらんや。つうりよ学者ハぜんちよたりといへ共、道理の」17（九ウ）光を以て是を弁へたるものなり。」01

§一」02

ありすとうてれすの引し喩へをきけ。大地の底に結構なる殿閣を」03建立し、天の光をうけずして栖者あらんに、上界にハ貴き御作者ありと」04きひて年月を送り、▲而じて地中より引上られ、天地の間に備るほどの」05物の歴々分明なるを見て、地中にて聞しハ屑ならずとあきれはつ」06べきものなりと。」07

去バかほど久しく地中に居るにをよバず、たゞ二三日の間なりとも日輪の」08光なくなりて又本の如く輝きいでんを見バ、いかゞ思ふべきぞ。是を以て深き」09御恩のほどを弁へよ。御作者なしといハん者ハ、只禽獣よ。無心なる諸」10天の廻り行を見て、たゞをのづから動き廻るといハんや。今改めて深き理を」11談ずるに及バず、只目前の境界をもて思案せば、御作者在ますと弁ふ」12べし。去バ、天地の間に有程の千草万木ハ、うハおそひに似て国邑山野を」13荘厳し、金銀珠玉ハしたかさねにして地中にあり。河水、海中の魚類、」14山野の草木、花咲実のり、清水の派れ潔きいで湯に至るまで、

一〇　左インテル外れ

皆」[15]人間の心を慰むる媒也。いきとしいける物の中に、強き獣、弱き翼の類ひ」[16]までも彩り荘り、花中に遊ぶ鳥の囀りハ只自の琴曲也。其外、牛羊」[17]（十オ）六畜象馬の類ひをもやしなひ巣立給ふ為に、山野に彼が食物を作り」[01]をき給ひ、人ハ万物の霊長と定め給へば、此等の群生を初として国郡」[02]聚落を進退し、天下を掌に握る事、さても忝き御恩かなと御作者を」[03]欽め奉らずんば有べからず。又、海中にすむ異形不思議の魚類までも」[04]皆此証拠となる者也。或ハ貝をおほひにして石につきたるもあり、又、風大を」[05]見るにも奇妙不思議なる事多し。或時ハ湿気、平生薄く昇り、或時ハ」[06]厚く昇て、雲となり雨と成て、世界をうるほす扶けとなる事、是皆」[07]人を養育の為也。此等の事を見ながら、誰かハ自然なりといハんや。又、仰て」[08]天を見るに、三光歴然として人の心を悦ばしめ、昼夜更に止時なく」[09]世界を廻るを以て、日夜を分ち、月を累て歳をなし、四時行ハれ、百物生じ、」[10]飛花落葉の転変をなす也。日の蝕し月の蝕するも、又年に応じて」[11]寸分を違へず。衆星の数つもりがたしといへども常住変ずる時なし。」[12]北斗南斗ハ万里を隔つといへども、大海を渡る目あてとなり、其外の」[13]諸星ハ、各下界の万物にそれ〳〵の性を施し、巣立る者也。又、日輪の陽気ハ」[14]至て極熱のもとなれども、下界に仇をなさず、却て万物を巣立行」[15]事ハ、御主の計ひ給ふ処也。万民是を驚かざるハ、常に見馴るゝ故也。此等の」[16]事、争か其治手在まさずして有べきや。此次第梯橙をもて貴き」[17]（十ウ）御作者量りなき御智恵の源なくして叶ずとぜんちよなるつうりよも」[01]論じ定めし者也。如此論ぜし事御作者より人の上に証拠分明ならんが」[02]為に計ひ給ふ処也。爰に又、等閑ならぬ徹所あり。ゑじつとゝいふ大国にハ」[03]一円雨のふる事なし。故に万民耕作成難き事を御照覧有て」[04]其国中を流るゝにいろといふ大河を毎年時至て河水みちあがるやうに」[05]計ひ給ふ也。それをもて、田畠国土を湿し、五穀豊年に熟する事、他」[06]国に勝れり。又めそぽたみあといふ国にもゑうはらてすといふ大河を」[07]もて右の如く計ひ給ふ也。御作者より人を治めたまハん為に如此計ひ給ふ」[08]事、誠に限りなき御仁恩に非ずや。是、又、一年二年の事のみに非ず、天」[09]地初りてより今に其分計ひ給ふ者也。」[10]

一一　原本「が」に誤植

去バ乳母の孫児をいたはるが如く、それ〳〵の時に応じて花実を結ばせ」[11]給ひ、夏の日の熱きにハ薫風南より吹て微涼を生ずる事は、是を」[12]はからひ給ふ御方在ますぞといふ事を断はる者也と、同じ学者の書」[13]置しなり。嗚呼、心を付ぬきりしたんの為にハ恥ならずや。彼ぜんちよの」[14]学者もひですの光を受るに於てハ御主DSを如何程敬ひ奉るべきぞ。我等ハ」[15]ひですの光をうけながら是に劣るべき事中々恥辱ならずや。」[16]

§二」[17]（十一オ）

然るに森羅万像を御作なされし御心宛ハ人間に使ハしめ給ハん為也。」[01]万物の御掟を違へずして人に使ハる丶事、喩へば糸竹管弦の調子を」[02]揃へたるがごとし。看よ、禽獣の用に随て人に使ハる丶事を。或ハ食物と」[03]なり或ハ裘となり、又ハ耕作の助けとなり、或ハ象馬車乗の大用と」[04]なる者也。いきとしいけるものを御養育の為、山野にハ種々の草々を」[05]生じ給ひ、雨露の恵みを以て養ひ巣立給ふ也。雨といふハ日輪の勢気を」[06]もて河水を空中に引上せ、雲かさなつて而じて降る者也。風ハ水土より」[07]あがる湿気によて吹といへども是又日輪の精気をうけずして叶ハず、」[08]一世界に此分有べき事専なれバ、日輪世界を照し順らずして叶ハず。」[09]去ば諸天も無心の体なるが故に、曽て自力に廻る事叶ざれば、一天〳〵の」[10]上に安如一体づ丶定め置給ひて、夜昼たえまなく順る力を与へ給ふ者也。」[11]此御定手、則DSにて在ます也。爰を以て、御作の万物ハ皆人の為なる」[12]事、明也。然るときんば何ぞ御作の物の内一ツとして人間の恭敬礼拝」[13]すべき物あらんや。物毎に其理分明なりといへども、余をバ暫く置、第一広々」[14]たるハ日輪也。其によてぜんちよ是を拝み尊ぶ也。先、其謂れなき事をきけ。」[15]日輪ハ光普しといへども、四季の転変をなし、万物に陽気を施す事、」[16]昼夜の隔をなす為にハぴりもうべるといふ十番目の天の廻る精力を」[17]（十一ウ）からずして叶ハず。御作の物ハ互に合力なくして巣立事一ツもなし。去バ」[01]日輪の旋天ハ一年の間に巡行一廻すといへども、昼夜の隔をなす為にハ」[02]十番目の天の勢力を以てめぐる者也。七曜の天のめぐる事も皆是に」[03]よれり。一天〳〵ハ其隔ありといへども、他力をたのみ、力を合するを以て、雨を」[04]降せ風をふかせ、寒暑互に移り行者也。誠に此等の治りを見るに韶楽の」[05]

▲拍子をそろへたるに異ならず。あべろいす(Averrois)といへるぜんちよの学者ハ、此次」[06]第を見て、則御作者在ますといふ事をたゞしく徹し明めたる者也。」[07]是程懸隔(けんがく)なる物の▲互に力を合する事ハ其(その)治手なくんばあるべからず。」[08]是只御一体のDSにて在ます也。多主あらば必(かならず)紛乱すべし。爰をもて」[09]御一体の御主在ます事明也。加程歴々たる御作の物を見て誰かは」[10]御作者なからんといハんや。是をなしといふ者あらば、目ありながら盲目也。」[11]喩へば上手の書出したる画図(ぐわと)を見て、自然なりといハんや。世界ハ如何(いか)」[12]なる丹青の書出したる画図よりも勝れて美しきに非ずや。春ハ楊梅」[13]▲桃▲李の色をあらそひ、百花の繚乱たる事を見、夏ハ千草万木の」[14]花をも欺く緑の陰を見、秋ハ木々の紅葉さながら錦を曝せる粧(よそおい)を見、」[15]冬ハ白妙なる雪の色、天地を改め碧の空晴(はれ)やかにして、月日星(つきひほし)の光輝く」[16]事ハ不断の荘(かざ)り也。是に勝りて如何(いか)なる丹青か▲かほど麗しき画図をバ」[17]（十二オ）書出す事叶ふべきぞ。是を見て自然とハ何事ぞ、喩バ旅客の宿と号(かう)」[01]して大(おうき)なる館を建立し、座敷を構へ、家具を調へ、飲食(おんじき)潤沢にして、万」[02]事、闕(かけ)たる事なく調へ置(おき)、旅客を請し留めんに彼(かの)旅人ハ是を見て此旅(この)」[03]宿ハ只山より土の崩れ落て自然にありと云ば笑ふにたえたる事なる」[04]べし。世界も亦如此(かくのごとし)。汝仰で天の三光(さんくわう)を見、伏て地(ぢ)の万物を見よ。如何(いか)なる」[05]▲内裡仙洞(だいりせんとう)よりも遥に勝れたる造営にあらずや。天井ハ月日星(つきひほし)をもて」[06]彩り、飲食(おんじき)ハ限りなき山海の魚肉(ぎよにく)、山野にハ木の実、草の実、多し。」[07]又、海中ハ魚類(ぎよるい)の為、風大(ふうだい)ハ鳥類(てうるい)の為、山野ハ獣の為也。是皆人間の用(よう)」[08]所(じよ)を叶ふる家具となるぞ。其(その)造営の家主を知ざる事は、誠に愚癡の」[09]至ならずや。古ぜんちよの学者も此等の御作者御治手在ますと云(いう)事を」[10]明に知る者也。さるも十八(Psalmo)に Caeli enarrant gloriam Dei, & opera manuũ eius annuntiat」[11] firmamentum. Ps. 18. 天ハDSの御名誉を顕し、同く天の造営ハ御手の御所作を」[12]ふるゝといふ語也。」[13]

§三」[14]

去バ、広大なる世界の治りを見て、御作者在ますと云事ハ申(まうす)に及バず、只」[15]我等人間の一類計(いちるいばかり)を見ても御作者ありと明に知れたり。是に付(つき)、さんと(Santo)」[16]あぐすちいの(Agustino)人に対してDS作り給ふ御奇特(おんきどく)の中に第一の奇妙ハ人也、と」[17]

（十二ウ）あにま色身の上をさして宣ふ也。あにまの上をば暫く置、先色身の上を」01論ぜバ、無量無尽の不思議を見出すべし。医経に其論儀まち〳〵なりと」02いへ共書尽さん事叶べからず。喩へば、帝王の四海を掌にし、百官卿相に」03宣旨をもて万機の政をなし給ふよりもDS人身の中に其重々を定め」04をき給ふ事ハ猶奇特也。其治りの勝れたる事言語の及ぶ処に非ず、」05臓腑のからくみ一ツとして不思議ならずと云事なし。骨肉を隠す為にハ」06皮を以てつゝみ給ひ、飲食を消せん為にハすとうまごとて脾胃の臓腑」07あり、其を血になして配るをひいがどとて全身に通用する十二の」08血筋あり。すぴりつ びたれす[一二]とて全体に精気を渡すハ心の臓なり。」09是を配る筧の如くなるあるてりやといふ血の籠らざる気の道の筋」10あり。又、身に熱さ寒さ等を覚る精をバ頭の脳に作り籠給ひて、其より」11全身に配る道ハねるおとて血の通ぜぬ丸き筋あり。此内に物を覚ふる精を」12通ずるぞ。又、動き働く精を惣体に配当する道ハもれしいりよとて」13動揺の為に精力を運ぶ筋あり。此動揺、則、身の所存に任する者也。さて」14飲食を血気となして又其滓を受る為に大小の腸胃あり。其かすも」15さま〴〵なるによてそれ〳〵に当る腸一宛あり。黄膽の袋等、是」16其一ツ也。又頭の脳と、きもとを涼しむる為にも道を定め給ふ也。是則」17（十三オ）鼻と喉との風を通ずる肺の臓也。其外せんちいどすとて六根に使る丶」01道具をもあまた作り給ふ也。加之人の全体に造り居へられたる柱の如く」02なる道具もあり。是亦骨と筋に似たる類ひあり。其品々に随て役を」03勤むるぞ。如此の事を見てよく思安するにをひてハ大きに驚くべし。右の」04枢り、其性ハ各々にして弱さ強さの厚薄ありといへども皆人身の種」05より出る者也。人智を以てハ誰か此等の巧みをなすべきぞ。爰を以て御作者の」06御智恵限りなき事を分別せよ。つうりよといふぜんちよの学者も是を」07論じて書置ぬ。」08

§四」09

茲に又、右に劣らざる儀を顕すべし。其と云ハ、禽獣虫魚の品々、それ〳〵の」10業を勤むる事を見て御作者の御作意を貴み奉るべし。其故ハ身を」11保ち、敵を防ぎ、快気を守り、子を養ひ立る体を見よ。彼等、元来智恵なき」12者也とい

一二　原本「ぴ」に誤植

へども、加様の所作をなす事ハ如何なる業ぞや。各々自分に相」[13]応の精魂を与へ給ふ御智恵の源なくんバあるべからず。其故ハ身を巣立る」[14]障りとならん事をバよく心得る者也。鳥ハ巣を作り、食に禁好物を撰び、羊ハ」[15]狼を見て恐れ、同じ形なれども犬をば恐れず、△孔雀ハ大鳥なれども」[16]庭鳥それを恐るゝ事なし、小鳥なれども▲鷹を見てハ恐れ、同く雛ハ」[17]（十三ウ）大なる犬にハ恐れねども小き猫を見て恐るゝ也。」[01]

又、此等の▲類ひの身を養ふ為に持たる道具を見よ。ある獣ハ角と蹄を」[02]もて敵を防ぐもあり、或ハ牙歯の強きを以て防ぐもあり、又ハ其身速」[03]•疾にして敵より遁るゝに安きもあり、又食を求るに不足なからん為に」[04]持たる道具の数、其あやつりのさま〴〵なる事、まことに奇妙不思議也。」[05]或ハ足を運びて食を求るもあり、或ハ•蠢き動き、飛翔り、或ハ泳ぎ、或ハ」[06]•觜を以て堅きを砕き、爪をもて引裂き、又ハ歯の強きをもて•嚼破り」[07]乳しるをもてやしなはれ、或ハ生れ下より食を求るに輒きもある也。」[08]此等ハ生得智恵なき者なるに智恵あるやうなるハ何事ぞと云に、御」[09]作者の御智恵最上無辺の源より其身を巣立るいんすちんと（instinto）の精魂を」[10]それ〴〵に計ひ与へ給ふゆへなり。」[11]

喩をもて分別せよ。二三歳の童の世にこえて弁舌利口なるを聞かば、」[12]何といふべきや。此小児の分別にてハあらじ、何者ぞ内に託しつらんと」[13]云べき也。其如く智恵なき禽獣の智恵あるわざをなすを見てハ、無量の」[14]智徳備り給ふ御作者ましまして如此計ひ給ふといふ事明也。其によて」[15]ぜんちよ（gentio）の学者も万事を計ひ治め給ふ御智恵最上の源より是を」[16]計ひ給ふとよく弁へたる者也。さんと（Santo） あぐすちいの（Agustino）此上を観念し給ひて」[17]（十四オ）我人なりや否やとハ疑ふべくとも、御作者在ますや否やとハ曽て云れ」[01]ざる儀なりと宣へり。右の道理をもて御作者御一体在ます事疑ひ」[02]なしといへども、猶此上に心を留る事深き心中の甘味なれば諸の」[03]御作の物を三ツに分て演説すべし。一ツにハ諸天と四大の事、二ツにハ」[04]禽獣草木の事、三ツにハ人間の事、是也。此等の儀を論ずるをもて、御作」[05]者御一体在ますと云儀を顕すべき覚悟のみにハ非ず、御作の物の上を」[06]論ずるをもて御作者に備り給ふ無量広大なる御善徳の内に分て」[07]御ぼんだあでと（bondade）申て、温良にましまます御仁徳、さぴゑんしや（sapientia）とて」[08]無量無辺の御智恵、おむにぽてんしや（omnipotentia）とて万事叶ひ給ふ御力、此三の」[09]御善徳を顕さんが為也。いざいあす四十に、此三の御善徳ハDS世界を提げ」[10]持給ふ三の御指の如くなりといへり。此三を一句に挑げ奉らばぽろび」[11]でんしやと申奉る也。是、限りなき御はからひ等の儀也。」[12]

然れバ、諸の御作の物の中に小さき螻虫の類ひまでもDSのぽろび」[13]でんしやの輝きたまハざるハなしといふ事を示し顕すべき也。是此観念」[14]より出る徳儀ハ尤深しと知るによて也。だびつ宣はくBeati, qui scrutātur testi-」[15]monia eius. Ps. 118. 御辞を工夫する者は果報なりと。御こと葉既に如此、」[16]御所作を工夫せん者ハいかゞあらんや。是亦がらさの御所作のみに非ず、天上」[17]（十四ウ）天下の御作の物の上にも顕れ給ふ儀なれば、此等を窺ひ奉らん人の」[01]あにまハ御作者の御善徳を如何計驚くべきぞ。又、如何程の御大切をか」[02]捧げ奉り、頼母敷心をかけ奉るべきぞ。如此の心がけを以て是を読誦す」[03]べき人々、其徳を得ずといふ事あるべからず。」[04]

第四、天と四大の事」[05]

去バ右の踏へとして茲に顕すべき事あり。御ぼんだあでと申DSの」[06]御仁徳量りなき上より御身に仕へ御大切に存じ奉るべき為に人を」[07]作り玉ハんと思召さるゝ時、即、其身を養ふ為に入べき程の事をも作り」[08]与へたまハんと思召す者也。其によて一世界に有程の物悉く人の為なら」[09]ずと云事なし。今に於て万物人に使ハるゝを以て其証拠明也。然に万の」[10]物の出生する為にハ下地と作者と道具等有べき事肝要也。DS此世」[11]界を作り給ふ時も如此計ひ給ふ也。最初天地四大を作り給ふ時ハ只御一言」[12]計を以て出来たりといへども、有程の物の出生する為にハ種なくして」[13]あれと思召計をもてハ出来ず、元より天地四大を初として、余の御作の」[14]物にもそれ〴〵に与へ置給ふ精徳をもて出来るやうに計ひ定め給ふ也。」[15]（十五オ）現成世界に出生する程の物の下地といふハ、それ〴〵の種也。作者ハDSにて」[01]在ます也。道具を司どる事ハ諸天也。故に諸天ハ御作者の為の道具なれバ」[02]其にさま〴〵の徳儀を籠置給ふ者也。其一にハ、諸天ハいんこるぷちいへるとて」[03]不滅の体也。其証拠ハ、下一番の月の天ハ火大に隣て断間なくめぐると」[04]いへども、開△

闢△[一三]より以来少しも滅せず、焼失する事もなき也。二にハ、天に」[05]日月星の光を備へ給ひて世界を照し万物の差別を分ち給ふ事、是又」[06]天の徳也。故にだびつSolem in potestatem diei, lunam, & stellas in potestatem noctis. Ps. 135.」[07]日輪ハ昼の為、月星ハ夜の為に定め置給ふといふ語也。三にハ、不易の体に」[08]作り給ふ也。其によて、昼夜三光東より出て夕ハ西にかくるゝ事、古より」[09]今に御定めを違へず、四季の転変をなす也。其によて、日蝕月蝕を兼て」[10]より勘へ出すに少しも違ふ事なし。爰をもて思へ、天下国家を司どる」[11]べき人も日月星ののりを超ざるがごとく、是を鑑みて政に乱るゝ事なく」[12]国家を正しく治むべき事肝要也。加之あにまの導師となる人の上にも」[13]道に外れて曇りあらば、▲其光を受て勤むべき者争か迷ひなからんや。一盲」[14]衆盲を引ていんへるのに落べき者也。四にハ、諸天の広大なる所を見るに、たゞ」[15]愀るゝより外ハなし。五にハ、諸天の旋る事如何にも早くして昼夜懈る」[16]事なし。是に付て左に委く顕すべければ爰にハのせず。六にハ、諸天の」[17]（十五ウ）嬋娟たる事誰かハ是を顕すべきや。誠に夏の日の暑熱甚しく心堪」[01]難しといへども、夕にハ涼しき風の音づれて、昼の熱さを忘れ、立すゞむ」[02]夜はの月の光に心をはらし、みどりの空詠めがちなりといへども、常住」[03]見馴たる事なれば御恩とも御奇特とも手を付ず、御作者を尊み」[04]奉るにも及ばぬ也。是を分別する為に、小児の生れ下より、日輪をも」[05]見ず、暮き所に巣立て、是非を弁ふる時節となりて、月星の明なる光を」[06]見するに於てハ、如何バかりか仰天すべきぞ。月とも星とも弁ふる事有」[07]まじけれバ、只愀て立べし。加程天の荘厳となる日月星の麗しき彩りを」[08]見て、争か御作者の御作意仰讃の及ばざる所を驚くまじきや。学者の」[09]云くIntuere caelũ, & philosophare. 天を見て其上を論ぜよと云語也。此心ハ、美麗」[10]なる御作の物を見る汝ハ御作者の上を何と在ますべきぞと観察」[11]せよと云儀也。Videbo caelos opera manuum tuarum, lunam, & stellas, quae tu fundasti. Ps. 8.」[12]又だびつ宣く、御手の御所作となる諸天と月星を見奉るべしと」[13]云語也。」[14]

去ながら、此美麗なる所にのみ心を留むべからず。只下界の万物に其精」[15]徳を施す事を以て驚くべし。是又日輪の上に

一三　原本「門門」は「開闢」の抄物書

明に見ゆる也。先秋来れバ」16日の旋り遠去るによて天地の気冷ましく空吹風も身にしみ、野山の」17（十六オ）色も替りもてゆき、草木の葉も黄ばみ落て、野面にすだく虫の」01こゑ〱さをしかの音も物がなしく都て四方に顧るに、人の心物毎に」02愁を催す媒ならずといふ事なし。又、冬来れば人の心を寒殺すと見え」03たり。是弥日輪遠ざかる故也。春ハ暖かなる陽気次第に近くによて万物」04折を得て野辺の草葉も萌出、雨薫しく、雲淡く、草木の花も」05綻び、鳥の囀りうらゝにして四方の霞も長閑なる事、皆以て日輪の」06徳也。人も亦、其精徳を受て以て歓びも愁も是によると見えたり。」07暫くも日月蝕すれば人皆是を恠しみ眉を顰め愁を生ずる也。」08是皆下界ハ天より拘へられたるといふ証拠也。」09

第五、日輪の事」10

今まてハ天の事を論ずといへども、巨細にハ非ず、押並ての上也。今」11爰に委く論ずべし。先日輪の麗しくたえなる事誰か顕し尽さんや。」12あなしやごら（Anaxagoras）といふぜんちよ（gentio）の学者自問して人の世に出たる事ハ何の」13為ぞと、日輪を見る為なりと自答したり。是別に非ず。日輪に籠る徳」14儀を見て、人ハ工夫を懲すべき為のみにも生を受たる事尤なりといへる」15（十六ウ）心也。然に彼学者も日輪を天地の主とハ見ず、只天に備る名珠の如く」01なる物と思へり。」02去ば人として日輪の精徳を見ながら驚かざる事を何ぞといふに」03せねか（Seneca）のいへるごとく常住見馴たる故也。其によて例に替りて恠しき」04相を見れば大に驚く者也。是日蝕月蝕の上に見えたり。猶驚くべき事」05あり。諸星ハ日輪の光をかる物なれども昼ハ日の光を以て曜かざる事も」06又不思議ならずや。然に月ハ増減有て常に日輪の光をかる事、是又日の」07蝕し月の蝕するよりも猶奇特なりといへども、不断の事なるによて」08驚く事なし。さんと（Santo）あぐすちいの（Agustino）智者ハ常住の物を軽めず、大なる事を」09見て驚かずといふ事なしと宣へり。去ば日輪の精徳を爰に少々顕す」10べし。先一ツにハ諸星に光をかす事、衆星又下界の助けとなる為にハ」11日輪の光を借てもて其用を施す者也。故に、世界ハ日輪の精徳のみに」12非ず、衆星の恩力をもかる者也。然ども其本ハ日輪にありと心得よ。是を」13指て学者の語にSol, & homo generant hominem. 日と人として人を生ずと。」14此心ハ、人の色身を作り玉ハんために第一の道具と定め給ふハ日輪なり。」15 二にハ、日輪の光をもて土水の湿気を空中へ引揚る也。然に風大の」16 中ハきびしく寒冷なるが故に、湿気風中にて凝かたまつて雨露霜」17 （十七オ）雪となりて降るものなり。是を以て草木五殻をうるをし養ふ也。」01 去ば禽獣虫魚木のみ草のみまでも日輪より与へたりと云つべし。」02 三にハ、日のめぐるを以て昼夜の隔をなし、四季の差別もある也。其故ハ」03 ゑみすへりよとて天地の間目に見ゆる程の分に日輪さし出れバ昼也。」04 隠るれば夜也。天に備る十二のしいのとて日のめぐり通る間一ツづゝに滞」05 留する程ハめんせとて、凡三[一四]十日に定まる也。此十二の道を行果すを以て」06 一年とする也。四にハ、四季の転変、日夜の隔のみならず、大に隠れたる徳」07 あり。是、人の為の専用也。又是を分別する為に一の心得あり。先人の」08 色身ハ四大和合を以て生じたる物なれば、其四ツのくハりだでといふ徳」09 用ハ色身に留まりてある也。其用とハ四大の徳用也。燥くと湿ると寒さ」10 あつさ等の性是也。此四ツの用ハ身に於てそれ〳〵の所あり。寒涼にして」11 湿る性をバへれまといひ、あたゝかにして湿る性をバさんげといひ、熱精に」12 して燥く性をバこれらといひ、燥きてひゆる性をバめらんこりや、と云也。然に」13 人の無病息災なる事ハ彼四ツの性の平等和合にあり。此内何れなり」14 とも増か減るときんば、忽例に違ひて病となるぞ。其によてDSの御はか」15 らひハ此四ツの性和合して年中それ〳〵の巣立行為に相応の時節を」16 憲法に分ち給ひ、四節を定め給ふ者也。さんげの為にハ春三月、これらの」17 （十七ウ）為にハ夏三月、へれまの為にハ秋三月、めらんこりやの為にハ冬三月を」01 定め給ふ也。故に春ハ温湿にして、さんげを補ひ、夏ハ熱燥にしてこうれ」02 らを補ひ、秋ハ冷湿にしてへれまを補ひ、冬ハ寒燥にしてめらんこりやを」03 補ふ者也。如此四季に分ちて右四ツの物を補ひますをもて其和合平等に」04 して息災勇健なる者也。又、此四節ハ五殻草木の菓実を結ぶ為大」05 要となるぞ。冬ハ空の寒さを厭ひて草木の精気根に集るが故に、青」06 陽の春来て花咲実のる事安く、夏ハ天の気熱燥なるをもて、菓」07 茋[一五]の冷湿を除ひて成熟する基ひとなり、秋風起れば草木の葉」08

一四　筆でなぞり
一五　キリシタン版では草冠の茋もウリの表記である

黄ばみ落て其精漸々に根にかへり、明年結ぶべき菓実の用意をなす」09者也。五にハ、草木に限らず禽獣虫魚も四季に随て繁昌する者也。」10爰を以て観ぜば、誰か御作者の御慈悲を驚かざらんや。誰かかゝる御」11慈悲を尊まざらんや。四季の転変有をもて、年毎五穀草木の実を」12結び、禽獣虫魚の繁昌をなす事、万民の養ひより外別なし。是に」13よて、だびつさるも百三に Quam magnificata sunt opera tua Domine. Ps. 103. 如何に」14御主御所作ハさても広大なる哉と声を揚て尊ひ給ふ也。六にハ、四季の」15移り替る次第を見るにも、又御作者の深き御慈悲顕れ給ふ也。惣じて」16人ハゑすてれもとて諸篇の極めより極めに移り替る事を難しと」17（十八オ）する者也。故に春秋の二季なくして冬の極寒より忽夏の極熱に」01至らば寒熱甚凌ぎ難く身命も亡ぶべき事をDS知しめして、冬の」02極りたる寒さより長閑なる春に移り、夏のあつさ極りて後ハ又涼」03風の秋来るがごとく定め給ふ也。是誠に和かなる御計ひに非ずや。七にハ」04日輪昼夜の隔をなす事、是常の儀なるによて人皆心を付ざれども」05是亦其徳一ならず。先昼夜の隔有を以て年月を勘へ、人々の年齢」06古今の隔を分つ者也。又、冬の夜ハ長く夏の夜の短き事を何ぞと云に、」07冬ハ草木の根をさす時節なれバ、長き夜の寒気を以て上にさすべき」08勢力を根に深く入れ、夏ハ菓実の熟すべき為に陽気肝要なるに」09よて、夜ハみじかくして日ハ長し。」10

昼に余多の威徳あれども、夜も又其徳多し。先夜るハ、露の恵みを」11以て木草を潤し、昼の辛苦を忘れ六根を休めて脾胃を甘げ、」12其熱を内に引籠て食物を消し手足全体に配る者也。加之、夜るハ」13敵味方ともに遺恨を止て甘ぎ、猛き獣も山林より出て食を求るに」14便りあり。又、夜ハ静なる物なれバ人の心をDSに通じ奉り、おらしよの」15便りとなる者也。是をさし給ひて In noctibus extollite manus vestras in sancta, &」16 benedicite Dominũ. Ps. 133. さるも百卅三に、夜ハ天に向て掌を合せ御主を貴み」17（十八ウ）奉れといふ語也。夜ハ天下国下の政をも止らるゝによて、だびつ王位も」01其隙ありと宣ふ儀也。又いざいあすも、わがあにま御身を夜中に望み」02奉ると宣ふ也。誠に善人ハ夜中に起上り月星のいろどりうるハしきを」03ながめて、御作者の美麗清浄に在ます処を観じ、燃立給ふ者也。」04

月星の事」05

月の上を論ずるに、則日輪の名代とも云つべし。其故ハ、DSの御定めに」06よて日輪彼を照す為に此を去れバ跡ハ闇也。月なかりせば暗に愁を結ぶ」07べきが故に夜を照すやうに定め給ふ也。月ハ自己の光を持ず、日の光をかるに」08付て、其趣をいふに、先上の弓張より次第に日輪に対面するに随ひ光を」09まし、十五日にハ正面に向によて満月となる也。別して月ハ水と湿気を」10司どるが故に潮も月の盈虧に随て満干あり。月の満る時ハ潮もみち、」11欠る時ハ潮も乾く者也。磁石の針を吸が如し。此等の事、御主より計ひ」12玉ハずんば争か叶べきぞ。只人間の為に角あれと定め置給ふ者也。又、」13湿気ある物を進退する証拠ハ、月の盈虧に随て草木の潤ひも増減」14あるのみならず、貝蟹の類ひに明に見えたり。人の上に於ても、血気を生」15ずる事月の盈虧に随ふ者也。嗚呼、是をよく思案せバ、御作の物の上に」16大なる奇特を見出すべし。月のあり所ハ百千万里隔といへども、下界の」17（十九オ）万物に其精徳を通じ恵みを施す事ハ大なる奇特に非ずや。衆星も」01亦、是に劣らぬ精徳を施す者也。先星の数つもりがたき事ハ御作者より」02外に知る事能ハず。其によて Qui numerat multitudinẽ stellarũ, & eas nomine vocat. Ps. 48 一六」03さるも四十八に、御主ハ星の数を量り給ひてそれ〳〵に名付給ふと」04いふ語也。此心ハ、御主ハ星の数を知召て其々の精徳を照覧し給ふによて」05相当の名を付給ふとある儀也。衆星の人に使ハるゝ事ハ、渡海の導師と」06なるのみならず、其外の諸徳不可勝計、人の色身の上に千差万別なる」07望みのある事も皆此星の精より出る者也。去ながら此等の事、皆色」08身のみに当りてあにまにハ少も障りなき者也。其によて人の凶悪に傾く」09処も分別の上より道理を糺しおんたあでの精力にて制止する事」10安きもの也。」11

第六、四大の事」12

天と三光の上をバ暫く論じぬ。今、又、DS下界の万物の下地として作り」13給ふ四大の事を論ずべし。茲に先不思議なる

一六　ピリオド無し

事あり。彼四大ハ互に敵対ふ」14性ありといへども、聊も損じ亡ぶる事なし。是を何事ぞといふに」15（十九ウ）四大の其一ツづゝに二様の性を御作者より与へ給ふ也。先地大にハ燥と寒」01との徳用あり。水大にハ湿と冷との徳用あり。地の燥と水の湿ハ其性」02敵対ふ物なれ共、地の寒と水の冷とハ相応するが故に、地水の二大▲互に」03損亡する事なし。又、風大にハ湿と温との徳用あり。水の冷と風の温ハ」04其性相戦ふといへども、風大も水大も湿性あるをもて二大相応する者也。」05火大ハ熱と燥との徳用あり。風の湿と火の燥ハ▲互に敵対ふ性なれ共、」06風の温と火の熱相応するが故に、風大と火大相戦ふ事なし。如此四大の」07性ハ▲互に敵対ふといへ共、又相応する性をも御作者より与へ給ふを以て」08世界穏に治まる者也。又四大の上に奇妙なる事あり。物によてハ他を」09亡す為に大なる力ありといへども、他よりなす態を防ぐ力ハ弱し。又、物に」10よてハ他の仇を防ぐ力ハ強しといへども、他に仇をなす力ハ弱し。爰を以て」11四大又平等に和合する者也。此例しハ、火大の上に明に見えたり。物を焼にハ」12強勢なりといへども水に逢てハ其仇を防ぐ力弱きがゆへに輒く消滅」13する也。地大ハ他に仇をなす為にハ力なけれども、地を亡さんとするを防ぐ」14為にハ強き力あり。故に水火風の三大地大にあらく当るといへ共、亡ぶる」15事なし。此故に、四大ハ常住滅せざる者也。其上四大ハ御作者より其々に」16定め置給ふ所に有て、乱るゝ事なし。若枉て別所にあれバ、少の隙にも」17（二十オ）本所に帰らんとする者也。其例風火の二大に明也。地中に風の籠る時は、」01己れが本所に非ざるが故に、本の風大に帰らんとて大地を震動させ、巌[一七]を」02崩し石を裂て出る也。蝋燭の火を逆になす時、其焔上に揚る事ハ本所の」03火大に至らんとする故也。又、四大ハ各其体を保たんとする也。証拠をみんと」04欲せば、水火風の上を見よ。火の中、風の中を分る事あれば、程なく」05其跡ハ一ツにみちあふ者也。又、一滴の水を灰埃の上に落すにも必一円相と」06なる也。雨のあしも砕けて班々に降るといへども、地に落てよりハ一所に」07集りて流るゝ者也。是其体分々になる時ハ亡び失る事安きが故に」08其儀なからんが為也。」09

一七　原本「岸」に誤植

去ば、四大に限らず、四大和合の有情非情も各其体を保ち亡びさらん」[10]事を歎く者也。水に油を入れば各々になりて交ハらず、▲塩を火に入れば」[11]▲塩の性ハ水なるによて火中に留まる事を得ず、飛出る者也。陰に生じ」[12]たる樹木ハ、日輪の陽気を尋て其梢高く生ひ立者也。又、水辺に植る」[13]樹ハ水の方へ根をさす也。是皆己が体を保ちそだてんとする故也。嗚呼、」[14]人の心の迷へる哉。飲食打眠の外にハ思ひ弁ふる事なく、此等の万物の」[15]始終本末をも勘[一八]弁せざる事ハ何事ぞ。眼を開ひて能看よ。御作者」[16]在まして其々に与へ給ふ徳儀の明白なる事を。」[17]（二十ウ）

第七、風大の事」[01]

今までハ四大の上を押並て論じぬ。是よりハ四大の上を各々に顕す」[02]べし。先風大より始て云に、風に奇妙なる徳儀余多あり。一にハ、風なくんバ」[03]人間を先として、空を翔る鳥、地を走る獣も、命を続く事有べからず。」[04]其故ハ、風大の徳用をもて人畜鳥類ともに口鼻の息の通ひをなし」[05]膽のあたりを涼しめて生を保つ者也。此湿の潤ひを受ずんば、人畜」[06]ともに存命少も叶べからず。去バ、風ハ立居起臥ともに専用なる者也。」[07]是、風の一徳也。二にハ、日輪の光を得る道ハ風大也。日ハ風大に其光を移して」[08]下界の万物を照す也。風大なくんば日の光を受る道も有まじければ」[09]天が下ハ皆闇たるべし。三にハ地大水大の上に日輪の陽気甚しき所をも」[10]風是を涼しむる者也。四にハ此等の徳儀より尚勝れたる事あり。其を」[11]分別する為に、風大ハDSの御定めを以て上中下の三にわかると心得よ。」[12]一にハ、上部の風大ハ火大に隣るがゆへに至て熱き者也。二にハ下部の風大ハ」[13]地水の二大に隣るを以て温湿也。然共炎天の時分ハ、日輪の陽気、地大」[14]水大に指当りて、風、中に遠るがゆへに温熱となる也。三にハ、中部の」[15]（二十一オ）風大ハ、至て寒冷也。所以者何、上部の熱勢と下部の温気とに風中の」[01]冷気攻よせられて、中部の風大に悉く集るがゆへに、甚極寒なる者也。」[02]喩へば、冬は外の寒気甚しきがゆへに陽気土中に集て井底」[03]温かになり、夏ハ外の熱勢深きによて陰気土中に入て井底ハ冷かに」[04]なるがごとし。さて、DS風大を如此分ち給ふ事を何ぞといふに、中部の」[05]風大より雨露

一八「堪」を正誤表により訂

霜雪の恵みを下して、土を肥し、草木を養ひ玉ハんが」06為也。然バ、雨露の恵みといふも風大の徳也。」07

去程に、露霜雪の上を暫く閣きて、雨をバ何ぞと見るに、雨といふハ日輪の」08精気を以て湖海の水気を引上げ、彼極寒の風中にて凝堅り、」09而じて雨となり降る者也。喩へば、醤酒を醸するに火気を以て其酒」10気をのぼする時、甑子に冷水を入て上に置バ、其酒気こりかたまりて」11醤酒と成て滴るがごとし。去バ、此雨の降る体を思案せば、御作者の奇妙」12なる御計ひをも明に知べし。誠に一切人間の智恵を一にして、雨一顆を」13ふらさんとするとも叶べからず。雨のふる体を見よ。喩へバ篩を中に持て」14物をふるふがごとし。是を以て、千草万木遍く其恵みを和かに受る者也。」15是又じよぶといふ経に見えたる如く、田園を洒き潤すのみならず、野山の」16果までも如此し。去程に、DS雨を降し給ふ御恩のほどを見るに、誠に」17（二十一ウ）此一を以て有ほどの事を下さるゝ心也。五穀草木根蔕枝葉花実」01諸薬の種を先として禽獣の食物までも皆雨による者也。如此計ひ」02給ふ事ハ、五穀草木禽獣虫魚の助けを以て人も命を保つ故也。是を」03指てだびつDS山野に草を生じ給ふ事、是則人の為なりとさるも」04百四十六に宣ふ也。山野の草ハ人の食物にあらねども是を食する鳥」05獣ハ人の為なるによて也。去バかほど雨の徳ハ深きがゆへに是を降する」06事をDS直に計ひ給ふ者也。故にれびちこといふ経の廿六に、御掟を保たバ」07雨の賜を与へ給ふべし、御掟を保たずんば雨を降せ給ふべからずと、じゆで」08よらに宣ふ也。然ば、雨を降せ給ふを以て専ら人の命を保つ程の事を」09与へ給へば、争か御恩と存まじきや。是に心を付ざる人ハ、智恵なき」10けだものにひとし。」11

去バ又、風大の事をいふに、吹動く時ハべんとゝいひ、吹ず動かざる時を」12あゑるといふ也。然に、御作者世界に風をふかせ給ふより、人中に出来する」13徳儀尤多し。一にハ右にいふごとく、大海より上る湿気空中にて雨と」14なりて浮雲に包まれて有を風方々へふき送りて国土を潤し草」15木を恵む者也。此故に雨ハ多分海の方よりふき来る風にて降る也。」16二にハ、万里の波涛を隔たる国々嶋々に渡海する事、是亦風の大徳也。」17（二十二オ）真に海上に風ふかずんば商船の便りも絶はて、自他の闕如を補ふ事叶」01べからず。喩へば、車馬に荷物を積負せて陸地を運送する如く、遥の海」[02]路を隔たる異国の珎宝を船につみて運送する事も、風の大徳に非ずや。」[03]三にハ、時として空中に毒気生じて人民のなやみとなり、病死する」[04]人多き時、風起て、悪気を散し、空漠を清むれば、病悩忽に治まて」[05]万民快気を得る者也。是又風の恩徳也。此等を先として、風大の徳多端也。」[06]心を留て顧ば、分明に顕るべし。誰か、此等の徳儀を見て、御作者を見知ら」[07]ざらんや。見知ても又、尊まずんば、▲人倫とハいひ難し。」[08]

第八、水大の事」[09]

DS御作の始にハ、水大ハ地大を覆ふて▲寸土のあき間なしといへども、大」[10]地をバ人の栖家と定め給ふによて、水を一方にかたよせて、乾地を顕し」[11]給ふ也。角て、水大一所に集りたるを大海と名付る也。此大海に心を留て」[12]思案すべき事条々あり。一々御作者の御誉れとなり奉る事共也。」[13]先其体広く大なる事万国通用の海路となし、魚鱗を以て諸国の」[14]人の養ひとし玉ハんが為也。此故に数々の入江入海有て人家に海水を」[15]（二十二ウ）近くなし給ふ也。又、海中にDS陶置給ふ小嶋の数々幾千万といふ事を」[01]しらず。是皆御作者の御慈悲と御力をあらハし奉る者也。先御慈」[02]悲と云ハ、此等の嶋々を以て、戸渡る船の休み所、難風の時の隠れ所、船中に」[03]水木の闕如を補ふ便とし、水主楫取等の休息となし給ふ也。是明白の」[04]御慈悲に非ずや。御力を顕し奉るといふハ一滴の水の落るさへも度重」[05]なれば石をも穿つならひなるに、海中の小嶋の数々、白浪滔天して、」[06]岸を打事絶ざれども、古より今に至るまで崩るゝ事なきハ、御作者の」[07]万事叶ひ給ふ御力明かなる者也。其上右に云如く、四大ハ皆其々の本所に」[08]至らん事を望み、水大ハ地大の上をつゝみ覆ふをもて本所とする性」[09]なるにDS一度是をかたよせ給ひてより以来、再び本所に帰らざる事」[10]御作者の御力を顕し奉る者也。加之、水土の境を見るに、多くハ小き」[11]真砂を蒔給ひて寄来る浪を防ぎ給ふ事、誠に奇妙の一儀也。是驚か」[12]ずんば有べからず。然バさんと(Santo)あんぼろうじよ(Ambrosio)宣ふ如く、大海と云ハ百千の」[13]河の流れおさまる所、諸の泉の湧出る水上、旅行の人の近道、▲珎宝運送の」[14]基ひ、遠国徘徊の通路、異賊襲来の守りともなる也。都て、大海に含む」[15]徳儀を誰かハあげてかぞふべきや。」[16]

§一17」（二十二オ）

茲に尚勝れたる大海の徳儀あり。是を書尽す事筆端の及ぶ所に01」非ず。其一滴を汲でいふべし。先海中を栖家とする大小の魚鱗異形02」異類の品々幾千万ぞや。人智にハ其異類をだに究むべからず。益て03」算数にをひてをや。其故ハ、魚鱗の胎中に有子を見よ。誰かハ算へ尽す04」べきぞ。此一ツづゝより産出すべき子の数々又如何計の事ならんや。山野の05」禽獣多しといへども、魚鱗の数に及ぶべからず。加程算数に及ばぬ06」魚鱗を御作者より作り置給ふを何ぞと見るに、狩人ハ山に入て獣を07」かるに其を目に見て取道ありといへども、漁人の業ハ虚空の丈尺なるが08」故に、何国に[一九]網を下しても功なき労をせざらんが為、如此計ひ給ふ者也。又、09」魚の子の巣立やうを見るも不思議也。親ハ子を産捨れば、大海ハ乳母の10」如く請取て、巣立出す事、奇妙の一儀也。御作者の御定めに非ずんば、11」海水の力のみにて叶べからず。又、貝の類も異形不思議也。▲青黄赤白黒の12」彩りを以て衆色を顕す貝もあり。如何なる上手の丹青か海底に13」入て画けるぞや。又、▲魚類の風味品々なる事、朝夕試る事なれば14」論ずるに及バず。さんとあんぼろうじよ是を観じて、御作者を尊ひ奉て15」宣く、鳴呼不思議なる御憐み哉。人を作り玉はぬ以前より滋味を含む16」魚鱗を作り置給ふ事ハ何事ぞ。則人を御子の如く思召す御大切の17」（二十三ウ）故也。然バ、人ハかゝる御慈愛を顧て、御作者を崇敬し奉らずんばある01」べからず。02」

第九、地大の事03」

夫、地大ハ人畜草木の悲母也。其徳を論ずるに付て、全く水大を遠04」離すべからず。是、地水の二大ハ互に助けあひ、其徳を通ずれバ也。水ハ地の05」強剛なるに有て、其体を保ち、地ハ水の湿気をうけて、其体堅固なる者也。06」所以者何、粗右に云し如く、地大ハ至て寒燥なる性なれば、水大の湿気を07」うけざるに於てハ其体砕て灰埃の如くた

一九　「何処に」の誤か

るべし。其によって御作者の」[08]計ひ給ふ処ハ何国[二〇]までも大海の潤ひ地中に行通る様に定め給ふ也。」[09]去バ、土の性ハ余の三大に遥に劣れりといへども、諸天と三大の徳用を」[10]うけて以て人倫の大要をなす事、則三大に勝れり。大方左に顕す」[11]べし。先、其居する所ハ天の一円相の中にあり。何国[二一]へもよりかたぶく」[12]事なし。喩へば、大厦の中に一鞠をつりさげて置たるが如し。是何の」[13]力に依るぞといふに、御作者より地大に与へ給ふ自己の勢力を以て」[14]天内四維の真中にすハる者也。喩へば磁石を摺付たる針ハ北にむきて」[15]（二十四オ）よりハ動く事なきが如く、大地も四維上下の真中に居して変動する」[01]事なし。又、大地をバDS人畜の住所と定め給ふがゆへに、人の生ける間ハ」[02]拘へ巣立、死して後も隠しおさむる也。其上、水火風の三ハ時として人に」[03]害をなす事あり。風ハ民屋舎宅をふき崩し、大船小船の破損をなす」[04]事あり。或ハ洪水出来て田畠を流し、国家を費す事ありといへども、」[05]地大ハ曽て其儀なし。若地震の難を人脱かれざるハ、是風の所為にして」[06]更に地のなす害に非ず。都て草木の花実、五穀の類ひを先として」[07]牛馬六畜金銀銅鉄綾羅錦綉其外人の宝とする物、多分ハ地大の」[08]恩徳也。さて又、地よりわき出る清水の数々、大河小河の絶ざる流れハ」[09]幾ばくぞや。是皆人間を先として禽獣草木を恵む者也。人身に」[10]喩ふれば経絡とて五体の中に血水の流るゝ筋余多ありて、身命を」[11]補養するがごとし。又、清泉も河水もなき所にハ井を堀て土中の水を」[12]汲あげ用を叶ふる事、是又大地の徳用也。さても御作者の御計ひハ」[13]奇妙なる哉。此等の水の上を見るに、一年二年の事にも非ず、数千年の」[14]昔より今日に至るまで、泉ハわき出る事を止ず、井水ハくめども尽ず、」[15]行河の流れハ絶ずして、亦本の水にハあらざる事、驚ても余りあり。」[16]さても御作者ハ、何を下地として此等の河水をバ作り給ふぞや。諸学士」[17]（二十四ウ）是を知らんと欲すれども、幽遠にして議定し難し。汝是を知らんと」[01]欲せば、只御作者の御慈悲なりと思へ。又、人の養生の為に所々に」[02]湧出る温泉も大地の深き徳用也。是又御作者の御大切深甚なる」[03]蹤跡也。わき出る所ハ同じごと

二〇　「何処に」の誤か

二一　「何処に」の誤か

くなれども、熱湯冷湯の隔てありて、病に」04応じて其用をなす事、奇特不思議に非ずや。汝其徳を受ながら、其」05御恩を知らずんば、甚無道の至り也。其上、又地大の徳をいふに、世界の初に」06御作者より定め給ひし法を違へず、木々草々の種子をつゞけて菓」07実を結ぶ事、たえず年々新に五穀を生じて人畜の養ひとなす」08者也。是又奇妙の一儀也。心を留めて能々思惟せば、御作者を見知り奉り」09尊ひ奉るべき者也。一粒の種の地に落て成長し、木となり、草となりて、」10花咲実のるを見よ。誠に奇妙不思議也。然ども、是平生の儀なるが故に、」11心を留むる人なし。若心を留むる人あらば、世に稀なる事よりも此等の」12平生の事を猶奇特なりと弁へて、御作者を見付、其御善徳を仰ぎ」13奉るべしと、さんと（Santo） あぐすちい（Agustino）の宣ふ也。」14

第十、地に生ずる草木の事」15（二十五オ）

五穀草木の生ずる体を見るに、先それ〳〵の種土に落れば、空より又」01日月星の徳気降りて其種を養育し、成長させ、木となし、草と」02なす者也。然に、五穀草木といふハ▲人倫の為になくて叶ハざる肝要なる」03物なれば、末世の愚人是を見て偏に此等をバ三光より受たる恩徳と」04のみ思ひて迷ハざらんが為に世界の初に五穀草木を作り給ひし時ハ日」05月七星も未なかりし以前に御辞計をもて地より生じさせ給ふ者也。」06是五穀草木の恵みハ、全く御作者の御恩なる事を弁へさせ玉ハん為也。」07其より以来五穀も草木もそれ〳〵の種を地に落し、三光ハ徳気を」08降して養育し成長する様に定め置給ふ者也。」09

去程に五穀草木の種の成長する体を見るに、始中終皆不思議のみ也。」10さんと（Santo） あんぼろうじよ（Ambrosio）是に心を付給ひて、小麦の生ひ出る上を演て云く、」11農夫小麦の種を▲田地にまけば、土ハ即是を請取て、先うハ皮を腐らし、」12中より緑の苗を生じ、漸々に草と成て、終にハ末に穂を生じ、其」13穂に亦実を含む事、莫大也。一々是に心を留めて見るに、先、其穂に麁皮」14ある事ハ、其中の実を隠し、風雨寒暑に損ぜしめざらんが為と見え」15たり。又、其穂に芒を生じたるハ、鳥に輙く啄まれぬ為に模雁を結びたる」16心也。其根の四方に蔓る事、末の穂の重きを戴く為と見えたり。くきに」17（二十五ウ）

又節々を籠たるハ、長きを強らせんとの事たるべし。さても奇特なる」[01]事哉。誰かハ是を観じて御作者を尊ひ奉らざらんやと宣ふ也。」[02]

去バ、五穀を先として、草木の実を見るに四季折々に相応して生ずる」[03]事、誠に御作[二二]者の御大切茲に顕れ給ふ也。加之、物によりてハ当座に」[04]用る為となり、物によりてハ程経て後の蓄へとなる者也。又、物によりてハ」[05]身命を養ふ為となり、物[二三]よりてハ只慰みとなるのみ也。さても、此等の事を」[06]思案せん人ハ、争か御作者に御礼を申上御大切に存奉らざるべきや。」[07]然に、是を顧ず、御恩をも見知らざる族ハ、喩へをとるに例なし。若人有て、」[08]旅に趣き、路次にて一宿をからんに、亭主ハ誰人とも知らざれ共丁寧に」[09]宿をかし、酒肴の数を尽して賞ずへき所に、明日彼人一礼にも及バず」[10]馬に鞭て行かんをバ、亭主何とか思ふべきぞ。只無智の狂人と見るより外」[11]有べからず。其如く、皆人此一生の旅の間に、忝も御作者DS丁寧の数を」[12]尽し給ふ事明白なるに、其御礼をだに申上ざる族ハ、何とも云べき辞」[13]なし。取分是ハ富栄へ如意満足なる人の事也。食物にハ山海の珍物を」[14]集め、衣裳にハ綾羅錦綉をつらね、玉楼[二四]金殿に座し、朝夕栄花の数を」[15]尽しながら、此等を何かたより与へ給ふぞとだにも顧ずして只畜類の」[16]ごとくに用ふるハ、甚無慚の至り也。」[17]（二十六オ）

§一」[01]

其外、人の病を治すべき為に作り置給ふ草木ハ幾千万ぞや。其品々に」[02]奇妙なる薬性を含みて諸病を治する事、真に奇妙不思議也。さて、草」[03]木の根葉のみにも限らず、玉石の中にも薬性を含める物是多し。能々」[04]工夫をめぐらせば、御作者の御大切ハ偏に悲母の子を愛するに異ならず。」[05]然に、薬にもならず実を結ぶ事もなき山吹長春等の類を何

二二　インテルズレ
二三　ここに「に」脱か
二四　原本「接」に誤植

ぞと」06見るに、是も人の眼を慰ましめ、香き匂ひをかぎて、心を楽しましめ玉ハん」07為也。山野にさきみだれたる千種の花の色香妙なるを見よ。如何なる」08画師の筆に二五か及ぶべきぞ。▲菊の花の上をいへば、白菊紅菊さま〴〵にして」09真に花の陰逸なる者也。春の暮より咲出る牡丹の麗しき事ハ是亦」10花の富貴なる者也。此花の朝の露を帯て媚たる分野は、如何なる」11▲王服、后の衣裳とても、嫉む計の粧ひ也。池の蓮の淤泥より出て濁りに」12そまず、紅白色を交へ、あらたに露香しき風情、▲桃▲李の春の風にゑみ」13梨花の雨を帯び、梅が香の四方に匂ひを譲る事ハ、古のさろもん帝王の」14百福荘厳も争か是にしかんや。かほど妙なる事を何の為に作り給ふぞと」15見るに、人の身を養ふ為にハ非ざれども、慰みの為に肝要なる事を計ひ」16与へ給ふ事、明白也。」17（二十六ウ）

§二」01

又、諸木の巣立行を見るに、是も不思議の一事也。先草木の為にハ根を」02以て口とす。其根の内にも、いとすぢのごとくなる小筋を与へ給ひて、其」03より土の湿気を吸とり心にも枝葉までも全く通ずるやうに計ひ」04給ふ也。人の身の中にさま〴〵の筋を以て血気を通用させ給ふごとく」05一枝一葉の内までも数々の筋ありて、雨露の恵みの全体に行わたる」06やうになし給ふ也。又せねかのいへるごとく、諸木諸草ハ無量なりといへ共」07二ツとも似たるなき事ハ大なる奇特也。色同じけれども大小替り、大小」08同じければなりも替り、何れも等しきハなき也。此不思議ハ人の上にも」09ある事也。万方世界の人の数積りがたしといへども、少も違はぬ顔」10なし。是を以て御作者の御智恵量り在まさぬ事を分別せよ。又」11草木の実のらぬさきに葉を▲茂らせ給ふ事ハ、荒き雨風に▲侵されて、」12其実零落せざらんが為也。然ども雨露の恵みと陽気をも受ぬにハ」13非ず。葉のしげりたるひま〴〵より陽気をも雨露をも受る者也。又、其」14実の性の弱きにハ、▲笠をきたるごとく大なる葉を覆ひ給ふ也。是即、蒲萄、」15又ハ瓜などの上に見えたり。」16

§三」17（二十七オ）

二五　「に」は行か

木の実、草の実に付て不思議なる御計を知らんと思ハヾ、松の実、胡桃[二六]、」[01]栢の実などの上を見よ。此等ハ雲を払ふほどの樹なるによて風雨に侵」[02]されて難艱に逢べきが故に、くるみにハ先外に強き皮をきせ給ひ、猶其」[03]下に家の如く強く堅き物を以て実を包み給ふ也。松の実、かやの実も亦」[04]如此し。又、木の実によて一段大なるにハ、木ずゑ撓て折べきが故に、堅固に」[05]強き枝を作り付給ふ也。故に、其実重しといへ共、折る事なし。又、石榴の」[06]上を見よ。是をもて御作者を貴み奉るべき題目あり。先外をバ色ある皮」[07]にてつゝみ給ひ、中なる実は玉のごとくにならびゐ互にすり合損ぜ」[08]ざらんが為に薄ききぬの如くなる物を以てつゝみわけ給ひ、其隔をなし」[09]給ふ也。一粒づゝにかたき核を与へ給ふ事ハ、実の上和かなるによて、強き物に」[10]陶るときんば、其実全からんが為也。又、粒一ツづゝより小筋を出して、皮に取付」[11]陶る事ハ、喩へバ胎内の子、九个月の間臍の緒より母の養ひをうくる」[12]ごとく、木の根より通ずる潤ひをうけんが為也。此菓の徳儀ハ、病人の為に」[13]口の燥きを潤し、健かなる人の為にハ風味あり、皮も又、薬性の徳深き」[14]者也。さて〳〵工夫をなすべきほどの人ハ、争か是を思ハざるべき。又、蒲萄の」[15]はびこるに付て、其根ハ小さけれども、徳の深き事多し。先此実ハ一段」[16]風味を含み、其しるを醸して酒に造るに、何れの国の名酒よりも百薬の」[17](二十七ウ)長となる者也。其より又、薬の酢をも作り砂糖の如くに酒を甘く作る」[01]事もあり。又其に別の菓を漬れバ甘くなる也。是を病人の食の為に」[02]干物となして置也。常の徳儀如此なりといへども、医者の薬にして用る」[03]徳儀ハ、数をも知らず、小さき葛にさへ加程の威得を与へ給ふ事、誠に奇特也。」[04]御主の御辞に、忝も我等が上と御身の上を蒲萄の根と葛に喩へ給ひて」[05]われハ蒲萄の本也。汝等ハかづら也。かづらハ本に連らざれバ実を生ずる」[06]事叶はぬ如く、汝等も其本に連ならずんば功得の実をなす事有べか」[07]らずと宣ふぞ。猶、此蒲萄の上を見るに、生得其力に任せて上に登る事」[08]叶ざれバ、御作者よりふしぎ〳〵につるを付給ひて、大木の枝に這せ給へバ」[09]其樹の高きほどは取付上る者也。其如く、きりしたん(christão)も自力に天上の」[10]快楽を遂る事叶ざれバ

二六　原本「挑」に誤植

DS御憐みの上より大木に喩(たとえ)奉る御主JX（ゼズキリシト）を」[11]世界に降(くだし)給ふを以て蒲萄のつるとなるきりしたんハ此(この)君の御大切(ごたいせつ)の」[12]高き木末に取付(とりつき)奉らバ即上天に至らん事疑ひなし。」[13]

§四」[14]

諸木の中に、みのる事もなく、花さく事もなき木をバ、何の為に作り」[15]給ふぞといふ人あらば、深き徳の為ぞといへ。然に、人の目を悦しめ、食物(じきもつ)と」[16]なる事も専らなれども、家屋を作る事、又大要なれば、其(その)造営の為に」[17]（二十八オ）材木なくんば叶べからず。其によ(っ)て実もなき大木をも造り給ふぞ。実を」[01]結ぶ樹木をひきく作り給ふハ、其(その)実の取易からん為也。実を生ぜぬ樹を」[02]高く作り給ふ事ハ、•桁梁の用木となし玉ハん為なりと心得(こころえ)よ。是即」[03]槙桧松▲杦の類ひ也。又御主より人を御寵愛なさるゝ為に栴檀沈水の」[04]ごとくなる薫(かうば)しき物をもあまた造り給ふ也。又、生得(しやうとく)は実を結ぶ木」[05]なりといへ共(ども)、その能をなさぬ樹あり。是をバ無益(むやく)也といハんや。其(その)儀に非ず。」[06]是をバ人の才覚を廻らし、智恵を遣ふを以て、実のらせ玉ハん為に作(つくり)給ふ也。」[07]其によ(っ)て喩バ実のらぬ▲梨を引切て台として、よき実を生ずる▲梨の」[08]枝を続(つぐ)をもて上品(じやうぼん)の実を生ずるぞ。是に付てさんと(Santo)あんぼろうじよ(Ambrosio)」[09]宣ふハ、苦きあめんどゐらす(amendoeiras)といふ樹を甘くなすために、其(その)根を打破りて、」[10]其(その)中に松の苔を入(いれ)て植れば、則甘くなるといへり。是よりも不思議」[11]なる事を知らせ給ふ事あり。ぱるま(palma)といへる樹ハ、枝葉ともに美しくして」[12]直(すぐ)に立(たち)のぼり、葉のなりハしゆろに似て長く狭し、馬のたてがみのごとし。」[13]去バ、此(この)樹に陰陽の二ツあり。何れもよき実をバ結ぶといへ共(ども)、一所に植ざれバ」[14]其(その)実熟せざるが故に陰陽の両木、一所に植れバ陰木ハ陽木の方へのみ其(その)」[15]枝をたをむ者也。それによ(っ)て陰木ハ陽木に離れて実を熟せざる時、」[16]農人是を見て陽木の実を取(とっ)て陰木の本(もと)に打添て置也。是をもて陰[二七]」[17]（二十八ウ）木の実ハ熟する者也。ひげいら(figueira)といふ樹にも陰陽の二ツあり。陽木の合力」[01]なくんバ陰木の実熟する事叶はぬと也。去ながら、是又所による事也。」[02]其によ(っ)て、是を知りたる人ハ陽木の実を取て陰木の枝にかけて置(おけ)バ」[03]其より小さき虫出て陰木の実に

二七　「陽」を正誤表により訂

はひ上れバ其(その)実よく熟すると也。爰(ここ)に」[04]二ツの奇特(きどく)あり。一にハ、此(この)小虫のわざを以て無味なる物を甘味となし給ふ」[05]事、二にハ、彼(かの)実幾千万といふ事を知らずといへども、▲件の虫より一ツも」[06]残さず悉くに其(その)味を与ふる事、是也。是等を思案して、御作者を貴(たっと)ひ」[07]奉るまじきや。奇特(きどく)を顕し玉はぬ物ハ一ツもなしと見えたり。御作の物ハ」[08]何れも▲互に合力するやうに計ひ給ふ事、悉皆(しっかい)御作者御一体の御道具」[09]なりと教へ給ハん為也。前に論ぜしごとく、五穀草木(さうもく)を作り与へ給ふと」[10]いふとも、一年づゝに其(その)実もはつる物なれば、いつまでも届くやうに計ひ」[11]玉ハずんば、輙(たやす)く失果(うせはつ)べきによて、それ〳〵に種を残すやうに計ひ給ふ也。此(この)」[12]種も一粒を植て又一粒を生ずるにをひてハ、如何程の事も有まじき」[13]ゆへに、御奇特(おんきどく)を以て一粒より万倍となるやうに計ひ給ふ也。」[14]

第十一、禽獣の上を論ずべき序章」[15]（二十九オ）

御作の物をもて御作者を見知らしめんといふ心宛(こころあて)なれば、草木(さうもく)の」[01]上をバ大略云畢(いいおわん)ぬ。今又弥御作者の御善徳(ごぜんどく)を顕し奉る為に禽獣の」[02]上を論ずべし。此(この)篇ハ万物の御作者を見知り奉らんとする人の為に」[03]大に益有(ある)事也。其によて古今の智者多くハ是に志を留めて其(その)学問を」[04]事とし給ふ。国王、或ハ大臣も余多ありし中にも、四海に遍く君徳」[05]八荒に仰がれ給ひしあれしあんでれ(Alexandre)と申(まうす)大王ハ▲ありすとうてれすと(Aristoteles)」[06]いふ傑出の世に類ひなき学者を師範として、此(この)学問を究め給ひ、御作者」[07]より禽獣に与へ給ふ奇特(きどく)を明らめたまハんと歎き給ふ者也。其によて」[08]あじや(Asia)あひりか(Africa)といふ国々に▲綸旨を下され、猟師にてもあれ、又禽獣を」[09]司どる牧士の類ひまでも彼(かの)ありすとうてれすに行て、鳥けだもの、」[10]上に知れたらん程の事を告知(つげしら)せ、又ハ禽獣の上に他にことに珎らしき」[11]子細を見たる程の事を皆彼(かの)学者に顕ハせとの勅定なりければ、東西」[12]南北より其(その)数を知らず群り来て、是を奏す。則彼(かの)学者、其(その)旨を書」[13]面に載せて、で(De)あにまりぶす(animalibus)といふ一部の書を編立(あみたて)たり。此(この)国王ハぜん(gen-)」[14]ちよ(tio)にて在ますゆへに、叡慮を慰めたまハん為のみにさへ、かほどに御営(おんいとなみ)」[15]ありけるに、きりしたん(christão)と名を得たる輩(ともがら)ハ、此(この)道をもて御作者を見知り」[16]奉り、御善徳(ごぜんどく)をも尊ひ仰ぎ奉らん事に争(いかで)か心を用ひざらんや。故(かるがゆえ)に今」[17]（二十九ウ）此(この)篇に禽獣虫魚の上を具(つぶさ)に論じて読誦の人をして御作者を見」[01]知り奉る道に入しめんと思ふ者也。然ば、左にあらハすべき禽獣の所作に」02付て信じがたき事もあるべけれども、万事叶ひ給ふ御作者の御名」03誉の為にかくあれと思召を以て禽獣に当る役を勤むると心得るに」04をひてハ、其不審も有べからず。去バ、分別の及ばざる高き道理ほど、御作」05者の広大に在ます徹所なれば、弥讃談し恭敬し仰き敬ひ奉るべき」06事、本意也。」07

第十二、禽獣に当る惣別の徳儀の事」08

DS量りなき御仁徳の上より人の為に禽獣虫魚を作り給ふ時、則彼等が」09繁昌養育の為に入べき程の事をも与へ給ふ也。先第一ハ食物也。是亦一類〱」10各別なるが故に、其食も各別になくんば有べからず。さるによて、それ〱に」11当る食物をめい〱に作り与へ給ふ也。類によてハ肉を食し、類によては」12草を食し、或ハ五穀、或ハ螻虫を食するもあり。極めて小さき虫の類ひ」13までも、それ〱に当る食物を作り与へたまはぬハなし。だびつさるも」14百卅五に、是を仰ぎ給ひて宣ふは Qui dat escam omni carni, quoniam in aeternum」15（三十オ）misericordia eius. Ps. 135. 御主ハ一切の禽獣に食物を与へ給ふによて、御憐は」01無量なりと。去バ此御憐みハ有としあらふる生類の上に明白なりと」02いへども、別して鳥類の上に顕る丶也。其故ハ、先鳥類ハ草を食せず、又」03山野に五穀の実一粒もなき極寒の雪霜深き時節にも数限りなき」04鳥類を巣立給ふ事ハ、如何なる御奇特ぞや。燕と雀ハ諸国に満々たりと」05いへども、何たる時分にも終に餓死の色なし。さても忝なき御仁恩哉。」06是を鑑るを以て、人の上に頼母敷心を起させ玉ハん為に、御主さんまて」07▲うす六に、空を翔る鳥を見よ、DSぱてれ彼をさへ捨たまはぬに、争か汝等を」08捨給ふべきぞと宣ふ也。去バ、世界に禽獣虫魚の為、それ〱の食を調へ置」09給ひてより、面々各々に其を尋求むる為に入程の歎きをする精魂を」10与へ給ふ也。是即眼翼觜手足の精力等也。此禽獣虫魚の内に、物に」11よて他の▲生類の食となる物多し。然ども、是を只其まゝにをき玉ハゞ」12則時に喰ひ果すべきが故に、其種類を残し玉ハん為に、それ〱の身を」13防ぐべき道具をかたのごとく与へ給ふ也。其によて、或ハ手足翅のはやきを」14もて害を遁る丶類ひもあり。或ハ皮毛の強きを帯するをもて敵を」15

防ぐ便りとし、又ハ隠るゝ為に勝れたる才覚あるをもて、当時の難を」16遁るゝもあり。又ハ、一類一所に群集して衆力をもて身を全ふするもある」17（三十ウ）者也。尚、奇特なる事ハ、自分の怨敵をいまだ形の顕れざるさきより」01其香をかひで知るによて、未前の凶を相してにげ去也。さて又、彼等が怨敵に」02さし向ふ敵類を知て、其に馴れ因む者也。喩へば、牛羊ハ狼より逃来て」03犬の辺りに集る也。又、居所悪けれバ好き所を撰びもとむる精をも与へ」04給ふ也。其によて、燕ハ冬の間、寒国にハ堪忍しがたき事を知て暖国に行」05者也。是、冬ハ食の稀ならん事を勘ふるゆへ也。又、禽獣の上にも煩事ある」06ものなるがゆへに、己れと薬を撰びとる精を与へ給ふ也。」07

§一」08

彼禽獣を滅し給ふまじき為に、五穀の種を定め給ふ如く、又二八」09子を産巣立る時分を定め給ひて、繁栄させ給ふ也。ぱらとんとつうりよと」10いふ学匠も、是を見て大に驚く也。其故ハ、繁昌の時となれば、必其道を」11違へず子を産巣立る者也。又、時節過れば互に離別して雌とも▲雄とも」12弁へず其道をも忘却する也。誠に是を見る事、人の上に於て恥辱」13ならずや。人ハ嫁婚の道にやむ時を知らず、是則人の生れ付の損じ」14たる謂れに非ずや。子を養ひ巣立る事も、鳥類畜類ハ如何程の営みを」15なすぞといふ事を見よ。先兼て其住所のよしあしを撰び、よきと思ふ」16所を構る事、更に浅からず。此例し多しといへども、今此一をもて勘弁」17（三十一オ）せよ。或寺中に犬の子を産けるに、衆僧是を見て、多くハ無益也。只、一疋養」01ハんとて、四ツ産たる子の内、三ツをバ取て遠き所に抛すてぬ。其親来て、」02子のなくなりたる事を恡む気色顕れ、所々をかぎまはり、終に死し」03たる子を見付、畜生のかなしさハ、いきたる子の様に含み来て初の如くに」04置ぬ。人々是を見て、犬の重て至るまじき所に捨をけとて、四階の屋の」05上に置ぬ。犬来て、又子のなき事を悲しみ、其香をかひで終に高く重」06なれる▲甍の上に揚り、又元の所に含み来りぬ。是を以て、御作者より」07彼犬に子を巣立よと授け給ふいんすちんとゝいふ精魂ハ是程強きといふ」08事を見よ。又、鳥類の

二八　「群生にも」を正誤表により訂

子を巣立るを見るに、乳房を持事ハ飛行の為の」[09]障りとなるべきがゆへに、DSより乳房を与へ玉ハず、只親の求る食を喰せ」[10]よと授け給ふによて、法界をかけり、身の為、子の為に食を求むる者也。」[11]親子達する程なければ、其身ハ食せぬ事を看みず、先子にのみ含むる者也。」[12]其例ハ巣より子を取て籠に入て外に置バ、其親餌を運びて養ふ事、」[13]彼が為に尤大儀の道なりといへども、御作者より授け給ふ大切のいんす」[14]ちんとの精徳より是を勤むる者也。さんべるなるど宣ふハ、如何に人御主」[15]JX（ゼズキリシト）を御大切に思ひ奉れ。然に於ては難行も安き勤めとなるべしと。」[16]其儀、明に雉の子を思ふに顕れたり。生得きじハ臆病なる鳥なれども」[17]（三十一ウ）子に手をかけんとする者あれば、声をあげて身の毛を立て、防ぐ者也。」[01]乍去、よく其子をさへそだてぬれば、親ハ其子を指捨る也。是はや親の歎き」[02]にも及ばぬといふ験也。若右にいへる理りに不審をなす事も有べし。」[03]諸の鳥類畜類にハ食を求むる為の眼を与へ給ふに、蚯蚓の類ひに眼の」[04]なき事ハいかんと。答て云く、其こそ尚御作者の深き御智恵より計ひ」[05]給ふ所なれ。其故ハ、彼ハ土中に居て食にも土を用ふれば、眼を持に及バず。」[06]諸の木草も、又是に等し。其飲食ハ即土なれば、口となる根に土と」[07]湿気を付をき給ふ也。又、禽獣の子をそだつるに、あまたの奇特あり。先」[08]鳥類の巣作る体を見るに、縦ひ智恵ある者とても、加程勝れたる巧みを」[09]なす事有べからず。押並て、其巣の形ハ籠の如くにして、程らひハ生る」[10]べき子に応じて大小を定むる也。羽も毛もいまだ生ひ出ざる子にあらく」[11]当るべき事を看て、如何にも和なる物を拾ひ集て巣の内に敷也。其」[12]子も狭き巣の中に糞をせバ、悉く汚るへき故に、わきへよりてするを」[13]親より拾ひ捨る者也。さても奇特なる御計ひ哉。智恵有人とても」[14]是に勝りたるわざをなすべきや。去バ鳥獣の中に取分人の便となる者」[15]多し。故にDSの御計ひをもて、此等の類ひの断ざるやうに計ひ給ふ也。」[16]其によてこそ、如何ほど取ても尽期なく生ずる物なれ。是又鳩ぺるぢす」[17]（三十二オ）などゝいふ鳥の類ひ也。鳩ハ月毎に子を産也。ぺるぢすハ一たびに廿の卵子を」[01]巣立る者也。又、獣に敵を防ぐ道具をさま〳〵に与へ給ふ事を看よ。或ハ尖」[02]なる牙、或ハ角蹄ハ則其為也。若天性臆病にして敵を防ぐ力なき獣」[03]にハにげ去る為に早き足を与へ給ふ也。是即兎鹿の類ひ也。

何れよりも」04 臆性なるほど其足も勝れて早き者也。又、敵を防ぐべき道具調らざる」05 前にも用ある時ハ其道具の有べき所にて防ぐ体をする者也。喩へば、牛」06 などはいまだ角の出来ざる内にも額をさし出て防がんとする者也。」07 他准之。又、鳥の子ハ鷹の羽ぶりを見れば、そのまゝすくむ者也。又、鼻のきく」08 事ハ人よりも禽獣尚勝れたり。良医是を試みんとてがれのといふ人、」09 器に酒と油と乳とを入て羊の子の前に各々に双べをけば、其子、一ツづゝを」10 かぎ分て乳計を飲と也。是則御作者より其精魂を与へ給ふによて」11 見ねども食の有所を探りて尋る者也。犬の子ハ目のあか二九ぬ前より母の」12 乳房をよく尋ね求る也。若乳しる出かぬれば、口にて強くあたり、手を」13 もておさへ絞り出すがごとくする也。是亦牛馬の上にも明に見ゆる也。」14 さても此等ハ何国三〇より学びけるぞ。只、DSより与へ給ふいんすちんとの精に」15 引るゝまで也。又、禽獣の餌食の上に其御計ひをなし給ふ如く、膚を」16 隠す為にハ或ハ毛、或ハ羽、あるひハ鱗、或ハ貝、其品々多き者也。其中に」17（三十二ウ）羽と毛の類ひハ毎年旧きを替て新きを生ずるを以て長く其」01 身を損ぜざるやうに計ひ給ふ者也。四肢あるものにハ沓三一の代りに爪と蹄の」02 かたきを作り与へ給ふ者也。又、其身を養ひ巣立る為に全体のつがひ〴〵」03 相応せずんバ障り有べきがゆへに足の長き鳥にハ長きくびを与へ給ふ也。」04 是足ハ長ふして頚短くんば食を求むるにも不弁なるべきがゆへ也。梟ハ」05 日の光を背て夜餌食を求むる物なれば、其為に入程の光を眼に与へ」06 給ふ也。猫も又如此。」07

第十三、禽獣の身を養ひ巣立る才覚の事」08

今まで八禽獣の徳儀を押並て論じぬ。今よりハ彼等が上に備ハる徳」09 儀を各々に論ずべし。先羊ハ野辺に出て草をはむに、何れも同じ」10 緑りなる草の中によしあしを見分て、よきを撰び、あしきをば」11 はまぬ也。是ハ羊のみにあら

二九　原本「が」に誤植
三〇　「何処」の誤か
三一　上下転倒

ず、万の獣も如此し。人ハ智恵ありといへども」[12]此差別自にハ知事なし。是に付てするぴしよ（Sulpicio）といふ学者の記録に」[13]ある道心者、山林に籠り難行苦行して食事にハ草をのみ用ふるに、」[14]草の好悪を知らざれば、折々腹痛を煩也。飢るといへども腹痛の甚」[15]（三十三オ）しき事を思へば食する事を得ず。故にDSへ歎て申さく、仰ぎ願くハ」[01]此草の好悪を見せ給へと。DS是を御納受なさるゝ験として、鹿一疋」[02]多くの草を含み来て彼道心者の前に置、悪しきを捨、よきを束て」[03]さりぬ。是より草のよしあしを見知て食せし三二がゆへに、彼人の腹痛も」[04]平愈すと見えたり。羊にも又奇特なる精魂あり。冬ハ万の草の枯果」[05]べき事を知て、秋の末にハ常よりもましてはむ者也。人是を鏡として」[06]存生の内に専来世の覚悟をせよかし。又、羊の子の面々の母の声を聞」[07]知も奇特也。喩へば、千羊の群りたる中にハ、子をつれたる母も若干也。▲」[08]然るに子どもハ余の羊に隔てられて母を見失事あれば、面々声を」[09]たてゝ母を慕ひ呼時、母も声を合するにそれ〱の子どもの毛も姿も」[10]替らぬ群羊の中を分通りて、声をのみしるべとして面々の母の元に」[11]尋つく者也。嗚呼、奇なる哉、妙なる哉。縦ひ智恵ある人なりとも、」[12]其声の隔てハ聞分がたかるべきに、羊ハ生れて廿日を経ぬれバ、其差別を」[13]聞知也。又、雞の上を見るにも、不思議なる事あり。母鳥食を見出して子」[14]どもをよべば、ひよこハ其声を聞知て即集る也。茲に尚奇特なるハ、雛は」[15]かいをわりて出ると共に母の声の隔てを聞知也。ゑをはめといふ声を」[16]聞バ走り来てくらひ、翼の下に集れとの声を出せば其下に集り、鳶の」[17]（三十三ウ）羽ぶりを見て隠れよと叫べば其を聞知て隠れんとする也。是、誰が」[01]教へぞや。誠に御作者より彼等に智恵をバ与へ玉ハねども、身を養ふ」[02]いんすちんと（instinto）ゝいふ精を与へ給ふといふ事明也。又さんばじりよ（São Basilio）とさん」[03]あんぼろうじよ（Ambrosio）の記し給ふ事あり。海辺に蟹あり。石花三三をもて好物」[04]とす。故に石花の有あたりに窺ひゐて石花ハ陽気をうけんとて口を」[05]開けばかに小さき石を投入るに、其石に碍られて石花口を塞ぎ得ざる」[06]時、かにハはさみを以てはさみ出し、恣に服するといへり。

三二　原本「じ」に誤植

三三　「石花」は「せい」（ウニ）をも指すが、西文原文はostra（牡蛎）

ゑすぱにや(Espanha)の内」[07] びすかや(Viscaya)といふ国の辺りに名山あり。其所の狐ハかにを好みて、海辺に下り、」[08] 海に入り、身を沈めて尾計を浮てゐる所に、かにハ其謀を知ずして、尾の」[09] 上にのる所を、汀にはねあげて食すると也。加之、狐ハ未来をも顧みて」[10] 食し残したる庭鳥などをバ土を穿て埋み置也。是即明日を期する」[11] 験也。又、狐の身に付たる蚤を掃ふ才覚も賢き者也。蚤に攻られて為方」[12] なければ、木の枝を含て水中に入り、次第〳〵に身を沈むれバ、のみハ水の」[13] 至らぬ所を求めて頭をさして上る所に、果して首をも水にさし入るれバ」[14] 為方なく、彼含みたる木の枝にのみハ集まる時、忽其枝を流して[三四]のみを」[15] 亡すと也。鼠ハ油にすくがゆへに、油の入たる壺の口の細ければ尾をさし」[16] 入て浸し、取てなむる者也。こゝぢいりよ(cocodrilho)とて肉食する獣あり。かれが」[17]（三十四オ）歯の間透たるが故に食したる肉のはざまりたるを、畜類の浅間し」[01] さハ楊枝を用ふる道もなければ、只苦しむより外の事なし。此難を」[02] 御作者より扶け玉ハん為にある小鳥を遣し給ひて、こゝぢいりよが」[03] 口を開けば、彼鳥はざまりたる小肉を喰ひ取て即啄者也。爰をもて」[04] こゝぢいりよハ苦しみを遁れ、小鳥ハ其身の養ひを得る也。又、蛸の食を」[05] 求めんとてハ、海底の岩に吸付て、それとも見えずして居る所に、鰯」[06] などの小魚、石かと心得てそれによりそへば、手をのべて取て喰ふと也。」[07] 佞人も又如此し。面にハ金色の交りをなして、心にハ是非の針をつかふ者也。」[08] ぱらたれや(platalea)といふ鳥の事を、つうりよ(Tulio)といふ学者の書けるハ、此鳥ハ、魚を」[09] くらふといへども、水に得ざるゆへにや、海河の辺りにゐて、鵜などの、魚を」[10] とりてあがる所を、觜をもてしたゝかに頭をつゝき、頻に魚を捨させて奪ひ」[11] とり喰ふと也。しるげりいと(sirguerito)とゝいふ小鳥を飼ふ人は、如何にも小さき」[12] 鎖を足につけ、とぼこ(外架)のごとくに板を誘へてすゑ置也。又、其板につるべの」[13] 如くなる物をからくり、両のはしにハ餌筒をくゝりつけ、一ツにハゑを入れ、」[14] 今一ツにハ水を入れてさげをけば、彼小鳥ゑを喰ハんと思ふ時ハくちばし」[15] にて糸を引てゑのある筒を引あげ、水を飲んとする時ハ水のつゝを」[16] 引あぐる也。若つゝに水なければ、下にすゑをきたる水壺の内へつゝを入て、」[17]（三十四ウ）くちばしにて糸を引ひつゆるめつ色々に枢りて、終にハ水をつ

三四　右側は濁点ではない。解説参照

り」[01]あげて飲也。是常に人の見る事なれば、珎(めづら)しからねども、見馴れざる」[02]人に対して爰に記す也。又、おうりいそ(ouriço)といふてちいさくみじかき」[03]獣あり。くびより▲尾のきハまでハ毛の代りに針の如くとがりたるもの」[04]満々(みちみち)てあり。りんごを好むが故に、木の本(もと)に行て落たるを喰(くらい)て、飽ぬれバ、」[05]喰(くら)ひあましたるをば、己れが穴に運びゆく也。其(その)運ぶ様を見るに、▲尾頭手」[06]足を一ツによせて身を丸め、玉に針を付たる如くになりて、木の本(もと)をあなた」[07]こなたにまろび、りんごをあまた針に貫きてより元のごとくに身を伸(のべ)て、」[08]りんごを負て穴に帰る也。又、てれめるが(tremelga)といふ魚にも不思議なる事あり。」[09]泥の裡に隠れゐれバ、其(その)辺に近づく魚ハ、皆寝入ると也。然をてれめるが」[10]泥中より出て、取て喰(くら)ふなり。又、漁人鉤を垂(たる)る時、若(もし)つりばり此(この)魚に」[11]さはれバ、魚ハいとを伝ふて竿より手本(てもと)に来て、手をなやますが故に、」[12]漁人ハつりを抛(なげう)つといへり。ゑりあゝの(Eliano)といふ人、虎に付て書けるハ、虎は」[13]▲猿をすきて喰(くら)ふが故に、▲大猿あまたある所に忍び行て、木の本(もと)に伏て」[14]死したるふりをすれば、▲梢を渡る▲猿ども、是を見て、死したるとハ思へ共」[15]さすが怨敵(おんでき)なれば、心を赦さず、実否(じっぷ)を知らんが為に、先(まづ)一疋の猿を遣す也。」[16]虎ハ尚も空死(そらじ)にして動かず。▲彼(かの)猿再三近付(ちかづい)て試るに異儀なけれバ、さる共」[17]（三十五オ）安堵の思ひをなして、おりくだり、虎の上に飛あがり飛くだり悦ぶ所を、」[01]虎はたと起て、恣(ほしいまま)に取て喰(くら)ふと也。さても無智の禽獣として、己れが」[02]身を養ふ為に此等の才覚有(ある)事ハ、誰がなす所ぞや。よく其(その)根元を見よ。」[03]猫も又如此(かくのごとき)の巧みをなす也。是皆人の知(しる)処也。園林に出て叢に隠れ、死し」[04]たるふりをなせば、鳥来て近付(ちかづく)所を押へ取て、食する也。去バ、人の住所に必(かならず)」[05]▲鼠のあるハ、定れる事なれバ、かゝる凶災なる夜盗を静むる守護として」[06]御作者よりねこを定め置(おき)給ふ也。其(その)為に、身ハ如何(いか)にも軽くして、つめハ」[07]するど也。双眼ハ光有て、闇にも物を見る精あり。真にDS人に対し給ふ」[08]御丁寧ハ是にても明白也。」[09]

狼(おうかめ)と羊との上を論ずるに不思議なる事あり。狼ハ生得(しゃうとく)子を多く産む」[10]者也。羊ハ一年に一ツの外(ほか)ハ産(うま)ず。然に狼の数ハ少く羊ハ其(その)数多き子細を」[11]何ぞといふに、狼餌食を求めんとて深山より野原に出る時、ゑじきなけ」[12]れば、▲互に勝負の如く群りて追(おい)めぐるに、足つかれて目まひ倒れふす」[13]狼あれバ負(まけ)たりといふ心にや、余の狼ども、其を取て喰(くら)ふ也。

故に狼ハ多」14 からずと云々。是を能勘弁すれバ、DSより二様の御計ひあり。一にハ、か丶る」15 不思議なる道を以て狼に食を与へ給ふ事、二にハ、其道を以て即狼の数」16 すくなきやうに計ひ給ふ事、是也。然バ悪き獣を多く巣立たまはぬ」17（三十五ウ）御計ひは、あらからんといふ[三五]毒の[三六]虫の上に見えたり。此毒虫にくハれ」01 たる人、十二時の内に療治を加へざれば忽死する者也。此虫ハ一度に十一の」02 卵を産ども、十ほどハ其母虫是を食して残る一ツ計を巣立る也。其一ツの」03 子も終にハ母を喰ひ殺すといへり。故に此虫、其数少き也。ばらじるといふ」04 国にも毒蛇あり。人にくらひ付てより当座に其くらひ口の肉をきり」05 すてざれば人死せずして叶ハず。かほどあしき毒蛇なれバDSより其」06 頭に鈴の如く鳴物を作り付給ふ也。かれが身を動かす時ハ必なる也。人其」07 音をきけバ、則爰に毒蛇ありと心得て覚悟をなすが故に、輙く喰ハれ」08 ざる者也。去バ如此の毒蛇猛獣ハ稀にも入らざる者也。所詮なきにハしかじ。」09 是を作り給ふ事いかんといふ不審あるべし。答て云く、能国を治むるにハ」10 賞罰の二ツなくて叶ハず。忠功を賞ぜん為にハ恩禄を定め置、罪科を」11 罰せん為にハ杻械枷鎖の攻具を調へ置ならひ也。其如く、DSも罪人御罰の」12 為に毒蛇猛獣をも作り置給ふ也。其証拠ハ、いずらゑるの人民に御折」13 檻を与へ給ひし時も、毒蛇をもて苦しめ給ひ、恵実土の万民を罰し」14 給ふにも、蚊虻の類ひにて攻給ふとゑすきりつうらに見えたり。」15

去程に、鳥獣の身を養ふ餌食のさま〴〵なる事と其を求むる才覚と」16 道具の色々なるを見るに、御作者の御智恵量りなき所顕れ給ふ也。」17（三十六オ）一切の群生に、同じ食、同じ道を定め玉ハゞ、さほど驚くに足らざれども、」01 皆各々に定め給ふ事ハ、真に量りなき御智恵也。ゑりあ丶の丶記録に」02 見ゆるハ、獅子ハ老して食を求るに、力足らざれバ子どもをつれて求めさす」03 るに、老たるハ道に留まりて、其子の帰り来るを待也。子どもハ食を求て」04 親に与ふれば、親ハ先子どものつらをねぶり、感ずる風情にて、其後」05 諸ともに、其ゑを食するといへり。是を以て、人は父母に孝行の

三五　「ふ」の右端が匡郭外に微かに二重印字、解説参照
三六　同じく匡郭外に微かに二重印字

鏡と」06すべき者也。又、海底にぴいなといふ貝あり。小魚を喰て己れが養ひとす。」07然ども貝ハ眼を持ざれバ、魚を取べき行[三七]てなし。然にゑすきいらと」08いふ小さき魚あて、彼かいの傍を離る、事なし。時に彼かい食の望み」09あれば、口を開て待ゐる所に何となき小魚ども、くらハれん事を知ず」10して彼かいの口の内に入て遊ぶを、傍なるゑすきい[三八]らはや時分なりとて、」11かいをさし知らすれば、かいハ即時に口を塞て入たる魚を押へとり、ゑす」12きいらと共に喰ふ者也。是ぴりによとつうりよ、両[三九]人の書に見えたり。」13又、▲諸の鷹の上を見るに、彼等ハ肉をくらふによて其道具も相応せり。先」14觜の上ハまがり、打籠て引裂に便あり。下ハ剃刀の如くにして、上より打」15かくれば下にて截裂者也。又、上下のくちばしすきまもなく合たるを」16以て、一たびくハへたるをバ墜す事なし。爪も又如此し。脾胃の強き事ハ」17（三十六ウ）食物強きが故に消し安からん為也。又、鷹ハ鷹の為に非ず、人の慰みの」01為に作り給ふが故に、輙く人に馴付く生れ付を与へ給ふ也。其によて」02馴付てよりハ雲霞に入ても、又帰る者也。此等の事、皆自然に出来ると」03いふべきや。又、御作者よりそれ〳〵に計ひ給ふといふへきや。」04

しごにやと云鳥の上をきけ。此鳥ハ、巣を作りて子どもを巣立る時、日影の」05強く当る所なれば、其日の光を子にあてじと翼をひろげて覆ふと也。」06又、老て後、食を求る事叶ハざれば、其子ども巣を作りて親を入置き」07餌を求めて養ふと也。若居所あしければ、他に移さんとて子ども其」08親を翼にのせて移すといへり。是も父母に孝行の道を勧むる明鏡也。」09又、五穀草木の実を啄む鳥の上をいふに、先一ツハ庭鳥也。此鳥に尖り」10たるくちばしある事ハ、食を拾ふ為のみに非ず。仇をなさんとするものを」11防がんが為也。其上、土中にある食物を穿ち出す為に相応の爪と足とを」12持也。又、水にすむ鳥の類ひを見よ。彼等が足にハ水かきあり。是を以て、船に」13▲櫓械をたてたるごとく自由を得る者也。

三七　ここに脱あるか
三八　二重印字、解説参照
三九　二重印字、解説参照

くちばしハとがらずして平く内ハ」14のこぎりのはの如くなり。是魚の滑かなるを呀へて落ざらんが為也。」15右にいへるごとく、足の長き鳥ハ必頚も亦長き也。然らずんバゑをひろふ」16事叶ひがたきがゆへ也。獣も是に同じ。かめろといふ獣ハ、余に替りて、長」17（三十七オ）高きがゆへに彼が足にハ三ツのふしあり。荷を負せんとする時ハ自其足の」01ふしを折てくゞまる者也。長の高き程くびも又至て長き也。猶も不思」02議なるハ、大象ハ其胴体に応じたるくびを持にをひてハ、其身進退し」03がたかるべきがゆへに、くびハみじかくして、鼻ハ長き也。其鼻を以て地に」04ある食を巻取て用ひ、又、水をも吸取て口に入る也。此獣に余多の興ある」05事の中に一ツハ、嫁するを人の見る事を嫌ひて其時節になれば人も」06通はぬ所へゆく也。若人より見らるれば、なるほどは其人を害せんと」07する也。又、鷲の上を見るに、彼ハ遥かの雲井を飛翔る鳥なるによて、空中」08より下の餌食を見付る為にいかにも強き眼精を御作者より与へ給ふ也。」09たとひ又、眼精強しといふとも、ゑじきを得る才覚なくんば、益ある」10まじきがゆへに、其才覚をも与へ給ふ也。是によて、若亀などを取て喰」11ハんとするに、其甲を離す事叶ハざれバ、雲井遥かに飛揚り、岩の上に」12落して甲を打破りて喰ふと也。是に付て、古き書に見えたる事あり。」13昔ゑすきれすと云名を得たる歌人ありしが、をのづから頭髪落てなかり」14しに、或時わし亀をつかんで空に揚り、甲をわらんとて石を尋に、彼人の」15頭を見て、石かと思ひて、亀を落しかくれバ、あやまたず頭上にあたりて」16疵を被り終に死したりといへり。」17（三十七ウ）

又、人のかりにすく事万国ともに等しければ、其便として、諸国に」01犬を余多作り置給ふ也。是も其類ひさまぐ〵なり。先りべれよといふは、」02長高く美しき犬也。彼ハ心猛く力強くして、如何なる恐しき獣にもほへ」03か丶り喰ひ付也。其時、狩人落合てとる者也。又、がるごといふハ、手足ほそく、」04腹くびれ、毛みじかく、一段奇麗なる犬也。此犬の身軽く、足はやき事ハ、」05飛鳥のごとし。兎などをバ、やらず、過さず、取者也。又、ますちんといふ犬あり。」06太く逞四〇しく、毛あらく恐しき姿也。羊の番をして狼を防ぐ也。」07ぽでんごといふ犬ハ雉鶉等の野にすむ鳥をかぎ出し、近くよりて」08

四〇　原本「遑」に誤植

猟師に是を見せてとらしむる也。又、水に得たる犬もあり。全体の毛長く」[09]して、綿を着たるがごとし。猟師水鳥を射れバ、如何なる極寒にも江河に」[10]とび入て、其鳥をくハへ来て猟師に渡す者也。其外、犬の品々、異形異類に」[11]して、其能も又各々多端なれども、略して爰に載ず。さて〳〵人の」[12]慰みの為に、DSより此等を作り与へ給ふ事、大なる御大切に非ずや。」[13]

第十四、禽獣の身を療養する才覚の事」[14]

禽獣も、人▲倫に等しく、四大和合の体なるが故に、四大の徳用なる寒」[15]（三十八オ）熱湿燥の四ツを、それ〳〵の身に備ふる也。此四ツ、平等なる時ハ勇健息災也。」[01]若大過不及あれバ、則病悩出来る也。人ハ智恵を以て薬種を求め、」[02]医道をならひて諸病を療治する者也。禽獣ハ智恵なければ、医道を学ぶ」[03]事叶ざるによて己れが病を治すべき薬をバ、ならハざるに、をのづから弁ふる」[04]いんすちんと(instinto)の精を御作者より与へ給ふ也。此儀に於てハ、人よりも尚」[05]賢き也。人ハ良医とならんとては、三度肱を折てこそなるといへるに、」[06]彼等ハ己れに当る薬性を生得に弁ふる事誠に不思議也。」[07]燕ハ雛の眼にまけ(眼膜)あるを見れバ、せりだうにや(celidônia)[四一]といふ草を含来て、彼が」[08]眼にすり付て、治する者也。人是を見て、彼草の眼薬なる事を弁へ」[09]たり。茴香の眼薬となる事をバ大蛇より習ふ也。又、人の身の血を出す」[10]事の薬となる事をバかわろ(cavallo)まりいの(marino)といふ獣より習ふ也。彼に病ひ」[11]ありと思へば、竹林に入て、きりかぶのとがりたるをもて、足より血を出す」[12]者也。さて其血を留めんとてハ泥中に入て針口を塞ぐ也。家猪の病」[13]あれば、海辺の蟹を服して愈る也。亀の毒蛇を喰て煩ふ時は、」[14]おれがの(orégano)といふ草を求て、はみたるを見てより、人も其草をどくけしの」[15]薬とハ知たるぞ。かんぢや(Candia)といふ国の山にすむ羊ハ、狩人の矢にあたれば」[16]或草をはみて立たる鏃を抜と也。犬も胸の間に痰のふさがりて吐事を」[17]（三十八ウ）得ざれバ、或草を喰て、吐者也。疵を被れバ、己れが舌にてねぶり直[四二]也。いたち、」[01]▲鼠と闘て

四一　強い impression slur あり
四二　「置」の誤か

手を負へば、るうだといふ草を以ていやす者也。山猪は」02 病あれバ蔦を喰て則愈ゆ。▲熊ハ、若誤てまんだらごらといふ毒草を」03 喰へば、蚊を食して直る也。でるひんといふ大魚ハ、海中にすむ猿を喰て」04 薬とし、獅子王ハ、▲猿猴をくすりとす。▲狐の為にハ松脂くすり也。▲熊の」05 疵を被るにも、ある草を付れバ則平愈すといへり。」06

又、魚鳥の春秋に栖家を換ふるも養生の為也。至て寒を苦しむ」07 鳥ハ、秋来れば寒国を捨て暖国に移る也。極めて暑を痛む鳥ハ、春に」08 なれバ暖国を去て寒国に至る也。是、皆身の養生に非ずや。ぽるつがると」09 いふ国の東海にさし出たるみさきあり。数十里を隔てむかへハあひりかと」10 いふ暖かなる国なるが故に、秋の中比、いろ〳〵の小鳥ども、幾千万と」11 いふ数を知らず、彼みさきに集りて、暖国のあひりかへとび渡る也。早く」12 来れるハ▲遅き鳥をみさきにて待合する間に日数を経るが故に猟師」13 其時節を能知て、多くの鳥を取者也。魚類も又如此し。春秋に居所を」14 換四三ふる事、時に応じてすみよき所を求むる故也。中にも子を産時分」15 にハ、水の加減専要なるによて、常の居所をかへて他所へ移り行也。其外、」16 魚類鳥類の天気を量て身の用心をする事も、又、養生の一事也。」17 （三十九オ）常ハ沖にのみすむ鴻なれ共、大風の吹んと思ふ時ハ、兼て汀に近付也。」01 鷺ハ、池沢の辺りを已れが栖家とすといへども、風雨はげしからんと」02 覚ふれバ、遥の空に飛揚り、風雨を含める浮雲を通りて、其上の長閑なる」03 空を求むる者也。爰に尚不思議なる事をさんとあんぼろうじよ書置」04 給ふ也。海中に小魚あり。大風吹べき事を相ずれバ、口に石を含て待者也。」05 是小さく軽き身の浪に漂泊せざらんが為と見えたり。水主楫取等、」06 是を見れバ則、大風の用意をすると也。かほど小き鱗の、未前の凶を覚て、」07 人の師範となる事、奇妙不思議に非ずや。右条々の事を思惟して」08 誰か御作者を見知り、御智恵を尊ひ、御計ひを仰ぎ奉らざらんや。」09

第十五、禽獣虫魚の敵を防ぐ道具、并に才覚の事」10

去程に、禽獣に身の病ひを除く才覚ありても、敵よりなす仇を防ぎ、」11 又、敵に害をなす道をしらずんバ不足たるべき

四三　原本「摸」に誤植

が故に、是をも御作者より」[12]それ〳〵に応じて計ひ与へ給ふ者也。大象の牙、獅子、虎の爪、犀の角（つの）等ハ」[13]何の用とか見る。是、皆、敵を防ぎ敵に害をなす相当の道具に非ずや。」[14]又、此等の猛獣にも限らず、僅なる虫魚の類ひまでもそれ〳〵に防ぎ」[15]（三十九ウ）道具を持ざるハ稀なり。若（もし）敵を制する道具なければバ或ハ其（その）身速疾に」[01]して災ひを遁れ、或ハ身を隠す才覚奇妙にして、命を全ふする者也。兎ハ」[02]犬の追かけ来るに逃のぶ[四四]事叶ざればバ、跡足にて埃を蹴立（けりたて）て、犬の眼を」[03]昧ます也。又、兎の鷲鵰（わしくまだか）にとられんとする時、跡の二ツの足にてすぐに」[04]たち、耳を峙（そばだ）て身の長を高くなして、待ゐる所に、わし鵰（くまだか）是をとらんと」[05]おろし合すれば兎忽（たちまち）身をちゞめて、わしをあまし、其（その）隙ににげさる也。」[06]又、万の鳥の鷹にあふ時の分野（ありさま）を見よ。鷹を合する時、鳥ハ死すべき事を」[07]悲みて、声をあげて鳴（なく）もあり、にげんとするに身重くしてハ叶ハじと」[08]啄たる餌を吐出すもあり。隼を鷺に合する時、鷺ハ飛去（とびさる）事叶ざればバ」[09]くちばしを上になして下し合する鷹[四五]を貫かんと待居（まちいる）也。鷹も逸物」[10]ならざれば、胸をつかれて死する也。又、沢水渕川などのあるを見れば」[11]精を尽して其（その）かたへとび行（ゆく）事、是鷹の水に恐る、といふ事を知が」[12]ゆへ也。ぺるぢす（perdiz）といふ賞翫（しやうくわん）の鳥あり。鶉雲雀等のごとく、叢に住（すむ）なり。」[13]とび来て巣に帰る時ハ、先（まづ）遠き所の地に下りて、草の中を伝ひ行て」[14]巣に入（いる）者也。是、巣のあり所を人に知れじが為也。惣じて弱き禽獣をバDS」[15]多分ハ臆病に作り給ふが故に、用心深く身を謹む事、即敵を防ぐ」[16]道となる也。喩へば、鹿ハ臆病なるによ（っ）て、深山叢樹にのみ住て事なけ」[17]（四十オ）れども、頭をあげ、四方（よも）の香をかぎて、用心するが故に、害を遁る、事」[01]多し。又、弱きけだものにも限らず、猛き類ひに至るまでも、用心をバ」[02]する者也。熊ハ、をのれが栖家に帰る時近くなりてより、あふのきになりて」[03]すり入（いる）といへり。是人に足跡を見せじが為なり。獅子王も己れが栖家を」[04]出入する時、人其（その）足跡をつなぎて住所を知らん事を恐れて、其辺（その）を」[05]縦横にありきて、行（ゆく）さきの知（し）れざる様にすると也。象に付てそりいの（Solino）」[06]といふ人のいへる事あり。猟師、象牙をとらんと

四四　「る」脱か
四五　「隼」の誤か

て象をかりする時、象ハ」[07]猟師に追れて遁れがたけれバ、みづから牙を打折て狩場に捨ると也。」[08]是、人のわれを害せんとするハ、只牙を好みて我を憎むに非ざれバ、牙を」[09]与へて身を全ふせんといふがごとし。せいらん（Ceylan）といふ嶋に毒蛇あり。人是に」[10]喰ハるれば、十二時を過ずして死する也。又、此嶋にいたちのごとくなる小獣」[11]あり。彼蛇、是を喰て餌食とす。小獣、此害を遁れんが為に、己れがすむ穴の」[12]入口を広くし、出る口を狭くす。蛇に追るれば、広き口よりにげ入て、狭き」[13]口より出る也。蛇つゞひて其穴に入るに、狭き口につまりて、出る事を得ず。」[14]小獣跡に廻りて、毒蛇を二ツに喰ひ切て殺し、其災ひを脱るゝ也。又、如何」[15]程小さく賎きものとても、仇を遁るゝ道を御作者より与へ玉はぬは」[16]なし。•蝸牛の上を見よ。彼ハ眼を持ざれば、ゆくさきの難易を見る事」[17]（四十ウ）

［ここに一丁分欠］[四六]

地にくふ也。猟師、此鳥をとらんとては、まづ巣を尋出して、其まはりに」[01]枯草を集めて火をたけば、母ハ煙のたつを見て子どもを焼じと」[02]巣の上に翼をひろげて其火を扇ぎ、けさんとす。火ハあふがれて弥燃たち、」[03]母の翼を焼がゆへに、立事を得ざるを猟師近付て取者也。是ゑりあゝ（Eliano）の」[04]記録に見えたり。燕の子を巣立る才覚ハ、真に不思議なれ共、心を付る」[05]人稀也。巣をくふにハ、必人屋を求むる事ハ、人を便りとして敵を防ぎ、」[06]子どもを異儀なく巣だてんが為也。又、巣の体を見るも奇特也。柱もなく」[07]下地もなくして壁をぬる也。土計にてハたまりがたきが故に、草を交へて」[08]すさとする也。泥なき所なれば、水辺に行て、幾度も翼を浸して」[09]埃りに滴で、終に泥となして用ふる也。さても奇妙なる才覚哉。彼」[10]小さき鳥の身に加程の才覚ある事ハ、何事ぞ。御作者の御教へに」[11]非ずんば、争か叶べきや。此鳥を先として、諸の鳥の巣をくふ体を見よ。」[12]何れも其用に随て相応の姿なり。又、卵をあたゝむるを見るに、雌雄」[13]互に其所作を分ちて、彼往て食を求むれば、是来て卵をあたゝめ、彼」[14]出て餌を求むれば、是ハ還てかいこをあたゝめ、かわる〲労し、かハる〲」[15]休ずる事、真に驚に足れり。野渓を住家として牛馬を飼ふ牧士の」[16]いふ事あり。牛群り

四六　第四十一丁欠、解説参照

て子を巣立る所に、猛獣来て其子を喰ハんとすれバ」[17]（四十二オ）親牛ども角を揃へて一円相にならび、子共を中に置て、猛獣を防ぐ」[01]と也。馬ハ又、是に替りてをのれが得具足ハ跡足なれハ、跡足をそろへて」[02]一円相に連ると也。誠に其趣きハ替るといへども、其子を思ふ志しハ替」[03]らず。」[04]

あるしよんといふ鳥あり。是に付てさんばじりよとさんとあんぼろう」[05]じよ書給ふ事をきけ。此鳥ハ風雨はげしき寒天になぎさに下て」[06]▲砂に巣をくひ子を産みそだつる也。然バ冬ハ風荒くして磯打浪も高」[07]ければ、汀の巣のたまり難からん事を御作者より憐み給ふにや、此」[08]鳥の子をそだて巣を離るゝまで二七日の間ハ、風波必穏かにして、春の日の」[09]長閑なるがごとし。船を乗る人、其時節を能窺ひて渡海するに、気遣」[10]なき者也。嗚呼、有難き天心哉。誰か是を思惟して深き頼母敷を得ざ」[11]らんや。此等の鳥の類ひをさへ捨玉ハざる御作者なれば、争か我等人間に」[12]御憐みを垂玉ハざらんや。又、くうことといふ鳥に珎しき事あり。此鳥、」[13]卵を産べき時節ハ、余の鳥の巣に入て、其卵を喰て、己れが子を産置也。」[14]卵を喰はれたる鳥ハ、是を知らずして他の鳥の子を我子ぞと思ひて」[15]そだつる也。又、ぺるぢすといふ鳥も同類の鳥の子を盗みて己れが子と」[16]一ツにしてあたゝめ、巣立るといへり。然ども、其子ハ巣を離れて後、本の母の」[17]（四十二ウ）声をきけバ養母を捨て彼を慕ふ也。是、誠に信じ難しといへども」[01]ぜれみやす十七个条に御作者より是を喩へに引給ふをもて、信用に」[02]足り。爰に心を留めて見よ。邪法に迷ひたる諸国の人民ハ、天狗に盗」[03]まれたる人とも云つべし。されば、終に聞ざりしゑハんぜりよの御法を」[04]聞て、即是に帰服する事ハ、彼鳥の本母の声を聞とともに、即慕ひ」[05]行が如く也。又、▲鷹の雛に鳥とるやうを教ふるも不思議也。ひなの漸く」[06]飛ぶべき力あれば、小鳥の翼を少々抜て持来り、子の前に置バ、子ハ飢たるが」[07]ゆへに即其小鳥を取て喰ふ也。それより後ハ、又、次第に遠く置てとり」[08]ならハしむる者也。猶、▲鷹に付て不思議なる事あり。人常に知がゆへに」[09]驚く事なし。冬の夜の至て寒き時ハ、宵に小鳥を取て生ながら胸に」[10]あてゝ身をあたゝむる也。生得鷹ハ、脾の臓、至て強きが故に、夜明ぬれば」[11]即出て餌を求むるといへども、彼小鳥をバ喰ふ事なく、其まゝ放ちて」[12]もどす也。▲而も、其飛去たる方を能々見て、其日の中にハ其方へ行ずと」[13]いへり。是二度彼鳥をとらざらんが為と見えたり。去バ、何れも主君」[14]たらん程の人ハ是を鑑みて、忠臣義士の勲功を空しくする事なかれ。」[15]若報ずべき力なくんば、責て其志しを深くすべし。」[16]

然に、生としいける類ひのもの、子を愛せざるハなしといへども、魚類ハ」[17]（四十三オ）多分子を愛する色見えず。是別に非ず。魚の子ハ親の養育に預から」[01]ざれども、みづから巣立ゆくによて也。去ながら、魚の中にも子を愛する」[02]魚なきにハ非ず。或魚ハ、其子の危きに望めバ、口中に含み置て其難過」[03]さりてより吐出すとさんとあんぼろじよの書に見えたり。鳥類は別」[04]して子を思ふ色深しといへども、又情を知らぬ鳥もあり。喩へばゑまと」[05]いふ鳥ハ卵を産むに巣を作る事もなく、あたゝむる事もなし。只所を定」[06]めず産み捨るといへり。然ども其子共の巣立行やうに御作者別の」[07]計ひをなし給ふ也。又、鳥も子どものかいをわりたる初めは、のり毛の」[08]白きを見て母ハ我子と見知らず、日数経て黒き毛の生ひ出ざるまでハ」[09]養ふ事なし。其間の養ひをDSより各別に計ひ給ふ也。又、鷲も其」[10]子の数多き時ハ、巣の外へ一ツを捨るといへり。然るを、別の鳥来て拾ひ」[11]とり独ばみをするまで、巣立ると也。わし其子を捨る謂れをさんとあん」[12]ぼろじよ書給ふ事あり。わしハ子どもを巣立る時、巣の内にて其子」[13]一ツづゝを朝日にむくる也。若子どもの中に眼力弱くして日の光を見る」[14]事叶ざるひなあれば、我子にハ相応せずと即捨ると也。人も是を鑑みて」[15]親の瑕瑾となるべき子どもをバ強て寵愛せざれと、御作者より、此鳥を」[16]以て教へ給ふ者也。」[17]（四十三ウ）

第十七、御作者の御智恵ハ小さき虫の類ひの」[01]上に弥顕れ給ふ事」[02]

倩おもんみるに御作者DSの量りなき御智恵と御計ひハ大なる獣」[03]よりも小さき虫の類ひの上に尚明白に顕れ給ふ也。故に学者のぴり」[04]によハ、象王の大なる体を見るよりも、夏の夜の如何にも小さき蚊を」[05]見るに、尚以驚くべき謂れありとなり。其辞に云く、大なる獣にハ頭面」[06]手足の隔て、五臓六根等の枢りを、御作者よりなし給ふ事も輙かる」[07]べし。然に、蚊虻の小さき体中に此等のあやつりを達してあらせ給ふ」[08]事ハ、猶以不思議也。小さき蚊の体の中に物を見る眼もあり、食を味ふ」[09]精もあり、匂ひをかぐ鼻もあり、体に過たる声あり、足もあり、翅もあり、」[10]人の血を好む為の精もあり、吸とりたる血を治め置腹もあり、又毛」[11]よりも細きくちばし有て、而も其中うつほ也。加程小さき虫の体に」[12]此等の道具を各々に備へ置給ふ事、驚ても猶余りある御作也。然に常の」[13]人ハ大象の櫓を負て行をバ驚きて、此等の小さき類ひにハ心を付る」[14]事なしと、是ぴりによの辞也。是亦道理至極せり。故に今爰に小さき」[15]御作の物の上を少々論じて御作者を見知り御智恵を尊ひ奉る媒と」[16]（四十四オ）すべし。然バ先蟻の上を見よ。蟻ハ其身至て小さしといへども、賢き事ハ」[01]大なる獣にも勝るゝ也。余の生類ハ当座の食をのみ求めて以後の畜へ」[02]なし。蟻ハ専以来の蓄へをする者也。其によて、夏より冬の用意をし、冬」[03]喰ふべき物を夏より畜へ置也。しかじ、願くハ人も彼を鑑みて、現世に生を」[04]存ずる中に来世の覚悟をなさんにハ。又、蟻ハ、土中に栖家を構るに、犂」[05]鍬をバ用ひざれども、只口計にて土を堀り、ほり出したる土をバ、人の」[06]築地をつくごとく、穴の辺りに積をく也。其穴も又、直にハせず。盤折なる」[07]道のごとし。是我敵を其内に自由に入立ざらん為と見えたり。田畠に」[08]出て食を求る時、大なる蟻ハ麦の上に昇りて穂を喰ひ切て落せば、」[09]下なる蟻ハ請取て、藁と芒とをきりのけて、其麦粒をわれさき」[10]にと己れが穴に運び行也。爰を以て、諸の生類の中に、蟻ほど力強き」[11]物も別にハなしと見えたり。其故ハ、余の禽獣ハ、己れが身程の物を持て」[12]さへ永く行事叶ざるに、蟻ハ身よりも大なる物を終日持運ぶ事明白也。」[13]而も、有明の月にハ夜を日に継で運ぶ也。爰に猶不思議なる事あり。小」[14]麦を穴の内に其まゝ入置かバ、潤ひを得て生ひ出べきが故に、むぎ粒より」[15]苗の萌し出るかたを喰ひ切て置が故に、苗になる事叶ハず。又土中に」[16]久しくをかバ、終にハ朽果べきによて、天気よけれバ折々引出して干者也。」[17]（四十四ウ）嗚呼、奇妙なる才覚哉。物のくち腐る事ハ湿気の所為なる事を、蟻にハ」[01]誰か教へけるぞ。蟻に其智恵なしといへども、是をよく知しめす御作」[02]者より導き給ふ故也。又、大にして一度に引事叶はぬ物をバ、喰ひ切て」[03]度々に運ぶ事、是亦不思議の才覚也。其よりも尚不思議なる事ゑり」[04]あゝのゝ記録に見えたり。蟻ハ己れが穴の中を三ツに分る也。一にハ平生の」[05]居所、一にハ食物の蔵、今一にハ死したる蟻の墓所也。是信じ難しといへ」[06]ども、彼が穴を崩して見れバ、明白也。是に付て昔けれあんてすといふ」[07]学者の見たる事あり。此人或時野辺に出て蟻の徘徊するを見るに、」08余多群りたる蟻の中に死したる蟻を一疋引行也。彼人、其行方を」09みんと窺ふ処に、或穴の口に引付てしばし待ゐれば、内より一疋出逢て」10又内にもどり、再三出入して、後にハ余多の蟻ども出来て、其死骸を」11請取也。其時、内より蟻一疋蚯蚓のきれを含み出て、送りの」12蟻どもに与ふれバ、是を取て各帰る也。さて、死骸をバ穴の内に引こむ也。」13此心を案ずるに、先一疋出たるハ彼死骸を已れがくみの蟻なりや否やと」14見定めん為なるべし。再三出入したる事ハ見定めて其よしを同類に」15告知せたると見えたり。▲而じて、余多出たる事ハ彼死骸を請取らんが」16為也。又、みゝずのきれを与へし事ハ、他門の蟻に礼をいひし心なる」17（四十五オ）べし。さても不思議なる事哉。彼学者ハ是を見て、蟻にハ分別ありや、」01否やと恠しみけると書置しも、思へバ真に理也。乍去、是ハ自己のなす」02所に非ず、御作者より与へ給ふいんすちんと（instinto）の所為なれバ、驚て又驚く」03べきに非ず。」04

蟻よりも尚小さき虫の品々も多き者也。喩へば、草木の枝葉花実に」05生ずる虫の類ひ也。各色形も同じからず、青黄赤白の隔あり。又、小き」06内にも大小あり。虫によてハ余りに小さきが故に形相見定め難しといへ」07ども、動くをもて虫なる事を知也。其体さへも見難けれバ、頭面手足」08六根の隔てハ、尚以見えざる也。然ども、此等にも其隔てなくんば有べからず。」09頭なくんバ動く時何を先として動くべきや。口なくんば何を以てか枝葉を」10喰ふべきぞ。喰ふ事分明なれバ、食を治むる腹臓をも持ずんバ有べからず。」11有かなきかの虫の体に此等の隔てを作り付給ふ事、万事叶ひ給ふ御」12力に非ずんば如何にとしてか叶ふべきぞ。心を留めて思惟せば、広大なる」13天地を見て、御作者の量りなき御力をしるごとく、此等の極小の類ひを」14見ても、量りなき御力、限りなき御智恵を弁へ奉る者也。仰でハ天の」15広大なるを見て、御作者の御力を恐れ、俯してハ此等の小さき類ひを」16観じて、同じ御力を尊ひ奉るべし。」17（四十五ウ）

第十八、蜜を作る蜂の事」01

諸の虫の中に別して其才覚の奇妙なる一ツといふハ、蜜を作る蜂也。」02故に昔ありすとうま（Aristomacho）[四七]ことといひし人ハ、

四七　インテルズレ

五十八年の間、其様体を窺ひ」03 みんと精を尽せし者也。又、或人ハ、野辺に出て彼蜂の巣の辺に庵を」04 結び、不断是をのみ心にかけて見たると也。然じて二人ともに蜂の上に」05 書を作て記し置し者也。我今爰にハぴりによとゑりあゝのと云二人の」06 人の記録せし事を踏へとして書べし。読誦の人、是を信じ難しと」07 思ふ事なかれ。其故ハ是蜂の自分の才覚に非ず、只此虫の所作をもて」08 人々に御作者を知しめたまハん為に如此計ひ給ふと心得よ。」09

去程に、此蜂ハ一切の虫に替て主君を持也。故に一ツの巣に巣立衆蜂の」10 中に必余に超て美しく形大なる蜂二ツ三ツ出来る也。其内を一ツ主君と」11 撰び用ひ、相残るをバさし殺す者也。是多主分乱を恐るゝと見えたり。」12 然バ位に即たる蜂より下知をなして、蜜を作らしむるに、最初に巣を」13 作るべき家の内を先衆蜂集りて、苦き草のしるをもてぬる也。是」14 蟻虻蛛蟇蛇燕等の類ひ蜜を好み来て喰ハんとする時、苦きを」15（四十六オ）なめて退ぞかんが為也。此故に又、家の入口、二段三段の巣にハ、蜜を作る事」01 なし。是、盗賊と成て来る族どもを空しく帰さんが為也。」02

去バ、巣を造るにハ、最初に先蜂王の巣を作る也。」03 まはりにハ築地をつく也。而じて後、面々の巣を作り双ぶるに、其巣のなりハ」04 一様にして六角也。次又郎従等が為にも作る也。郎従と云ハざんがあのとて」05 余の蜂よりも其せい大なる蜂也。然ども、郎従なるが故に、彼が巣をば」06 小さく造る者也。」07

作事造畢しぬれば、則蜜を作る也。爰に不思議なる事あり。老たる」08 蜂どもハ主君の前後に並居て蜜を作る事なし、ゆく時ハともにゆき、」09 帰る時もともにかへり、君の前後を囲遶する体也。角て相残る蜂を」10 二手に分ち、功者と覚しき蜂どもをバ巣の内に残しをき、若手の」11 蜂ハ野に出て、万の草の花々を尋求め、蜜と蝋とを作るべき道具を」12 四足の股に取付て、運び来る也。其時、役者の蜂ども出あひ、或ハ荷物を」13 下すもあり、又下したるを請取て巣の内へ渡すもあり、郎従なるざん」14 があのどもは、只食物を尋求め、或ハ水を汲来て蜜を造る蜂に与へ、其」15 困れを補ふ也。此等が水を運ぶを見るに、器をば持ざれども、其才覚に」16 不足なし。面々が身の上に薄き皮のやうなる物あるを水に浸し、又」17（四十六ウ）口にも含み来る也。蜂によりてハ門戸を堅めて番をし、敵を防ぐ役も」01 あり。蜂王ハ老蜂どもに囲遶せられて、此かしこを飛かけり普請の」02下知をなす者也。」03

日の暮れば、蜂共家の内に相集り、声々に夥しき時、其をしづむる」04役を持たる蜂の二声三声出して制するかとすれば、忽にしづまる也。」05又、其声をしるべとして、各一度に寝る者也。然れ共、盗人の用心として」06夜番を勤むる蜂もあり。郎従のざんがあのハ、中にも防ぎ難き家賊也。」07夜ハ諸蜂の寝入たる次でを待、昼ハ野に出たる隙を窺ひて、蜜を盗みて」08喰ふ也。夜番のはちより夜盗を見付る時ハ、即誅罰する事なく、一往は」09打擲を加へて赦す也。昼の盗みを見出せば、曽て赦さず、則時に誅罰する」10者也。」11

夜明ぬれば、又役者の蜂二声三声出して起すかとすれば、衆蜂」12目を覚し、則出て面々の役を勤むる也。若是に怠たるはちあれば、其罪」13甚深しとて、即是を刺殺す者也。罪を罰する事の緊しき如く、又、賞を」14行ふ事も正しき也。故に労苦して煩ふ蜂あれバ、由断なく養生を」15加ふる事切也。其為に、家の口につれ出して日影にあて、看病の蜂ども」16傍を離れず、食事を勧め、痛ハる也。暮れば、又、夜気を厭ふかと覚えて」17（四十七オ）家の内に入るゝ也。惣じて病中にハ少しも働く事を赦さず、養生」01一片の体と見えたり。若死する事あれば、死骸を家の外に出して」02▲葬る者也。」03

野に出て花を求むる時、風烈しく吹バ其身を吹散されざらんが為に」04皆土の上に飛下り、砂を掬りて身を重くなす者也。若又、日暮れてわが」05家の巣へかへる事叶ざれば、木草の陰に立より、葉のうらに取付、翅を」06己れが下になして泊る也。暁の露に翼をぬらすにをひてハ、飛事を」07得ざるが故に、其用心をなす者也。風雨はげしき日ハ、野に出る事もなく、」08皆内に居也。然ども、其日を徒に送る事なし。或ハ厠を掃治し、不浄を」09外に捨る也。厠を構るにも蜜を作る巣の辺りにハせず。遥に引退けて」10構る也。是をもて、蜜ハ清浄潔白なる物と弁へよ。」11

又、他所に移り行時ハ、必蜂王を真中に取囲み、衆蜂ハ前後左右を囲みて」12供奉する也。蜂王座を定むれば、衆蜂も共に留まりて、囲遶する」13体也。蜂王高年にして飛事叶ざれば、肩にのせてつれ行也。若時と」14して蜂王を見失ふ事あれば、群蜂方々に飛散て尋求むる事、不斜。」[15] 王の身にハ遠く薫籟の香しき事あるによて、其をしるへに尋あへば」[16] 各群りて迎へ取者也。尋ても求め得ざれば、衆蜂ちり〴〵に成て曽て」[17]（四十七ウ）一ツに集る事なし。衆蜂ハ毒尾を持て敵を防ぎ蜜を奪ふ賊徒を」[01] 制し、同類の罪科を罰すといへども、王にハ此毒尾ありや否や、未分明」[02] ならずといへり。其故ハ、蜂王自罰を行ひし事をバ未曽て見たる人」[03] なし。是を以て聖王の鏡とすべき一儀也。賞ハ自行ひ、罰ハ臣下に下知」[04] して行ふ事、是明王の道とす。上に慈悲ありて、民を憐む時ハ、臣下二心」[05] なく、家長く国久しと、諸のひろぞほの教へ置けるも是也。去バ、蜂ども」[06] 野渓の花に戯れ蜜を作る事ハ、春立衣更着の比より秋の末まで」[07] を限りとす。冬来れバ引籠り、春秋に作り置たる蜜を食して蟄居」[08] する也。花を尋て出る時も、巣を遠く離る丶事なし。近隣に花なくして」[09] 遠く趣かんとする時ハ、先前駆の蜂を遣し、所の易難と花の有無を」[10] 見定て後ならでハ、曽て趣く事なし。又、方々の蜂ども、同じ野辺に」[11] 集まる時、花すくなければ、互に諍ひ鉾楯に及ぶ事もあり。又、巣の内に」[12] 蜜すくなふして冬の養ひ乏しからんと思ふ時ハ、他の蜂の蜜を奪ハん」[13] とて、人の弓箭を取如く、数万の蜂共、手々に分り、大将を先立て軍を」[14] なし、戦場に骸を残すもあり。爰をもて、彼蜂の上ハ好きにも悪き」[15] にも人間の態に相似る者也。爰に又一ツ人に勝れたる態あり。人ハ未来を」[16] 知る事叶ざれども、蜂ハ是を弁へて雨風烈しからんと知る時ハ、青天」[17]（四十八オ）白日なりといへ共、家の辺りを離る丶事なし。蜂を飼人、是を見れば、必」[01] 天気の替るべき事を知て、農夫に告るといへり。此等の儀を先として」[02] 加程小さき蜂の身に御作者より与へ給ふ才覚の奇妙なる事、真に」[03] 筆にも及び難し。又、是を何の用ぞと窺ふに、蜜と蝋とを作らしめ」[04] 給ひて人間の用所を達したまハん為也。然に人ハ是に心を付る事なく、」[05] 御礼をも申上ず、御作者の御智恵、御力、御慈しみの深き所をも」[06] 感ずる事稀也。」[07]

第十九、蚕の事」[08]

蜜を作る蜂の才覚も奇特なりといへども、綿を作[四八]る蚕の上を見れバ」[09] 又劣らざる不思議也。此虫の業をもて、天子将

四八　原本「非」に誤植

軍の御衣、DSの御堂の」10 荘厳も、皆以て是より出来る者也。ぜろにも(Hieronymo) びいだす(Vidas)と云文者、二巻の」11 書を編立、此虫のわざを載[四九]られたり。其中を抜てもて少々爰に顕す」12 べし。先、此蚕、去年より如何にも小さき種を産置たるを、年明春も」13 立ば取出して、或ハ日のさし当る暖かなる所、又は女の懐の中にて」14 あたゝむるに、三日を経ずして小さき虫となり、六根を具して出る也。」15 （四十八ウ）さん ばじりよ(São Basilio)是を証拠として、じゆいぞ(juizo)の日、一切の人間活るべき事を」01 教へ給ふ也。加程小さき虫の種にさへ、命を与へ給ふDSハ、、人の白骨に再び元の」02 命を与へ玉ハん事、何の御造作か有べきやと宣ふ也。去ば、此虫、生を」03 受れば、則人より彼が餌食として桑の葉を与ふる也。かれ群りて是を」04 喰ふ事、夜を日に継で絶間なし。日数経て後、少し寝入て喰ひ置」05 たる食を消するかとすれば、又起上りて喰ふ也。喰ふてハ寝、寝てハ又」06 食し、如此二三度も過ぬれバ、其身定まれるせいになる也。角て糸綿を」07 作るべき時至れば、全く食事を留めて其営みを事とする也。先頭を」08 上てあたりを見まハし、糸をかくべき木の枝を窺ひ、則蠒を作る也。其」09 分野誠に奇妙不思議也。毛よりもほそきいとすぢを腹中よりくり」10 出して、幾重ともなく引まハし、くりかけ、透間もなく編立、終に自ら」11 纏裹して、其蠒を成就する者也。さて、其手涯の美しく堅き事を」12 いふに、蠒を水に入るゝといへども、其内に少しも水の通ずる事なし。」13 いとを引かんとてハ、先此まゆを湯に入て暖め、ほとばかさゞれバ、いとを」14 繰とる事も叶ざる也。又、明年の種として残し置くまゆを見るに、」15 是亦不思議の一事也。其内に籠り居時到れバ、蚕己れとまゆを喰ひ」16 破りて出る也。其形、以前に替りて小さき角と翼あり。即彼等が夫妻」17 （四十九オ）あひあふて、かたらひをなし、其後夫ハ軈て死し、妻ハ跡に留りて芥子」01 よりも小さき種を産置也。又是も産終りぬれば、軈て死する者也。爰を」02 もて見るに、DS蚕を作り置給ふ事は、いと綿を作らせ給ひて人間に」03 与へ給ふより外別の謂れなしと見えたり。さても有難き御内証哉。」04 富貴の人の身にまとふ綾羅錦綉といふも何事ぞ。只此虫のひとへに」05 営む所に非ずや。汝此等を着しながら、御与へ手の御恩を尊まずんバ、誠に」06 無慚の至り也。」07

四九　原本「截」に誤植

§人に仇をなす小さき虫の事」08

茲に人有て云べし、DS下界の万物をバ人の為に作り給ふ事分明也と」09いへ共、仇となる小虫多き事ハ何事ぞ。夏の夜の蚊と蚤ハ睡眠の人を」10苦しめ、昼の困れを補ハんとするに障碍をなす事甚し。如此の虫の」11類ひを作り給ふ事いかんと。答て云く、DS人を作り給ふ初めにハ、如意満」12足の位にして有情非情を司どり、如何なる禽獣虫魚とても害を」13なすものなかりし也。然に人御作者の戒を破り、不順の身と成し」14より以際、死苦病苦を先として、小さき虫の類ひまでも人間に仇を」15なす事初まれり。是即破戒の身に於てハ相当の御罰なりとしる」16べし。人はDSの尊前にをひてむしにも足らざる身を持ながら、御戒を」17（四十九ウ）違背するがゆへに、僅の虫の類ひまでも順ふべき人を背きて仇を」01なす事尤也。能々是を思惟するに、如此の御罰ハ又御哀憐ともなる者也。」02其故ハ現世に苦患なきに於てハ、一向爰に執着して未来の勤めに」03懈怠すべし。喩へば童部を乳より離さんとする時ハ▲乳房に苦き物を」04塗如く、世界に苦しみ多きをもて、人の執心を離させ給ひて、未」05来の快楽を願ふ媒となし給ふ事、尤深き御慈悲也。」06

第二十、右の外、禽獣に備る不思議なる徳儀を」07顕す事、次第不同」08

右の条々に載る禽獣虫魚の徳儀を見て、心あらん人ハ御作者在ま」09さずして叶ざる道理并に尊体に備り給ふ量りなき御智恵御力と」10人間を思めす御大切、万物を治め給ふ奇妙なる御計ひ等の御善徳を」11弁へ奉るべしといへ共、猶も愚なる人の心を導かんが為に、禽獣の上に」12なし給ふ不思議なる事どもを撰び集めて少々爰にのする者也。」13

一、あらびやの国にへいにすといふ鳥あり。此鳥ハ世界の中に唯一ツのみ」14あり。寿ハ五百歳に及ぶといへり。死期来ると覚えぬれば、彼国に多き」15乳香とみいらなどゝ云薫薬を集めて、巣の如くにして、其中へ入て死する」16（五十オ）者也。日を経て、其鳥の腐りたる肉より一ツの虫湧出て、次第〳〵に成」01長して、後にハ翼出来り、元の如くの鳥となる也。彼も同く数百歳を」02経て後、時到れば、△件のごとく薫五〇薬の中にて死し、又虫生じて鳥と」03なり、更に此へいにす世

五〇　原本「熏」に誤植

に絶る事なしといへり。爰をもて御作者の」04御力御自由自在なる事、明白也。万の鳥ハ▲雌雄相かたらひてこそ類々を」05相続する事なるに、此鳥の上をきけバ、誠に奇妙不思議也。又、此一鳥ハ」06生涯の間、曽て猟師の手に懸る事も有べからず。世に一ツの外ハなく」07して、末代までも絶る事有まじければ也。」08

一、鹿の群りて大河を渡る時ハ、一行に連りて、跡なるハ先なる鹿の尾の▲」09上に頭を持せて泳ぐ也。真先に立たる鹿ハ頭を休むる所なきゆへに、河の」10面遠くして草臥ると覚ふれば、次の鹿に先達を譲りて彼ハ第一」11跡なる鹿に頭を持する也。▲如此互に力を合せ、辛労を配きて如何なる」12河をも渡る者也。狼の、漲る河を渡るも、せき落されじとて、跡なるハ先」13なる狼の尾さきをくハへ一行に連なりて、衆力を合せて渡るといへり。」14鶴の寒国を去て暖国に移りゆく時、海をとびこし渡る時ハ、各群りて」15三角に陳をなし、一方の角なる鳥を先に立、跡に連りたるハ次第々々に」16先なる鳥の脊に頭を持せてとびゆく也。是を以て、衆力を合せ、身を軽め」17（五十ウ）よく風をきらんが為也。さて、さきなる鳥の草臥る時ハ、是も右の鹿の」01ごとくにすると也。去バ▲人倫も此等の禽獣の態を鑑て、▲互に孚み互に」02力を添べき事也。衆力を一ツに合する時ハ、ならずといふ事なし。」03

一、ゑりあゝの、記録に見えたるは、昔しいちやの国の帝、二疋の名馬を」04持給ふ也。一疋ハ母、今一疋ハ其子の△駒也。二ながら世に稀なる馬なれバ、子孫の」05なからん事を歎き給へ共、親子一ツに巣立けるゆへにや、更に嫁する事」06なし。或時、母を色々につゝみて其とも見えざるごとくにしければ、△駒是に」07嫁したり。其後、包たる道具を取のくれば、△駒ハ、其母なる事を見て」08峨々たる所に懸あがり自ら身を落して死す。同く母も続て懸上り」09とび落て死したりといへり。嗚呼、無智の獣の中にさへ、親子の間の道を」10知りたる事誠に以て不思議也。誤て其道を違へければ、自ら其身を」11亡せしとあるハ、さても希代の一事に非ずや。▲而に、有知の▲人倫として」12稀にも此道を違ふべき事ハ、恥ても猶余りあり。」13

一、▲塊鳰も雌雄二ツの内、何れなりとも死してより生残れる五一鳥は」14再び嫁する事なしといへり。鳥類さへ如此。是真

五一　原本「り」に誤植

に人の鏡とすべき所也。」15

一、犬を作り給ふ事は、間近く人に使へん為なれば、万の獣の中に」16象を除きて犬ほど賢きものハなし。犬の賢き態を古人の書置ける」17（五十一オ）事多しといへ共、中にも不思議成しハ、或時商人一人商売の為に」01他所に趣くに、飼たる犬の慣ひとして、主人を慕ひ行也。彼人、路次」02にて用所ありて、傍に立寄ける間に、銀子を入たる袋を落し、少しも」03覚えずして行去ぬ。宿所に着て見れば、銀子もなくつれたる犬もなし。」04驚きてこしかたの道に立帰り落せし銀子を懇に尋見る内に、以前立」05寄たる傍に至りて見れば、犬爰にあり。而も落せし銀子の袋を守り」06居たり。嬉しく思ひて袋を取上帰りさらんとするに、犬ハ主人を慕ふ」07事叶ハずして則死したる也。是道遠くして日数を経ぬれば、其間」08彼犬食せざりし故と也。是ゑりあゝの、書に見えたり。畜類さへ主人を」09思ふ事如此なれバ、尤不忠の臣下の恥べき処也。主君に対して二心なく」10身命の危きをも顧みされと、此犬をもて御作者より人に教へ」11給ふ者也。」12

一、馬も又、貴人高家の乗物としてDS作り給ふが故に万事其用に」13叶へり。毛の色々美しく、形尋常にして見事也。何の獣か如之哉。先勇」14気駿足にしてかけめぐる事ハ広野をも狭しとすれども、人に随ふ」15事ハ自在也。又、結構なる鞍ををき、馬面馬鎧をかけ、美々しく荘り」16立られ、舎人余多付たると覚ふれば、広き小路をも狭しと踊りはね」17（五十一ウ）頭をふり、淡をかみ、蹄を揃へてあがり、勇める気色浅からざる時ハ、是物を」01知りたるに似たり。昔あれしあんでれと申せし帝の乗給ひしぶせ」02はろといひし名馬ハ、裸なれバ舎人をも乗せ、鞍を置てハ帝より外別に」03人をバ乗せざりけり。而も自ら膝を折り、脊をくゞめて、帝を乗せ奉ると」04いへり。殊更馬ハ弓箭の用に作られたると見えて、戦場にてハ、増益」05勇気第一也。鯨波矢叫の音を聞バ、己れも声を合て嘶ひ、白刃を見ても」06恐れず、緋にそみたる死骸を見ても塊を踏むがごとし。加程勇み猛き馬」07なりといへ共、夜がけなどに乗手の気色忍びやかなるを知れば、彼も又」08気をしづめ、いばふ声をもたてずといへり。是皆御作者の御心に随ひ」09奉る故也。悲哉、人間ハ御作の御宛所を背[五二]きて、専邪路に迷ふのみ也。」10肥たる馬にのり、軽き裘を服て、従人多く随ふれば我物がほに憍慢」11して、御与へ手を尊ひ奉る事まれ也。」12

一、獅子ハ百獣の王たるによて、己れが位を知が如く比興の振舞をなさず。」13若時として猟師より取囲れ為方なければ、静に狩場を退く也。」14物のかげになりて、人に見られざると知れば、足を早めて逃げ去事」15速かなりといへり。又、其日の餌食を喰ひ余したるをば、来日の畜へとハ」16せず、向ひ戦ふ者にハ害をなし、降参の姿あれば仇をなさずと也。」17（五十二オ）故に女童部を害する事ハまれ也。去バ強きを制し弱きを救ふ志し」01ある事、真に百獣の王たる者也。恥べし〳〵、人倫の猛獣にだも劣りて」02威勢富貴の人を諂らひ、微力貧賤なる者を悩ます事を。」03

一、孔雀の雄ハ雌を思ふ事深くして、片時も離るゝ事なし。此故に」04雌卵を暖むる程ハ、必雄に付随ふ事叶ハず。それに依て雄ハ卵を巣」05より外に取捨て砕く也。雌ハ此禍ひを脱れんとて、巣をくふ所を如何」06にも雄に隠す為に巣を出る時ハ羽音をもせずして忍び、声をも立ぬ」07者也。又帰る時ハ先余所にて鳴声して後にハ音もせずして巣に入る也。」08是鳴たる所に巣やあらんとおんどりを付る行也。如此其子を巣立行が」09故に、世に孔雀の絶る事なし。去程に、此鳥の美しさを見るに、喩ふべき」10物なし。花といハんとすれバ花ハ零落して色を失ひ、孔雀ハ死しても」11其美麗衰へず。玉に喩へんとすれバ、玉ハ其一ツにかゝる彩りある事なし。」12頂の上なる立物より初て、頚の蓑毛のいろどり、尾に連れる珠玉の」13紋、如何なる画師の彩色妙なる織女の巧みとても、争か是にハ及ぶ」14べきぞ。全体羽毛の輝く事ハ、さながら金糸をみだせるがごとし。翼の色の」15妙なる所ハ、虚空に靉く虹に似たり。今時の人、多く此鳥を見るが故に」16さして其美麗を驚かず。昔いんぢやより初て是をげれしやの国へ渡し」17（五十二ウ）たる時ハ、見物の貴賤愀れ果たりといへり。時にあれしあんでれと申す」01御帝も是を叡覧有て、奇異の思ひをなし給ひ、誤ても此鳥を害」02する者あらば、罪科に処せらるべしと綸言を下し給ふと見えたり。」03去バ、諸の禽獣の羽毛といふハ、己

五二　原本「肖」に誤植

れが飲食の•糟より養ひ出す者也。正味ハ」04血気と成て骨肉を補ひ、かすハ羽毛を生じて身を覆ふ者也。然るに」05▲孔雀の用る餌食のかすより加程美しきいろどりをなす事、誰が業」06ならんや。鳥の自業にハ有べからず。又、毛の自然ともいひ難し。心を留て」07思惟せバ、其根元にもとづくべし。」08

第廿一、人身の上を論ずるの序」09

天地万像を大世界と号し、人身を小世界と名付る也。是、万物各々に」10備ハる五三徳儀を人の一身に具足する故也。去バ、大世界の徳儀を知る事」11御作者を見知り其御善徳を少々弁へ奉る便となる儀なれば、粗右に」12論じ畢ぬ。又、小世界の枢り、四肢百節五臓命根以下の徳儀を知るも」13同く御作者の御智恵御力御慈悲等の至善至徳を窺ひ奉る為の」14大なる便りとなる物なれバ、略して左に記すべし。先、爰にをひて」15（五十三オ）観ぜよ。一粒の種の地に落て根蒂枝葉を生じ、木となり、草と」01なるを見るだにも、全く種の自業にハ非ず、只是智力無量の尊体」02よりなし給ふ事なりと識徳するにをひては、一滴の白露、母胎に」03落て、頭面手足の形をなし、筋骨皮肉の境を乱りず、五臓六腑の」04あやつりを調へ、眼耳鼻舌身の精魂を全備して出胎するを見てハ」05尚以て御作者DSを見知り奉り御善徳を弁ふるなかだちとなるべき」06事明白也。是に付て医道にいへるをきけ。人の身の中にハ、大小三百余」07段の骨あり。是を左右に分つ時ハ、片身の骨一百五十余有也。此等を先と」08して、皮毛筋肉の品々、五臓六腑の濃なるあやつり、眼耳鼻口の奇」09妙なるからくり、惣じて全身に備ハる程の事、一々挙て算ふるに於てハ」10幾千万差の儀なるべきぞ。▲加之、是ほど多き物数の大小強弱長短▲」11方円余る事もなく闕る事もなくして、それ〳〵の自由を叶る者也。」12縦ひ諸の人の心を一ツに集め、歳月を経て巧むといふとも、争か是にハ」13及ぶべきぞと、医道の学者大きにあきれ果る者也。さて是をよく尋」14見ば、一滴母胎に托して赤白和合を元とするまで也。▲而に、今汝いへ、五」15尺にたらぬ境界の人智天才を驚す計の手涯を籠たる巧みハ、何の」16なす所ぞ。曽て父母の所為ならざる事明らけし。まして白露の一•雫に」17（五十三ウ）於てをや。

五三　左画見えず

然則父母の赤白を道具として是をなし給ふ無辺智力の水上」[01]有べき事、疑ひなし。此儀を猶も諍ふ族ハ、上手の手を籠めたる鎧甲、六」[02]具等の一縮したてたるを見て、是にも作者なし、只、鉄を火中に抛て」[03]かやうになれりと云に同じ。如此愚頑の漢にハ強て拘る事なかれ。去程に」[04]往昔の医王がれのハ、人身建立のからくり妙なる所を世に伝へんが為に十」[05]巻の書を作して云く、予此書を編事強て医を伝ふるに非ず、唯御」[06]作者を尊崇し、御誉れを挑ぐる為也。所以者何、御作者を尊ぶ勤めハ、薫」[07]香を備へ、百疋の牛羊を手向くるのみにハ限らず、人身建立の微妙なる」[08]所を見て、是を巧み給ふ広大の御智恵と、是を作り給ふ自在の御」[09]力と、御作の物に不足なく其身を養ふ道具を与へ給ふ御仁徳を仰ぎ」[10]敬ひ奉る事こそ、真実の尊敬なれ、といへり。去バ、此がれのハ、ひですの御」[11]法を受ず、正しきぜんちよたりといへ共、古今無双の名医たるによって、人」[12]身の建立を微細に分別し、学力の上より、御作者を明白に弁へたる者也。」[13]去バ、小世界の徳儀を知る事ハ、DSの御善徳を見知り奉る為の足しろ」[14]なりといふ事疑ひなし。故に左に少々記すべし。然ども、是、且ハ我家の」[15]道に非ず、且ハ尽期なき事なれば、細砕書載るに及バず。」[16]（五十四オ）

第廿二、一身の下地なる骨節の事」[01]

人身建立の下地ハ骨也。故に先一身の上を沙汰せんにハ、骨のあやつりを」[02]細砕論ずべき事可也。然といへ共、是微細幽玄なる事多ければ、つぶさに」[03]爰に載る事能ハず。縦ひ長説に及ぶと云ふ共、読誦の人分明に納得」[04]する事叶ひ難し。所以者何、医道を学ぶ人ハ書に向て師の講釈を」[05]聞といへ共、至理明らめ難きが故に、図経を用る者也。是にてもいまだ」[06]足ぬとせざる験として、上代の学者ハ猿と猪との五臓ハ専ら人に」[07]似たりとて、是を割て見たると也。近代ハ、尚も不審しき事有とて」[08]直に人身を割て見ざれバ明らかならずといへり。加程分ち難き骨節の」[09]あやつりなれば、微細なる所は暫く閣き、大底のみを略していふべし。」[10]人身ハ頭上より脚下に至るまで段々の骨を組上て連立たる者也。」[11]其骨の数ハ大方右に云ひし如く三百余段と見えたり。此等をくさり」[12]合するハ、如何にも強き筋也。骨々互に相連なる所ハ、凹凸ありてきり」[13]くハせたるがごとし。而も強き筋をもて緊しく搦付るが故に、小縁にてハ」[14]離るゝ事を得ず、又、動かずして叶ざる骨の節々は、鍛治の作れる」15（五十四ウ）てうつがひの如くにして、用に随て搦めたる筋にも屈伸の差別あり。」01 爰をもて起居動静の自由を得る者也。▲而じて、内にハ五臓を含み、骨の」02 上をバ皮肉にて覆ひ、其中にハ経絡の通用ある者也。此一身の大底を」03 家屋に喩ふれバ、▲股と脛とハ柱のごとし、足ハ是礎なり。脊骨ハ棟木に」04 等しくして、其より横に双びたるだん〴〵のあばら骨ハ棰木とも」05 云つべし。惣て、骨の上に覆ひたる肉ハ、壁をぬりたる土のごとし。白皮の」06 いろどりハ上ぬりの白壁に似たり。嗚呼、奇なる哉、妙なる哉、三百余段の」07 骨の数々、大小長短の、▲寸尺聊もあやまたず、それ〳〵の用に随て出」08 来る事ハ、誰がなしける五四所ぞや。誰か母胎に入て▲此墨かねの差図をバ」09 なしける五五ぞ。かほど手を籠たる造営ハ、誠に上手の巧匠にあらずんバ」10 叶べからず。能々是を思惟すべし。」11

第廿三、あにま べぜたちいハに付て心得べき条々の事」12

左に論ずべきべぜたちいハの精根に付て、兼て心得べき条々あり。」13

一、人間のあにまハ一体にして、▲而も三ツの精根あり。一ツにハ已れがたくする」14 色体を養ひ巣立る精根を名付てべぜたちいハといふ也。二にハ其托する」15（五十五オ）色体に眼耳鼻舌身の働き、并に身を動揺する力を与ふる精根を」01 名付てせんしちいわといふ也。三にハ慮智分別の態をなす精根を」02 名付ていんてれきちいわといふ也。去バ、人間のあにまハ色相を離れて」03 しんぺれ すゝたんしやと云て、一相一味の霊体なりといへ共、右三様の懸隔」04 なる精根を一体に具足して、其態をなす事、真に奇妙不可思議也。」05 上古のひろぞほの中に、是を難しとして、一身に三体のあにまをたて、」06 右三様の精根を、それ〳〵に一ツづゝ備へたるもありし也。所謂養育成長の」07 徳をバ一体に備へあにま べぜたちいわと号し、肝を其居所とす。見聞」08 嗅味等を一体に備へ、あにま せんしちいハと号し、心を其居所と

五四　原本「り」に誤植
五五　原本「り」に誤植

す。慮智」[09]分別を一体に備へ、是を最上とし、あにまいんてれきちいわと名付て」[10]其居所をバ頭の脳とせり。是別に非ず、此三ツの精徳ハ、雲泥懸隔なる」[11]事を見て、一体のあにまの態にハ叶ひ難しと思ひし故也。然ども」[12]実にハ是、唯一のあにまに三儀を全備すと知るべし。喩へば、一ツの日脚にハ」[13]光明と暖気と干燥とを含みて、暗きを照し、冷なるを温め、湿りたるを」[14]燥すがごとし。又、色紙にて張りたる灯籠ハ只一ツの燈にて青黄赤白の」[15]色を見するに似たり。」[16]

二、惣じて、人の身にハかろるなつらるとて、生付たる熱精あり。又、」[17]（五十五ウ）うみどらぢかるとて、油気たる潤ひあり。是を物に喩ふれば、かろるハ火、」[01]うみどハ油の如し。彼かろるの火は、此うみどの油に付て燃る間ハ、人の」[02]命を保つ也。又、燈ハ燃る程あぶらをも費す如く、かろるの熱精も時々」[03]刻々にうみどの潤ひを費し、加之、骨肉をも同時に干燥する者也。是に」[04]よて、諸の生類日々に飲食を用ひて此ついえを補ふ者也。人久しく食」[05]せざれば、顔色憔悴するも此謂也。去バ、食物臓腑に入て消化して」[06]血気等になる時、脂膏のごとくねばき分ハうみどの潤ひと成て、」[07]かろるの熱を養ふ也。然といへ共、其潤ひの位以前ついえたるにハ及バず」[08]して、漸々に衰へ行が故に、熱精も又衰へ行き、終にハ消て、必人の命も」[09]亡ぶる也。」[10]

三、右にいへる如く、人身ハ頭上より脚下まで、食事をもて其ついえを」[11]補ふ物なれば、食物の気の通ずべき道なくして、叶べからず。其によて」[12]十指の爪さきまで、全身に経絡しげく満々て行渡り、血気等を」[13]通用して補養する者也。喩へバ、草木の葉を見よ。大小のすぢ縦横に」[14]有て、所として至らずといふ事なきがごとし。しかのみならず、人身は」[15]皮肉も筋骨もぽうろと云て、毛頭のごとき穴満々たり。是則四肢百」[16]節の上にをひて、其精気養育をたがひに受べき通路の為也。」[17]（五十六オ）

四、皮肉筋骨五臓六腑四肢百節各三ツの精徳を具足してそれ〳〵の」[01]やしなひを得る道とする也。一ツにハあたらくちいわとて己れに相応の」[02]食気を引とる精、二にハこんべるしいハとて引取たるを己れが体に化」[03]する精、三にハ己れに相応せざるをバ追放する精、是也。此三ツの中」[04]にも、分て奇特なるハ、初めのあたらくちいわ也。其故ハ全身のやしなひ」[05]経絡の中を通りて、惣体をめぐる時、四肢百節ハ其中より己れ〳〵に」[06]相当のやしなひをのみ取て余をバ閣く者也。喩へば、磁石の傍に金銀銅」[07]鉄を置バ、磁石ハ鉄のみを吸取て、余にハか、ハらざるがごとし。是を今少し」[08]明すべし。飲食臓腑に入て消する時、四分に化する者也。一分ハ、さんげと」[09]云て、血也。是、身の為に第一のやしなひなれバ、大分也。又、四大に配当する」[10]時、此さんげハ風の性也。二にハ、へれむまと云て、痰飲也。是水大の性也。三にハ」[11]こうれらとて黄水也。是火大の性也。四にハめらんこりやとて地大の性」[12]是也。此四ツ、即全体のやしなひなるが故に、経絡の中に入て全身を廻る」[13]時、四肢百節等ハ己れ〳〵に相応したる分を引取て、其余をバとらず。」[14]喩へば、骨ハ強く堅き体なるがゆへに、右四ツの中より冷燥なる分を専」[15]引取て、をのれがやしなひとす。他准之。如此四種[五六]混乱して、経絡の中を」[16]廻るを、皮肉筋骨等ハ己れが性に随て撰び引事、是あたらくちいハの」[17]（五十六ウ）精なれバ、別して奇特とする者也。」[01]

五、一身建立の道具は、其数多ふして、品も又各々なれ共、曽て相尅」[02]する事なく、互に仕へ、互に孚む者也。而も、其賎ハ貴に仕へ、貴ハ又賎を」[03]はごくむ也。喩へば、歯ハ食を砕きて胃の腑に仕へ、胃ハ食を消して大腸に」[04]仕へ、大腸ハ正味と糟糠とを分て、肝に仕へ、肝ハ血を生じて心に仕へ、」[05]心ハ血を気に化して頭脳に仕へ、脳ハ全身第一の高き物なるが故に、すぴ」[06]りつあにまるを生じて四肢百節に賦り、内外のせんちいどに精明を」[07]与ふる者也。他も又准之じて弁ふべし。」[08]

又、一身の内にハ更に無益なる物一ツもなし。茲に益なしといへ共、彼この」[09]用をなし彼に余るかと見れば此不足を達する也。喩へば、肝ハめらん」[10]こりやを己が養ひの為に無益なりと捨れば、脾是を請取て、我」[11]やしなひとするがごとし。」[12]

五六　原本「程」に誤植

去バ、一身の中にハ百千の道具ありて、面々各々の役を勤むる事も又不思」13議也。能々物に喩ふれば、貧賤の門にハ従人すくなきがゆへに一人二人」14して万の業を営むといへ共、富貴の家にハ所従多くして、各々の役を」15なすごとく、人間も下界の万物の霊長として、DS作り給ふが故に、其」16命根に仕ふる道具多ふして、▲而も二ツの役を持たるハなし。喩へバ、脾ハ」17（五十七オ）食を消する事を役とし、大腸ハ正味と糟糠を分つ事を役とし、」01肝ハ正味を血に化する事を役とし、心ハ血を転じて気となす事を」02役とし、頭脳ハ気を変じてすぴりつ あにまるとなす事を役とす。」03又、経絡ハ血を全身に運ぶ事をやくとし、あるてりやハ経絡につれて」04気を全体に運ぶ事をやくとし、筋ハ又すぴりつ あにまるを運ぶを」05もて、をのれがやくとする者也。其外、眼耳等のやくも各々にして、雑乱」06せざる事明白なれば、▲准之じて他を弁ふへし。若二様のやくをなす品」07ありと見ゆるハ、是其一に二の用を施す分際あるが故也。然バ右条々を」08踏へとして、べぜたちいわの精徳を粗左に論ずべし。是則御作者を」09見知り御善徳を弁ふる便り尤深ければ也。」10

第廿四、べぜたちいハの精根の事」11

去程に、右初条の心得を踏へとして、人間のあにまに備ハるべぜたちいハの」12精根を論ずるに、べぜたちいわとハ人身を成長し、成長したるを」13養育する精也。此成長養育は、食物をもてなす儀なれば、食事を」14用る時、べぜたちいハの徳として其食転化して、人の骨肉となる也。」15（五十七ウ）去バ、魚肉五穀野菜等の自性を転じて、人の筋骨血肉と化する」01事、誠に奇妙第一なれば、是を成就すべき為に人の胎中に数々の」02道具ありて、それ〴〵のやくをなす者也。」03最初の道具といふハ歯也。此やくハ、食物を嚼砕きて、臓腑に渡す事也。」04先爰に於ても御作者の御智恵の顕れ給ふ事を見よ。向歯ハひらく」05し[五七]て薄し。是食物を喫きらんが為也。脇の歯ハ強くして尖れり。是」06むかふばの叶ハざる堅き物を噛切るに便あり。奥歯ハ広く平らか也。是を」07もて食をかみ砕く事尤やすし。▲而も石磨の目をきりたるがごとく、其」08ひらき所に高下ある事、猶其用に叶へり。舌ハ亦食をのせて上を下に」09打かへし〳〵、残る所なく歯にかみくだ

五七　濁点に見ゆる部分は、解説参照

かする者也。歯のやく終りぬれば、」10かみ砕きたる食を喉の役として胃の腑に遣す也。」11喉ハ二ツある也。一ハ飲食の通る喉、今一ハ息風の通ずる咽、是也。飲食の」12喉ハ、胃の腑に続き、其体和かにして、常ハ打しぼみて塞がれり。是風」13寒の気を通じて胃の腑の熱精をさますまじき為也。飲食を用る」14時のみ難なくひろがる者也。息風の通ふ咽ハ肺の臓に続く也。是指環を連ね」15たるごとく堅くして、更にしぼみ塞がる事なし。是出入る息の障り」16なからんが為也。然るに、其口にも亦覆ひあり。鍛治の鞴の狭間の枢りに」17（五十八オ）似たり。つく息にハ上さまにしなひて風を通じ、ひく息にハ下さまにしな」01ひて風を通ず者也。然バ、此二の咽喉、左右にハ双バずして、上下に重りて、」02肺胃まで、真直に立り。食事ののどハ下にありて、息風の咽ハ其上に」03重れり。是に付て不審有べし。其儀ならば此二の口ハ双びて有べし、」04さあらバ、人飲食を用る時、誤て息風の咽に飲食入て息の通ひを留め」05死に及ぶ事も多かるべきに、此儀稀なる事ハ如何。答て云く、元より其」06口は二ながら一所に双ぶといへ共、人飲食を呑却する時、食事の通る」07のどの口ハ下にさがりて食物をうけとり、息の通ふ咽ハ上にあがりてゆき」08ちがふ者也。喩へば天秤[五八]の皿の一方下れバ、今一方ハ必上るがごとし。」09爰をもて、人、飲食を用る時、二の口上下に隔りて、曽て危き事なし。さても奇妙」10なるあやつり哉。最上の御智恵の巧み給ふ所なれバ、却て驚くにたらず。」11去バ、食物喉を通りて落つく所ハ胃の腑也。」12

胃の腑をバ鍋に喩ふる也。其ゆへハ人の食するほどの物悉く爰に集るを」13胃の腑ハ自ら持たる熱精にて煮とらかすによて也。然ども、此銷鑠を」14胃ハ自熱のみにて叶ひ難きがゆへに、隣りなる心肝の二臓も己れが熱」15精を通ずる也。而るに、胃の腑ハ二重なる物なれバ、其二重の中間に膽の」16腑より黄水を入れて、なべの下に火を焼がごとく、胃の腑を下よりあたゝ」17（五十八ウ）むる也。黄水ハ是至て暖かなる精あるがゆへ也。其外、全身の熱精も」01悉く胃の腑の熱に力をそふる者也。人若食し終てより、手足の爪」02さき冷え、身の寒くなる事あるも、此謂也。さて、心肝膽を先とし

五八　原本「評」に誤植

て」[03]全身の熱精胃の腑に力を合て食事を消し終りぬれバ、其銷鑠し」[04]たるをバ、即いんてすちいのに移す也。いんてすちいのとハ小腸大腸の両腑を」[05]いふ歟。此いんてすちいのより如何にも細きすぢ数々出て、末ハ一ツの大」[06]すぢとなりて肝の臓に続く也。此すぢを道として食事の正味」[07]肝の臓に至る也。去バ此等の数々のすぢのいんてすちいのに続く方は、」[08]如何にも細き謂れを何ぞと見るに、正味を肝に運ぶ時、聊も麁きをバ」[09]通さゞらんが為也。さて其あらき分ハ跡に留りて、即大小の腸の養ひと」[10]なりて、相残る糟糠ハ即是屎糞也。」[11]

肝ハ又、受取たる食事の正味を己れが熱精にて調練し、終に変じて」[12]右第二十三の心得に見ゆるごとく四分になす者也。所謂正血痰飲黄水」[13]めらんこりや是也。此四ハ則四大の性也。人の食する程の物ハ、皆四大の性を」[14]具足する故也。然バ血を先として、相残る三も肝より全身に行渡りて、」[15]皮肉筋骨等を養ふ也。其行渡るやうを見るに肝より出る一の大すぢ」[16]あり。其名をかあわといふ也。此大すぢを根本として、数々のすぢの大小」[17]（五十九オ）人の全身に蔓る也。上ハ頭の頂き、下は足の趺、左右ハ十指のつまさき」[01]までも至らずといふ所なし。喩へば、一の木の本より、大小余多の枝」[02]繁茂するがごとし。是則経絡也。此経絡のうつほなる中を、血ハ余の」[03]三ツ共に混じて肝より出て廻る也。然るを皮肉百節ハあたらくちいハの」[04]精をもて己れ〳〵に相応の分を引取て、身を補養する者也。喩へば、肉ハ」[05]をのれが性に随て温湿なるを引けバ、骨ハわが性に応じて冷燥なるを」[06]引とり、骨肉それ〳〵のやしなひを取て、余残のかすハ鬢髪其外」[07]身の毛となる也。去程に肝より全体にくばりたる養ひの余りも、無益」[08]にハならず。定りたる臓腑に納まりて、それ〳〵の用をなす者也。先黄水ハ」[09]膽の腑に納まる也。」[10]

膽の腑ハ其在所則肝の傍なれバ、通用する細すぢありて、黄水を肝」[11]より引取て、己れに納め、而も己れが養ひとする也。若此通ふすぢに」[12]滞りあれば、黄水膽の腑に至る事叶ハずし[五九]て全体にうち散り、」[13]病となり、人の色黄になるなり。是を黄疸の病といふか。又、膽より大」[14]腸へも通ずる道あるが故に、黄水大腸へ下りて、其精を施せば、大腸則」[15]

五九　濁点に見ゆる部分は、解説参照

騒動して痢を通ずる者也。黄水かしこに至らずんバ、大腸ハ自ら糟糠を」16出し捨る力なき者也。さて又めらんこりやハ脾の臓に納まる也。」17（五十九ウ）

脾の臓も肝より通路有て、めらんこりやを引とり己れが養ひとする」01者也。而も人に飢を起さする事、彼が役也。其様体をいふに、胃の腑に食」02なふして空虚なる時、めらんこりや脾の臓より出て胃に入れバ、胃[六〇]の腑の」03中の皮、忽に縮まる也。其時、人是を覚えて、食事の望み起る也。如此」04めらんこりや胃の腑を起さずんバ人食事の望みなふして存命危きに」05臨むべし。然れバ爰に一ツの不思議あり。めらんこりやハ右の心得にいへる如く」06其性土なれば、重くして下るを能とし、黄水ハ火の性なれバ、軽[六一]くして」07上るを業とす。然るに黄水ハ膽の腑より下なる大腸に下りて大便を」08通じ、めらんこりやハ脾の臓より上なる胃の腑に上りて飢を起す事、」09両ながら自性を背くに非ずや。名医のあびせいなハ、元よりひろぞほ」10にて、万物の理を極めける人なれバ、是を大に驚き、御作者の御計ひを」11仰ぎ尊ひ奉りし也。もうろさへ如此し、益てきりしたんに於てをや。」12さてまた痰飲ハ定りて納まる臓腑なし。全体に打散て、身の潤ひと」13なる者也。爰に人の飲む湯水等の事をいふに、惣じて此等ののみ物は」14身の養ひとならずといへ共、養ひの合力となる者也。先胃の腑にて」15食を銷鑠する時、湯水をもて是を和解し、又、消化して臓腑に移り」16血と成て全身を廻る時も、其こき物を薄くなし、細きすぢ〴〵を輭く」17（六十オ）通ずる便となる者也。人辛労をなす時、身より出る汗といふも是也。」01然じて、此水汁の余れる分ハ肝より出る経絡の根本なる大すぢに」02帰り、其より別のすぢを伝ひて腎の臓に至る也。」03

腎ハ水しるを納むる臓なりといへ共、うつほなる所狭くして、全体の水」04しるを悉皆受留る事叶ハざるが故に、膀胱に遣す也。是即尿袋也。」05去程に、此水しる、腎の臓より膀胱に漏下るあやつりを医王のがれいの」06つく〴〵と見

六〇　上部の impression slur がクワタ浮きの様に見えるが、クワタ浮きではない
六一　ここにクワタ浮き、5mm 程度

て、其身ぜんちよたりといへ共、御作者の御匠みの深き所を」07驚き、人にも是を能見よと勧むる者也。故に今爰に少しいふへし。腎の」08臓の左右より如何にも和かなる細きすぢ二ツ出て、末ハ一ツに行あひ」09膀胱に至る也。此すぢの付所にハ膀胱ハ二重の皮あり。さて上なる」10皮に先細き穴一ツあり。すぢのうつほなる中より漏下る水汁、此穴」11より二重の皮の間に入る也。下なる皮にも又穴あり。是上なるかハの穴の」12通りにハあらず。傍によれり。其によて、水じるハ二重の間を▲潜りて、下」13なる穴より膀胱の内に入る也。又上下のかハ能吸あひたれバ、其水通ると」14ともに即下なるかハの穴塞がりて、水ハ跡に帰る事を得ざる也。さても」15言語に及ばぬ勝れたる巧み哉。がれいの是を感ぜし事、誠以理り也。」16又、小便の出る口にも二ツの筋ありて、双方よりしめよせて塞ぐ也。喩へバ」17（六十ウ）人の二の指にてつまみたるがごとし。用ある時ハ自ら開け、用なき時は」01塞がる也。此閉開も又人の望みに任する事右に劣らぬ奇特也。」02

心ハ是五臓の▲王たり。故に諸臓是を囲遶す。其性極熱にして、寿命の」03温気を一身に施す者也。然に心の臓の中にハ、二の空所あり。先肝の臓に」04残し置たる清血を一の空所に引納め、心の熱精をもてねりきたひ、」05次の空所に移す時、又そこにてます〳〵ねりきたひて、終に上品清」06浄の血となるを名付て、さんげあるてりあるといふ也。此上品の清血」07より、又心の熱精を受て以て出る気有をすぴりつびたると号する」08なり。是即寿命の気といふ心也。人の生ある態をなす事は、全く此」09すぴりつびたるに依る者也。故にすぴりつびたるハ彼さんげあるてり」10あるに伴ひて全体に定りたる道をもて行渡り、一身に寿命の働きを」11なさしむる者也。喩へば、肝の臓より身を養ふ血を賦にハ道となる」12経絡皮肉の中間にみち〳〵てある如く、心の臓より寿命の気を全」13身にくばる為にも、又定りて経脈の通路あり。是をあるてりあと云也。」14其根本ハ、心より出て上下二すぢにわかる也。一すぢハ、心の臓より上をさして」15昇り、頭上に至り左右にはびこる也。今一すぢハ、心より下をさして降り、」16其末枝足の趺まで至る也。此経脈のうつほなる中を右にいへる上品の」17（六十一オ）清血ハ心より出て通ずる時、彼寿命の気も同く伴ひ行て、全身に」01運び送る者也。

然バ心を根本とする脈すぢハ必彼肝より出る血すぢの」[02]下に付て全体にはびこる也。故に経絡のしたにハ定まて経脈あり。」[03]爰を以て、一身を補養する血ハ、上なるすぢの中を通り、寿命の気を」[04]具したる血ハ、下なるすぢの中を廻る者也。去程に、此二様のすぢの上」[05]下に重りゆく謂れハ、したなるすぢの清血至て熱精なるがゆへに、上」[06]なるすぢの血をとらかして滞りなく全体を順環させんが為也。若」[07]然らずんバ、上なる経絡の血ハ凝滞して、廻る事叶べからず。去バ、彼清血至て」[08]暖かなる事を何ぞといふに、出所となる心に極熱有が故也。是によて、心」[09]をバ常に涼しめずんバ人の命を保つべからず。是を涼しむる役といふハ」[10]即肺の臓也。」[11]

肺ハ軽くして和らかなる臓也。常住動く事たえずして、息の通ひを」[12]なし、窄み繙がる事鞴の如し、ひろがる時ハ外なる涼風を咽より内に」[13]引とり、心の熱精を涼しめ、しぼむ時ハ心の熱精によて暖まりたる」[14]風を吹出して、又新しきを引籠む也。如此する事、寤寐ともにたえ」[15]ざるを以て、冷風常に心を涼しむる事も絶せず。是肺の第一の役也。」[16]又、音声をなす事も肺の臓の役也。常に出入る息風を肺より強く」[17]（六十一ウ）吹出せバ、其風、咽の口なる懸壅[六二]に当りて音を生ずる也。若喉中に病」[01]ありて、懸壅の腫れたる時か、又はしぼみて小さく成たる時、人の声に」[02]響のなきも此いわれ也。猶亦、咽の口ハ円かならずして、篳篥の口に」[03]似て押ひらめたるがごとし。其平かなる間を潜りて通る風に、ひゞきの」[04]出来るを即声とハいふ也。此声に口舌唇のあやつりを加ふれバ、辞となりて、」[05]人の心を顕ハす道と成者也。誠に奇妙不思議也。爰を以て案ずるに、」[06]人の身にハ一として無益の物なし。胸中に入て暖気を得たる風ハ、はや」[07]心を涼しむる便りなしとて肺より其をふき捨るかと見れバ、是亦音」[08]声を発し、辞の種となる者也。去バ、右の外に臓腑のあやつり奇妙なる」[09]事多端ありといへ共、余ハ閣きぬ。今一ツあにまの精根なるせんしちいハの」[10]徳を左に云べし。」[11]

第廿五、せんしちいわの精根、并にすぴりつあにまるの事」[12]

六二　異常な活字、正誤表参照

一身の成長養育をなすべぜたちいわの精根をバ、粗右に論じぬ。今又、」13見聞覚知して万物をわかち全身動揺して居所を移す精徳の上を」14略して云べし。是則せんしちいわの精根也。人、是を具足せずんバ、世界の」15（六十二オ）万物を足しろとして御作者を自知し奉る道も有べからず。故に御」01作者より此精根を人に与へ給ふ者也。」02

去程に動揺見聞等の態をなすべき為にハ、人身の内にすぴりつ　あに」03まるといふ物なくて叶ハざると弁へよ。すぴりつ　あにまるとハ喩へば」04日脚の如く輝きて如何にも清軽菲薄なる物人身の内にあるを名付て」05すぴりつ　あにまるとハいふ也。此証拠をみんと欲せば、時としてした丶かに」06頭を打れて目法臥六三のちるを見よ。是即頭中に籠るすぴりつ　あにまるの」07まなこの人見の透わたれる六四処を道として、散こぼる丶光也。去バ、此すぴ」08りつ　あにまるハ右の个条に顕ハすすぴりつ　びたるを種として出来る」09者也。彼すぴりつ　びたるハ心の臓より頭上に上る時、頭脳にも心の臓の」10如く、二ツの所ありて此より彼に移り、終に其性を変じてすぴりつ」11あにまると化する也。是に又、二分あり。一分ハ見聞等の精を施し、今一分ハ」12人身を動かす徳を含む者也。故に此二様のすぴりつ　あにまるハ銘々に」13定りたる筋の中より眼耳鼻舌身にうつりて、見聞嗅味等を」14なし、又ハ四肢百節に至りて動揺する精をも与ふる也。中風を煩ふ人の」15身のすくみて動く事叶ハざるハ、動揺の精を施す方のすぴりつ　あに」16まるの通ずる道に滞りありて、通ぜざるが故也。其身すくむといへ共」17（六十二ウ）又針灸等のあつさいたささを覚ふる事ハ見聞嗅味触をなす分の」01すぴりつ　あにまるの道にハ障りなくして、自由に通ずるゆへ也。然バ」02此等のすぴりつを頭より全体に運送する道をいふに、頭中に於て此」03すぴりつを生じ、乗せたる脳脊骨に下りて、其骨のすゑまで」04充満せり。さて脊骨にハ小さき穴余多ありて其より数々の筋出る也。」05都て其数四十八也。此内廿四ハ腰より上にはびこり、相残る廿四ハ腰より」06下に行渡る也。是等の筋を道として脊骨の髄より彼すぴりつを」07全体にくばる者也。猶又、脊骨の中に上より下まで薄き皮ありて」08

六三　西本 lumbre（火・光）、羅本 lux（光）。「臥」は「師」などの誤植か

六四　原本「り」に誤植

髄を左右二にわくるが故に左右に蔓る筋の出所曽て雑乱する事なし。」09 嗚呼、爰に於て観ずるに御作者の御智恵御力の程を誰かハ仰ぎ尊ま」10 ざらん。一滴母胎に托したるを元として、加程の奇妙を現じ給へば也。」11 又食物の転化して変じゆく体を見よ。先肝の臓にて一転じて六五血と」12 なり、身を養ひ、其血、又心にうつりて再返調練して寿命の気と変じ、」13 保命を続け、命根の気、又頭脳に上りて、菲薄清光の徳気と化して」14 見聞覚知の至具となる事、心あらん程の人、愀れ果ずといふ事有」15 べからず。心を留めて思惟せバ、御作者爰に顕然し給ふ事を知べし。能々」16 工夫を懲せ。」17（六十三オ）

第廿六、内のせんちいどの事」01

せんちいどハ、内外二様にあり。外のせんちいどゝいふハ眼耳鼻舌身の五」02 根元也。是をもて見聞嗅味等の識をなす事、全く内のせんちいどの」03 精力に依る儀なれば、先内より初めて論ずべし。」04

惣じて内のせんちいどハ其数四あり。各頭の脳の内に備ハれり。第一番の」05 せんちいどをこむんといふ也。こむんとハ統るといふ心也。外の眼耳等の」06 五に受たる面影すべて爰に相集る故也。又、五根の識をなす事もこむん」07 より銘々にくばるすぴりつあにまるの精力に依るが故也。然バこむんハ」08 五根に精力を与へ見聞等の識をなさせ、五根又見聞等の道を以て」09 識得したる外の境界の面影をすべてこむんに渡す者也。然といへ共」10 こむんハ其性柔弱にして五根より来る面影をうけても保つ事」11 能ハざれバ、第二番目のせんちいどに速かに送る者也。此せんちいどを名付て」12 いまじなさんと云也。眼耳等よりこむんに集りたる色声香味等の」13 外境の面影悉皆爰に至る也。第三のせんちいどを禽獣に有ては」14 ゑすちまちいわと名付け、人倫にをひてハこじたちいわと云也。其名異」15（六十三ウ）なる事ハ人畜の勝劣を分たんが為也。去程に此せんちいどハ元より色」01 相なりといへ共、右の二よりも其性尚すぴりつに近し。故に色形を」02 離れたる徳を持也。喩へば、羊ハ犬を見て恐れず、狼を見て恐るゝ事を」03 何ぞといふに、犬ハ味方也、狼ハ敵なりと弁ふる故也。去バ、敵味方の差」04 別ハ色形の理に非ざれども、羊是を弁ふる事ハゑすちまちいわの徳」05 なるに

六五　濁点に見ゆる部分は、解説参照

よて、此せんちいどを前の二よりもすぴりつに近しといふ也。」[06] 第四番のせんちいどハめもりやと号する也。是外の五ツ内の三ツをもて」[07] 識知したる程の事を悉皆請取て、納め置精根也。此めもりや禽獣」[08] にも少しハ有といへ共、人倫に達して備ハれり。是又御作者より与へ給ふ」[09] 無価の至宝也。所以者何、国を治め家を保つ人、先例を鑑みて未来の安」[10] 危を量り、学文をする人の先師の学徳を習ひ得て後代の人に伝へ、」[11] 故きを温ね新きを知るも、皆以て此めもりやの徳用也。▲加之、後生の」[12] 勧めの為の至徳、是より出る事不可勝計。」[13]

第廿七、外のせんちいどの事」[14]

外のせんちいどゝハ、眼耳鼻舌身の五根也。此五ツハ、それ〴〵に相応の境界」[15]（六十四オ）ありて、根境合体して、識をなす者也。然バ、諸根の中に第一勝れたるハ」[01] 眼なれバ、是より初めて論ずべし。先眼根に対する境界といふハ、諸の」[02] 色形と光明也。然るに、眼と境界とハ、間を隔てざれバ見識する事」[03] 叶ハざるが故に、諸の色形ある物ハ己れが体に全く替らざる写しを不」[04] 断風中に出し置者也。証拠をみんと欲せば、鏡中の影像を見よ。鏡を」[05] 開きて花鳥に向ふれば、其花鳥の形像忽然として鏡中に顕ハるゝ也。」[06] 是を何ぞといふに、風中に通徹する花鳥の写し、堅固なる鏡に押」[07] 隔られ融通する事叶ハずして、鏡の面に移り留まる故也。然らずんバ」[08] 鏡中の花鳥ハ何国[六六]より来るべきぞ。然バ外より如此の境界の影像」[09] 見え来て眼の瞳に写れバ、頭中よりは、又右にいへるせんちいど こむん」[10] より双眼に続く二の筋ありて、其中をすぴりつ あにまる伝ひ下りて、」[11] 瞳に精を施すを以て、根境合体して眼ハ物を見る者也。其時、見たる境」[12] 界の面影、彼二の筋の中より上りて、こむんに至り、こむんより又」[13] 段々に▲奥のせんちいどに移り行事、右廿六个条にいふが如し。さても」[14] 御作者の御力ハ量りなき物哉。人ハ一枝の花を画んとするさへ衆色を」[15] 集め時刻を移して漸々に書出す事なるに、諸の色形ある体ハ衆色を」[16] からず時刻を移さず、頓速自然に己れが形像を風中に写し出す精」[17]（六十四ウ）徳を与へ給ふ事、万事叶ひ給ふ御力に非ずんバ誰か是を叶ふべきぞ。さて」[01] 又、眼の体ハ、▲方寸に

六六 「何処」の誤か

過ざれども山河大地国邑城裡森羅万像とても」02悉皆眼裡の狭き門戸を通りて、人のあにまに至る事、誠以奇妙也。」03

第二のせんちいどハ耳根也。其あやつりを見るに、耳裡の奥にみりんがと」04いひて薄皮をつほめたる袋あり。其中に風を含めり。大皷をはりたるに」05喩ふる也。外より来る音声、此風袋に中りて響をなす時、人ハ物を」06聞入る也。若病によて彼みりんが損亡し、含みたる風気失散すれば、」07人聾聵となる者也。故に耳にハ外に構ありて、穴も又斜めなる事、」08此風袋を守り給ふ御作者の御計ひと見えたり。去バ、外の音声、此」09ふくろに至るバかりにてハ人物を聞事叶ふまじきが故に、是も眼に」10等しくこむんより左右に筋下りて、すぴりつ　あにまるを賦る也。此」11精力を耳根に受て根境相応して識をなす者也。角て聞得たる」12音声言語等のゑすぺしゑハ件の筋よりこむんに至て、其より又段々に」13奥のせんちいどに納まる者也。」14

第三ハ、鼻根也。是もこむんより二の筋を下して、すぴりつ　あにまるを」15通ずる也。此筋の鼻の裡にて留まる所ハ、和かに[六七]して、花蘂なんどのごとく」16なる肉也。さて鼻根の境界ハ、万の匂ひなれば、物の匂ひ風に乗じて」17（六十五オ）鼻孔に至り、件のしべの如くなる肉に当る時、根境合体して、人ハ香を」01嗅者也。去程に、鼻ハにほひをかぐのみならず、息風出入の門戸となり、頭」02脳の湿痰を下す水門ともなる也。喩へば、水土の二大より空に上る気ハ」03雨と成て降るごとく、人の身よりも不断頭を指て上る湿気あれバ、必」04下らずして叶ハず、是を下し捨る水門ハ、則口鼻の二也。」05

第四ハ、舌根也。其境界ハ衆味也。舌根にもすぴりつ　あにまるの通ふ」06筋竪に二ありて横に数枝をさす也。上に覆ひたる肉ハ小穴充満して」07味ひを筋に通ずる也。此肉、常に潤ひを具して、万の味ひを離れたり。若」08舌に自分の味ひあらば、衆味是に同じて五味の差別をなすべからず。」09熱病の人甘きを喰て苦しと覚ふるは、其舌に苦味有が故也。」10

第五番目のせんちいどハ身根也。是ハ寒熱湿燥堅軟麁細等を境」11界とする也。此せんちいどハ、前の四に替りて、定り

六七　「に」は手書き補入、補入記号有り

たる所なく全体に」[12] 充満してある者也。故(かるがゆえ)にすぴりつ あにまるを運ぶ筋も頭上(づじゃう)より脚下に」[13] はびこりて、至らずといふ所なし。是又御作者の忝き御計ひ也。」[14] 然らずんバせんちいどに非ざる所ハ水火にふれ、白刃に当るといふとも」[15] 其(その)難を覚えずして、身を守る事叶ふべからず。去バ、右眼耳鼻舌身(げんにびぜつしん)の」[16] 五に付て、▲奥義多端なりといへ共(ども)、略して茲に記さず。」[17]（六十五ウ）

第廿八、せんしちいハ(sensitiva)の精根(せいこん)より出る十一のぱいしやん(paixão)の事」[01]

右内外のせんちいど(sentido)の外(ほか)に、又せんしちいハ(sensitiva)の精根より出るぱいしやん(paixão)と」[02] いふ物あり。是を何ぞと見るに、せんちいどをもて境界の好悪を識知」[03] する時、身のために相応したる境界をバ即寵愛し、もとめん事を」[04] 望み、又、身の為に不相応なれバ忽(たちまち)それを憎み嫌ひ▲避けんと思ふ類ひの」[05] 品々の情、心の臟(しん)より発起するを押束(おしつかね)ねて、ぱいしやんとハ名付る也。」[06] 此等のぱいしやんの起る次第をいふに、先(まづ)境界を識知する時、最初に」[07] 起る心ハ愛すると嫌との二に一也。己れに相応する境界なれバ、即是を愛」[08] する心発り、己れに相応せざる境界をば嫌ふ心起る者也。如此(かくのごとく)愛すると」[09] 嫌ふとの二を根本(こんぽん)として、又四のぱいしやん相続する也。一にハあいする」[10] 境界を未求め得ざる間ハ必(かならず)それを▲恋慕ふ心出来る事、二にハ求め得」[11] ぬれバ即喜び楽む心出来る事、三にハ、又嫌ふ境界の未身の上に来ら」[12] ざる間ハ是を厭ひ荒む心の発る事、四にハ漸く来りぬれば、即歎き悲む」[13] 心の起る事、都合其(その)数四也。是に又根本(こんぽん)の二を加ふれば、合て六のぱいし(pai-)」[14] やん(xão)也。是を名付(なづけ)てこんくぴしいべる(concupiscível)の六のぱいしやんとハいふぞ。此等の」[15]（六十六オ）ぱいしやんは生類の身を養ひ、命を保つべき為になくて叶ハざる」[01] 肝要なる者也。其(その)故ハ境界の好悪ハせんちいどを以て識得すといふ共」[02] 好きをあいし、悪(にく)きを嫌ふ心なくんば追求遁避(とんひ)の二情も有べからず。既に」[03] 追求遁避の心なくんば身命(しんみゃう)を保ち養ふ事も難かるべし。爰(ここ)を」[04] 以てぱいしやんハ肝要なる事明也。」[05]

さてまた右六の外にいらしいべる(irascível)のぱいしやん(paixão)とて五あり。此(この)五ハ身に」[06] 相応したる境界をもとめ得んとするに障り出来る時起る情也。」[07] 其(その)次第をいふに、先(まづ)もとめんとする境界に障りありて求め難けれバ」[08] 如何様にも是をもとむる道なくて叶ふべからずと頼母敷思ふ心出来る」[09]事、是一ツ、若障り深ければ終に求め得る事叶ハじと力を落す心の出」[10]来る事、是二ツ、又障碍多しといへ共求めんと欲する望み深き時ハ精誠を」[11]尽さんと思ふ勇猛の心出きたる事、是三ツ、又欲する望み深しといへ共」[12]障碍剛ければ恐るゝ心出きたる事、是四ツ、又求めんと精誠を竭す中」[13]にも或ハはや求め得て後にも是を奪ハんとする者あれば乍に慎る」[14]心の起る事、是五ツ也。此五も又生類の身になくて叶ハざる儀也。故を」[15]如何にといふに、一身補養の為に肝要なる境界の中に求め易きも」[16]あり、又もとめ難きも有者也。求め難きをもとむべき為にハ、必もとめ」[17]（六十六ウ）得べしと思ふ頼母敷心と又精誠をつくすべきと思ふ勇猛の心なくして」[01]叶ふべからず。又終にもとめ得まじき境を強て求めんと欲せば、却て」[02]身を亡ぼす端となる事多かるべきが故に、時に随ひ境に依てハ頼母敷」[03]心を失ふ事も恐怖の心を懐く事も又以て肝要也。尚亦慎りの心」[04]なきに於てハ怨敵の害を脱かるゝ事難かるべければ、其肝要も明白也。」[05]然れバ此五のぱいしやんに上の六を加へて、其数都合十一となる也。此等ハ」[06]皆心の臓を居所とす。爰を以て境界の相応不相応の差別を知る。せん(sen-)」[07]ちいど(tido)の精根ハ頭脳の中に備はり、憎愛追求苦楽遁避等の精根ハ」[08]心に備ハると心得べし。此二様の精根を押束ねて、せんしちいわ(sensitiva)の精」[09]根と名付る也。」[10]

去程に此等のぱいしやん(paixão)ハ身命保養の為に肝要なるのみならず」[11]修善退悪の勧めともなる者也。喩へば慎りのぱいしやんハ国家を守る」[12]人の為にハ刑罰を行ふ便あり。弓箭をとる人の為にハ勇気をます」[13]基ひとなる也。蓋しありすとうてれ(Aristotele)が言に依らバ、戦場の忿[六八]怒ハ智謀を」[14]味ます物なれバ大将軍の上にハ好ましからずといへり。又、好境を見て」[15]愛情を催すより名誉を望む心と悪名を恥る心も起る者也。此二ツハ」[16]邪を捨て正に帰せしむる媒となる事明か也。善事にハ自ら誉れ有が」[17]（六十七オ）ゆへにそれを望む心に惹れて正に帰し、悪事ハ必恥辱を招く物なれば」[01]

六八　紙の木屑の上に手書き

はぢを顧みて邪を制する事常尋六九の慣ひ也。中にも女人ハ生得物を」02恥る気色深きがゆへに、其気にひかれて悪を退く事多し。例を上古に」03訪ふに、ぷるたるこの記録に見えたるは、昔ぐれしやの国に何の謂れ」04ともしらず若き女人余多自害する事あると也。如何に制すれ共」05此恠事止む事なかりければ、或賢人謀て新式を置けり。自今已後」06自害したる女をバ貴賤を隔てず其死骸を裸にして人前に恥を曝し」07而じて後に葬むるべしと也。此よしかたく万民に披露しぬれば」08恠事忽に留まて、自害する女一人もなかりしとぞ。是屍の上にも」09はぢをさらさん事を深く痛むが故也。爰をもて見るに、恥辱を顧み」10誉れを慕ふ計ハ真実の善に非ざれ共、翻邪帰正の便りとなる事」11疑ひなし。爰に今一ツ心得べき事あり。ぱいしやんハ本来其自性善にも」12悪にも非ざれ共、用ひによて善悪の名を得る者也。喩へば、愛すべきを」13愛し、憎むべきを憎むときんば憎愛ともに善となり、愛すまじきを」14愛し、憎むまじきを憎むときんば憎愛ともに悪となる也。他も准之。」15然れバ、此差別を分つ事ハあにま いんてれくちいわに備ハる智恵の役」16なれば、其智の光を先立て、ぱいしやんを進退せば、善に違ふ事有」17（六十七ウ）べからず。然る所に多くの人五根の識に任て境界の是非を糺さず、」01ぱいしやんの欲する処に随ふが故に、常に迷ふ事多し。又、強ちに」02迷ふのみにも非ず、目前の境を貪りて押て理を枉る人もある者也。」03

第廿九、あにま いんてれきちいわの体、并徳用を」04論ずるの序」05

夫人間のあにまといふハ唯一の体なれども、其精根ハ三品也。所謂」06べぜたちいは せんしちいわ いんてれきちいハ是也。べぜたちいわとせんし」07ちいハの精をバ粗右に論じぬ。此篇にハいんてれきちいハの徳を少々論」08ずべし。此徳ハ前の二に遥に勝れ、是を以て人倫の第一とする者也。」09前の二ハあにま色身に托する間のみ其用を施し、離別の後ハ精のみ」10残て用をバ施さず。いんてれきちいハの一徳ハあにま色身に合する間も、其」11用を施し離別して後も猶其徳貞なる者也。所以者何、人のあにまハ」12色を離れても体を保ち、性を失なハざれば、色に拘ハらずして其業を」13な

六九　尋常の誤か

す者也。さて離別の後も元の色体に帰らん事を好むといへども、他の」14色に合すべき性ハなし。爰を以、あにま色身を離れてより人畜草木の」15間に流転すと云し人ハ、其性を知ざる故也。去バあにま いんてれきちいハの」16（六十八オ）位を見るにDS御作の万物の中にをひて天上のあんじよを除きて、其」01位に近傍すべきハ一物もなし。人を万物の霊長と名付るも、此あにまを」02具するが故也。禽獣のあにまにも賢き業有といへども、人のあにまに」03比するときんバ巨海の一滴にだも及バず。DS広大の天地を人の為に」04作り給ふ事も、人にハ此あにま有が故也。上にハ日月昼夜を照し天ハ順」05行逆行をなして春夏秋冬の隔をあらせ、下にハ四大臈次を乱らず、」06国土ハ草木禽獣を育し、海河ハ無尽の鱗を生じ、潮の乾満時を違」07へず、風雨霜雪折に随て土を養ひ人倫に仕ふるも、皆是あにまの位」08徳也。人をDSの御写しと呼れ、DS亦人と成て御在世し給ふも此」09あにまに対し給ふより外他事なし。尚亦人倫道理に随ひDSの御掟に」10応ずる時ハ天上に至て如意満足の位を極めて不退永々の楽みを遂」11べき事も此あにまを具する故のみ也。是皆真の御法を受保つ人々の」12よく弁ふる所也。去バ、上古の智者等此等の徳儀を観じてもてあにまを」13様々に名付たり。或ハてんぽとゑてるにだあでのおりぞんてと名付」14たる人もあり、或ハこるぽらる いんてれきつある両なつうらの結びと名付」15たるもあり。或ハ周遍法界の略とも名付、或ハ上のなつうらの写し」16下のなつうらの手本とも名付たり。かゝる不思議のあにまに付て論ず」17（六十八ウ）べき事多しといへども、世俗の耳に近きをのみ撰びて幽玄なるをば」01載せず。」02

§一、いんてれきつある あにまの体の事」03

上古の智者の教へ置所を聞も、今時の人の試み覚ふる所を見るにも、」04いんてれきつある あにまの体ハ人身のほるますゝたんしあるなる事」05明白也。此ほるまの徳に依て人ハ命を存じ、せんちいどの業をなし、慮智」06分別も有者也。然バ先あにまをほるまといふに付て諸の色相ある体ハ」07まてりやとほるまの二和合して成立すると心得べし。生命ある体」08なれバまてりやとあにまと合して其体を成ずる也。是を又人作の物に」09付て明むるに喩へば、一腰の太刀を見るに、是にまてりやとほるまあり。」[10]鉄ハ是まてりや也。鍛治の与ふる鋒刃等の姿ハほるま也。其如く諸のこる」[11]ぽらる体もDS御作の物なれば、まてりやとほるまと和合して一体と」[12]なる也。但し、彼と是とに差別あり。人作の物のまてりやハ、まてりや」[13]せくんだ也。ほるまハ亦ほるま あしでんたる也。DS御作の物のまてりやハ」[14]まてりや ぷりいま也。ほるまハ亦ほるま す、たんしある也。まてりや ぷりい」[15]まといふハ万のほるま す、たんしあるを受保つ下地也。ほるま す、たんし」[16]ある是に合して以一体の色形となる也。さて、まてりや せくんだと云ハ」[17]（六十九オ）則如此の色形を云也。是を右太刀の喩へに付て明すに太刀のまてりやは」[01]まてりや せくんだ也。鉄ハ色形の体なれバまてりや ぷりいまとほるま」[02]す、たんしあるを合したる体なる故也。▲而じて太刀の形ハ是ほるま あし」[03]でんたる也。去バ太刀の形ハ亡ぶれども鉄は亡びずして相残るをもて」[04]まてりや せくんだハほるま あしでんたるに分離しても独立する者也。」[05]まてりや ぷりいまハ是に異也。ほるま す、たんしあるを離れて独り立事」[06]なし。必しも[七〇]ほるまに依て立物也。或ハ土水金石のほるまにより或ハ草」[07]木禽獣のほるまに附き、或ハ▲人倫のほるまを具する者也。」[08]

今是を踏として人倫のあにまハ人の為にほるまなりといふ道理を」[09]明すにあにまハまてりや ぷりいまに非ず、まてりや せくんだにも非ざれバ、」[10]只是ほるま也。此理を猶砕て見るに諸の色形の体ハ外相のあしでん」[11]てを除てハまてりやとほるまと、又此二を合成したるこんぽじとの」[12]外、別に物有事なし。去バ、あにまハ、まてりや ぷりいまに非ざる道理をいふに、」[13]一にハ惣じてまてりや ぷりいまハ曽て業ある事なし。諸の業ハほるま」[14]より出る也。火のまてりやハ暖気を発せず、水のまてり[七一]も湿を施す」[15]事能ハず。暖湿ハ火水二のほるまより出る業也。他准之。▲二にハまてりや」[16]ぷりいまハほるまを受る下地のみ也。大工の家を造るにハ材木を下地とし」[17]（六十九ウ）鍛治の刀を作るにハ鉄を下地とするが如し。三にハまてりや ぷりいまハ」[01]万のほるまを受保つ器となるのみ也。爰を以てほるまハまてりや

七〇　「必」と同義
七一　「や」脱か

に」[02]非ず、其性(そのしやう)各(おのおの)別なる事顕然たり。又ほるまハまてりや せくんだにも」[03]非ず、其故(その)は、生類の体(たい)ハそれ〳〵のほるまなるあにまとまてりや」[04]ぴりまと和合して成立する体(たい)なれバ也。去バ群生のあにまさへ此(かく)[七二]ある」[05]時ハ、益て人倫のあにまに於てをや。然バ生類の五体身分を割分(さきわけ)て」[06]見るに、色形の外に別に命根顕れざれば、色則あにまならんと云ハゞ」[07]甚深き迷ひ也。惣じて生類のあにまハ各(おのおの)是色形なし。色形なければ」[08]眼目の見る所に非ず、眼目の見ざる物ハ皆是無也と云ハんハ理不尽也。喩ば」[09]虚空にハ風気(ふうき)充塞すれども、眼境に非ざれば人是を見る事能ハず。」[10]又、一鞠を見るにも軽く揚り音をなすハ内に風を含める故也。是によつて」[11]鞠破れて風散ずれば揚る事を得ず。然に鞠を割分(さきわけ)て見る時、眼に」[12]遮る物内になしとて皮を除て鞠の内に別に物なしと云ハんハ愚漢也。」[13]去バ、あにま色を離るれば五体六根ハ有といへども、能業なきを以此(この)理を」[14]弁ふべし。又あにまをほるま すゝたんしある(substancial)なりと云し道理ハ、人間の」[15]あにまハ人のすゝたんしや(substancia)の為にほるまとなるのみに非ず、あにま則」[16]すゝたんしや也。群生のあにま亦如此(かくのごとし)。然バあにまをすゝたんしやといふ」[17]（七十オ）謂れハ、一にハあにまハ惣じてまてりやに勝れり。劣れるまてりやさへすゝ(sub-)」[01]たんしや(stancia)なれバ勝れるあにまハ猶以すゝたんしやたるべき事。二にハ、まて(mate-)」[02]りや(ria) ぴりまとあしでんて(acidente)と和合してすゝたんしやと成(なる)事叶ハず」[03]ほるまとまてりやと和合してすゝたんしやと成(なる)也。然にあにまハあし(aci-)」[04]でんて(dente)にも非ず、ほるま あしでんたる(acidental)にも非ざれバ、只是すゝたんしやたる」[05]べき事。三にハ、諸の色相ある体中にも生類の上にハそれ〳〵の業の」[06]根元となる物有て又互に相剋の四大(しだい)を和合させて其体(そのたい)を保つほるま」[07]なくて叶ハざる儀なれバ、あしでんてハ此等の力なきが故にあにま即すゝ」[08]たんしやなる事疑ひなし。」[09]

又、人ハあにまの徳によつて命を存(そん)ずるといふ謂れハあにまハ是色体の為に」[10]すゝたんしある命なればあにま色身に托する時、色にあしでんたる」[11]命を施す故也。あしでんたる命とハ、成長養育(やういく)し同類を生ずる業」[12]等也。草木(さうもく)にも、花葉を栄へ実を結び種を生ずる業有事(ある)ハ彼がほるま」[13]すゝたんしある則命根となりてあしでんたる命の用を施す

七二　この前に「如」脱か

故也。」14 然れば草木のほるまの徳ハ是を限りとして此上に至る事なし。」15 人ハ亦あにまの徳に依てせんちいどの業有といふ謂れハ、人間のあにまハ」16 べぜたちいわの精根をゑみねんてる具する如くせんしちいわの精根」17（七十ウ）をもゑみねんてる備ハる也。此故にべぜたちいわの徳として身を成長」01 養育し子孫を生じ出す如く、せんしちいわの徳としてハ、見聞嗅味」02 等をなす也。又せんしちいハの精根よりあぺちゝいわの精根も出るが故に、身の」03 為に相応する境を好み、相応せざるを悪む事も皆是人間の上にハあにま」04 いんてれきちいわより出る徳儀也。禽獣のあにまも己れが体の為にハ」05 ほるま すゝたんしあるなるが故に、此等の徳備わるといへ共彼ハ是を限りと」06 して其上に至る事なし。去程に人間のあにまハ今一重の至徳有て、」07 慮智分別の用を施すを名付ていんてれきちいわといふ也。是誠に」08 最上の一徳也。あんじよに備わる諸徳の中にも智恵を以至徳とし、DSの」09 無量無辺の御善徳も御智恵の徳最上也。DS万事叶ひ給ふ御力を以も」10 智恵に勝れたる精徳を作り給ふ事叶ひ玉ハず、此故に右にいふ上古の」11 智者等ハ人のあにまを名付ててんぽとゐてるにだあでのおりぞんてとも」12 又、いんてれきつあるなつうらとこるぽらる なつうらの結びとも限りとも」13 云し事尤也。所以者何、人のあにまハ養育見聞等のこるぽらる用を」14 施すのみならず、ぷうろ すぴりつなるDSの尊体と御作のすぴりつ」15 なるあんじよの体に備わる智恵とおんたあでの徳用も備わるが故也。」16 此智恵とおんたあでの二徳ハすぴりつある すゝたんしやを除て、他の」17（七十一オ）体に有事叶ず。此故に禽獣の上にハ曽てなき者也。爰を以人畜の」01 あにまの勝劣懸隔なる事を弁ふべし。去バ禽獣のあにまも色形を離て」02 まてりやにあらずといへどもまてりやより出てまてりやに備はり」03 まてりやを離れて独り立事叶ハざれバ、こるぽらる類ひにして色と」04 ともに滅する也。いんてれきちいハ あにまの体ハ是に替りてまてりやより」05 出ざればまてりあるにあらず。又こるぽにもあらず、こるぽらるにもあら」06 ざれば是即DS種なくして作給ふすぴりつの体也。故に色滅しても」07 滅する事なし。又是御作の端的に人のまてりやに和合させ給ふとハ」08 いへども其体を保つ事ハ人のまてりやに拘はる事なし。智恵とおん」09 たあでの徳を発する事も亦復如此。」10

§二、いんてれきとの事」[11]

いんてれきとといふハ人間のあにまに備はる智恵の徳也。此智恵を以、諸の」[12]体有物、体ある事叶ふ程の物、体に似たる物をも人のあにまハ知る者也。体」[13]あるものといふハそれ〳〵のかうざより出て独立する類ひ也。四大諸天人畜」[14]草木日月星辰金石珠玉等也。体ある事叶ふ物とハ未生ざる人畜、」[15]未生ざる草木等也。此等ハ現在に其体なしといへども、未来に生ず」[16]べき物なれバ体有事叶ふもの也。又、此現在の天地を除て今世[七三]になき」[17]（七十一ウ）所の天地日月四大人畜草木等をも体ある事叶ふ物といふ也。此等ハ」[01]現在ある物にもあらず、未来に有べきにもあらざれども、DSあらせんと」[02]思召さば出現すべきが故に、体有事叶ふ物といふ也。体に似たる物とは」[03]古人のいへるいぽせんたうろきめいらなど也。此等ハ、古今なく未来も有」[04]まじければ、体に似たる物といふ也。去バ体あるも、体あるべきも、体に似たる」[05]をも、人ハ智恵の徳を以悉皆弁知する者也。去程に人の物を知るといふハ」[06]如何なる事ぞと問ハゞ、知らるゝ物の写しを智恵の内に生ずるを知るとハ」[07]いふ者也。喩へば物の光るといふハ其体に備はる光を生じ出すをいふが如く、」[08]物を知るといふも知らるゝ体の写しの智内に現ずるをいふ也。如此の写しを」[09]ひろぞひやの名目にハ、こんせいとともいひ、内の辞とも名付る也。所以者何、」[10]口より出る言句ハ心中の思ひを辞に写して他に知らする如く、智内に」[11]現ずる物のうつしを以て智恵ハ其体を弁ふるが故也。詮ずる所、人は」[12]此智恵の徳を以て有とし有ふる事を弁ふる者也。物によりてハ明白に」[13]知り、物によりてハ明白ならずといへども、物として智力の及バざるハなし。」[14]去バ、物を生ずる体ハ生ぜらるべき物を実に我体に含むか、又実にハ含まざれ」[15]ども生ずべき精力を含むか、二に一なくして叶ハざる儀なれば、智恵も」[16]知らるべき境界の写しを智内に生ずべき為にハ、其境界に似たる写しを」[17]（七十二オ）兼て持べき事肝要也。喩へバ眼に物を見るにハ、先見らるべき境界のゑす」[01]ぺしゑを瞳に写し持ざれバ、曽て見る事を得ず。耳根鼻根舌根等も」[02]又如此。然ば、せんちいどハそれ〳〵に定りたる境界有て他の境に觸る」[03]力なけれど

七三「余」を正誤表で訂正

も、智恵ハ其精力に限りなくして、万境に渡て知る者也。故に」[04]こるぽらる体も、すぴりつある体も、うにべるさるも、ぱるちくらるも、作られ」[05]たるも、作られざる体も、悉く知る者也。是によてありすとうてれハ智恵を」[06]名付て万物といへり。是万物を知るべき為に万物のゑすぺしゑを智内に」[07]含が故也。さて、此等のゑすぺしゑハ、皆すぴりつあるゑすぺしゑ也。」[08]さなきにをひては、すぴりつを写して知る事叶ふべからず。こるぽらる」[09]ゑすぺしゑにハすぴりつを写す事曽て相叶ハざれば也。又、すぴりつ」[10]のみにもあらず。こるぽらる体のなつうらをもうにべるさるに見る時ハ、こるぽ」[11]らるゑすぺしゑに写す事叶ざる者也。うにべるさるなつうらとハ、人畜」[12]草木等を見る時、彼人、此人、彼木、此木、彼鳥、此鳥と一々の色相を見ず」[13]といへども、押束て人間と見、鳥類と見、木と見、草と見る所をいふ也。」[14]去ば、色相の体もうにべるさるなつうらならば、こるぽらるゑすぺしゑに」[15]うつす事叶ハざる理を何ぞといふに、惣じてゑすぺしゑハ色形の体より」[16]出ても全く色形にハあらず、漸く色形に遠離する所あるもの也。例を」[17]（七十二ウ）眼境に窺ふ時、大山大木等のゑすぺしゑも、僅の瞳に全備するをもて」[01]明白也。然にうにべるさるなつうらといふハ、彼此各別の相を捨て、方円」[02]▲長短の形を離れて見る所なれバ、是を写すゑすぺしゑも亦△形相を」[03]離れてすぴりつに近からずんば有べからず。若智恵の内に備ハるゑす」[04]ぺしゑ内外のせんちいどのゑすぺしゑの如くぱるちくらる形相を現ぜバ」[05]形相に非ざるうにべるさるを現ずる事叶ふべからず。さて色形の理なる」[06]うにべるさるさへも、こるぽらるゑすぺしゑに写す事叶ハざれバ、全くすぴ」[07]りつの理を写す事ハ猶以叶ハざる者也。此故に、禽獣ハすぴりつをも」[08]うにべるさるをも弁ふる力なし。爰を以て見よ、いんてれきとの精根ハ」[09]すぴりつなる事疑ひなし。其故ハ、すぴりつのゑすぺしゑもうにべるさるの」[10]ゑすぺしゑも色形の体に写り備ハる事叶ざれバ、此等の備ハるべき精根ハすぴ」[11]りつならずんバ有べからず。其上、こるぽらる精根ハ、すぴりつをもうにべるさる」[12]をも知るべき力なしといへる、今一ツの道理ハ、右に粗沙汰せし如く、智恵を」[13]以て物を知るといふハ、しらるゝ物のすぴりつある写しを智内に生ずる」[14]儀なれば、是全くこるぽらる精根の及ぶ所に非ず。然に、人ハすぴりつ」[15]をもうにべるさるをも弁ふる事歴然なれバ、此等の写しを智内に生ぜ」[16] ずんバ有べからず。すぴりつある写しを生ずる事も亦色形の及ぶ」[17]（七十三オ）所にあらざれバ、是を生ずる智恵ハ則すぴりつなる事明らけし。右此」[01] 道理に依て大智発明のひろぞほ ぱらたん ありすとうてれもいんてれ」[02] きとハすぴりつある精根なりと決定せり。去程に、人間の智恵を」[03] もて物を知り、弁ふる次第を見るにも、亦いんてれきとの精のすひりつ」[04] なる証拠明白なれバ左に是を顕すべし。」[05]

§三、いんてれきとの精を以てうにべるさるを知る次第の事」[06]

いんてれきとの精をもて色相のうにべるさる なつうらを弁へ知る道ハ」[07] 二様にあり。一にハぱるちくらる体を観ずるを以て、其うにべるさる なつう」[08] らを弁ふる事。二にハ、ぱるちくらる体を余多比べて見るをもて、又其うに」[09] べるさるを弁ふる事、是也。ぱるちくらる体を観ずるを以てうにべるさるを」[10] しるといふは、喩へば一疋の馬を見る時、其馬の毛寸尺馬形等を見ず」[11] して只是ハ馬なりと見る所、是即うにべるさる也。又、ぱるちくらる体を余多」[12] 比べて、うにべるさるをしるといふハ、喩へば余多の馬を騈べて見る時、毛の」[13] 色馬形寸尺等 各 同からずして相替る所を悉皆すて丶何れの馬の」[14] 上にも少も替らざる所あるを弁へ知る事、是即馬のうにべるさる なつう」[15] ら也。此[七四]て馬のうにべるさる なつうらを弁へたる上に、又一重挙て尚も」[16] うにべるさるのなつうらを弁ふるといふハ、先馬のなつうらハ何れの馬も」[17]（七十三ウ）皆人に乗らる丶徳あり。又、嘶ふ性ある事を弁へ、さて此等を捨て只是」[01] 獣なりといふ所のみを見るを以て獣のうにべるさる なつうらを弁へ」[02] 知る者也。此弁へ様ハ、右二様の内の初条に当る也。さて又馬の一類と犬の」[03] 一類を比べて見るにも、馬ハ各いばひ、犬ハ各吠る性あれバ、是相違して同から」[04] ざれども、馬も犬も各獣なる所は替る事なしと見る事、是獣の」[05] うにべるさる なつうらを弁ふる道也。此弁へ様ハ、右二様の内、後の个条に」[06] 当る也。此二様の道の内何れを成とも伝ひ昇りて、獣のうにべるさる」[07] なつうらを弁へ知れバ、又一重あがりてひろぞひやにびべんてと号する」[08] なつうらを見出す也。びべんてとハ禽獣草木を含容するうにべるさる」[09] なつうら

七四 「斯」の誤か

也。さて、びべんてを弁へたる上より、又す丶たんしや(substancia) こるぽらると(corporal)」[10] いふ事を弁ふる也。す丶たんしや こるぽらるとハ諸の有情非情(うじゃうひじゃう)のなつう」[11] らを含容したる所也。如此(かくのごとく)こるぽらる す丶たんしやを弁へてより、又一重(いちぢう)」[12] 上(あが)りて諸のす丶たんしやを一統に弁ふる也。諸のす丶たんしやとハ、あし(aci-)」[13] でんて(dente)にあらずして、独立するなつうらを統て名付(なづけ)たる所也。是又消」[14] 滅と不滅とこるぽらる いんこるぽらる(incorporal)の諸の体(たい)のす丶たんしやを押束(おしつかね)」[15] たる所也。消滅の体とハ四(し)大(だい)和合の万物也。不滅の体(たい)とハ諸天三光等也。」[16] こるぽらるとハ、右二様の体(たい)を合せて名付る所也。いんこるぽらる体(たい)とハ、すぴり(espiri-)」[17]（七十四オ）つ(to)の体(たい)あんじよ(anjo)等也。右のごとく諸のす丶たんしやを一統に弁へてより、又」[01] す丶たんしやにあらざる物をも悉く弁ふる也。す丶たんしやに非ざる物とハ」[02] 是諸のあしでんて(acidente)也。如此(かくのごとく)弁ふる所をひろぞひやにハゑんて(ente)のこんせいと丶(conceptoと)」[03] いふ也。こんせいととハ智解也。ゑんてとハ諸有也。此(この)ゑんての内に自立の」[04] 有と依頼の有あひ籠(こもる)也。自立の有とハ是DS也。DSハ 他に依て体(たい)を」[05] たもちたまハず、只自立本有の尊体也。万物ハDSに作られ奉りDSの御」[06] 力に依るが故に所造依頼の各体也。去程(さるほど)に、往昔(わうじゃく)ぜんちよ(gentio)のひろぞ(filoso-)」[07] ほ(fo)等も、如此(かくのごとく)自分の智恵を以てなつうらの道理を糺し、万像森羅(まんざうしんら)を」[08] 足しろとして深く至り高く昇りて天地万物の尊主DSを弁へ知り」[09] たる者也。是を表してぱらたん(Platon)ハ、高天(かうてん)より一筋の金鎖さがりて土中に」[10] 至るといへり。是別にあらず、下界の万物の理を極むれバ、其(その)智力天に」[11] いたり、天地の理を尽して以て終(つい)に御作者DSを弁ふるとの謂れ也。」[12] 去バ、かほど幽玄なる理を探り明むるいんてれきとの精根(せいこん)を色相に備ハる」[13] 精根なりと見んハ愚漢也。内外のせんちいど(sentido)ハ、人畜共に自分に当る」[14] 色相の境界をぱるちくらるに知るのみにて、うにべるさる なつうらを知る」[15] ちからある事なし。然に人倫は内外のせんちいどの力にをよばざる」[16] うにべるさる なつうらを弁へ、其(その)理を尽し、性(しゃう)を極むる事明白なれば」[17]（七十四ウ）せんちいどの外に又すぴりつある(spiritual) ぽてんしや(potência)を具足する証拠歴然也。」[01] 右色相のうにべるさる なつうらを弁ふる次第如此(かくのごとし)。今ハ又すぴりつある」[02] なつうらをうにべるさるにてもあれ、ぱるちくらるにてもあれ、弁へ知る」[03] 次第を顕すべし。爰(ここ)にをひて汝いふべし、こるぽ(corpo)を離れまてりや(materia)を除き」[04] すぴりつ(espírito)とて別のす丶たんしやあらん事解し難(げ)き一儀なれば、先(まづ)」[05]

すぴりつのすゝたんしや分明にある事を教へて、▲而じて後にこそ」06 是を弁知する次第をバいふべけれと。答云く、せんちいどの識知する所を」07 のみ見るにをひてハ、すぴりつありといふ事ハ解し難けれども、道理の」08 押す所を踏へとして智恵の見る所に随ふ時ハ、すゝたんしやすぴりつ」09 あるをなしといふ事相叶ハず。故に委く左に是をいふべければ、爰にハ」10 先此疑ひを除て、いんてれきとの精力を以てそれを弁へ知る次第を」11 きけ。惣じて、人間の物をしる初門といふハ、せんちいどより外になし。」12 せんちいどハ、又すぴりつを知る力なければ、いんてれきとすぴりつを」13 弁へしらんが為にハ、重々の道理を明らめ、だん〳〵に移り行て終にハ其理を」14 きハむる者也。此例しハ往昔のひろぞほ等、安如の霊体を見付たるに」15 明か也。先仰で天の順環するを見る時、智恵の役として其動揺の」16 謂れを知らんと欲するに、天ハ自力に環るや、他力を受て動くやと思惟」17（七十五オ）する時、惣じて無心無念の体ハ自力に動揺する事かなハざれば、天の」01 旋転必他力によるべしと決定して、さて其他力ハあしでんてな[七五]らんや、」02 すゝたんしやならんやと尋ぬるに、あしでんてハ他のすゝたんしやを動揺」03 すべき自分のちからなければ、天を動ずる他力ハ是すゝたんしやなりと」04 決定し、又、其すゝたんしやハこるぽらるすゝたんしやなるべき[七六]や、否やと」05 尋ぬるに、こるぽらる体の精力ハ星霜を経て必衰ふる物なれば常住」06 平等なる事能ハず、天は其動ずる事古今平等にして、▲遅速なく」07 日月の順環時を違へず、昼夜を量り四時を行ふ事、一刻も相違なければ、」08 是こるぽらるすゝたんしやの及ぶ精力に非ず。こるぽらるすゝたんしやに」09 あらずんば、則是すゝたんしやすぴりつあるたるべき事疑ひなしと。」10 天の順環を見るを以て重々の理を尽して往昔のひろぞほ等ハ安如の」11 体を見付たるもの也。さて又諸のあしでんてハ居する所のすゝたんしやに」12 随ふ物なれば、すぴりつの体に備わるあしでんてもすぴりつならずんバ」13 有べからずと決定する者也。是則人間のいんてれきとのすぴりつ」14 あるすゝたんしやを見出したる次第也。」15

七五　正誤表により訂
七六　虫損

§四、いんてれきとハすぴりつなりといふ事」[16]

去程にすぴりつを弁ふる力ハすぴりつより外に色相に備はる事」[17]（七十五ウ）叶ハざれば、すぴりつの霊体を見出せるいんてれきとの力も又是すぴ」[01]りつなるべき事分明也。此理に限らずいんてれきとのすぴりつ」[02]なる証拠数々也。先人間ハ智恵の働き限りなくして、思ふ所も巧む所も」[03]際限なき事是其一ツの証拠也。汝是を試みんと欲せば、輙[七七]く心を静め」[04]眼を閉て今現成の天地の外に新しき天地を思ひ巧みて見よ。金」[05]銀を以て山丘となし、珠玉を以て禽獣とし、銅鉄の草木を造作し、」[06]其外万物の性相を心内にて造立改易せんに一心に叶ハずといふ事」[07]あらん哉。如此に巧み替へたる天地万物を又引かへて別の姿に幾度」[08]巧みかふるといふとも、智力に尽期有べからず。去バ禽獣のせんちいどハ」[09]内なるも外なるも皆こるぽらる精根なれバ、それ〳〵の境界定りて」[10]其境を越る事能ハず。それ〳〵に定りたる境界の内をも亦悉く知る」[11]力ハなし。如何程賢き禽獣とても、只其身を養ひ一類を相続する為に」[12]肝要なる分際のみをしる者也。然に、人智の精力ハ現在の天地万物を」[13]隔てなくしるをも限りとせず、未来も曽て有まじき事までも」[14]際限なく思ひ巧む事色相の及ぶ所に非ず。色相の及バざるハ、是すぴ」[15]りつの徳儀なれバ、いんてれきとの精力のすぴりつなる事明白也。」[16]又、人ハ我こんせいとを他に顕さんが為に無量の辞を定め置、万物にも」[17]（七十六オ）其名を称ずる事いんてれきとの精徳すぴりつなる証拠也。惣じて」[01]こんせいとといふハ、それ〳〵の物の正理を智内に現ずるすぴりつある」[02]写しなるが故に、天下に於てこんせいとを生ずる事、人倫の外別に」[03]なし。辞といふハ内のこんせいとを外に顕ハす験しなれば、是亦人間を」[04]除て他の生類になき者也。若汝禽獣にも声有て心中の悲恐喜楽」[05]等を顕ハす事有といはゞ、是只音声のみにして、言句にハ非ず、又禽獣の」[06]己れと巧み出せる声にもあらず、身を養ひ子を巣立、災ひを避けんが」[07]為に御作者より作り付給ふ声也。故に馬ハ万国ともにひとしく」[08]いばひ、犬ハ諸国に其吠る声替る事なし。人ハ言語をみづから巧みみづから」[09]定むる物なれバ、国々の辞同じからず。言語同じ

七七 「輙」は「暫」の誤か

からずといへども、儀を」[10]演る事ハ替らず。然も弁舌利口の人ハ儀に随て辞を発し、暗きを明め、」[11]堅きを和げ、人の心の憎愛までも言語を以て忽に変易する事、その」[12]例し諸国に分明也。かか七八る不思議の言句をたくみ出すいんてれきとの」[13]精力ハ、争か色相たるべきぞ。色相の力に及ばゞ、いかでか禽獣の上にも」[14]言語といふ事なからんや。」[15]

又、いんてれきとの働く次第を見るにも、其精力すぴりつなる証拠」[16]明也。働く次第といふハ最初にハあぺれんさんとて万の物の上に彼是と」[17]（七十六ウ）知る一偏也。喩へバ、是非善悪曲直邪正等を見て、善ハ善、悪ハ悪、邪ハ邪、正ハ正と」[01]見知る一偏也。他准之。次にハじゆぢしよとて一偏に見知りたる物を」[02]紏し明らむる事也。喩へば、是ハ善也、非ハ悪也、邪ハ曲也、正ハ直也としり、又」[03]善ハ悪にあらず、非ハ是にあらず、邪ハ正にあらず、曲ハ直にあらずとしり、」[04]或は分ち、或ハ同ずる物也。三にハ、ぢすくるそと云て、紏し分けたる事の」[05]上を工夫商量する也。喩へバ、邪正の二ハ何れをかとり、何れをか捨てんと」[06]思惟する時、直きを撰び曲れるを捨るハ人倫の道とする所なりと」[07]見得して、さて正ハ是直、邪ハ是曲なれバ、皆人邪を翻へし正に帰せずんバ」[08]有べからずと商量する者也。他も亦准之じて弁ふべし。然れバ今」[09]是を見るに如此彼此各別の形相を離れてうにべるさるの道理をあつかふ」[10]精力ハ人を除て他の生類になき事明白也。さて、かか七九るはたらきをなす」[11]いんてれきとハ、こるぽらる　ぽてんしやに非ずして、色相のぽてんしやに」[12]超越する事歴然なれバ、全く是すぴりつある　ぽてんしやなる事」[13]疑ひなし。」[14]

尚亦人の智恵を以て巧み出したる万の芸能を見るに、智恵ハ色相に」[15]非ざる証拠顕ハるゝ也。看々、昔より今に至て如何なる禽獣か絵の具の」[16]数を集めて山野海河の眺望、花鳥風月の景気、春夏秋冬の詠め」[17]（七十七オ）までも居上に彩り、家屋の内に写し置事ありや。或ハ文をなし、字を」[01]定め、筆舌にものをいハせ、紙面に心を写して遠き境の人倫に是を」[02]示し、今の世の事を記録し、後の代の人に道を伝ふる巧みをなす事」[03]ありや。加之、算数の妙術奇特なる事ハ、

七八　踊り字不用ママ
七九　踊り字不用ママ

誠に言語にたえたり。下界の」[04]事ハいふに及バず、懸かに隔たる高天の順環、四季の転変、日月の蝕する」[05]事等までも時刻を違へず、算勘の道より兼て量り知る事、奇特の」[06]業にあらずや。昔あるきめいでといふ人ハ、うつほなる水精の内に諸」[07]天日月星辰を作り籠め、順行逆行をあやつり、月の盈虧、日の出没、」[08]潮の干満、日月の蝕に至るまでも時を違へずあらわしたるといへり。」[09]さて亦工匠の殿閣を造る巧み、金銀の細工の濃なる手涯、詩人歌人の」[10]尽せざる作章、管弦の調子、舞楽の拍子を見よ。此等を巧み出せる人」[11]間の智恵を禽獣に等く全く色相なりと見んハ誠に理不尽の至り」[12]なり。若人有て禽獣の上にも不思議なる巧みをする事なきに」[13]あらずといはゞ、彼等ハ皆其一類に定りたる所作のみ有て境を出ず、」[14]人倫の智恵の巧みハ限りなくして、而も色相の力に超越する所作」[15]多端也。然則かか[八〇]る奇妙の巧みをなすいんてれきとの精力ハすぴりつ」[16]ならずんば有べからず。」[17]（七十七ウ）

又いんてれきとハ弁へ知りたる事のすぴりつある ゐすぺしゐを智恵の」[01]内に納め保つを以て、其性即すぴりつなる証拠顕ハるゝ者也。若此等の」[02]ゐすぺしゐをいんてれきとハ智内に保ち納めずんば、右にいふ種々様々の」[03]働きをなす事争か叶ふべきや。去バ一ツのいんてれきとを用に随て」[04]様々に名付る也。万の物を一偏にしり弁ふる所を指てハいんてれきとゝいひ、」[05]分別隔歴する所を名付てハじゆぢしよといひ、思惟商量する所をバ」[06]らあしよと名付け、弁まへ知りたる事のゐすぺしゐを納め置き納め」[07]置たるを用ある時思ひ出す所を指てハめもりやといふ也。是に付て」[08]さんと あぐすちいのハ、智弁ハめもりやの子なりといへり。所以者何、いんてれ」[09]きとの物を弁へしる業ハめもりやに納まりたるゐすぺしゐ いんてり」[10]じいべるより出るによて也。喩へば、昔見たる人のおもかげの内のせんちい」[11]どに写り留りたるを以て其人を見ざる時も見るが如くに思ひ出すが」[12]ごとし。去バ、諸のうにべるさるとすぴりつある ゐすぺしゐハ、皆此めもりや」[13]いんてれきつあるに納まるに依て、ありすとうてれハいんてれきとを」[14]名付てゐすぺしゐの蔵といへり。今茲に於て知見するに、すぴりつを」[15]納むる事ハすぴりつの器より外に叶ハざれバ、すぴりつある

八〇　踊り字不用ママ

ゑすぺ」16しゑを納め置くめもりやハ、其性即すぴりつたるべき事分明也。然に」17（七十八オ）めもりやといんてれきとハ名異にして性同けれバ、同性なるいんてれ」01きともすぴりつなる事顕然たり。爰に人有ていふべし、此教へを聞」02時、人間にハこるぽらるとすぴりつある二様のめもりやありと見え」03たりと。答云く、人間にハ二様のめもりやある也。一にハめもりや せんしちいハ、」04二にハめもりや いんてれきつある是也。彼ハぱるちくらる色形のゑすぺし」05ゑを納め、此ハうにべるさる なつうらとすぴりつある ゑすぺしゑを納むる也。」06彼ハ禽獣の上にも人間の上にも色身の方にある物也。此ハあんじよと」07人間のあにまにのみある者也。去程に、人としてうにべるさる なつうらを」08思ひ出す事と、又、世にすぐれたるめもりやを持たる人の古今にたえず」09ある事も、皆是めもりや いんてれきちいわの業也。昔せねかと云ひし」10人ハ、物の名を二千つゞけて一返人にいわせて聞たるを、次第を違へず即時に」11いひ出したると也。又、ぺるしやの▲国王にしいろと申せしハ、数十万騎の」12官軍の名を逐一に知て、面々の名を喚給ひしとぞ。此等の不思議の」13めもりやハ、色相計の力に及ぶ事に非ず。故に禽獣の上にハ古今曽て」14例しなき儀也。其理を如何にといふに、せんちいどの識知よりも、いん」15てれきとの智ハ精力尚、広大なる如く、めもりや せんしちいハよりも、めも」16りや いんてれきちいはゝ、遥に勝るゝ故也。又、いんてれきとハ老しても其」17（七十八ウ）精力衰へざる事も、色相にあらざる証拠也。せんちいどハ、色相なるが故に」01老衰の人ハ見聞等も弱くなるといへども、いんてれきとハすぴりつ」02なるが故に、老後に尚貞かなる者也。」03

右条々の道理を細砕吟味せん人ハ、いんてれきとの精力すぴりつなる」04事を分明に弁ふべし。蓋し、是にても猶いまだ暗しとせバ、曽て是道」05理の不足に非ず、只偏に愚癡の致す所也。喩へバ、日の光ハ朗かなれども」06梟、鵂鳥の類ひハ却て暗しとするがごとし。」07

§五、右の教に付て起るべき不審を少々明す事」08

問云く、いんてれきとめもりや いんてれきちいはゝ名異にして同性ならバ」09いんてれきとをすぴりつなりとハ云難し、所以者何、老衰の人ハ見聞」[10] 等のせんちいど衰ふるごとくめもりやも亦衰ふる也。見聞等ハ色相」[11] なるが故に衰ふる事明白なれば、めもりやも亦色相たるべし。既に是」[12] 色相ならバ、同性のいんてれきとをすぴりつといハんハ不審なり。」[13]

答云く、老して衰ふるめもりやハせんしちいわ也。是ハ色相のめもりや也。」[14] 納め置くゑすぺしゑも亦色相也。▲而も此めもりやハ寒熱湿燥等の」[15] 加減によるが故に、加減相違する事あれバ、納置くゑすぺしゑもともに」[16] 衰ふる者也。めもりや いんてれきちいは、すぴりつ也。納置くゑすぺ」[17]（七十九オ）しゑも亦すぴりつ也。故に年老ひ齢衰へても衰ふる事曽てなし。」[01] 重て問ふ、めもりや いんてれきちいハの性ハ衰へずと云共、めもりや せんしちいハ」[02] 衰ふるに随て、いんてれきちいハもともに其徳に不足有事いかん。答云く、」[03] あにまと色体と和合して一人となる間ハ、めもりや せんしちいは、いん」[04] てれきちいハ めもりやに仕ふる者也。故にめもりや せんしちいハに納まる」[05] ぱるちくらる形相に不足有時ハめもりや いんてれきちいわも其不足を」[06] 覚えずして叶ハず。然といへども、離別の後ハ色相に拘らざるが故に」[07] いんてれきちいハ めもりやハ一分の徳を発して、うにべるさるもぱるちく」[08] らるも障りなく思ひ出す者也。いんてれきとの業も亦以てかくの」[09] ごとし。此開解ハ、次の不審に尚顕はるべき者也。」[10]

問云く、いんてれきとハすぴりつにして、徳用も又妙ならバ、争か小児ハ」[11] 智光を発する事なく、狂人の智恵は禽獣のゑすちまちいハにも」[12] 劣れるや。是不審也。答云く、如此の不審を解せんが為にハ、右第三の§に」[13] 載する教を踏として、いんてれきとのこるぽらる なつうらとすぴ」[14] りつある なつうらを弁へしる次第を能徹底せよ。然らバ、いんてれき」[15] とハゑすぺしゑ いんてりじいべるを求得せざれバ物を知る事叶ハざるといふ」[16] 儀を納得すべし。此ゑすぺしゑ いんてりじいべるを安如にハ御作の端的に」[17]（七十九ウ）DS与へ給ふごとく、人間のあにまにも御作の初より与へたまハざる謂れハ」[01] 安如の体ハ色相に和合してせんちいどの道より此ゑすぺしゑを求め得る」[02] 事叶ハざる体なるがゆへ、御作の初よりそれを智内に作籠め給ふ也。」[03] 人間のあにまハ是に替りて色身に合体して色身のほるまとなる物」[04] なれバ、存生の間にせんちいどの道を以てゐすぺしゐ いんてりじい」[05] べるをもとむる事叶ふが故に、御作の初より是を与へ玉ハざる者也。」[06] 然バいんてれきと此ゐすぺしゐ いんてりじいべるを求得る次第を」[07] いふに、先最初にハ、色声香味等の外の境界より現来する写しを眼」[08] 耳等の五ツの門戸より頭中に受とる也。其後、内のせんちいども亦」[09] 各自分の精力を以て外より受とりたる写しよりも尚菲薄なる」[10] ゐすぺしゐを重々に生じ出す也。此[八一]て是等のゐすぺしゐハ漸々に薄く」[11] なりて、終に色相を遠離する時、いんてれきとハ自分の精力を以て」[12] 其ゐすぺしゐの内よりすぴりつある ゐすぺしゐ あびつあるを生じ」[13] 出す也。さて如此のゐすぺしゐにうにべるさる なつうらハ現ずる者也。」[14] 然じていんてれきとハ此等のゐすぺしゐを受とりてうにべるさる并に」[15] ぱるちくらる事のあくつある写しを生じて、智弁をなす者也。喩へば」[16] 眼ハ向ふ境界の写しを受て見識を成ずるがごとし。爰を以て見るに」[17]（八十オ） いんてれきとの業を宜くなすべき為にハ、内のせんちいどをよろしく」[01] 仕ふべき事肝要也。是によって、ありすとうてれの語に、いんてれきとの」[02] 業をなすにハ同時に又内のせんちいどに向ハざれば叶ハずといへり。此」[03] 為にこそ、あにまハ色身に和合して命根となり、ほるまともなる物なれ。」[04] 然バ、内外のせんちいどヽいふハ、いんてれきとの業をなす為の仕ひ道具」[05] なる事明白なれバ、道具に不足ある時はいんてて[八二]れきともよろしく」[06] 業をせざる事尤也。喩へば、能書たりといへども筆紙心に任せざればバ」[07] 筆精をふるひ難し。去バ小児ハ頭脳に湿気多くして柔弱なれば、」[08] 内のせんちいど貞かならざるが故に商量分別する事能ハず。老衰の」[09] 頭中ハ至て冷燥なるが故に、物毎に失念多し。沈酔の人ハ酒気厚く」[10] 昇りて脳を味まし、熱病の甚しきは熱気頭上に至りて脳を」[11] 覆へすが故に、内のせんちいど悩乱して、いんてれきとの働きに障碍」[12] 出来る者也。狂乱愚頑の漢に智恵の業なきも又此謂也。」[13]

問云く、睡眠の人ハせんちいどの業なきごとく、智恵の業もなし。既にいん」[14] てれきともせんちいどに等く睡眠せバ

八一 「斯」の誤か

八二 衍

すぴりつとハ云難し。答云く、」[15]いんてれきとハすぴりつなるが故に曽て睡眠する事なし。証拠は」[16]睡眠の内にもいんてれきとの業全くなきに非ず。夢中にうにべるさる」[17]（八十ウ）理りを見る事あるは、是いんてれきとの業也。うにべるさるをしる事ハ」[01]色相のぽてんしやの及ぶ所に非ず。又問く、睡中の夢は稀にして」[02]常になし。多分ハいんてれきと無念にして業なき事いかん。答云く、睡眠ハ」[03]其因縁多しといへども、多分をいへば、△胃の腑の食気頭上に昇りて」[04]内のせんちいどを覆ひ、亦内より外のせんちいどに通ずる道をも塞ぐ」[05]時、内外のせんちいど暗々として暫く所作を止め休息するを名付て」[06]睡眠とハいふ者也。去程にあにま色体に和合する間ハ、右に委く教ゆる」[07]ごとく、いんてれきとハ必内のせんちいどのゑすぺしゑを境界として智」[08]弁をなす者也。然に、せんちいどを塞ぐ食気ハ△亦ゑすぺしゑをも悉皆」[09]覆ひかくすが故にいんてれきとハ向ふべき境界なくして智恵の業を」[10]なす事能ハず。既に業なければバ其なき業をかへりみる業もなし。喩へバ、」[11]眼精貞かなりといへども、闇来て虚空をうづみ境界の色を奪へば、」[12]根境相対せざるが故に、見識をなす事能ハずして眼精なきに似たるが」[13]ごとし。」[14]

問云く、いんてれきとハ△亦じゆぢしよとも名付て虚実を明むる徳あるに」[15]於てハ、争か夢中の影像に迷て其虚なる所を明めざるや。答云く、」[16]此不審を解せんが為にハ先人の夢みる謂れを聊茲にいふべし。夢と」[17]（八十一オ）いふハ右の開解にいふ睡眠の気漸々に薄くなり、むらぎえすれば、平生」[01]内のせんちいどに写し置たる万のゑすぺしゑハ所々に顕れ、あらわれ」[02]てハ△亦隠れ、悉皆隠るゝにも非ず、悉皆顕ハるゝにも非ずして、喩へば」[03]雲間の月を見るがごとし。或ハ紙面に記す文字の多分ハきえてところ」[04]〳〵に残りたるを読つゞけて見れば、文章の義理雑乱して聞え難に」[05]似たり。此故に夢見る人ハ海上に車馬を馳せ、山岳に船を乗り、人身に」[06]馬頭を具し、馬頭に牛角を見る事あり。是則人の夢みる謂れなり。」[07]極睡に夢なきも、亦以此故也。然にいんてれきとハじゆぢしよとて」[08]虚実を糺す徳あれば、夢の迷ひを即夢中にも弁ふべきに、其儀」[09]なき事いかんと問はゞ、其開き多し。先夢みるときもいんてれきとハ」[10]いつも迷ふに非ず、夢を則夢と弁へ、現に非ずと顧る事度々夢中」[11]にもある者也。如此の明めハじゆぢしよの業

なる事明白なれば、夢中」12 にハ曽てじゆぢしよなしといふべからず。若又如此の明めハ夢見る毎に」13 なし、多くハ迷
ふのみなりと云はゞ、答ふ、いんてれきと万の義理を糺す」14 にハ、必せんちいどのゑすぺりえんしやを踏とする也。然
に夢見る人ハ」15 外のせんちいども全く塞り、さて外の境界の実否を糺すせん」16 ちいど こむんも別して雲霧にとぢられ
て明かならざれバ、踏とすべき」17（八十一ウ）ゑすぺりえんしやなくしてじゆぢしよの徳を発する事もなし。」01 其故ハ、
ありすとうてれが教るごとく、いんてれきとの働きハ何れも内の」02 ゑすぺしえに向ハずして叶ハざれバ也。加之、人
間のあにまハ一身のほるま」03 なれバ、べぜたちいハの精をもて身を養ひ巣立る事をも専己が業と」04 する者也。然バ睡
眠の時ハ暫くいんてれきとの所作を止て一身補養を」05 第一とするが故に、夢中の影像を見てもいんてれきとハ強て其虚
実に」06 拘らざる故也。さめたる時だにも多境紛乱して遂一に智恵を仕ハざれバ」07 分別迷ふ事多し。益て睡眠の時に於
てをや。右条々の開解各其理」08 甚深なれば、能々工夫を凝して徹底すべき者也。」09

§六、おんたあでの事」10

右いんてれきとの外に亦あにまに備ハる今一ツの徳用あり。名付ておん」11 たあでといふ也。又是をあぺちいと
いんてれきちいをとも名付たり。是別に」12 あらず、いんてれきとをもて境界の好悪を糺す時、境を好しと見我為に」13
相応なりと見れバおんたあで此に起て彼に愛着し、則願ひ望む也。」14 若△亦境を悪しと見我為に相応ならずと見る事あれバ、
おんたあで」15 彼を憎み必厭ひ嫌ふ者也。さて境界の好悪ハ必しも実に非ずと云共」16 ［いん］八三 てれきと彼に迷て悪きを
よしと糺すにをひてハ、おんたあでハ彼に」17（八十二オ）着し、好きを悪しと糺す時ハおんたあで是を嫌ふ者也。去バお
んたあでの」01 業多しといへども、好むと嫌ふとの二ツを第一の業とする者也。」02
去程に、いんてれきとの業を以てハ右にいふこんせいとを生ずるごとく、」03 おんたあでも境界に執着するを以てあもる
といふ物を生ずる也。あもる」04 とハおんたあで境界を執する思ひをいふ也。喩バ鉄にて作りたる漏剋の」05 諸輪をめ

八三　紙損

ぐらし時をうつ事ハ皆おもりの業なるごとく、おんたあでも」06 此あもるに引れて愛境に着し、それを求めんと万の道を尋る也。是に」07 よてさんと あぐすちいのは Amor meus pondus meum, illo feror quocumque feror.」08 あもるハ是我心のおもりなり、いづくにゆくも皆彼に引れて行なりと」09 いへり。又云く Sicut corpus pondere, ita anima mea amore fertur. こるぽらる体はその」10 重きにひかれて動くごとく、我あにまハあもるに引れて動揺すと。此心ハ」11 喩へば金石等の体ハ自分のおもりにつれられてせんとろを指て動き」12 ゆくごとく、人倫のおんたあでハあもるにひかれて愛する境界に着せんと」13 趣くなりといふ儀也。然れば、おんたあでの好み愛する所は、せんちいどに」14 対する色相のぱるちくらる境界のみにあらず、名誉官位善徳等の」15 うにべるさるをも好み、又すぴりつある境界にも愛着する物なれば、」16 おんたあでハ是あぺちいと せんしちいをに異なる精徳なる事明か也。其」17（八十二ウ）故ハ、あぺちいと せんしちいをハ、人倫に有ても色相のぱるちくらる境界の」01 外を好む事叶ざれば也。是によておんたあでを亦あぺちいと いんてれき」02 ちいをと名付たり。喩へばいんてれきとハ境界に限り隔といふ事なく」03 有としあらふる事を弁へ知ごとく、おんたあでも境界に差別なく」04 有とあらふる事を望み嫌ふ精力有が故也。其上おんたあでハあぺちい」05 と せんしちいをの愛する境界を憎み、おんたあでの愛する境界を」06 あぺちいとハ亦憎む事あり。去ば一ツのぽてんしやより互に剋する二ツの」07 あくとを同時に生ずる事叶ハざれバ、おんたあでとあぺちいと せんし」08 ちいをハ各別のぽてんしやなる事歴然也。さて又是ハ如何程の差別」09 ぞと問ハゞ、すぴりつと色相の隔なりと答ふべし。故を如何にといふに、」10 いんてれきとをすぴりつなりと徹する道理ハ皆おんたあでのすぴ」11 りつなる所をも顕す者也。」12

先いんてれきとをすぴりつなりと顕す第一の道理ハ、いんてれきとは」13 うにべるさるとすぴりつある事を弁へ知る力を持事也。其ごとくおん」14 たあでもうにべるさるとすぴりつある事を願ひ望む精力を持事」15 明白なれバ、おんたあでハ是すぴりつ也。又、いんてれきとハDSの尊体をしる」16 力あるをもてすぴりつなりと顕るゝごとく、おんたた八四あでもDS

八四　衍

を望む」[17]（八十三オ）精力有をもてすぴりつなる事明らけし。又いんてれきとハ其働き様々」[01]にして、▲而も際限なきをもて、すぴりつなる証拠を顕すごとく、おん」[02]たあでも△亦其好む所と嫌ふ所ハ様々也。▲而もいんてれきとより見する」[03]道理ハうにへるさるにてもあれ、すぴりつあるにてもあれ、其数に限り」[04]なければ、是に随ふおんたあでの憎愛も限り有事なし。若おん」[05]たあでハ禽獣のあぺちいとに等くこるぽらる ぽてんしやならばかゝる」[06]働き有べからず。爰を以ておんたあでハすぴりつなる事明白也。又、」[07]諸のひろぞほ教ゆるごとく、ぽてんしや あぺれんしいわとぽてんしや」[08]あぺちゝいハゝ、必其性同き者也。然れバおんたあでを導くいんてれきとの」[09]ぽてんしやハすぴりつなる事明かなれば、是を慕ふおんたあでの」[10]ぽてんしやもすぴりつなる事疑なし。又、りべるだあでとて自己の」[11]望みを進退する自由の徳ハすぴりつある なつうらを除て色相の」[12]なつうらに備ハる事叶ハざる者也。此故に、禽獣の上にハ自由の所作」[13]有事なし。然るに▲人倫ハ自己の望みを進退し我と心を司どる自由の」[14]徳を具足する事、歴然なれば、此至徳を備ふるぽてんしやハ必しも[八五]」[15]すぴりつならずんバ有べからず。是又則おんたあでなれバおんたあでハ」[16]是すぴりつある ぽてんしやたる事疑なし。去ば、此自由の徳ハほる」[17]（八十三ウ）まりてる おんたあでに備ハるといへども、らぢかりてる ハいんてれきとに有が」[01]故に自由の徳ハ此二ツのぽてんしやに兼備わると心得べし。又おんたあ」[02]でとあぺちいて せんしちいを▲ハ互に対捍する事もおんたあでのすぴ」[03]りつなる証拠なる者也。あぺちいて せんしちいをハ常に命を惜むといへ」[04]ども、おんたあでハ時として身命を抛たんとする事あり。あぺちいてハ」[05]道を枉ても身の撫育を好むといへども、おんたあでハ身を摂しても」[06]道を巣立てんとする事あり。爰を以ておんたあでハ色身に拘らず」[07]して色身に勝れたるなつうらなる事分明也。是即すぴりつある」[08]なつうら也。爰に尚心を留めば、▲人倫ハ群生に替て二様のあぺちいて」[09]ある事を見付べし。一にハあぺちいて せんしちいを、今一ハあぺちいて いんてれき」[10]ちいを也。然るに此二様のあぺちいて二ツながらこるぽらるならば、一ハ必無益也。」[11]其故ハ、色相のぱるちくらる境界を好むべき為にハ一のあぺ

八五　「必」と同義

ちいて せん」12 しちいをの外別に用有事なし。去ばDSとなつうらの業ハ諸のひろ」13 ぞほの決定するごとく、肝要なる事に不及なき如く、肝要とても」14 亦太過なき物なれば、あぺちいて いんてれきちいをハ必すぴりつある」15 精徳たるべき事顕然たり。」16

§七、いんてれきちいハ あにまの体ハすぴりつなりといふ事」17（八十四オ）

去程に左に載する条々の道理を以て いんてれきとも おんたあでも」01 二ツながらすぴりつあるぽてんしやなる事明かなれば、此等のぽてん」02 しやを全備するあにまの体も又すぴりつの体なる事分明なる者也。」03 所以者何、惣じて万物のなつうらを見るに精ハ必体に等く、体は定て」04 精に相応する事、是不易の一儀也。然バあにまの精徳なるいんてれきと、」05 おんたあでハすぴりつなる事疑ひなき時ハ、すぴりつある精徳を」06 含むあにまの体もすぴりつの体たるべき事何の疑ひかあらんや。若」07 此理を納得せざる人あらば、都て是世にすぴりつの体ある事をいまだ」08 しらざる故たるべし。人間のあにまに限らず、余にもすぴりつの」09 体有事ハ古今の学者明白とする所也。先DSの尊体ハぷうろ すぴりつ」10 とて、惟単のすぴりつにて在ます也。其理を如何と見るに、若DSの」11 体こるぽならば[八六]、其こるぽハまてりや ぴりまとほるまとを合せずして」12 叶ふべからず。さあらばDSの尊体に賎しきまてりやを具し給ふべし。」13 是又有べき儀に非ざれバ、かならずDSハ すぴりつの尊体也。其上DSに」14 こるぽあらバ、万物の御作者たるべからず。故をいかにと云に、こるぽらる体の」15 物を作するにハ、かならず外に向て下地を求めずして叶ハざる者也。」16 喩へバ鍛治ハ鉄を求め、大工ハ材木を求むるがごとし。是によて、下地なければ」17（八十四ウ）何をも作り出す事叶ハず。然るにDSハ 元来一物なかりし天地の万」01 物を種なくして作り給ひ、猶此上にも無量無尽の天地を種なく」02 して作り出し給ふべきおむにぽてんしやを持給へば、是こるぽらる体に」03 非ず。こるぽらる体に非ざれバ則是すぴりつある尊体

八六　原本「ぱ」に誤植

なる事至て」04極れる道理也。又、安如の体もすぴりつの体也。是無心の天の環るを以て」05顕然たる事、粗左八七に載するが如し。加之、あんじよの体ハ全くいんてり」06ぜんしやなれバ、智恵の働きをなすにも色相のせんちいどより受る」07ゑすぺしゑを用ふる事なし。此故にこるぽなしとて不足有事」08なし。爰を以て、其体すぴりつなる証拠分明也。其上あんじよハいんてれ」09きとゝりべるだあでの徳を具せり。此二徳ハすぴりつに非ざる体に備ハる」10事叶ハざれば、是亦あんじよハすぴりつなる証拠也。」11

然れバ、今是を以て見るに、世にすぴりつの体ある事ハ紛れなき所」12なるに、人倫のあにまに限てすぴりつにあらじといハんハ誠以理不尽也。」13既に此あにまハいんてれきとを具し自由の徳も備ハる事ハ人々の」14試み覚ふる所也。是又色体より出る徳儀に非ず。若是色体より出るに」15於てハ争か禽獣にもなからんや。然れバあにまより出る事疑なし。既に」16是疑なくんバあにまハ其体すぴりつなる事何の疑かあらん。又DS万物を」17（八十五オ）御作なされし事ハ量りなき尊体と御善徳をなるべきほどハ御作の」01物にも施したまハんが為也。然れバDSの尊体にをひても尤勝れたるいん」02てれきとゝりべるだあでの至徳を人のあにまにハ与へ給ふ事分明なれバ、」03此二に必伴ハずして叶ハざるすぴりつの体をバ争か与へたまハざらんや。」04さて亦御作者ハ大世界の政をすぴりつのあんじよを以てなし給ふ」05ごとく、小世界となる人身をもすぴりつのあにまに司どらせ給ふべき」06事、是尤の至也。爰に若人有てあんじよといふもあにまといふも眼耳」07等の識知する所に非ざれバ、ありとハ更に云難しと思ハゞ、甚愚癡の」08至也。草木の種に隠るゝ奇妙の精徳、薬種に含む様々の徳儀も目に」09見る人ハなけれども、用を以て顕然たるごとく、あにまも五根にハ觸」10ざれども徳用既に明白なれバ用を見て体をしるハ尋常の法也。」11

§八、あにまいんてれきつあるハ不滅の体なる事」12

いんてれきつあるあにまの体をすぴりつなりとだに決定すれば」13不滅の道理ハ自ら顕ハるゝ者也。其故ハ惣

八七　「右」の誤か

じてすぴ[八八]つの体といふは」[14]何れも四大合成に非ざれば漸々に衰へ行べき謂なし。又色相にあら」[15]ざれバ他に亡ぼさるべき道もなし。爰を以てすぴりつハ曽て滅無の」[16]儀なき道理ハ洞然として明白也。然れバあにまいんてれきちいハ、すぴりつの」[17]（八十五ウ）体なる事右条々に分明なれバ不滅の儀も又うたがひなし。故に今爰に」[01]再論するに及バず。去程にあにまの不滅なる所ハ右明白の道理の外に」[02]又余多の験もある物なれば、此等を少々挙ていふべし。一にハ、万国の」[03]人間、押並て名を惜み、誉を後代に留めん事を望み、又此身滅して」[04]よりも後生やあらん、然らバいかゞせんと気をつかひ、心を尽す事、是先」[05]あにま不滅なる験也。もし人も禽獣に等く現世一旦のみにして」[06]来世に留まる体なくんば何ものか名を惜み何ものか命終して後の」[07]事をば歎くべきぞ。然に人倫ハ誰教るとしもなけれども、万国等く」[08]をのづから如此の心を生付くハ必しも[八九]来世に残る体有が故に彼が為に」[09]名を惜み、其行末を慎みて来世の気つかひをもする者也。是今一の験也。」[10]又、DS御作の万物を観ずるに賎き有情非情の類に命ながき物多し。」[11]象の命ハ二百歳に及び、へいにすといふ鳥ハ五百歳を保つといへり。松樹を」[12]先として数百年を経ても猶いまだ緑なる木ハ種類あり。天ハ永劫」[13]不滅也。四大も又如此し。爰にをひて万物の霊長たる人間の齢を見るに」[14]僅に百年をさへ備るもの稀なり。生とし生ける類の上に第一と」[15]するハ寿命なるに、万物の司なる人間の齢、賎き樹木禽獣にさへ劣」[16]れるハ、是御作者の不足と云べしや。蓋し、御作者に不足有事叶ハ」[17]（八十六オ）ざればバ、いかさま、人ハ現世一旦の寿命の外に果る事なき命を持ずんば」[01]有べからず。是亦あにまの不滅を顕す今一ツの験也。又、DSを諸善諸徳」[02]円満の尊体なりと弁へ奉れば、人間ハ来世にとどまる不滅のあにま」[03]なくて叶ハずと見る者也。所以者何、俯して下界の荘観を見るに、」[04]仁者もあり不仁者もある也。然に仁者ハ貧賎にして不仁者ハ又富」[05]貴く、仁者ハ苦痛逼迫して不仁者ハ楽み栄ふる事多し。又、仰でDSを」[06]窺ひ奉るに万徳すでに円満なれバかならず憲法の善も

八八　「り」脱
八九　「必」と同義

備はり」07 給ふべし。さて憲法の一善ハ賞善罰悪を以て徳とする物なればDSハ」08 賞罰厳重に在まさずして叶ふべからず。然る処に現在にて仁者を」09 賞じ不仁者を罰し給ふ事稀なるハ、是一ツの不審也。蓋し、DSにハ憲」10 法の善なしとせんや。なしといハんとすれバ、万徳円満也、ありといハん」11 とすれバ賞罰を見る事希有也。茲にをひて観ずるに、是即人倫」12 にハ不滅のあにま明白にある験也。其故ハ御憲法の善徳に不足なか」13 らんが為にハ現世の賞罰なしといふとも、来世にて是を行ひ給ふべし。」14 来世の賞罰を受べき為にハ亦人倫に不滅のあにまなくんば叶ふ」15 べからず。爰を以てDSを見知奉れバ不滅のあにまハをのづから顕然する」16 者也。去程に、いんてれきつある　あにまの不滅なる道理証拠を論じ畢て」17（八十六ウ）今此篇の末に愚なる人の心に起るべき不審を少々開解すべし。」01

問云、あにまハ不滅の体ならば、争か是を具足する人間も亦不滅の」02 徳を得ざらんや。答云、惣じて人の死するといふハあにま色身の分散する」03 をいふ者也。然に又人といふハ此あにまと色身と和合したる所なれば、」04 此二ツ分散する事なきにをひてハ、いつまでも人ハ滅する事有べか」05 らず。然といへ共分散せずして叶ハざるがゆへに、人ハ必滅する者也。人は」06 必滅すといへ共あにまハ残り留まる者也。」07

問云、始めある物は皆終りあり。是古今の学者の決定する所也。去ば」08 あにまも始めあれバ争か終りなからんや。答云、始めあれバかならず終り」09 有といふは都て万物をいふに非ず、ぜらさんとて色相の体より生じ」10 たる類のみ也。喩へば草木ハ他の草木より性を受るが故にはじめ」11 有て終りあり。禽獣も他の禽獣より生ぜらるゝが故に滅無の儀を」12 遁れ得ず。火も余の火より生じたるはかならず消失する者也。然」13 ども、けれやさんとて元来一物なかりしをDS直に作り出し給ひし体ハ、」14 色相とても滅する事なし。此故に諸天四大ハ始め有ても終なし。」15 爰を以て見るに、いんてれきちいわ　あにまの体は、始め有とて終るべきに」16 非ず、元より是ハすぴりつなれバ父母より生じ出すに非ず。DS直に」17（八十七オ）種無して作り給ふ体なれば也。然ればあにまの不滅なる所を見るに」01 付ても、万物の御作者DS在ます所ハ歴然の道理なれば、謹で尊み」02 奉るべき事、是人倫の本意也。」03

第卅、御作の万像森羅をもて御作者の尊体并」[04]御善徳広大なる所を観察する事」[05]去バ右一巻の条々にのする所の義理等に心を留めて思惟し工夫を」[06]懲すべき人ハ、此天地万像ハ能造の君有て万物を主▲宰し安養し」[07]給ふ事を分明に納得すべし。此尊主を名付てDSと申奉る也。然ば」[08]DSの御体に全備し給ふ万善万徳は逐一に尊体に等く無量無辺」[09]なれば人間の浅智にて校量し奉る事叶ハずといへ共、派れを汲で」[10]水上をしり、一滴を嘗て巨海の味ひを察する如く、御作の万像森」[11]羅をもて管見の窺ひをなし奉るに、量りなき御智恵、量りなき御力、」[12]はかりなき御慈悲等の数々の御善徳顕れ給ふ者也。此等を観念工夫」[13]する事、きりしたんの心を発し信心に燃立御奉公に進む便となるが」[14]故に今、此巻の終りに、ぜねじす初一个条の旨を踏として六日の」[15]御作を挙て[九〇]云べし。」[16]（八十七ウ）第一、初日にハ、DS天地を作り給ふと書れたり。天とハ諸天、地とハ地水」[01]風火の四大也。此等を作り給ふと有事、兼て其下地あるに非ず、元来」[02]一物もなき所にあれと思召す御内証一ツをもて天地四大ハ頓に出現し」[03]たると心得べし。汝爰に心を留めて工夫するに於ては、御作者の量」[04]なき御力御自由自在の御徳儀を勘弁して愀果べき者也。先天の」[05]広大なるに付て天文の学士等が論説を見るに、地大も広大なりと」[06]いへ共、天に比してハ唯一点のごとしといへり。然バ天にも重々有て、上なる」[07]天程其体尚大なる時ハ、十天目のいんぴりよハ如何程広大なるべきぞ。更に」[08]思惟校量も及びがたし。是亦DSの御台、諸のあんじよべあとの」[09]快楽を受給ふ浄刹なれば、人智学力の至ざるも誠以理也。故に暫く」[10]是を閣き、其下なる天の上をいふべし。いんぴりよに続く天ハ九番目也。」[11]其名をぴりいむんもうびれと云也。是動揺の初といふ心也。此天、一日」[12]一夜の内に東より西に一廻する時、其下に重なる八ツの天をも引つれて」[13]廻也。是に続くハ八番目の天也。是則諸の星の備ハる天也。此天の大さを」[14]しらんと欲せば、先星の上をきけ。大小其数積りがたき諸星の中に」[15]其体大地に百相倍なるもあり、下界より第一小さく見ゆる星も皆」[16]大地よりは大なる者也。故に若大地の程なる星あらば、縦六番目の」[17]（八十八オ）天に備わるといふとも、其体あまりに小さくして下界

九〇　原本「で」に誤植

より見る事」[01]叶ふべからず。是皆古今発明の学士等道理を踏へ算数を極めて決定」[02]する所なれば、曽て疑心を残事なかれ。然ば今汝見よ、加程大なる星を」[03]幾千万といふ数をしらず備へ置たる上にも、猶未透間多き八番の」[04]天の体ハ如何程大なるべきぞや。去ば上にハ此等の諸天、下にハ地水風火の」[05]四ツを下地もなく道具もなく時刻も移さず造作もなくあれと宣ふ」[06]計にて出現させ給ふ御作者の御自由自在ハ如何計の御力なるべき」[07]ぞや。是を工夫せんとすれバ、智力を絶し、只忙然となるのみ也。」[08]

第二の日にハ水土の二大を分ち給ふと見えたり。其様体を見るに、惣」[09]じて四大ハ、重きは下に有て軽きハ上を居所とする故に、御作の初」[10]より水大ハ地大の上に居して尺寸の乾地もなく覆浸せし者也。然を」[11]DS二日目に水大を一方によれと宣へバ、水大則御辞に随ひ一方に片よれバ」[12]乾地忽に顕れたるを人倫の栖家と定め給ふ也。嗚呼、奇なる哉、妙」[13]なる哉、水の自性に任すべくんバ地大を遍く浸覆して本所に居せんと」[14]こそすべけれども、DS一度彼に定め給ふ法をこえず、水土の境を乱ら」[15]ざる事、無辺広大の御力を顕し給ふ事明也。多分ハ、砂石をもて涯り」[16]とし、白浪滔天すれども其境を越ざるハ驚ても尚余あり。」[17]（八十八ウ）

第三の日にハ大地に下知し給ひて、万の草木を生ぜよと宣へば、」[01]山野の草木五穀の類、数を尽して一度に大地より生起現成し」[02]たる也。是亦量なき御力也。未三光の徳気もなく、雨露の恵みも空」[03]より降ず根蔕枝葉一粒の種子もなき所に、御辞の御力のみにて」[04]千草万木五穀野菜類を分ち、品を尽して生起せし事、甚深無」[05]量の御自由に非ずや。是亦後に作り給ふべき人間の用を兼てより」[06]御覧じ給ふが故也。去ば草木の徳儀をバ右に委く記しぬれバ、爰に」[07]再論するに不及。」[08]

第四の日にハ日月星の三光を作給ふ也。此等も只御辞計にて出現せり。」[09]去ば日月星宿の光明徳気の妙なる事ハ誰か筆紙に尽すべきぞ。」[10]縦又書載といふとも、幼学の人は信ずべからず。先日輪の上をいふに」[11]其体下界より見る所ハ僅に寸尺を限るといへども、水土の二大を一ツに」[12]して一百六十六相倍猶大なる者也。此算用ハ学問をせざる人に対して」[13]一句に顕す事成難ければ闇く也。然共、日輪水土の二大よりも大なる」[14]道理ハ誰が心にも落易き者也。汝是をしらんと欲せバ目前の証拠を看よ。」[15]喩ば夜中に績松をとぼして其傍に何にても立置く時、其体績松の」[16]火よりも大きなれバ其より出る影ハ末ほど尚広くなる也。若又傍に」[17]（八十九オ）立たる物松明の火よりも小さければ、其より出る影ハ漸々に狭くなり」[01]て、終にハ消失する者也。爰を以て光を障る体、光の出る体よりも大」[02]なる時ハ、其影ハ末びろになりゆき、光を障る体、光の出る体よりも小さ」[03]ければ、其影ハ末ほど狭く成て遠く至らざる事、眼前の例也。今是を」[04]踏として、日輪と大地の大小を量るに、日輪西山に傾て此土の下を」[05]廻る時、水土の二大ハ日の光を障が故に、其時、此土ハ闇と成也。然に此」[06]かげの末ハひろくなるや狭くなるやと見るに、せばく成行て、其末の」[07]かげはやう〳〵一番の天まで届きて二番の天にハ行届かず。さて、」[08]月輪ハ一番の天に有が故に、彼天にゆき届く水土のかげに月輪廻り」[09]当る時、月光少暗くなるを、月蝕とハいふ也。去バ此かげ二番三番の」[10]天までも至るに於てハ、二番の天に備わるめるくりよといふ星も」[11]三番の天のべいぬすも、時としてハ蝕すべけれども、古今いまだ其儀」[12]なければ、水土のかげハ二番の天にさへ行つかずして、消失する事明白也。」[13]然則、日輪ハ水土の二大よりも其体尚大なる証拠分明なる者也。去ば」[14]其大さを如何程ぞといふに、右にいふごとく水土の二大を一百六十六合せたる」[15]程也。かほど大なる体なれ共、廻り脚の速なる事、喩ふべき物下界に」[16]なし。其を如何にといふに、日輪の朝に出るを見るに、東の山の端より見」[17]（八十九ウ）ゆるかとすれバ、小半時をも経ずして、其体残らず出る者也。去バ日輪ハ」[01]水土の二大よりも一百六十六相倍大なる体なれバ、其体を一輪移すバかり」[02]にても水土の二大を一百六十六度廻るに等き也。是亦小半時にも足」[03]ざるを以て日輪の廻りあしの速なる程を知べし。誰か是を思惟して」[04]あきれざる人あらんや。如何なる電光雷火とても、是にハ争か及ぶべき」[05]ぞ。然れバかほど大なる体に早き力を与へ給ふ御作者は、誠万事叶ひ」[06]給ひ御自由自在の尊主にて在ます事、是のみにても明也。猶、亦」[07]日輪の徳儀の深き事をいふに、上にハ衆星と月輪に光明を施し、下にハ」[08]昼夜の隔をなし、四時を行ひ、草木を恵み、禽獣虫魚の繁昌をなし、」[09]土中の金玉、海底の魚鱗までも其徳に洩ざる者也。かかる日輪を唯」[10]一の御辞のみにて御作なされしDSの御善徳ハ如何計の事たるべきぞ。」[11]第五の日にハ海水に下知し給ひて万の魚類鳥類を生ぜよと宣ひ」[12]けれバ、則時に生じ出せる也。去程に魚鳥の上の徳儀をバ右に少々記し」[13]ぬれバ、重て論ずべきに非ざれ共、仰で虚空の翅を見、俯して水底の」[14]鱗を見るに、其品類幾千万差ぞや。中にも心を留むべきハ、加程に多き」[15]魚鳥の類、それ〳〵の姿道具に余る事も闕る事もなくして、皆其」[16]用に叶へる事、驚ても猶余あり。是を観じて、古来のひろぞほ等ハ四ツの」[17]（九十オ）名句をいひ置り。一にハ云く、なつうらの業ハあやまつ事なき智恵の業」[01]なりと、二にハ云くなつうらの作者ハ常に是勝れると達したるをなす」[02]なりと、三にハ云く、なつうらハ肝要なるに不足なしと、四にハ云く、DSと」[03]なつうらハ都て太過有事なしと。是皆、金言なりといへ共、取わき」[04]第三、第四の句に眼をつけて観ずるに、真に有ふる魚鳥の体に太過不」[05]及といふ事なし。爰にをひて、汝見よ、加程に達して不足なき生類の」[06]品々を道具も入ず造作もなく時刻をも移さずして、あれと宣ふ計」[07]にて頓に出現させ給ふ御作者の御智恵、力の広大無辺に在ます事を。」[08]第六の日にハ諸の獣を作り給ひ天地の間にあらふる物を御成就」[09]有てより、万物の霊長として人を作り給ふ也。然ば人畜等の儀、大方」[10]右に顕しけれバ、爰にハ暫く省略す。去程に、心あらん人、此等の御作の」[11]物を観じて御作者の尊体と微妙不思議の御善徳をも少ハ弁へ奉る」[12]べし。元より無辺の尊体なればあんじよの天才もをよバず、益て」[13]人間の浅智に於てをや。」[14]

§一」[15]

去ばさん　ぢよにじよの教を踏として見るに、現在にをひてDSの尊」[16]体を弁へ奉る道ハ二ツあり。一にハあひるまちいをの道、二にハねがちいをの道」[17]（九十ウ）是也。あひるまちいをの道といふは、御作の万像森羅の上に備わる微妙の」[01]徳儀を見て此等の徳儀ハ逐一に御作者の尊体に在まし、▲而も其勝劣」[02]如何程といふ限りなしと御作の物の派れを汲で、御作者の水上を」[03]弁へ奉る事也。又、ねがちいをの道といふハ、DSの尊体と御善徳ハ人智の」[04]をよぶ所に非ず。人智の思惟観察ハ悉皆尊体に相違して、凡慮不思」[05]議のDSにて在ますと弁へ奉る所をねがちいをの道とハいふ也。然ば先」[06]

あひるまちいをの道を以て尊体を窺ひ奉るに、諸の御作の物にある三の」[07] 事を見よ。是則体と精と態との三也。此三▲互に相応するが故に」[08] 態を以てハ精力をしり、精力を以てハ其体を弁ふる者也。然ば此一巻に」[09] 記す万物ハ悉皆DS御作の物なれば、万物を以てハ無量の御智恵御力を」[10] 弁へ、無量の御智恵御力を弁へてハ、又尊体の無辺広大に在ます所をも」[11] 弁へ奉る者也。然ども爰に一ツの心得あり。万物を作り給ふを以て顕し給ふ」[12] DSの御力を見て、それバかりにて尊体を量り奉るにをひてハ其校量ハ」[13] 相違すべし。其故ハ今此天地万像の外に猶千万の天地をも作らんと」[14] 思食さば程なく出現させ給ふべき量りなき御力を持給へば也。去ば」[15] 万像森羅悉く相集まで衆力を合せ精根を尽すといふとも、種」[16] なくして螻蟻一ツをだも作り出す事叶ふべからざれバ、御作者と御」[17]（九十一オ）作の物の精力懸隔なる差別ハ、是を以て明也。精力の差別をもて、体の」[01] 差別も亦明白なれバ、DSの尊体ハ万の物の体に量りもなく替り」[02] 給ふと心得よ。是又ねがちいをの道也。然れば今此道を以て少なり共」[03] 尊体を弁へ奉るべくんば天上天下の万物を離れ五根の境界慮智」[04] 分別の及ぶ所をも悉皆遠離せずんバ叶ふべからず。所以者何、彼尊体ハ」[05] 色を離れ形を離れ、不動、不変、不増、不滅也。あにまに非ず、こるぽに非ず、」[06] 色形のほるまにも非ず、道理の尊体なりといへ共人の思ふ道理に」[07] 非ず、寿命の霊体なりといへ共人の思ふ命に非ず、無辺広大なりと」[08] いへ共人の思ふ広大にあらず、美麗清浄なりといへ共人の思ふ美麗に」[09] 非ず、無量の御智恵なりといへ共人の思ふ智恵に非ず、都て尊体も」[10] 御善徳も人智の校量観察に替て言亡慮絶の尊体也。然ば此観念の」[11] 底に至て言語を絶し思慮を留めて只忙然と愀る、人、是則DSを尊」[12] 重讃談し奉る者也。故に、右のさん ぢよにじよDSハ 闇に住し給ふと見」[13] ゆるゑすきりつうらの一句を▲釈して、人はDSの尊体を弁へ奉る事」[14] 叶ハずと弁ふる時、即DSに近傍し奉るなりといへり。是DSは人智の」[15] 及バざる体なるが故也。」[16]

然ば今此旨を以て人間犯す所の罪科の軽重をはかるに、一々の罪科」[17]（九十一ウ）皆以無量也。所以者何、惣じて罪科の軽重は相手に随ふ物なるが」[01] 故に、罪の相手を誰ぞと見れバ即DSにて在ます也。さてDSの尊体ハ」[02] 無量無辺の体なれバ、我等が犯す罪科ハ皆無量の重さなる事、爰を」[03] 以て明白せり。此故に罪に対して受べき来世の報ひも、△亦終る期曽て」[04]

有べからず。悲哉(かなしき)、多くの人ハ此(この)理をよくしるといへ共(ども)、若干の罪を犯す」05 事、痛哉(いたき)、世間の盲人、来世不退の苦患(くげん)を見ず、
御憐みの眸(まなじり)を嗔(いか)りに」06 変じ給ふをも見知り奉らざる事、嗚呼憐むにたえたる罪人の」07 分野(ありさま)哉。」08

ひてす(fides)の経、初巻終」09（九十二オ）

右一巻之(の)違字少々」01

○三ツの裡の十行に、万山ハ万山にハ也」02

○四ツの表の三行に、観心ハ歓心也」03

○廿の裡の十六行に、堪弁ハ勘弁也」04

○廿八の裡の十七行に、陽ハ陰也」05

○三十一の表の九行に、群生にもハ又也」06

○六十二の表の一行に、懸壅αハ懸壅β[九一]也」07

○七十一の裡の十七行に、余ハ世也」08

○七十五の裡の二行に、あしでんてにあらんやハあしでんてならんや也」09（九十二ウ）

九一　壅αは六十二オ二の木活字と同じか、壅βは广の裾を取り去った活字

解説

『ひですの経』について

折井善果

『ひですの経』は、一六一一（慶長一六）年、長崎のイエズス会学院に附置する、キリシタン商人後藤登明宗印の印刷所で刊行された、日本イエズス会版（所謂キリシタン版）である。一九〇七年にベルリンのゴッツシャルク（Paul Gottschalk, 1880 - 1969）書店の目録に掲載された表題紙と本文半丁のみが岡本良知によって紹介されて以来[1]、内容不明のまま、新村出、ヨハネス・ラウレスらの捜索の甲斐なく行方不明になっていたが、二〇〇九年七月、米ハーバード大学ホートン図書館においてその存在が確認された[2]。本ファクシミリ版は、この、世界に唯一の孤本の全貌を初めて明らかにするものである。

本解説では、再発見の経緯と旧所蔵者について、続いて翻訳者と欧文原典について、最後に内容についての考察を順に行う。

一　再発見の経緯

『ひですの経』の存在は、ハーバード大学の歴史に関する史料を保存・編纂する文書館（University Archives）に収蔵されている、同窓生アーネスト・G・スティルマン（Ernest Goodrich Stillman, 1881 - 1949）のカード式個人蔵書目録から明らかになった[3]。その情報は、約五千五百枚に上るカードの中にある「イエズス会関係 Jesuit Relations」と題する分類に、Symbolo da Fee というタイトルのカードで存在していた。既に電子カタログ化されており、実際、世界中のどこからでも書誌情報にアクセスできる状態になっていたというが、『ひですの経』ではなく、Symbolo da Fee という特殊な表記であったことから、先学たちの目に留まることがなかったと思われる。

カード目録には、一九二一年に五二・九〇米ドルにて、Walpole なる人物、あるいは書店から購入したことが明記されていた。ラウレスは『キリシタン文庫』（初版一九四〇年）において、先のベルリンの古書店からシカゴの実業家某C・P・ガンサーの手に渡ったことを伝聞したと述べているが、豊島正之氏は、彼の名前がチャールズ・フレデリック・ガンサー（Charles Frederick Gunther, 1837 - 1920）であり、彼の死後一九二一年六月に開かれたニューヨークのウォルポール・ギャラリーのオークションにおいて、五二米ドルで売却されたことを近年の論考で突き止めていた[4]。これによって、ラウレス氏の伝え聞いた情報が本当であったこと、また今回のハーバード蔵本が、かつてベルリンに出た『ひですの経』と同一であることが確証された。スティルマンはオークションで購入後、ニューヨーク東七十五番街にある自宅兼書庫に保管し（現在は私立の女子高校になっている）、生前の一九四〇年に母校に寄付した。ホートン図書館は、学内の古典籍・貴重書を主に所蔵する図書館であり、洋書を主としているため、キリシタン版がハーバード大学の燕京図書館などではなく、ホートン図書館にあったというのは意外である。しかしオークション目録の解題には"First European Printing Press"（該当部分が切り取られてカバー裏に添付されている。参考図版二一〇頁）とあり、この『ひですの経』はヨーロッパの活版技術で印刷された"洋書"であるという認識があった。これが、『ひですの経』がホートン図書館に別置された一要因と思われる。またホートンへの移管は、本書のマヨ博士の序文によれば、キュレーターのフィリップ・ホッファーの判断によるものであったという。

ちなみにカード目録Box3のすき間には、ホートン図書館員からスティルマンに宛てたタイプ書きの書簡が丁寧に折りたたんで挟まれている。その一つ、一九四九年の書簡には、日本のイエズス会が一五九六年に日本で現地の紙を使って出版したと思われる本を、ニューヨークの某ギャラリーが所持しており、あまりにも稀な本なので値段をつけられずにいるため、その点が明らかになったらまた連絡する、と書かれている。手紙の左端には鉛筆で「…granted 3.000 for it」、下には「Est（Ernest の略か）…later bills」という、誰かがメモしたと思しき走り書きがある。

しかし、この購入は、スティルマン自身が一九四九年に死去したことからか、行われなかった。取り扱ったのはニューヨークのクラウス（H.P. Kraus）書店、購入したのは日本の丸善で、題名はバルトロメ・デ・ロス・マルティレスの『精神修養の提要（*Compendium Spiritualis Doctrinae*）』である。丸善が購入した時の価格は二五〇〇米ドルとなっている。その後展覧会を経て、現在は天理図書館の所蔵に帰している。[5]

ところで、先述のゴッツシャルクは晩年、古書籍商としての回想録を執筆している。そこでは彼が若き日の一九〇六年、イタリア修行中に手に入れた「ユニークな本」として、『ひですの経』を回顧しているが、残念ながら誰から手に入れたかは記していない。[6]ゴッツシャルクは二十世紀前半にわたって、ヨーロッパの古書籍や学術書をアメリカの収集家や大学、公共図書館に提供することで成功を収めた人物である。ガンサーとは一九〇八年のアメリカ修行中に知り合ったと回想されており、それが縁となって『ひですの経』がガンサーの手に渡ったと思われる。

回想録にはガンサーについて「気に入ったものなら何でも収集する、私が知り合った中で最も奇妙な収集家」[7]と記している。ガンサーは購入して以来包みを開けないことが多々あったために、『ひですの経』の所在は死後分からなくなり、ぜひそれを買い戻したかった、とまで述懐している。『ひですの経』を含むガンサーのコレクションの一部はシカゴ歴史協会に買い取られたものの、同協会が一九二一年にニューヨークのウォルポール・ギャラリーで開催した日本古書のオークションに『ひですの経』は再び出品された。この情報がゴッツシャルクほどの人物の耳に届かなかったというのは奇妙である。ともあれ、このニューヨークのオークションで、おそらくひっそりと『ひですの経』を購入していったのが、ハーバードの同窓生スティルマンであった。

二　旧所蔵者E・G・スティルマン

ハーバード大学の同窓会誌（1933年）より
左は学生時代、右は卒業25年後の写真

『ひですの経』が何者かの個人蔵とならず、こうして我々の目に明らかになったのは、旧所蔵者スティルマンが、生前に同書を母校ハーバード大学に寄付したことによる。

アーネスト・G・スティルマン（上掲写真）はナショナル・シティバンク創設者ジェームス・スティルマンの息子として、ロードアイランド州ニューポートに生まれる。一九〇八年にハーバード大学を卒業し、西部で起業を志すものの、ニューヨークに戻って金融信託会社に勤めるなどして数年をすごしたのち医学を志し、コロンビア大学で病理学博士号を一九一三年に取得する。親戚筋になるロックフェラー財団のメディカル・インスティトゥートの研究員を務めながら、毛織物業から出版業など様々な企業の会計顧問なども歴任する。ハーバード大学の実験用林Black Rock Forestなどの不動産をはじめとして、生涯およそ百万ドル[8]におよぶ寄付を母校に行ったが、それらの寄付のうちに、今回の『ひですの経』をはじめとする日本関係書籍・古美術品がある。

晩年、日本関係の名誉キュレーターとして名を残している彼が、どのようにして日本に興味を持つようになったかは、同窓会誌に彼が寄稿した近況報告などの情報からも知る事ができない。しかし、アーネスト・フェノロサをはじめとする、二十世紀初頭のニュー・イングランドを中心とする日本ブームを鑑みれば、資産家の息子でかつ趣味の広いスティルマンがそれらに興味を抱いたことは想像に難くない。

興味深いのは、当時の陸軍長官で後に第二十七代アメリカ大統領になるウィリアム・タフトが、一九〇五年、日露戦争の講和の仲介者として、当時の内閣総理大臣兼外務大臣桂太郎との会談を行うために訪日した際に（いわゆる桂＝タフト会談）、同じ太平洋横断客線マンチュリア号に乗船して日本を訪れていたということであろう。このとき、桂太郎や松方正義ら政府の重要人物のみならず、宮中で行われた明治天皇・皇后との晩さん会にも出席している。当時学生であったアーネストがなぜこのような場にあずかることができたのかは不明であるが、好奇心旺盛な若きアーネストが、実業家である父親の交友を利用して企画した見聞旅行だったのかもしれない。横浜に入港してから日光・足尾・京都・箱根と辿る旅の詳細は、ホートン図書館に収められている彼の日記と、彼自身が撮影した写真によって知ることができる。旅の途中で、箱根の骨董品店を訪ねた様子などが興味深くつづられているのは、彼の日本関係コレクションとの関係を暗示しているように思える。

何でも収集する悪名高きコレクター、ガンサーに比べて、スティルマンは日本文化に対する学術的な知識を努めて得ていたようである。例えば英文による日本研究の学術雑誌『モニュメンタ・ニポニカ』を第一巻から購読していたことが、先のカード目録の間に挟まれた東京・国際文化振興会からの書簡の内容から知られる。この書簡は一九五〇年二月十一日付で、スティルマンの死を悼む同協会から、彼の自宅兼書庫のライブラリアンであったエドワード・ターンブル夫人へ宛てられたものである。夫のエドワード・ターンブル（Edward Turnbull, 1861-1924）は先述のウォルポール・ギャラリーの創設者であり、スティルマンは同ギャラリーから『ひですの経』をはじめ、フェノロサの講義録ノートなど、後にハーバードの日本学研究の基礎となる資料を多く購入している。

彼が日欧交渉史・イエズス会関係のコレクションを有していたのも、欧米人の日本研究家として当然のなりゆきであろう。キリシタン史については、ヒルドレス（Richard Hildreth, 1807-1865）の *Japan as it was and is*（Boston, 1855. 邦訳は『中世近世日欧交渉史』）などで知識を得ていたようである。それはカタログにもう一枚存在した『ひですの経』のカード目録に、See Hildreth's Japan as it was for account of the Jesuit Missions（イエズス会布教についてはヒルドレスを参照のこと）とあることからわかる。スティルマンが持っていた同書は、同じくハーバードに寄贈されている。

所在確認の鍵となったカード式カタログは人物・テーマ別になっており、Box3 に存在するイエズス会関係と題する分類はほぼ編年体に並んでいる。そこにある計百二十八枚のカードによって、スティルマンが所蔵していたキリシタン史関係資料の概要は大方明らかになっていると思われる。それらはヨーロッパで編纂・印刷された日本布教史、殉教史に関する刊本がほとんどであり、ハーバード大学に登録されている当該資料はほとんどがこの旧スティルマン所蔵のものである。

さて、スティルマンがニューヨークのウォルポール・ギャラリーで一九二一年に『ひですの経』を購入する際に所有していたと思われる手書きのメモが入ったカタログが、ハーバード大学内の Fine Arts Museum のオークション・カタログのコレクションに存在している。このオークションの目玉として前書きに挙げられている作品の一つが、売り立て番号七十五の Symbolo da Fee であった。[9] 解説には「わが国で売られるのははじめて」とある。

スティルマンは匿名を好んで寄付をおこなっていたため、彼の旧所蔵物がどれだけ大学内に寄付されたのか、その全貌には不明の部分もある。また、博士号を取得したコロンビア大学にも、彼が収集した日本の「根付」に関する書籍が図書館にある以外は、彼に関する記録はないという(10)。

三　いつ、どこで、誰が?

『ひですの経』の刊行年は一六一一年と明記されているが、イエズス会士ディオゴ・デ・メスキータは総長アクアヴィーヴァ宛て一六一二年三月十八日の書簡で、印刷が進行中であること、また一六一三年十一月九日の書簡で、印刷が終わったばかりであると述べている。

> 日本人のパードレ達について猊下にお伝えするに、彼らは現在にいたるまで良好な状態で、特にマンショ、マルティン、ジュリアンの三人は相応な仕事をしており、健康です。今、巡察師の命令により、日本の印刷機を設置している病院［長崎にて一六〇三年に創設されたサンチアゴ病院］の住院において、ルイス・デ・グラナダ師の「信仰の書（L。de fide)」を日本の文字と言語で印刷させています。そこではパードレ・マルティンがこの点について有している優れた能力をもって助力をしています。それは猊下に昨年印刷しお送りしたいわゆる「罪人の導き（guia de peccadores)」と同じく、キリスト教徒にとって偉大な実りをもたらす作品になるに違いありません(11)。

> 特にパードレ・マルティーニョは日本において我々が有する最も優れた言語の使い手であり、日本語日本文字に霊的書物を翻訳して収めている成果は偉大です。それは閣下にお送りした『罪人の導き』その他のもので、ごく最近ではフライ・ルイス・デ・グラナダの「信仰の書」の一部分—それは第一部です—が彼らの文字で印刷されたばかりで、それは日本人を喜ばせています。我々の説教師と、毎晩参照される（se tirão）聖人たちのために、当地で印刷されたラテン語の格言集（libro de sentenças en latin、千六百十年に刊行されたバレト編『聖教精華 *Flosculi*』を指すか）を図書館にお送りします。今パードレ・マルティーニョは日本語日本文字でなされたこんてむつすむんぢの翻訳の改訳に忙しくしています。というのもこの本は繊細で模倣するのが難しいにもかかわらず日本人を喜ばせており、毎日我々の印刷所から千三百丁が引き出され現在千三百部が印刷されています。このような迫害の時期、異教徒を支配者にもつキリスト教徒の居住地を司祭たちが堂々と歩けない時期に、これらの書籍がなす偉大な効果は欠かせません。それはキリスト教徒への

説教として役に立っています[12]。

これは原マルチノが国字本『こんてむつすむんぢ』（一六一一）の改訳を行っていたこと、また『ひですの経』の翻訳にも関わっていたことを示す書簡として既に知られている。一方、『ひですの経』の出版認可状（Licenca、扉ウ、八頁）に、同書に何らの教義的誤謬がないことを校閲者の立場から承認（Aprovacam）する人物として「マルチーニョ・カンポ（カンポは「原」の意）」の名がある。出版認可状とは、教会の管轄区内の権威者（例えば日本の場合は日本司教となる）が、信仰的・道徳的に誤りがないことを校閲者に確認させたうえで証明するもので、キリシタン時代においては、とりわけ司教の秘書が校閲者の職にあたっていた。通常は、著者や翻訳者自身が認可状に名を連ねることは考えられないことから、原マルチノは、厳密な意味での翻訳者であってはならないということになる。右の書簡に、マルチノの働きが「助力している（ayuda）」と記されているのは、この建前を崩すものではない。

一方、『ひですの経』裏表紙の芯に、補強紙として貼られていたいわゆる「断簡」[13]の存在は、『ひですの経』作成時に大幅な改訳があったことを示している。出版年（一六一一年）と上記の書簡の示す時期とが一致しないことは、この改訳にかかった時間と関連していると思われる。原マルチノはすでに何者かによってなされていた草稿の改訳過程に関わったが、それはあくまでも改訳や校正であり、認可者であることと矛盾しないと考えられたと思われる。

もう一人、原マルチノと共に校閲者として名が記されているアルバロ・ディアス（c.1555 - 1620）は一五七六年に来日したインド生まれのイエズス会士であり、八二年二月から八三年七月までマカオに滞留した後、ラテン語教師として有馬のセミナリヨに派遣されている。一六〇五年に長崎で刊行された典礼書『サカラメンタ提要』にも校閲者として名が記されている。

また、ドミニコ会士の資料からは、アルフォンソ・デ・ルエダが一六二〇年の時点でフィリピン管区長代理に宛てた報告書に、管区長の質問に対する答えと思われる方式で、この二人について以下のような記述がある。

フライ・ルイス・デ・グラナダ『罪人の導き（*Guía de pecadores*）』と『カテキスモ（*Catecismo*）』の一部が日本語で印刷されています。後者は私たちの文字でも印刷されています。一冊の『ボカブラリオ（*Vocabulario*）』、『コンテムツスムンヂ（*Contemptus mundi*）』が日本語と私たちの文字で。諸聖人の生涯についての小さな本（*un libro pequeño de algunas Vidas de Santos*）が私たちの文字と日本の文字で。『キリスト教教理（*Doctrina cristiana*）』が日本と私たちの文字で。年間の主日と祝日についての短い黙想を収めた一冊の本があり、それにはロサリオの諸玄義に関する黙想も記載されています。こちらは私たちの字で書かれていますが、ロサリオの黙想はそれ自体が日本文字で印刷された小冊子となって出回っています。上記の諸本は［ペドロ・］ラモン神父と、アルバロ・ディエス［ディアス］神父が日本人修道士たちの助けを借りて翻訳しました。

また上記の諸本のうちの一冊は、日本人パードレ・マルチノが翻訳したと言われています(14)。

ここで言われている、日本語でも「私たちの文字［ローマ字］」でも印刷されたルイス・デ・グラナダの『『カテキスモ』の一部』に、いままで色々なルイスの著作が当てられてきたが、これは『ひですの経』を指していると考えられる。当時のヨーロッパ人の間で、『使徒信条入門』が「カテキスモ」の名で通用していたということ（ラテン語版は *Catecismus in Symbolum Fidei* という題名で出版されている）、さらに著作の「一部」のみであったという情報は事実と一致する。『ひですの経』がローマ字で出版されたという事実は確認されないが、後述するローマ字本『ヒイデスの導師 *Fides no Dŏxi*』のことを指していると考えることはできる。

この『ひですの経』がどのように十七世紀初頭の日本から二十世紀のイタリアにたどり着いたのか、その三百年の足跡は知る術がない。しかし、さきのメスキータの書簡では、印刷し終えたばかりの『ひですの経』を「送ります mando」と現在形で記している。現在形は近い未来の意もあるので断定はできないが、国字本『コンテムツスムンヂ』については「mandarei」とあり、未来形とは区別されているから、実際この書簡に同梱されてローマに既に送られたとも考えられる。ちなみにスペイン十七世紀の書誌学者ニコラス・アントニオの目録は、ライデン大学所蔵のローマ字キリシタン版『ヒイデスの導師』に言及しているが、そこではこれが『使徒信条入門』の第一部である、と言っている(15)。ここでは『ヒイデスの導師』と『ひですの経』の情報が錯綜している。

四　欧文原典について

『ひですの経』は、スペイン人のドミニコ会の説教師ルイス・デ・グラナダ（Luis de Granada, 1504-88）の『使徒信条入門』(*Introduction del Symbolo de la Fe*, 1583) の第一巻相当部分の抄訳であることが明らかになった。題名を直訳すると『信仰の象徴の入門』となるが、*Symbolo* という言葉には、現代でも新旧両派が重んじるキリスト教の基本信条のひとつで、「我は天地の創り主を信ず」ではじまる *Symbolum Apostolicum*（使徒信条、別名クレド）が意図されていると思われる。実際、ルイス原典は創造主によって創られた被造物世界の観察にはじまり（第一巻）、第二巻で展開される「信仰」論、第三巻・第四巻で展開される「贖罪」論、来世の栄光についての考察へと、キリスト教信仰の核心へ導くような構成になっている。この本は、ルイスがドミニコ会ポルトガル管区長として後半生を過ごしたリスボンで著されたが、そこは一四九二年スペインにおいて発布されたユダヤ人追放令により、およそ十二万人のユダヤ人が雪崩れ込み、続いて九六年に同じく追放令が出されたことから、大量の迫害と改宗者（コンベルソ）が生まれた場所でもある。単に異端あるいは隠れ異教徒でないことを表明するために諳んじるSymbolumではなく、彼らおよびその子孫たちの信仰の中身を確固たるものにすることを目的とし、信条の各箇条の中身を、その順番を追って、理性に基づき説明することによって納得に導くことをねらいとしている。

原著者ルイスとその生涯については、拙著[16]で概略が述べられているので参照されたい。ここでは、ルイスが、イエズス会のためにエボラ大学設立をはじめ東洋布教事業を支援したポルトガルのエンリケ枢機卿王の絶大な信頼を得ていたということと、「恩寵論争」で有名なイエズス会士ルイス・デ・モリーナとドミニコ会士ドミンゴ・バニェスの神学論争、ひいては党派争いの仲裁者として君臨したということを確認しておきたい。このことは、ドミニコ会士の著作がイエズス会によって選択された理由を、内容の秀逸さや主題の的確さとは別の面から説明している。

すでに知られているローマ字本『ヒイデスの導師（*Fides no Doxi*）』（全四巻）は、『使徒信条入門』の第五巻相当部分の翻訳であるが、この第五巻は、先行する四つの巻の内容を、原著者ルイス自身が後になって纏めたものであり、版によっては「第五巻」ではなく、「*Compendio*（綱要）」、「*Sumario*（要約）」と題されているものもある。したがって、『ひですの経』は、『ヒイデスの導師』の第一部の内容を敷衍したものになっている。『使徒信条入門』の残りの第二・第三・第四章は、『ひですの経』に「此巻を四ッに分つ事」と述べられていることと、「初巻目録」とあることから、続けて翻訳・出版される予定であったと思われるが、一六一四年の追放を伴う禁教令によって印刷所は閉鎖の止む無きに至り実現されなかったと考えられる。先述の書誌学者ニコラス・アントニオの情報に続巻の情報がないこともこの予想を多少なりとも裏付けている。

原典『使徒信条入門』は、四巻までが合冊となって一五八三年に、第五巻がその翌年にサラマンカのLos Herederos de Mathias Gastの印刷所からフォリオ版で出版された。その後バルセロナ、マドリッドを中心に大量の版を重ね、十六世紀のスペイン語版に限ってみても三十四版が数えられている[17]。一五八五年にはベネチアからイタリア語版、八六年には同じくベネチアからラテン語版が出版されている。一六〇七年には、マニラのビノンドク印刷所において、ドミニコ会サント・ドミンゴ修道院長のドミンゴ・デ・ニエバ編により、同じドミニコ会のトマス・マヨールが『格物窮理便覧』の名で漢訳木版を出版している[18]。同書はウイーン国会図書館、イエズス会ローマ文書館、ライデン大学図書館の所蔵が知られており、『ひですの経』の内容や語彙との比較研究が今後期待される。

五　内容と構成について

『ひですの経』は、「御作の物」すなわち人間を含む被造物世界の秩序や利便性を理性的に観察し、その構成の妙、秩序の美を訴えることにより、それらを創造したデウスが存在することを読者に納得させる内容となっている。布教される未信者や入門者の立場に立ち、理性（道理）に基づいて共通の土台作りを行う段階に相当する。それは彼らをキリスト教の信仰に導くことに当然集約させていくのだが、本『ひですの経』は原典第一巻のみの翻訳という理由もあって「くるす（十字架）」「れでんさん（贖罪）」といったキリスト教の根幹を表明するのに不可欠な語彙さえも表われないのが特徴的である。

全三十章のうち、第一章から第三章は全体の総論ともいえるもので、「ぜんちょ（異教徒）」であるギリシャ・ローマの哲学者たちさえも第一動者なるものの存在を信じていた、ということが、神の存在証明として説かれている。第四章から九章までは「天と四大」すなわち天体とその移り変わりが生みだす自然現象について、第十章は「地に生ずる草木」すなわち植物の習性について、第十一章から第十六章は「禽獣」すなわち動物の優れた才覚について、第十七章から第十九章は蟻や蚕などの昆虫の習性についてと続き、第二十章で動物についてのまとめがなされている。第二十一から第二十二章では「人身」すなわち人間の人体の生理学的な観察がなされ、第二十三章以降では、「あにまべぜたちいハ（植物的アニマ、二十三、二十四章）」「あにませんしちいハ（感覚的アニマ、二十五―二十八章）」「あにまいんてれきちいわ（知性的アニマ、二十九章）」という、人間を存在せしめる働きとしての「アニマ＝霊魂、魂」の三能力について述べられる。最後の三十章ではこれら「万像森羅」を以て、その「御作者」なる神の完全性と善徳を会得することができると結論付けられている。

特筆すべきは、原典の内容が削除されて抄訳になっているのみならず、原典にない内容が、敷衍というレベルを超えて付け加えられていることである。この削除と付加は、入手し得るすべてのラテン語版、スペイン語版を管見した限り、原典の違いに由来するものではなく、日本での翻訳作成に関して行われたものである。

『ひですの経』第二十九章「あにまいんれきちいわの体、并に徳用を論ずる事」は、原典では「知的アニマとその働きについて」と題する第三十四章の翻訳であるように見られる。実際はじめの三行、すなわち「夫人間のあにまといふハ唯一の体なれども、其精根ハ三品也。所謂べぜたちいは、せんちしいわ、いんてれきちいハ是也。べぜたちいわとせんしちいハの精をバ粗右に論じぬ。此篇にハいんてれきちいハの徳を少々論ずべし」というくだりは、原典第三十四章の冒頭「ここまでは我々の霊魂（anima）の低き能力について、すなわち我々の肉体を維持することを働きとする植物的霊魂と、我々の身体の五つの外的感覚と四つの内的感覚が生まれるところの感覚的霊魂について述べてきた。ここでは霊魂のもっとも高度な部分、すなわち知的霊魂について述べるのが適切であろう」[19]と述べる原典部分の明らかな翻訳である。

しかしそれ以後は原典の構成と内容を踏襲していない。続く第三十章は原典第三十八章に相当するので、原典第三十四章の初めの数行以降、第三十七章の終りまでが訳出されていないことになる。

そしてこの削除部分には、およそ二十丁にもおよぶ大胆な加筆が充てられている（六十八オ—八十七ウ）。その加筆内容は、概して知的アニマとその不滅についてである。この点については、校註本『ひですの経』[20]においてより詳しく触れているのでそちらを参照いただきたいが、原典にない内容がこれほど大胆に翻訳に乗じて挿入されるというのは、キリシタン印刷物において類を見ない。このことは、「霊魂の不滅」が一五一二年の第五回ラテラノ公会議で信仰箇条とされ、その後もヨーロッパで盛んに論じられた教説であったという、ヨーロッパの問題の延長としてさらに考察すべきテーマである。また死後霊魂が「無」に帰するという日本人の考えに対して、死んでも残る「有」の思想として宣教師が強調したというように、比較思想史上の問題としても、今後考察が必要とされるであろう。

第二十九章は全体の約二割を占め、この部分を大幅に差し替えたことによって、音訳された難解かつ日本人にとって新奇な哲学的概念を多く含むこととなり、最終的には作品が対象に縛られた形而上学的言語に覆われてしまっているような印象を与える。キリシタン版の最盛期に印刷された『ぎやどぺかどる』（一五九九年）等に比べると、版式・書式において明らかな質の悪さが伺える『ひですの経』からは、その内容においても、イエズス会の翻訳・出版事業の焦りのようなものを伺い知ることができよう。

［注］

（1）岡本良知（一九二六）。

（2）第一報は折井善果（二〇〇九）に掲載。そこに記した内容は本解説に採録されている。

（3）Harvard University Archives, UA III 50.29.295.4, *Catalogue of the Library of Ernest G. Stillman*, 1935 - 1949, Box 3 of 10.

（4）豊島正之（二〇〇八）九九頁。

（5）八木正自（二〇〇七）。

（6）Gottschalk, Paul（1967）p.10.

（7）*Ibid.*, p.18.

（8）Harvard University, Records of the Gift Record Office. Gift Correspondence. 1974 - 5th file. [Document] Folder: Stillman, Ernest G. UAI 55.7.2.9, Box 28, Harvard University Archives.

（9）The Walpole Galleries（1921）p.9.

（10）米コロンビア大学C・V・スター東亜図書館司書の野口幸生博士からの情報による。

（11）ARSI, Jap - Sin. 36, fol 19v.

（12）ARSI, Jap - Sin, 36, fols 24r - 24v.
（13）本書豊島氏、白井氏の解説を参照されたい。
（14）Delgado, José (1999) p.150-152.
（15）Antonio, Nicolas (1788) p.41.
（16）折井善果（二〇一〇）。
（17）Llaneza, Maximino (1926-28) vol2, p.241-269.
（18）Van der Loon, Peter (1966) p.31-36.
（19）Granada, Luis de (1583) p.149.
（20）折井善果（二〇一二）巻末所収の解説参照。

【参考文献】

岡本良知（一九二六）「二つのキリシタン書」（『郷土誌料特別増大冊』書物同好会、坂本書店、二二〜二四頁）

折井善果（二〇〇九）「流転のキリシタン版『ひですの経』について」（『日本古書通信』日本古書通信社、九六二号、二〜三頁）

折井善果（二〇一〇）『キリシタン文学における日欧文化比較―ルイス・デ・グラナダと日本』キリシタン文学双書、教文館

折井善果編著（二〇一一）『ひですの経』キリシタン文学双書、教文館

豊島正之（二〇〇八）「キリシタン版の文字と版式」（『活字印刷の文化史』張秀民他著、勉誠出版、七一〜一〇三頁）

八木正自（二〇〇七）「在日本『きりしたん版』について②」（『日本古書通信』日本古書通信社、九三六号、二二頁）

Antonio, Nicolas（1788）*Bibliotheca Hispana Nova,* Tomus Segundus, Madrid.

Archivum Romanum Societatis Iesu, Jap-Sin, 36, fol 19v, 24r-24v.（cf. ディエゴ・パチェコ（一九七二）「長崎サンチャゴ病院の鐘」『キリシタン研究』キリシタン文化研究会、二三一〜二五五頁）

Delgado García, José ed（1999）*Fr. Juan de los Angeles Rueda, O.P., Cartas y Relaciones,* Institutos de Filosofía y Teología "Santo Tomás", Madrid.（岡本哲男訳『ファン・デ・ロス・アンヘレス・ルエダ神父伝記・書簡・調査書・報告書』聖ドミニコ会、一九九四年）

Gottschalk, Paul（1967）*Memoirs of an Antiquarian Bookseller,* Gainesville.

Granada, Luis de（1583）*Primera parte de la introduction del symbolo de la fe,* Salamanca: Los herederos de Mathias de Gast.

Harvard University, Records of the Gift Record Office. Gift Correspondence. 1974 - 5th file. [Document] Folder: Stillman, Ernest G. UAI 55.7.2.9, Box 28, Harvard University Archives.

Llaneza, Maximino（1926 - 28）*Bibliografía del V.P.M. Fr. Luis de Granada de la Orden de Predicadores,* 4vols, vol 2. Salamanca: Tip. de Calatrava.

The Walpole Galleries（1921）*Japanese prints and rare Japanese books — Kakemono, Makemono [sic], Netsuke, Surimono, etc. The property of The Chicago Historical Society from the Gunther Estate, and consigned by them : To be sold at auction friday evening and monday evening, June 3 and June 6, 1921,* TheWalpole Galleries, New York.

Van der Loon, Peter (1966) The Manila incunabula and early Hokkien studies, *Asia Major. A British Journal of Far Eastern Studies,* London,vol 12, p.1 - 43.

『ひですの経』の書誌と使用活字

豊島正之
白井　純

一　『ひですの経』の書誌（豊島）

1　書誌概説

米国ハーバード大学ホートン図書館（Houghton Library）蔵。請求番号Typ 684.11.435。美濃判一冊。一六一一年長崎刊の所謂「キリシタン版」である。

表紙・裏表紙は、渋染め無地の楮紙（ライデン大学図書館・パリ国立図書館蔵『落葉集』の表紙と同質かと思われ、ライデン本には打付け書きに一六〇五年の識語がある事から、本紙も出版と同時期のものか）。

題簽は、寸法一一・五cm（三・八寸）×三・〇cm（一・〇寸）の鳥の子で、上から六mm、左から五mmの所に貼る。『ひですの経』と墨書。因みに『ぎやどぺかどる』バチカン本も鳥の子の書き題簽で、一七・五cm（五・八寸）×三・二cm（一・一寸）。

美濃紙**袋綴じ**。但し、扉（印刷された第一紙）のみは、竹を交じえるかと思われる紙質。他は普通の美濃紙である。尚、本書は、袋綴じの袋が悉く切れており（俗に「切腹」）、しかも全て極めて綺麗な切れ目なので、或る時期に意図的に截断されたものの様に思われる。

寸法は、

二八・一cm（九・三寸）×一九・六cm（六・五寸）表紙、
二七・九cm（九・二寸）×一九・三cm（六・四寸）2オ（標準的な美濃判）。

匡郭四周単辺。匡郭内側の寸法は、

二二・六cm（七・五寸）×一五・五cm（五・一寸）扉、
二二・七cm（七・五寸）×一五・一cm（五・〇寸）1オ（例外）、
二二・六cm（七・五寸）×一五・五cm（五・一寸）1ウ等多数。

厚みは、二・二cm程度。上下小口・背には、何も記されず。

現在の**綴じ穴**位置（三穴）は、

四cm（一・三寸）、一三・五cm（四・五寸）、二一・五cm（七・一寸）

元の綴じ穴位置（四穴）は、

一・五cm（〇・五寸）、九・八cm（三・三寸）、一八・二cm（六・〇寸）、
二六・五cm（八・八寸）（間隔一・八寸、二・七寸、二・七寸）

第一穴に僅かに、第三穴は裏から26丁まで糸が残存しているが、原糸ではない模様。因みに『ぎやどぺかどる』（マノエル文庫本）の穴位置は、

一・五cm（〇・五寸）、九・二cm（三・〇寸）、一七・〇cm（五・六寸）、

二四・五cm（八・一寸）

表紙見返しにキリシタン版『太平記抜書』の断簡が貼り付けてある。元々は竹紙一葉が貼られてあったらしく、現在それが裂けて剝離し、一部のみが上部に残存、残りは上下・表裏逆に見返しに貼り付けてある。このため、一見

P1表紙　渋染め楮紙
P2表紙見返し　竹紙の破れた部分
P3遊び紙　竹紙の残り
P4遊び紙裏　『太平記抜書』断簡貼り付け

の様に見えるが、本来は、表紙の芯（補強紙）として『太平記抜書』の反故が使われ、その上から竹紙が見返しとして貼られていた筈である。

『太平記抜書』断簡は、巻四のApprovação及び目次、更にその下に巻三41オの一部の計二葉で、いずれも美濃紙である。それぞれの本文は天理図書館本と同。

見返し竹紙残存部部分（P2）に鉛筆書きで「PSK」と天地逆に記すが、意味不明。（或いは博物館を運営していた旧蔵者ガンサーがpersonally kept 等の意で記したか）。

竹紙遊び紙（P3）に、鉛筆書き（P2の「PSK」とは別筆）で、次の様に請求番号と由来を記す。

Typ 684.11.435 / Harvard college Library / Gift of / Earnest Goodrich Stilman /1940

尚、本書の紙カードの複本があり、それには次の様に記されている。

GRANADA（LUIS DE）1194 / Symbolo da Fee, etc / Nagasaki: 1611 / Tall 8vo, case. / ** An example of the First European Priting Press in Japan /［以下朱］First European Press

裏表紙見返しは竹紙で、旧蔵者スティルマンが本書をハーバード大図書館へ寄贈した際の書票が貼られている。

裏表紙の芯には、補強紙として『ひですの経』自体の断簡が貼られ、その上から裏表紙見返しの上記の竹紙が貼られていた。この断簡は、図書館保存部によって本書本体から剝がされ、現在は添付書類として別フォルダで保存されている。**断簡の書誌**を参照。更に、裏表紙（外側・無地）にも、『太平記抜書』のビニエットと覚しい紙が貼り付いている。

紙数は、扉（版心無文字・裏に允許文）一、目録（版心中央に「初巻目録」）一、序（版心中央に「序」）一、丁付付一～92丁までの九二紙、計九五紙。但し、第41丁は破り取られており、中心部だけが綴じしろに残存し、文字・匡郭は全く残存しない（影印41丁オウには、破り取られた綴じしろを撮影・掲載してある）。本書の存在を最初に知らせたGottschalk目録（一九〇七）にも「九五紙」とされており、或いはGottschalk時代には第41丁は残存していたか。一九二一年のGunther売り立て目録は、表紙見返し『太平記抜書』断簡を誤って第一紙に数えており、Gottschalkも同様の誤認をし、且つ欠損

丁に言及しなかった（Gunther 売り立て目録も言及しないが、本目録は、紙数を九一紙と大幅に少なく記すなど、信頼出来ない）可能性もあり、第41丁の欠損時期は不明である。

版心に丁付があり、オモテ側が「初巻一」「初巻二」～「初巻九十二」、ウラ側が「一个条」～。

ウラの途中で章節が替わる場合は、旧新両様の表記がある。56丁、67丁の版心は、『ぎやどぺかどる』『どちりなきりしたん』（一六〇〇）以来のものの様であるが、他の版心の他キリシタン版との同定は困難。

黒口双白**魚尾**。魚尾には数種あり、その使用順は一貫しない。

1丁～33丁　三種の魚尾が順次交替
34丁～43丁　乱調
44丁～54丁　二種が交替
55丁～75丁　乱調
76丁～92丁　二種が交替

乱調は、印刷中断を示すか。

書題は、扉「FIDESNO［IHS 紋章］QVIO」「ひてすの経」、内題は目次に「ひいですのきやう」、尾題92オ「ひてすの経」（扉と同一活字）。

扉には、書題の下に「後生扶る道の教を信じ保つ儀也」と釈し、「慶長十六年五月上旬鏤梓也」「御出世以来千六百十一年」と出版年紀を記し、ラテン語で「NAGASAQVI EX OFFICINA GOTO THOMAE/ SOIN TYPOGRAPHI SOCIETATIS IESV. /Cum facultate Superiorum. & Ordinarij./ Anno Domini. 1611.」（長崎にて、イエズス会印刷方ゴトウ・トマス・ソウインの印刷所出来。上長の御允許と御下命を得て。主の年紀一六一一年）と記すが、この和欧混在のデザインは、『ぎやどぺかどる』（1599）下巻以来のものである。（『ぎやどぺかどる』上巻は、扉がラテン語のみ、扉の裏が日本語のみと和欧が分かれている）。**印刷者**は宗印後藤登明 Gotô Thomas。この名が扉に明示されるのは、現存キリシタン版では『どちりなきりしたん』（1600、カサナテンセ本）、『おらしよの翻訳』（1600）と本書のみであり、そのうち前二者は「Gotô Thome」とポルトガル名を用い、本書のみが「Goto Thomae」（Thomae は Thomas の属格形）とラテン名を正しく曲用して示している。

扉の裏丁には、フランシスコ・パジオによる允許文、アルワロ・ディアスと原マルチノ連名の認定文、それに基づく日本司教（ルイス・セルケイラ）名の出版許可文がポルトガル語で掲げられている。キリシタン版国字本にポ語出版許諾状が掲載される例は、本書と『太平記抜書』（年紀不明）のみである。

本書は活字**プレス印刷**である。活字は、金属活字に木活字が混在している。詳しくは、「三　活字概観」を参照。

前述の様に、本書は袋綴じが全て「切腹」しているため、紙背の観察が容易であるが、どのページの紙背にもバレンで擦った跡は無く、プレス印刷の印圧が著しいページが少なくない。影印には、紙背の写真も若干掲載してあるので、参照されたい。

印圧が紙面に残るのは、当時のプレス印刷では、紙溜め（tympan）

に複数枚の紙を積んで紙押さえ（frisket）で固定し、それを下に置いた版面に回転して接近させ、紙押さえと版面をそのまま押し板（platen）の下に送り込んで、上から圧力を掛けて印刷するため、紙溜めに積まれた紙全てが、何回も同じ版の圧力を受け続けるためである。この痕跡は「空押し」と呼ばれるが、本書の「空押し」は顕著で、影印でも明瞭に見得るであろう。金属活字で印字された漢字の印圧は強く、中には筆押えや点の先端に白く見える点を持つものがあるが、これは印圧が強過ぎて活字が紙を破った穴である。木活字は印圧が弱く、この種の白い点（穴）が生じる例は見出しにくい。

強い印圧が紙を破り、次の紙にまで浸透して印字したケースさえある。第36丁の**二重印字**はこれが原因で、紙溜めに積まれた一枚前の紙に漉きむらがあり、一部が極端に薄かったか又は既に穴が空いていた処へ、強い印圧が掛かって紙が裂け、次に印刷されるために紙溜め二枚目にあった（現存36丁の）紙にまで抜けて印字されて仕舞ったものである。紙溜めに複数枚の紙を積んで行なうプレス印刷ならではの事故で、現存キリシタン版では唯一例である。

36 ウの二重印字

尚、誤って同一紙に二回プレスした例がバイエルン図書館『ぎやどぺかどる』上102丁に見える他、版面が紙に二回以上接触（プレスではない）した事故により生じた二重印刷であれば、ライデン大学図書館『ヒデスの導師』L・S・Cc・Gg折、大英図書館『天草版平家・イソポ・金句集』K折、カサナテ図書館『さるばとるむんぢ』2・3、16・17、28・29丁（豊島正之、二〇〇六）、バイエルン本『ぎやどぺかどる』上86丁、エル・エスコリアル本『朗詠雑筆』13丁等にも見え、更に、印刷済の乾いていない紙を不用意に重ねて鏡像が写ったライデン本『ヒデスの導師』D・O折、バイエルン本『ぎやどぺかどる』上22丁の例もあるが、いずれも本書第36丁の様に、紙を破って次の紙にまで印字した例ではない。本書の二重印刷は、本書がプレス印刷機によって成った事を示す端的な証拠である。

欧文活字の丈は、ベースからアセンダまで約五㎜（〇・二インチ）、デセンダからトップまででも約五㎜。

和欧混植、即ち漢字仮名交じり縦書き中に横書きの欧文を組み込む組版は、次の丁に現れる。

0オ、3ウ、4オウ、6ウ、7オウ、8ウ、12ウ、15ウ、16オ、17オ、18オウ、19ウ、30オウ、82ウ

欧文の配置は、基本的にはフレーム（外枠）揃えである。19ウのみがベースライン揃えに見えて例外となるが、この丁は行格が乱調しており、意図的なものか否か不明。

因みに、史上初の和欧混植を試みた『ぎやどぺかどる』（一五九九）は、上巻50丁までは、黒魚尾はフレーム揃え、白魚尾はベースライン揃えと版心魚尾との相関があり、50丁以降ベースライン揃えに統一される（豊島正之、二〇〇九）。現代ではベースライン揃えが寧ろ一般的だが、活字組版の和欧混植でベースライン揃えを実現するに

は、デセンダ・アセンダ部分で一々インテルを切らなくてはならず、フレーム揃えよりも技術と手間を要し、写植時代までは一般的ではなかった。

手書きによる**書き込み**が、次の丁にある。

扉裏のLICENCA中のSymbolo da feeにアンダライン。これは、新しいものではなく、出版当時のものかも知れない。

65オ16「和かにして」の「に」は手書き補入。補入記号有り。

67オ14「戦場の忿怒ハ」の「忿」は、紙の木屑で印刷が飛んだ上に手書き。

58ウ紙背に「Jesus」と書き込み。

ボール紙に蛇革らしきものを貼った三方を覆う**カバー**に収める。カバーの表面には、飛び雲の様な模様が描いてあった形跡がある。カバーの寸法は、二八・五cm（一一・二インチ）×二一・五cm（八・〇インチ）程度。全長は、折り返しを含めて三〇・三cm（一二インチ、一尺）×四五・九cm（一八インチ、一・五尺）。

カバー表紙側と裏表紙側の、それぞれ五・〇cm（二・〇インチ）、二二・五cm（八・九インチ）の所に、約一・三cm（〇・五インチ）の長さの革紐の痕があり、元は革紐で結べる様になっていたか。

カバー内側には、西洋近代の墨流し風模様の印刷紙が貼られている。或いは旧蔵者ガンサー（一九二〇没）によるものか。但し、ガンサーの所有形跡を留める記号等は見当たらない。

カバー内側には、ガンサー没後の売り立て目録（Walpole Galleries, 1921）から本書該当部分が切り抜かれて貼り付けられており、鉛筆手書き（現存するスティルマンの他の筆跡とは隔たりがある）で「not in Wenckstern（Pages）」とある。Friedrich von Wenckstern（1895）"A Bibliography of the Japanese Empire. being a classified list of all books, essays and maps in European languages relating to Dai Nihon (Great Japan)"（Léon Pagès [1859] Bibliographie japonaise の複製付き）に見えず、の意。

2　断簡の書誌

断簡は、二〇〇九年の時点では、冊子版本体の裏表紙の芯（補強紙）として裏表紙見返しの竹紙の内側に貼られて、隠れており、各行最終字一字が辛うじて見えるのみであったが、二〇一一年三月に図書館保存部にお願いして本体から剝がして頂き、現在は別のプラスティック・フォルダに納め、更にそのフォルダを紙フォルダに納めて、本体の付属文書として同一請求番号で保管されている。

断簡の紙数は二、但し美濃紙二葉が重ねて貼られており、第一紙は8オ、第二紙は8オ・ウ相当。美濃紙は、本体のそれよりやや薄手。断簡同士で重複する箇所（版心含む）は、両者全同と見てよい。（第一紙の版心魚尾に、第二紙のそれに無い突起の様なものが見えるが、これは紙の汚れで、印字されたものではない）。破棄を指示する記号等の形跡は、紙背にも見当たらなかった。綴じ穴無し。二紙共、左端のほぼ同位置（下側魚尾のほぼ真横、匡郭より約二cm外側）に穴あり、紙溜めに固定した針穴か。

断簡の寸法は、次の通り。

第一紙　六・〇cm×二一・二cm、右端から右の匡郭まで一・八cm（因みに、冊子版本体では、どのマージンも大体二・五〜二・七cm程度）

第二紙　二七・五cm×二一・二cm 最大、上端から上の匡郭まで三・一cm、左端から左の匡郭まで三・一cm、下端から下の匡郭まで一・九cm最大（恐らく下で切断されている）

一紙の上に二紙が重ねて貼られており、一紙と二紙の重なりは一・四cm程度。

一紙と二紙での全体の紙高は三一・一cm程度。紙幅は同じ二一・二cm。

断簡第二紙8ウ匡郭内の寸法は二二・五×一五・四cm程度で、冊子版8ウの二二・七×一五・五cmより僅かに小さい。

断簡の版心は、冊子版8ウの版心とは別の版心である。

3　断簡と本体との先後

断簡と本体とでは本文が異なるが、どちらが先行するかには、明白な論拠が得られない。

キリシタン版で、表紙芯（補強紙）反故等として発見されたこれまでの断簡は、極初期のキリシタン版の一部（『さるばとるむんぢ』・『朗詠雑筆』所収『初期祈禱文』断簡、日本イエズス会本『ぎやどぺかどる』所収『祈禱文』）であるか、又は既知のキリシタン版の試し刷り・改版途中（『太平記抜書』所収『落葉集』断簡）のものばかりである。

本書の断簡（8オウ）も裏表紙芯の反故として伝来したものであるが、それを試し刷り・改版途中のもの、即ち本書の冊子体本文に先行するものと見得るかには、疑問が残る。

現存ホートン本冊子版（以下「本篇」）8丁は、後から差し替えられたものである。

本篇8ウ最終行行末は、「道理なり、かほどあきらかなる道理を」と、仮名を多く用い、且つ前の行からクワタ（字間スペース）を不自然な程に多く入れて、次丁冒頭「分別する人ハ」に向けての帳尻合わせをした事が歴然としている。つまり、本篇8丁は、9丁が既に印刷された後に改めて組版をやり直し、差し替えられたものである。

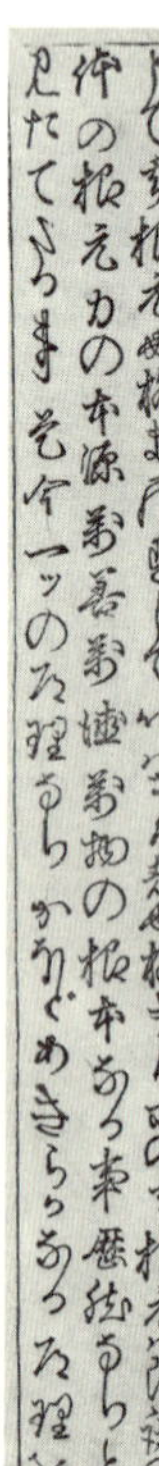
本篇8ウ

一方、断簡8ウ最終行末尾は「心得よ、加程明なる道理を」と、仮名に開く事も無く、不自然なクワタも無く、歴然とした帳尻合わせの形跡が無い。

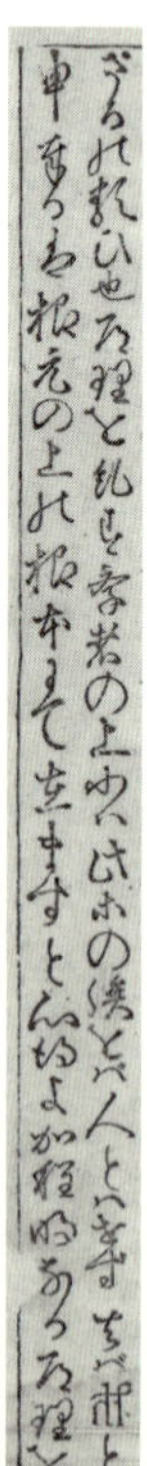
断簡8ウ

しかし、これだけを以て断簡が本篇に先行するとは言い難い。現存断簡が、より巧みな帳尻合わせをしただけかも知れないからである。

使用活字を見るに、断簡が新彫活字（恐らく木活字）を用いる処に、本篇が従来の金属活字を用いる事がある。逆の例、即ち本篇が新彫活字を用いる処に断簡が従来の金属活字を用いる例は無い。

(a)「倫」

金属活字αは、『落葉集』（一五九八）・『ぎやどぺかどる』（一五九九）・『朗詠雑筆』（一六〇〇）に現れ、βも『朗詠雑筆』に用いられる金属活字である。γは『ひですの経』（一六一一）と『太平記抜書』（刊年不明）のみの活字で、δも『ひです』以外には『太平記抜書』の例外的な一例のみ。

（一）α  金属　8オ03、64オ09、68ウ08、70オ06、77オ07、82ウ13、85オ13、87ウ03

（二）β  金属　68オ09、69ウ09、76ウ03、83オ01、86オ08、88ウ13

（三）γ  木活字か　24オ11、25ウ03、38オ15、51オ12、52ウ02、63ウ15、68ウ10、77ウ02、83ウ14、86ウ12、太平記抜書一12オ、太一14オ、太五03オ、太五20ウ、太五39ウ、太六24オ

（四）δ 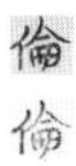 木活字か　断簡8オ03、22ウ08、51オ02、69ウ08、74ウ16、77ウ15、84オ09、86ウ15、太六24ウ

δは、太平記抜書では、同一丁（六24）にγが現れる場合に限って用いられる。

『ひです』前半（43丁以前）の組版者は、恐らく活字α・βを探し当てる事が出来ずにγ・δを新彫したのだろう。『ひです』後半（44丁以降）の組版者がα・βを取り出し、その後はα・βを主として用い、γ・δは、α・βと同一丁又は前後の丁にのみしか出現しないが、これはα・βの活字が不足したときの補助としてのみ用いたためである。（74丁は例外）。恐らく、α・βの活字在庫はそれぞれ一だけだったのであろう。

68丁	オ09β	ウ08α	＝ウ10γ
69丁	ウ09β		＝ウ08δ
70丁	オ06α		
76丁	ウ03β		
77丁	オ07α		＝ウ02γ、ウ15δ
82丁	ウ13α		
83丁	オ01β		＝ウ14γ
84丁			＝オ09δ
85丁	オ13α		
86丁	オ08β		＝ウ12γ、ウ15δ
87丁	ウ03α		

本篇8オが活字αを用いるのは、8オが（αを発見した）『ひです』後半の組版者により差し替えられた事の証拠と見なせる。

一方、断簡8オが、同一丁・前後丁に「倫」用例が（恐らく）無いにも拘わらず活字δを用いる以上、これを『ひです』後半組版者が行なったものとは考えにくい。

(b)「旋」

(一) α 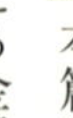 本篇08ウ06、12オ02、15ウ16は、『落葉集』・『ぎやど』に見える金属活字（『太平記抜書』には見えない）。

(二) γ  断簡8ウ7「旋」は、16オ17、75ウ02、太三20ウ4と同字で、新彫木活字か。落葉集・ぎやど・朗詠雑筆に見えず。

本篇15丁以降にα（金属活字）に事故が生じ、αが使えなくなったとも考えられる。

(c)「頂」この字は本篇8オウには見えない。

(一) α 『落葉集』、『ぎやど』65ウ17、太一29ウ03、太四12オ11、太五14オ07（『太平記抜書』の他例は「頂」を「項」と誤植）

(二) γ  断簡8ウ7、本篇52ウ13

(三) δ  本篇59ウ01

γ・δは、どちらもαとは異なる新彫で、木活字か。『ひです』組版者にαが探し出せなかった可能性がある。

(a)「倫」の状況からは、「本篇8オの組版者は、ひです後半組版者である」、「断簡8オの組版者は、ひです後半組版者ではない」が導けよう。

しかし、ここから直ちに、「断簡8オの組版者は、ひです前半組版者である」、「断簡8オの組版は、本篇8オの組版以前である」は導けない。『太平記抜書』はα・βを全く用いていないので、『ひです』後半の印刷以降に、何らかの事情（活字欠損・紛失など）で金属活字α・βが利用出来なくなっていた可能性があるからである。断簡8オがα・βを用いずδ（木活字か）を用いるのは、断簡8オの組版が本篇後半よりも更に後で、既にα・βが使えない状態にあったために、やむなくγを用いた、という可能性もある（ここでは、『太平記抜書』の印刷は『ひですの経』のそれよりも更に後である、との前提を立てているが、その詳説は別に譲る）。

(b)「旋」の状況は、本篇8ウ組版時にはα（金属活字）が利用し得たが、断簡8ウの時点では既にαが利用出来なくなっていた可能性を示唆する。つまり、本篇8ウの後に断簡8ウの組版が行なわれた可能性を示唆する。

(c)「頂」は、特に本篇との前後関係の解明に寄与はしないが、『ひです』後半→断簡の順に組版されたと考えても、矛盾を生じないデータである。

以上の様に、断簡8丁と本篇8丁の先後関係には決定的な証拠は得られないが、(b)「旋」の状況を重視すれば、

元の本篇8丁（現佚）→後半組版→本篇8丁組み替え（帳尻合わせ）→更に断簡8丁に組み替え（より巧みな帳尻合わせ、本文彫琢［後述］）

という可能性すら考えられる事になる。

その様な改訂を経た丁を補強紙として裏表紙芯（反故）に回すのは、理解に苦しむ処であるが、冊子体の差し替えに間に合わなかった丁が、後にたまたま差し替えを経なかった現ホートン本の補強用反故に使われた、という可能性も否定し難い。

尚、断簡の用紙は、美濃紙ではあるが、本篇よりかなり薄く、本篇表紙の紙に近い。表紙・目次が本篇より後に印刷された事は確実で、断簡も同時期であるとすれば、矛盾しない。因みに本篇8丁は、前後の丁と同等の厚み（〇・二㎜程度）である。

二　『ひですの経』本篇と断簡（白井）

裏表紙裏打ちは、当初は用紙の行末一文字分しか見えておらず未知のキリシタン版かとも思われたが、ホートン図書館の協力によって糊付けされていた用紙が剝がされ、これが本篇8オの一部と8ウの全体（8オ17と8ウ1・2の一部は断簡が同内容で重複）に相当する本文の反故紙であることが確認された。

しかし以下に示すよう本篇と断簡とでは本文が大きく異なる。常識的には差し替えの結果生じた反故紙（元の本文）を裏打ちに利用したと考えたくなるが、書誌学的にも、また断簡の言語と内容によっても確証は得られないため、先後関係について臆断は控えることとした。

1　本篇と断簡の対校

本篇と断簡の対校を以下に示す。

断簡の前半（8オ1〜16）は製本時に断簡上部が切断されたと思しく、確認できる本文は部分的である（断簡本文の欠落箇所を「……」で示す）。

本 万木等也五にハ命を持といへども達せざる類ひ海月石花などの類也（8オ1）六にハ六根の上に其身を働く性を持もの禽獣虫魚等也七にハ六根と（8オ2）動揺の性の上に智恵を以て是非を弁ふる人倫也是則下界の万物の（8オ3）霊長也八にハすぴりつある体とて色形を離れたる体也是即安如と（8オ4）いひて天に在ます無色の霊体也此あんじよの数々ハいひ尽す事叶ハ（8オ5）ざれども粗其大概をいふにありとあらふる色形の類ひよりも其数（8オ6）多しと分別せよ（8オ7）

断 ……類ひ海月石花な（8オ1）……禽獣虫魚等也七（8オ2）……ふる人倫是也（8オ3）……ぴりつあるとて色（8オ4）……在ます無色の体（8オ5）……叶ハざれば粗其大（8オ6）……も其数多しと（8オ7）

断簡は一部分しかないが本篇8オ7まで本文はおおむね一致する。但し表現は本篇と断簡の間で「也→是也」、「すぴりつある体→すぴりつある」「霊体→体」「ども→ば」が異なる。

本篇8オ7〜12に対応する断簡も部分的だが、本篇とは全く対応しない。

本 如此算数譬喩も及び難きあんじよハ各其体同じ（8オ7）からず徳も亦勝劣の差別ありとさんとますの教へに見えたり（8オ8）爰を以て天上天下の万物に位の重々あるを見て必極まる所の位（8オ9）有べきや否や際限なく上り行べきやと論ずるに際限なく上りゆく（8オ10）べしと云ハゞ是なつうらの道にそむけり必極まらずして叶ハ（8オ11）ざる也

断 ……もて御作者を尊（8オ8）……及バずといへども皆（8オ9）……給ふ者也然れバ最（8オ10）……事哉此等の儀皆も（8オ11）……ひ（?）つハ是を御観念有（8オ12）……主人を加程丁寧（8オ13）……それ人ハ何たる（8オ14）……なれバ此等を作り（8オ15）……て在ますべき事（8オ16）

これ以降の本文はおおむね対応するが、表現は一致しないことが多い。

本 さて極まる所の位ハ是極位最上の体也是を名付て根本の真実（8オ12）とも根本のかうざとも根本の動し手とも万物の根元ともいふ者也（8オ13）是即dsにて在ます也是又其体を他よりうけ玉ハず根本の上に他と（8オ14）いふ事なければ也故に是ハゑてるのとて無始より以来自ら在ます（8オ15）尊主なりと見立たる事是一の道理也（8オ16）

断 其則森羅万像を作り給ひ治め計ひ給ふ御あるじなれバ別……（8オ17）作られ給ふと申事なし其によてdsハゑてるのにて在ますと申（8ウ1）奉る也ゑてるのとハ無始無終と申儀也右条々を以て始め終り在まさぬ（8ウ2）御あるじds御一体在まさずして叶ハずと知るべし（8ウ3）

本 二にハ物の動くを以て見立たる道理也惣じて万の物の動揺する事ハ（8オ17）其体の内にか外にか動し手あるをもて動揺する者也

断 二箇条にハ物の動く事より出る道理也先動揺する事ハ其内外に（8ウ4）如何様動し手ありといふ事明か也

本 有情の類ひの（8ウ1）動く事ハ内にある命根より動ぜらるゝ者也

断 爰をもて色身より外に其身を（8ゥ5）動かすあにまを内に持証拠歴然也

本 其証拠ハ命ほろびて後（8ウ2）動揺する事叶ハざるを以て明白に見えたり又非情の類ひの動く事ハ（8ウ3）外より他の力をうけて動く者也其例しハ眼前に分明なれば証拠を（8ウ4）用ふるに及バず然れバ下界の物の動く事をバ暫く閣て諸天日月星（8ウ5）宿の旋転する根本を窺ひ見るに此等ハぴりいむんもうびれといふ十番（8ウ6）目の天の東より西に一日一夜の中に一廻するにつれられて廻る者也此天（8ウ7）即諸天

日月星宿の東西にめぐる根元也

断 あにま去ときんバ動き働く事叶（8ウ6）ハず天の旋る事も第一頂上のぴりももうべるといふ天のめぐる勢（8ウ7）力に引れて余の諸天もめぐる者也

本 然るに此十番目の天ハ自力に（8ウ8）動くや他力をうけて動くやと尋るに天ハ非情の体なれバ他力をうけずんバ（8ウ9）曽て動く事叶べからず爰を以て此天を動かす体別に有事明白也（8ウ10）されば其体も亦他より力を得るや自ら力ありや否やと尋るに先（8ウ11）他よりうけずして自ら体も力もありと云ハヾ是即ds也其故ハ自ら（8ウ12）体と力を持給ふハdsより外になし

断 是即一日一夜の間也かほど速に（8ウ8）めぐる力ハ誰より受ると思ふや其めぐらし手なくんば有べからず然に（8ウ9）又此動し手の上にも猶別の動し手有べきやと問へ天地万物を動揺（8ウ10）させ給ひて曽て動揺したまはぬこそdsと申奉れと答へよ

本 若亦他よりうくると云ハヾ其他ハ（8ウ13）何くより体をうけちからをも得るやと尋るにNon datur progressus in infinitum.（8ウ14）とて其根元必極まらずして叶ハざる者也極まる所の其根元ハ即諸の（8ウ15）体の根元力の本源万善万徳万物の根本なる事歴然なりと（8ウ16）見たてたる事是今一ッの道理なりかほどあきらかなる道理を（8ウ17）

断 dsハ（8ウ11）他力をかりたまハずして諸善万徳御自由自在の尊体にて在ます也（8ウ12）猶此動揺をなすもの、上に忍力を授くる者別にありといはヾ其授（8ウ13）手の上にも又有べきやと問へ如此尋ね極めて畢竟其源に至て万事の（8ウ14）上こそdsにて在ませと答へよ猶其上にも有といはヾ非学者論に負け（8ウ15）ざるの類ひ也道理を糺す学者の上にハ此等の族をバ人とハせず去バdsと（8ウ16）申奉るは根元の上の根本にて在ますと心得よ加程明なる道理を（8ウ17）

表現の相違点としては本篇の「尊主」・「命根」が断簡の「御あるじds」・「あにま」に対応することが特に目立つ。

本篇の「ぴりいむんもうびれといふ十番目の天」（8ウ6）が断簡の「第一頂上のぴりももうべる」（8ウ7）に対応し、本篇だけにラテン語の引用があることも注目すべき点である（原語の問題は折井善果［二〇一一］に詳しいので、ここでは扱わない）。

2　本文の表現と用語

本篇8オ7以降に断簡と大きく異なる箇所があり、それ以降も一致しない表現が多く、ほとんど別の本文と言えるほどである。例えば本篇の「二にハ」は8オ17にあるが、同内容で対応する断簡の「二箇条ニハ」は8ウ4から開始しており、しかも8丁の冒頭と末尾は固定的であるため、断簡の本文は相対的にみて前半がかなり長く後半が短いことがわかる。本篇と断簡との先後関係は不明だとしても、なぜ、これほどの大規模な改訂が行われたのだろうか。

言語的な特徴からみれば、断簡の本文がキリシタン版としてあるべき姿のように思える。

使用活字の点から、断簡が先に成立して差し替えられたとは言えない（「一―3 断簡と本体との先後」参照）が、本文の状況もこれに矛盾しない。

本篇には、他のキリシタン版宗教書で使われない「識徳・識得」（53ウ3ほか）・「尊崇」（54オ7）などの『日葡辞書』で「仏法語」と注記される用語がキリスト教側の文脈に使われている（「識徳」「尊崇」ともに『太平記抜書』にはある）。その他にも「莫妄想」（1ウ10）・「妙理」（2ウ8）・「証知円満」（2ウ6）・「見聞覚知の至具」（63オ15）など他のキリシタン版に無い仏教的な色彩の強い語も使われ、用語選択に独自の傾向を持つようである。

「安如」（8オ4ほか全七例）・「恵実土」（36オ14）のように原語を漢字表記した例も他のキリシタン版にはみられないが、一五九五年成立の日本イエズス会写本『講義要綱』には「安如」が全体に多数みられ、その一部「真実ノ教」には「恵実土」（102オ14）もみえている。宛字が多いのは『講義要綱』に限らずキリシタン関係写本の特徴である。

目立たないがキリシタン版には珍しい用語に「体（Tai）」（『日葡辞書』ではsustancia.［実体］）がある（『サントスの御作業』六例、『ヒイデスの導師』一〇例など）。「体」は断簡では「無色の体」（8オ5）のみだが、対応する本篇8丁の本文には「最上の体」（8オ12）、「非情の体」（8ウ9）、「諸の体」（8ウ16）など一〇例あり明らかに本篇の本文に多い。

他のキリシタン版に例の無い「すぴりつある体」は断簡の「すぴりつある」に対応しており、本篇の本文でこれまでのキリシタン版には珍しい用語が集中的に使われたようにみえる。これも、『講義要綱』の一部「アニマノ上ニ付テ」に「スヒリツアル体」（54ウ10）がある。本篇に散見する「命根」もキリシタン版としては珍しいが、排耶書の一つ一六二〇年頃刊の不干斎ハビアン『破提宇子』（『日本思想大系』所収）に「安女」（四三三頁八行目）の表記と共にみられる（四三〇頁一五行目ほか）。

これらは正式なキリシタン版には使われないが、イエズス会やキリシタンにとっては珍しくない表記や用語だったのだろう。それが印刷本である『ひですの経』に使われたことは興味深い。

3 「尊主」にみる用語統一の不徹底

用語問題の典型的な例として「尊主」を挙げておく。

本篇8オ16の「尊主」はキリストを指す用語と思われるがキリシタン版としては極めて珍しい。

『日葡辞書』には、Sonxu. Santo senhor: não se usa senão falãdo de Deos nos liuros da Igreja.（聖なる主。教会の書物でデウスについて言う以外には用いられない。）とあり「尊主」を「教会用語」かつ「書物用語」だとしている。

『日葡辞書』で同じ「教会用語」注記をもつ語に、Deusを現す「天主」「天帝」「天道」「天尊」がある。これらの用語は『羅葡日辞書』でDeusの訳語として列挙されてもいるが、実際にはキリシタン版に使われる用語ではない。豊島（一九八九）は用語改革により「天主」「天帝」「天道」という用語が「秘密」「祈り・祈禱」「信仰」という用語とともに原語に回帰したことを指摘しており、これらの語は一五九〇年代前半のキリシタン版で使われた後、キリシタン版に使われなくなっていたとする。

また、森田（一九九三［三三九頁］）によれば「天主」は『エヴォラ屛風文書』『バレト写本』に、「尊主」は『バレト写本』に、それぞれわずかにみられるというが、「書物用語」という注記については、「書物には存しても一般には「デウス」よりは使われることが少なかったという事情が関係しているであろう」としている。「尊主」は「天主」などと同じように用語改革によってキリシタン版には使われなくなった用語だと言えるだろう。

それでは、本篇と断簡の対応箇所をみてみよう。

ゐてるのとハ無始無終と申儀也右条々を以て始め終り在まさぬ御あるじds御一体在まさずして叶ハずと知るべし（8ウ3）

右のように断簡で「御あるじds」となっている箇所に、本篇では「尊主」が使われている。

是はゐてるのとて無始より以来自ら在ます尊主なりと見立たる事（8オ16）

本篇にはこれを含め「尊主」が計四回現れている。

天地万物の尊主dsを辨へ知りたる者也（74ウ9）

此尊主を名付てdsと申奉る也（87ウ8）

御作者は誠万事叶ひ給ひ御自由自在の尊主にて在ます事是のみにても明也（90オ7）

キリシタン版に極めて珍しい「尊主」がなぜ、本篇に使われたのだろうか。

本篇の本文が、共通する原典をもつローマ字本『ヒイデスの導師』に前後して早くに成立したため、一五九〇年代前半の用語の不統一が反映されたとも考えられるが、『ひですの経』の刊記にある一六一一年頃かそれに近い、キリシタン版としては末期だったとすると、「尊主」の使用は安定していた用語統一に不徹底が生じた結果とみるのが妥当だろう。

後者であれば、『ひですの経』本篇は過去のキリシタン版の用語問題に疎い人物が関与して成立したとの推測も成り立つ。また、用語問題を含む本篇の本文が最終的に製本されたことからみて、出版にあたって用語の不統一を指摘し訂正するような検閲も無かったか、それが間に合わなかったように思える。

本篇と断簡は本文の異同が大きく、本篇にはキリシタン版として類例の無い宗教的な用語が多数ある。更に、反故となった断簡の無難な用語に製本された本篇の不適切な用語が対応するなど、キリシタン版として不可解な点もある。

断簡の言語と内容からみてもなお、本篇と断簡の先後関係についての確証は得られないが、少なくとも『ひですの経』の編集もしくは出版にはキリシタン版の用語問題に疎い人物が関与しており、製本された『ひですの経』はその問題が検閲によって訂正される機会を得ることなく出版されたと考えてよい。

『ひですの経』にみる用語の混乱は、一五九〇年代初頭の未熟な状態からたゆまぬ努力で改良を重ねてきたキリシタン版という見方からは理解し難い特徴をもつ。そのことは、用語問題を含まない断簡の存在によって、様々な角度から検討されるべきだろう。

三　活字概観（豊島）

『ひですの経』は、活字組版・プレス印刷である。

『ひですの経』は、一五九八年『さるばとるむんぢ』、同『落葉集』、一五九九年『ぎやどぺかどる』、一六〇〇年『朗詠雑筆』の、累積三千二百字程度の漢字金属活字ストックから出発した筈である。実際『落葉集』以来の摩滅した金属活字の姿は、本書に頻繁に認められる。

その『ひですの経』が、手持ちに無い字を印刷しようとした時、(A)金属活字として新刻新鋳する、(B)木活字として新彫する、(C)諦めて平仮名で書く、の三が選択肢にあった。(A)の選択は、新たに父型を彫り起して母型を作り、更にそこから活字を新鋳するという工程をこなす能力があった事を意味する。一方、(B)は、それに堪えない、(C)は、そもそも金属・木活字を問わず活字作成に堪えない、という事である。

又、過去のストックにあった筈の字でも、(B)木活字、又は(C)仮名印刷の形態を選択するのであれば、既に活字ストックが失われたか、母型が失われたか、母型があってももはやそこから活字鋳造する技術が無かった、又は単に既存の活字が探し出せなかった、という事になる。

しかし、版面から金属活字と木活字を見分けるのは容易ではなく、両者判別し難き例が多数ある。

漠然とした印象として、金属活字の中に木活字が交じると「浮いて」見えるのは、誰もが認めるであろう。本書序文の「蓁」は歴然と浮いている。

しかし、逆に「浮いて」見えれば必ず木活字とも断定出来ない。2オ2「鯨鯢」の「鯢」は、前後から浮いて見えるが、この字は『落葉集』（一五九八）に見える金属活字で、恐らく使われる文脈も無く未使用のままのウブな金属活字が、前後の摩滅した活字列の中で浮いて見えているのだろう。一方、周囲に馴染んだ木活字も多い。

「浮く」理由の一つは木活字の線の太さ（14オ6「蠢」）、今一つはインキの乗りである。

しかし、活字のインキの乗りに、金属活字と木活字とで、期待する程に際立った差がある訳ではない。

金属活字には、インキが弾かれて不均等に分布するモットリング（mottling）が生ずる事がある。13オ16「胆」は、『ぎやどぺかどる』上49ウ1と同一の金属活字であるが、横画・縦画それぞれにモットリングが明瞭に出ている。しかし、インキが溜まった結果の「むら」は木活字でも生じ、これは時にモットリングに似ていて、決め手にならない。例えば、60ウ13「潜」は、恐らく木活字と思われるが、金属活字のモットリングに似たインキの「むら」が出ている。

木活字と覚しい字そのもの、又はその活字の前後に位置する金属活字の端が、インキ乗りが悪い事もしばしばある。つまり、木活字と金属活字が連なるときに、どちらかの端にインキが乗らないのである。これは、木活字の丈が微妙に高過ぎてギャップが出来、インキが乗らなかったものかも知れない。

本書には、木活字の前後を意図的にヤヤアケで組んでいる様に見える箇所が少なくない。或いは、この活字の丈の段差によるインキ乗りの不具合を避けるためかとも思われ、もしそうだとすれば、これが本書の組版が縦に隙間が多く見える一原因であろう。しかし、木活字の前後が「ヤヤアケ」に見えるのは、意図的にクワタなどを挿入したものではなく、実は木活字の寸法が単純に大きい（文字面の回りに余白がある）のかも知れず、この点は更に精査を要する。

設計が稚拙な活字も、木活字と見分け易い。しかし、中には稚拙な金属活字もある。

本書の表見返しに貼られた『太平記抜書』巻四目録の一四行目「§十三　義助被参芳野事」、同一五行目「§十四　義助豫州下向事」の「義」字（義γ）は、いかにも稚拙であるが、同一丁に複数回出現する以上、新彫新鋳の金属活字としか考えられない（木活字は、原理的に、同一丁に二回以上植字出来ない）。

因みに、同じ七行目「義貞」の「義α」は『落葉集』以来の金属活字、八行目「義貞」の「義β」は『朗詠雑筆』で追加された金属活字で、α・β共に『ひですの経』、『太平記抜書』に用いられる。巻四目録一四・一五行目の「義γ」活字は、『太平記抜書』巻三40オ～44ウに「義」字が頻出して活字が払底したために新彫新鋳されたもので、同じく『太平記抜書』で新彫された「義δ」と共に、『ひですの経』にはまだ見えない活字である。

落葉集43ウ（義α）、朗詠雑筆27オ（義β）

太平記抜書巻三42ウ（順に義δ、義α、義γ、義β）

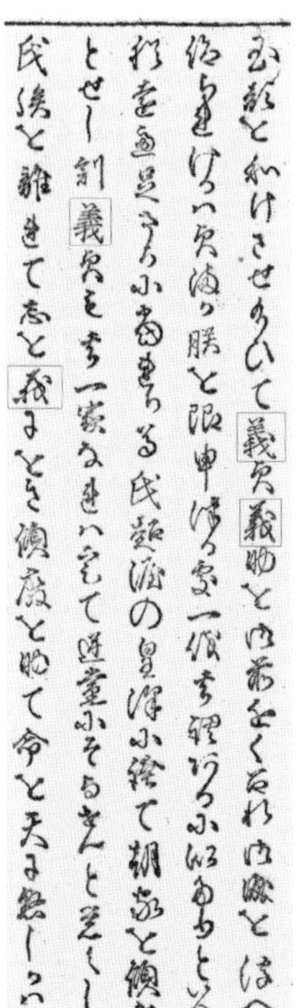

この様に、活字の材質の判定を、版面の印象だけから根拠を以て行うには、我々の準備は十分でない。

このため、ここでは、材質が金属か木かの判別はひとまず主眼とせず、あくまで『ひですの経』に使われた活字が、それ以前の他のキリシタン版に用いられた活字か否かという観点から、本書の活字印刷を概観する事とする。

比較対象とするのは、一五九四年以降の「後期キリシタン版」で、日本製の漢字・仮名の金属活字を使う『さるばとるむんぢ』（一五九八）、『落葉集』（一五九八）、『ぎやどぺかどる』（一五九九）、『朗詠雑筆』（一六〇〇）、『どちりなきりしたん』（一六〇〇）、『おらしよの翻訳』（一六〇〇）、及び『太平記抜書』（刊年不明）である。『こんてんつすむんぢ』（一六一〇）は、版式がイエズス会キリシタン版とは異なるため、扱わない。又、一五九三年までの漢字・仮名を活字印刷する前期キリシタン版、即ち『日本のカテキスモ』（一五八六）、『初期祈禱文』（一五九一?）、『どちりいなきりしたん』（一五九一?）、『ばうちずもの授けやう』（一五九一?）は、所用漢字・仮名活字が欧州製であって日本製活字ではない（豊島正之、二〇一〇）ため、これも扱わない。

本書釈文では、活字の種類を、各漢字の左傍の記号で示した。

無印　他の後期キリシタン版に見える活字

●　•篩　『ひですの経』のみに見える文字

○　°裘　『ひですの経』・『太平記抜書』のみに見える文字

△　△盈　『ひですの経』のみに見える活字（文字自体は、他のキリシタン版にも見える）

▽　▽肺　『ひですの経』・『太平記抜書』のみに見える文字で、且つ『ひですの経』のみに見える活字

▲　▲簾　『ひですの経』・『太平記抜書』のみに見える活字（文字自体は、他のキリシタン版にも見える）

A　従来のキリシタン版にある活字をもっぱら用いるもの（約千四百字）

一丁七万丈三上下不不足与且世丘両中丸丹主久乍乏乗九也乱乳
乾亀了争事二云五井亡交亭人仁仇今仏仕他付仙代以仰任伏休伝
伴似但位住体何余作並佳使例供依価侫并便俗保信个修倍倒借倩
偏健傍傑備催傾僅働像僧儀元充先光兎児剋入全八公六共兵其具
典兼内円再最写冬冷凌凝凡処凶出刀刃分切刑初別利到制刹刺刻
剃則前剛力功加劣刧助励労勅勇動勘勝勢勤勧勲匂包化北匠医
十千卅半南単危即却卵卿厚原厭厳去参又及友双取受叡叢口古句
只叫召可台右叶号司各合同名后吐向君吟吠否含吸吹告呑周味呼
命和咲咽哀品哉唇唯啄商問善喚喜喩喰営嗔鳴嘗器囀四因困囲図
固国園土在地垂城埃埃ω埋執基堂堅堕堪報場堵塊塗塞塵境墓増
墜壁士声売壺変夏夕外多夜夢大天太夫失奇奉奏奪女奴好如如何
如此妄妙妻始委姿威娟婚媒媚嫁嫉嫌婢子字存孚孝季学孫宅守安
官定宛宜宝実客宣宮害宵家容宿寄富寐寒寛寝察寤寧審寵寺対寿

専将射尊尋導小少尚尤就尺尽居屈届屋屑山岸峨嶋崇崩川巣工左
巧巨差己已巻希帝師帯帰帳常平年幼幽幾広序底度座庭庵建廻廿
弁辨式弓引弥弱強当形彩影役彼往待徊後徒従得徘御復微徳徹心
必忍忖志忘忙応忝忠快怍念忽忿怒怖思怠性怨恠恐恣恥恨恩恭息
恵悉悟患悦悩悪悲情惜惟惣想愁愈愍意愚愛感慈態慎慕慢慮慰憎
憐憲懇懈懐懲懸懺成我戒或戦截戯戴戸所扇手才打托扱扶投折抛
抜披押抽拘拙招拝拠拾持指挑挙振捍捧捨掃授掌掟探接掬揃提揚
握揺損搦携摂撫撰擲改攻放故救教散敬数敵敷文斗料斜断新方於
施旅旋族既日旦旧旨早昇昌明易昔星春昧是昼昧時曽普景晴智暁
暑暖暗暫暮曇曜曝曲更書替月有服朗望朝期木未末本朽材束条
条々来東杻松板枉林果枝枢枯枷柔柱栄校栢栴根案案等桑梁梅梟
梯械栖棟森植楊楫業楯極楽概榴構様模樹橙檀檻欠次欲欺欽歌歎
歓歟止正此歳歴死殊残段殺殿母毎毒比毛民気水永汀汁求汗汚汝
江池汲決沈冲没沢況河油治泉泊法波泥泰泳洒洩活派流浄浅浪浮
海消涼涯淤深混添清渓渕減渡温湊湧湯湿満滋滞准源溺滅滑滴漁
漂漏演漬漲漸潔潤潮濁濃火灯灰灸災炎点為烏焔無然焼煙照煩熟
熱燃燕燥燭爪爰父片牙牛牡牧物特犁犬犯状狂狗狩独狭狼猛猟猪
猫猶獅獣玄玉珠班現理琴瑕瑾環瓜甘甚生産用由甲申画界留畜畢
略異番疋疑疵病痛癡療発白百的皆皮皿益盗盤目盲直相省看真眠
眸眺眼着睡矢知石沙砕破碍碧磁磨礎示礼祈神禄禁禍福禽私秋科
称移稀程稚種穀穂積穏穴究空穿窺立童竭端竹竿笑第筆等筋答節
算管箭範篇築籠簡籍粒粗粧精糞糸紀紅紋納紙紛累細終経結給絵

絶綉継続網綻綾綿緊緑緒編練縁縦績繁織繚罪置罰羅羊美群義羽
翅習翔翫翼翻老者者也耕耳聊聖聚聞聵聾肉肖肝肢肥肩肱育背胎
胡胆胸能脂脇脈脊脚脱腐腑腫腮腰腸腹膏膚膝膳臆臈臓臣臥臨自
至致興舌舎舞船良艱色艶芝芥花芸苔若苦茲草荒荘荷莫菓菜菲萌
落葉蒔蒙蒲蓋蓮蔑蔓蔵蘂薄薫薬虎虚虧虫虹虵蚊蛇蜂蜜蝋蝕融螻
蟄蟻血衆行術衣表哀袋被裂補裡裳裸襲西要覆見覚覧親観角解觸
言計託記訪証評詠試詮誅誉誠誘語誤誦説読誰調談請諍論諫諸謀
謂講謹識譬議譲護讃豊貝貞負財貧貪貫責貴買費賊賎賜賞賢賦赤
赦走起超越趣趨足路踊踏蹄身軀車軍軟転軽載輙輝輩輪辛辞辰辱
農辺巡迎近返迫迷追退送逃逆逐通速造逢連進逸逼遁遂遊運遍過
遑道達違遠遣遥遮遺還邑邪郎郡部都配酒酔酢醸重野量金針鈴鉄
鉾銀銅銘錦録鍋鍛鍬鎖鎧鏡鏤鑑長門閉閑間閣闇闕闘防附降限除
陰陳陶陸陽階随隔際障隠隣隼雁集雑雖雛離難雨雪雰雲零雷電震
霊霜霞露静非面革鞠鞭音章韶響順預頑頓頚頭頻頼顆題額顔顕願
顧風飛食飢飲飽養餌館首香馬馳馴駆駿騎騒験憍驚骨骸高髪魂魔
魚鯢鯨鰯鱗鳥鳩鳴鴻鵜雞鶴鷲鹿麁麗麦黄黒鼻齢（これらと仮名
との合字を含む）

これらは、金属活字と見てよいであろう。

但し、『ひですの経』中の用例数が多い漢字（例、「事」九八五例）では、その全用例の熟視比較の暇を得ず、全ての活字が先行キリシタン版の活字と同一とは言い切れない。中でも、用例数が多く、且つ微妙な変異が少なくないため、全てを金属活字と断ずるにためらいを覚える字に「獣」字（一三二例）があるが、判断を保留し全てを無印としてある。

ぎやど上13オ6 

ぎやど上13オ7 

本書36オ13 

本書36オ16 

本書87オ 

同様に、必ずしも全てを先行活字と同一とは断じ得ないが取り敢えず無印とした字に「天」「類」「歯」「媒」「脳」がある。

尚、Aには、従来のキリシタン版活字に複数種あるものがあり、『ひですの経』がそれらの複数の種類の活字を使う事もある。

汀『落葉集』に二種類、本書『ひですの経』もその二種類。

汀α　落葉集小玉5オ 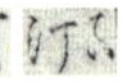

汀β　落葉集小玉17ウ 

汀α　本書34オ 

汀β　本書42ウ 

麦『落葉集』に一種類、『ぎやどぺかどる』に二種類あり、本書もその二種類。

麦α　ぎやど上27オ6 

麦β　ぎやど上27オ7 

麦α　本書44ウ10 

麦β　本書44ウ15 

B　従来のキリシタン版にある活字、及び新彫活字（釈文の△▲）を混用するもの

亦割呼歯胃脾苗萄開雀盈脳鷹之互倫奥孔尾張房政梨横機汰淡漢潜狐猿王珎田砂維菊象跡避里雄雌青鞍類髄隙

従来の金属活字と新彫活字を混用する例は様々であるが、同一丁・近隣丁に複数の用例があるときに限って新彫活字が混用される次の様な例は、金属活字在庫に限りがあり、且つ母型からの補充新鋳すらも困難で、新彫せざるを得なかった状況を示唆する。

（一）狐「狐α」は『落葉集』以来の活字、「狐β」は『朗詠雑筆』で導入された活字、「狐γ」は、同一丁にα・βが出るため本書で新彫されたもの。

狐α　落葉集本編56オ7 

狐β　朗詠雑筆17オ12 

本書34オ、順に狐β、γ、α

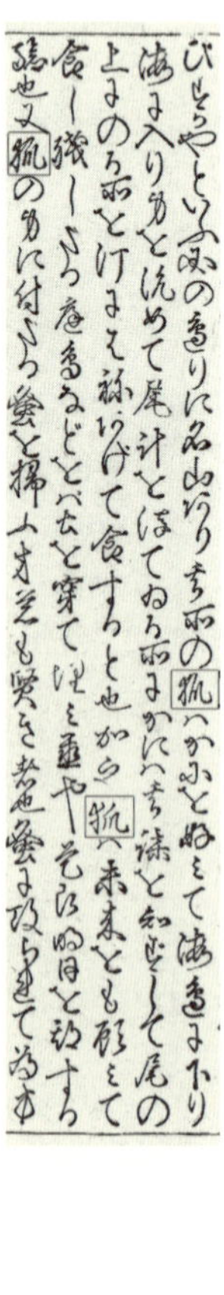

（二）　猿　「猿α」は『落葉集』以来の活字。本書35丁には「猿α」以外に四例の「猿」があるが、全て互いに他と異なる新彫活字。

猿α　落葉集色葉字集17ウ

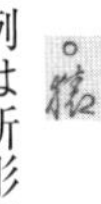

他の猿　本書35オ、最初の三例は新彫で全て相互に異なり、最後の例が「猿α」。

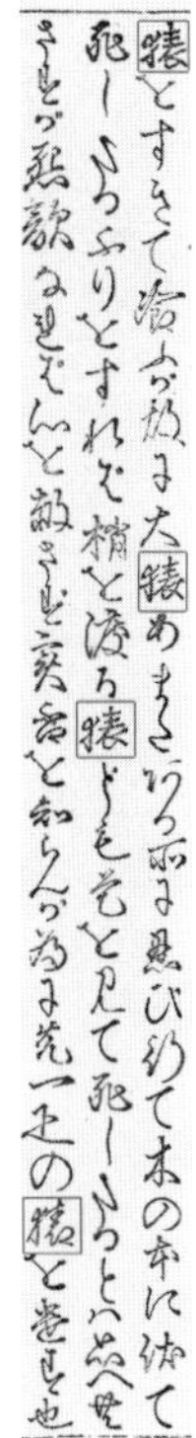

（三）　鞠　「鞠α」は落葉集以来の活字、本書70丁には「鞠α」以外に三例の「鞠」があり、全て互いに他と異なる新彫活字。

鞠α　落葉集小玉篇9ウ

他の「鞠」　本書70オ。四例のうち最初が「鞠α」、他は全て互いに他と異なる新彫活字。

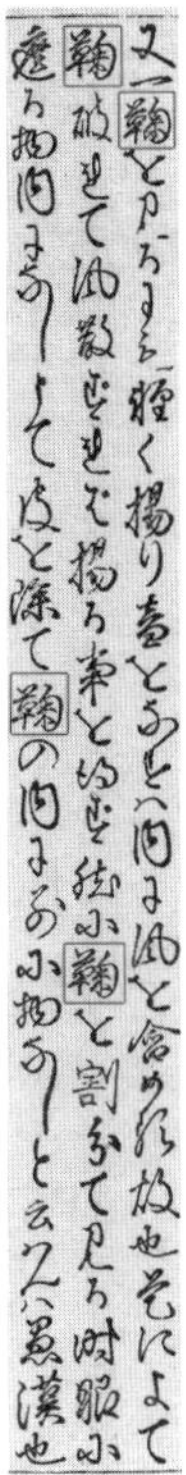

C　従来のキリシタン版の活字を全く用いず、新彫活字（釈文の△▲）のみを用いるもの

剋屍駒件浸侵塩宰寸岩干恋払拍桃李杁梢櫓洞洪湖燈煮熊莵登畠眉短磯笠簾綸縮纏而股肴茂葛葬蓑触詩蹤蹴遅釈頂餓鶉墨皷鼠

開闢（15ウ5、現存キリシタン版で唯一の抄物書）

抄物書は別として、これらの活字は、何らかの事故で既に活字が失われていたか、或いは『ひですの経』の文選工が既存活字を探し出せなかった可能性がある。「倫」はその顕著な例で（「一—2　断簡の書誌」を参照）、これはBの混用例だが、『ひですの経』前半では新彫活字のみが用いられ、後半になって初めて従来の金属活字が用いられる様になるのは、前半の文選には、金属活字が探し出せなかったためであろう。

D　そもそも、文字自体が従来のキリシタン版に無いもの（釈文の●▽）

俯凸凹嗅壅尿屎岳厠惹愀憔掘核棰槙殻涛滓滔熏犀猴痢痰瞳窄篩糖糠絡繙繞蠒胱胴脛臀膀芒茴蒂蓄蔵蘋蚓蚕蚤蚯蛸蝦蟹趺邈邕醬鑠鞴駢鵬鷺予伸厦呀喫噺噛嚼夥嬉尖峙弦慣摺撓擬桁桧烈疸疾竪筒筧箓箪糟組絞統緋繰臍航蔦藁蛛蝸蟇蠢裘裹觜諂透這鉤鋒鎌雉雫鬖鞨飼鬒鳶喉肺銷沓甑

但し、これらの全てが『ひですの経』印刷に当たっての新彫とは言い切れない。愀（15ウ16、53オ1、63オ15等）、雰（7ウ9、81ウ17）、槙（28ウ4の一例のみ）、屍（67ウ9の一例のみ）等は、たまたま現存している先行キリシタン版には用例が見えないだけで、実は従来から存在した金属活字だったのではないかとの疑いも残る。一方、軃（49オに三例）、夥（47オ4等）、簗（62オ3）、裘（11ウ4、52オ11）の様に、歴然と木活字新彫のものもある。

同一木活字が繰り返し使われる内に、細い線が切れたり、字画が壊れる事がある。

「互」の最終画を右へ戻す部分が、12オ1では小さなギャップであるが、20オ6、27ウ8、51オ2、57オ3と繰り返し使用されるうちに、ギャップが若干開いて行く様に見える。

「浸」は、34オ、42オ、46ウの三例あるが、46ウでは潰れたり割れた部分が見える様で、88ウの二例は別途新彫されたものである。勿論、欠損は金属活字でも生ずる。

「角」は『落葉集』の活字だが、かなり傷んでいた様で、42ウ1、49オ17には、右下に欠損のある活字が現れている。

「建」も『落葉集』の活字だが、10オ4、12ウ2と最初から潰れており、まっとうに見えるのは54オ5位である。

四　仮名活字に就て（白井）

1　キリシタン版の活字

キリシタン版後期活字本の漢字活字はこれまで、ローマ字活字と同じ製法、すなわち金属父型を彫刻し軟銅材に打ち込んで作った金属母型に溶けた鉛を流し込んで量産した金属活字であり、末期の『太平記抜書』に見られる楷書体の粗悪な漢字木活字が一部混じったと考えられてきた。この粗悪な木活字は『ひですの経』にもみられ、形状に金属活字に無い特徴が現れた例があるため、同様の特徴をもつ活字は木活字である蓋然性が高い。しかし書体の違いや形状の稚拙さ以外にすべての木活字を確実に見分ける客観的な判断材料が無いのも事実であり、これら以外の活字にも木活字がある可能性を否定できない。

さらにキリシタン版後期活字本には、雰囲気は金属活字と同じだが同一母型による量産を保証できない活字が多数ある。例えば「血」は『ひですの経』の61丁で十二個使われるが形状の異なる活字が多数あり、キリシタン版後期活字本を通してこの丁で新出した活字も含まれるらしい。この段階で同一母型による活字の量産が疑わしいとすると、こうした特徴をもつ活字の材質や製法はどのようなものなのか、仮名の連綿活字を採り上げ考えてみたい。

2　連綿活字の使用率

活字の材質や製法の問題に入る前に、キリシタン版の連綿活字の概要について使用率からみておきたい。連綿活字の使用率は、白井（二〇〇八）に詳しく示したが、文献が印刷された段階において存在した連綿活字が対応可能な文字列について、連綿活字の使用回数を文字列の出現回数で割ったものである。後期活字本の最初に出版された『さるばとるむんぢ』で九五％と最も高く、『ぎやどぺかどる』で九〇％、『どちりなきりしたん』で八四％など次第に低下する傾向がある。これは連綿活字の種類が次第に増加したことに関係しており、初期から用意された連綿活字は在庫数も多く原則として使える環境であれば使用するが、新出した連綿活字は在庫数が少なく使用も任意であることによる。『ひですの経』は八三％であり先行文献の傾向に一致する。

金属活字の量産を行ったキリシタン版で、活字不足が実際に生じることはあっただろうか。例えば連綿活字「たる」は『さるばとるむんぢ』にすべて同一の形状で一五三回使用され使用率は一〇〇％であり、同一丁内に最大一三個が集中して使用される。このことは必要在庫数の確保つまり金属活字の量産を示すものであり、同じように「より」の四五回（同一丁内最大五個）、「にハ」の三五回（同一丁内最大七個）など、使用率が一〇〇％で複数の在庫を確保した例は珍しくない。

一方、『ひですの経』で初めて登場する連綿活字「べし」は助動詞に対応し連綿活字の使用が期待される。ところが連綿活字の使用回数は九回、非連綿が九二回と連綿活字の使用率は一〇％に満たない。「学問の道を初むべし」(6オ15)で連綿活字を使用しながら、「盲目なるべし」（6ウ1）、「敵対ふべし」（6ウ13）、「返報あるべし」（6ウ14）が非連綿となっている。その他の箇所についても同一丁内の使用は最大一個に限られており、他の新出した連綿活字も同様である。このことは、それぞれの連綿活字が量産されず、それが『ひですの経』の印刷段階では当然となっていたことを示している。これと同じことは、実はもっと早い段階から言えるのではないか。初期の在庫分がたまたま使われず遅れて登場したと思しい例を除けば、『ぎやどぺかどる』以降、出版を重ねる途中で新出した連綿活字は原則として一個しかないようにもみえる。このことはキリシタン版後期活字の技術的な問題として留意すべき特徴である。

3　連綿活字の特徴

新出の連綿活字

『ひですの経』では新しく七種の連綿活字が使われる。そのうち「べし」「しら」は先行する文献に非連綿で多数現れており、連綿活字が無かったと推定できる（刊記の無い『太平記抜書』との前後関係も問題となるが、現在のところ『ひですの経』先行と考えている）。

「しら」は、もっぱら「しらず」に使われる。

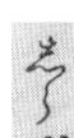
2オ8

39ウ12

線の勢いが細く弱く終画が左下方向に伸びて全体がやや傾いた印象をもつ点が他の金属活字とは異なり、組版上も活字の上下に広く隙間が出来て周囲から浮いているが、木活字だと断定はできない。

「べし」は同一丁内の最大出現回数が最大一回であり、分布上は活字一つでも足りているが、A（五例）とB（四例）の二種類がある。

A  6オ15　B  12ウ5

先行文献では連綿活字を使用せず連綿活字が無かったと考えられる。新出の連綿活字に二種類あるのは『ぎやどぺかどる』以降の先行文献にもみられることがある。活字材質は不明だが同一母型から量産しなかったことは確かである。

「そや」（24ウ10）は「幾ばくそや」に一回だけ使われているが、「ぞや」の濁点が消えたと考えておく。ただし原本にはその痕跡も見えない。「ぷる」（67ウ4）は「ぷるたるこ」に使い『ひですの経』で連綿活字が初出する。「ぷる」の半濁点を除いた仮名本体の形状は『ぎやどぺかどる』以降の「ふる」と同一であるから父型を流用しており金属活字と思われるが、『ぎやどぺかどる』一〇例、『どちりなきりしたん』六例は非連綿で、『ひですの経』でわずか一例のために新しく金属活字を作ったことになり、その理由が分からない。濁点・半濁点を除いた本体の形状が共通するのは他の連綿活字も同様である。したがって「ばり」「がな」「ばゞ」も同様に金属活字と考えてよい。「がな」は「どちりな」に非連綿が三例あるが、すべて連綿の途中に自立語の境界が来る場合に語境界を意識した可読性に配慮して連綿活字の利用が忌避されたものである。『ひですの経』で新出した連綿活字に木活字と断定できるものはなく、すべて金属活字とみておく。

使われなくなった連綿活字

『ひですの経』で使われなくなった連綿活字の主なものは、「れば」（非連綿一六七回）、「奉ら」（同一五回）、「とゝ」（同一〇回）、「がる」（同一〇回）などである。「とゝ」（一一回）、「奉ら」（四回）は『太平記抜書』にも非連綿でみられる。「とゝ」を除いて（『どちりなきりしたん』の「とゝ」は二種類あるようにもみえる）先行文献の同一丁内の最大回数は一回だから在庫は一個と考えるなら、破損や紛失によって唯一の活字が使えなくなったのかもしれない。ただし先行文献に活字破損の予兆は認められず、木活字であるとは思われない。活字が当初より増えたことで活字の捜索と再利用が難しくなったとすれば、新出した連綿活字の使用率の低さも説明できるだろう。これらを除けば、先行文献で使われた連綿活字の殆どは『ひですの経』でも継続して使われている。

継続使用の連綿活字

継続して使用される連綿活字にも、注目すべき事例がある。連綿活字「あにま」は『ぎやどぺかどる』から二種類あるが、『ぎやどぺかどる』では連綿六〇回、非連綿二〇五回と使用率は低い。同一丁内の最大個数は二個が九丁分だが、そのすべてで二種類の連綿活字が使われる。「あにま」は『ひですの経』55丁で九回、68丁で一六回、71丁で一〇回、85丁で一一回など頻出するが、それぞれの丁で二種類の連綿活字「あにま」は各一回しか使われない。

 68オ4　 68オ6　※他は非連綿

「思ふ」にも二種類の形状をした連綿活字があり、在庫は各一個である。「故に」「もる」も同様に考えてよい。『ひですの経』における「あにま」「思ふ」「故に」「もる」の形状は『ぎやどぺかどる』のそれと変わらず、キリシタン版を通じての使用回数はそれぞれ数十回に達し、それに印刷部数を掛けた回数分の耐久性をもつわけで、材質としては金属と考えるのが妥当だろう。

4　連綿活字の傷

『ひですの経』の「して」「しる」「しも」「さる」「べき」「一たび」「をひて」などの連綿活字には、文字の横に特殊な痕跡が現れることがある。「べき」は『さるばとるむんぢ』から使われる連綿活字で、同一丁内の最大も十個以上に達する金属活字であるが、「き」の濁点位置に痕跡が多数みられる。

・X：通常（一二四例）　 1オ7

・A：「く」の字に曲がる（六例）　 26ウ9（六例）

・B：半円を描く（一〇例）　 67ウ14

・C：横棒（一三例）　 29オ12

・D：縦棒（斜め棒）（一七例　※数種あるか）　 85オ3　 85ウ15

この他にはっきりしない影をもつ印影が二四例あり、A・B・Cはそれぞれ同一丁内に最大一個しか使われず、各一個しかないと推定される。Dは85丁で類似した印影が二個みえており、酷似するが二種類あると考えておく。

特殊な痕跡は『ひですの経』だけにみられるのでなく、『さるばとるむんぢ』『ぎやどぺかどる』など先行文献にもみられる（『さるばとるむんぢ』には明らかに濁点状の「べぎ」もあるが、その濁点位置と痕跡とは位置がずれており直接の関係は無いらしい）。活字それぞれに異なる形状が現れるのは木活字の特徴だが、「べき」は『さるばとるむんぢ』から同一丁内に複数個が使われていること、痕跡を除いた「べき」本体のかたちはすべてに共通すること、という特徴からみて木活字とは考えられない。父型の材質は不明だが一個しかなく、何らかの傷つきやすい素材で鋳型をとるため、その際に想定しない場所に傷が付き、さらに活字を取り出す際に鋳型が壊れた結果、不完全な活字が一個だけ作られたと考えるべきである。こうした傷をもつ活字が後期活字本の当初から現れたとすると、そもそも活字の製法を同一母型からの量産だけに限定するのは適切でない。

5　連綿活字の材質と製法

キリシタン版前期活字本の国字について山口忠男（一九九二）は、木製父型と、金属活字の量産が可能な粘土母型を想定している。素材や製法についての厳密な検討は省くが、後期活字本の連綿活字にもパンチ式でない非金属母型を用いる製法が引き継がれ、途中から

同一母型による量産が不可能になったとも考えられる。但し、「同一母型で作った活字は同一形状である」というパンチ式金属活字の「常識」は、同一母型によるグーテンベルク活字の非同一形状を扱ったPratt（2003）が技術的な立場から疑問を呈しており、キリシタン版の金属活字もこれを考慮すべきかもしれない。ここでは非金属母型を仮説として提示するにとどめ、今後の詳細な調査に期待したい。また仮にその推定が正しいとしても、明らかに形状が異なる漢字活字が次々と現れることの説明にはならない。途中から新出し在庫が一個しかないと推定される「あにま」「思ふ」などの連綿活字は、傷をもつ活字と製法そのものは同じかもしれないが、なぜ父型を再利用して複数個を量産しなかったのだろうか。

新井トシ（一九五八）は『ぎやどぺかどる』『太平記抜書』で新出した各一個しかないと推定される異形の漢字活字を木活字とした。『太平記抜書』の粗悪な木活字以外にも木活字があるとの指摘である。この指摘はキリシタン版後期活字本の金属活字がパンチ式で量産されることを前提とし、それに合致しない特徴の活字を木活字とみたものだが、版面の特徴や活字の耐久性、連綿活字における本体部分の共通性など木活字であることを否定する材料も多く、異形であるという理由だけで木活字とする立場には賛成できない。『ひですの経』の再発見を契機に、すべての漢字・仮名・連綿活字の材質と製法を、ローマ字活字とは区別して見直す必要があるだろう。

6　まとめ

『ひですの経』の連綿活字の特徴から、キリシタン版後期活字の材質や製法について検討した。新出する連綿活字や、傷をもつ連綿活字が各一個しか無いと強く推定できること、にもかかわらず相当の耐久性をもつこと、連綿活字の仮名本体の父型が共通することから、これらの活字の材質は金属であり、再利用できない母型を用いた製法である蓋然性が高いことを指摘した。

キリシタン版後期活字には従来から指摘される木活字のほかに、再現性の無い母型によって一個ずつ作られる金属活字がある。また、同一母型からの量産とみられていた活字の再確認も必要である。これらを厳密に区別する客観的な判断材料は今のところ無く、現状では活字分布や形状、版面の特徴から推定しているに過ぎないが、従来のような量産型の金属活字と、粗悪な木活字という単純な分類だけで済まないのは間違いない。

【参考文献】

Pratt, Stephen（2003）The myth of identical types : a study of printing variations from handcast Gutenberg type（Journal of Printing Historical Society, New Series 6, pp.7-17）

The Walpole Galleries（1921）Japanese prints and rare Japanese books — Kakemono, Makemono [sic], Netsuke, Surimono, etc. — The property of The Chicago Historical Society from the Gunther Estate, and consigned by them : To be sold at auction friday evening and monday evening, June 3 and June 6, 1921, The Walpole Galleries, New York

新井トシ（一九五八）「きりしたん版国字本の印行について（四）」（『ビブリア』一二、天理図書館、三五～四〇頁）

折井善果（二〇一一）キリシタン文学双書『ひですの経』教文館

白井純（二〇〇八）「キリシタン版の連綿活字について」（『アジア・アフリカ言語文化研究』七六、東京外国語大学アジア・アフリカ言語文化研究所、五～二〇頁）

豊島正之（一九八九）「キリシタン版は何故印刷されたか」（『北大国文学会創立四十周年記念　刷りものの表現と享受』北海道大学国文学会、七～二〇頁）

豊島正之（二〇〇六）「国字本キリシタン文献の imposition に就て」（『訓点語と訓点資料』一一六輯、四九～五三頁）

豊島正之（二〇〇九）「キリシタン版の文字と版式」（『活字文化史の現在』［府川充男・小宮山博史編］勉誠出版、六九～一〇三頁）

豊島正之（二〇一〇）「前期キリシタン版の漢字活字に就て」（『国語と国文学』平成二十二年三号、四五～六〇頁）

森田武（一九九三）『日葡辞書提要』清文堂

山口忠男（一九九二）「初期キリシタン版の国字大字本について―「ばうちずもの授けやう」の印刷面を中心として―」（『ビブリア』九八、天理図書館、一～五〇頁）

本書は、次の科学研究費補助金による研究成果の一部である。

研究代表者　折井善果　若手研究(B)「『ひですの経』の原典的研究」（平成二二～二三年度、二二七二〇〇三七）

研究代表者　白井純　若手研究(B)「変体仮名の語境界表示機能に関する実証的研究」（平成二一～二三年度、二一七二〇一六〇）

研究代表者　豊島正之　基盤研究(C)「キリシタン文献国字本データベースに基づく字体・組版規範の研究」（平成一三～一四年度、一三六一〇四八五）

研究代表者　豊島正之　基盤研究(C)「キリシタン文献国字本総合データベースに基づく近世初期日本語用字規範の計量的研究」（平成一五～一六年度、一五五二〇二八四）

研究代表者　豊島正之　基盤研究(C)「イエズス会辞書類データベースに基づく対訳を経由する語彙画定過程の研究」（平成二〇～二二年度、二〇五二〇四〇八）

研究代表者　豊島正之　基盤研究(B)「多言語辞書と金属活字印刷から探るキリシタン文献の文字・語彙同定の過程」（平成二三～二五年度、二三三二〇〇九三）

研究代表者　ペーリ・バースカララーオ　特別推進研究「アジア書字コーパスに基づく文字情報学の創成」（平成一三～一七年度、一三CE二〇〇一）

本書は、東京外国語大学アジア・アフリカ言語文化研究所共同研究プロジェクト「宣教に伴う言語学（第二期）」の共同研究の成果の一つとして刊行するものである。

本書解説に引用した『落葉集』『太平記抜書』『ぎやどぺかどる』の画像は、天理大学附属天理図書館所蔵本によるものである。

Database & Virtual library, http://laures.cc.sophia.ac.jp/laures/html/index.html. [Accessed November 7, 2011]

3 Harvard University Archives, UA III 50.29.295.4, *Catalogue of the Library of Ernest G. Stillman*, 1935–1949, Box 3 of 10.

4 Paul Gottschalk, *Memoirs of an Antiquarian Bookseller*, Gainesville, 1967.

5 Masayuki Toyoshima 豊島正之, "Kirishitan ban no moji to hanshiki キリシタン版の文字と版式", in *Katsuji Shuppan no Bunkashi* 活字印刷の文化史, Tokyo: Benseisyuppan 勉誠出版, 2008, p. 71–103, p. 99.

6 Laures, *Op.cit, Introductory Essay*.

7 Archivum Romanum Societatis Iesu, Jap-Sin, 36, fols 24r–24v, cited in Diego Pacheco, Nagasaki Santiago byōin no kane 長崎サンティアゴ病院の鐘, *Kirishitan kenkyū* キリシタン研究, Sophia University, Tokyo, vol 14, p. 231–255.

8 The complete works of Luis de Granada, including his Latin and Portuguese books, letters, and index are available in Álvaro Huerga ed, *Luis de Granada: Obras Completas*, 52 tomos, Madrid: Fundación Universitaria Española, 1994–2008.

9 The book is located in the Special Collection of Leiden University under the following entry: *Fides no dŏxi to xite P. F. Luis de Granada amaretaru xo no riacu: core uo Companhia no Superiores no go saicacu vomotte Nippon no cotoba ni vasu*, Amacusa: Iesvs no Companhia no Collegio, 1592. A facsimile version was published by Tokyo's Yushodo Bookseller 雄松堂書店 in 1978.

10 Luis Fróis, *Tratado dos Embaixadores Japões*, introdução, notas, selecção e modernização de textos de Rui Loureiro, Lisboa: Ministério da Educação 1993, p. 34.

11 Vol 1 is extant in six libraries and archives around the world, vol 2 also in six, including the British Library and the Vatican Library. The most recent facsimile version was published by Tokyo's Yushodo Bookseller in 2006.

12 José Delgado García, "El Impacto Religioso-Cultural de Fray Luis de Granada en Japón", in Antonio García del Moral ed, *Fray Luis de Granada, Su obra y su tiempo, Actas del Congreso Internacional Granada, 27–30 Septiembre 1988*, 2 vols, Granada: Universidad de Granada, 1993, vol 2, p. 227–244.

13 The book is located in the Austrian National Library under the following entry: Ludovicus de Granada chines., *Simbolo de la fe, en lengua y letra China* (Hsin k'an ke wu ch'iung li pien lan), Binondoc (Philippines): Thomas Mayor, 1607, Sig. 159424-A. Alt Mag (=Sin. 267), cited in Peter Van der Loon, "The Manila Incunabula and early Hokkien studies", in *Asia Major. A British Journal of Far Eastern Studies*, London: 1966, vol 12, p. 1–43.

In human beings there exists an immortal soul because the virtue of God's Judgment cannot be imperfect. Even if there is no reward and punishment in this life, he executes it in the afterlife. In order to receive reward and punishment in the afterlife, it is impossible for an immortal soul not to exist in human beings. For this reason, those who embrace God will naturally encounter their immortal soul. (Translation by Yoshimi Orii)

5. The broader significance of the rediscovery

The Jesuit Mission in Japan lasted less than a century, from the arrival of Francisco Xavier in 1549 to the martyrdom of the last priest, Mancio Konishi, in 1643. Soon afterwards, most missionary printed materials or documents, which could have helped scholars to understand why and how many Japanese accepted Christianity, were scattered or burnt. The rediscovery of *Fides no Qvio* makes possible a close comparison with its Spanish original to improve our understanding of this important period in Ibero-Japanese intellectual relations.

Fides no Qvio certainly ranks in cultural value with the Jesuit printings that have been designated as Important Cultural Properties by the Japanese government. Not only are these texts extremely rare, but they also hold incommensurable value as having once formed bridges between heterogeneous languages and religious cultures.

A better understanding of the history of these texts' dissemination and of the Jesuits' printing enterprise in Japan may shed greater light not only on early Ibero-Japanese relations, but also on missionary activities in China and the Philippines. Thus *Fides no Qvio* also offers an important reference source for studying the Chinese translation of *Symbolo da Fee*, published under the title of *Ke wu ch'iung li pien lan* 格物窮理便覧 in 1607 from a xylographic printing press in Chinese characters by the Dominican order in Manila[13].

---

1 *Catalogue of Rare and Early Printed Books and Manuscripts*, entry no. 72, Japanese prints by the Jesuits at Nagasaki 1611, Berlin: Paul Gottschalk, 1907. Cited in Yoshitomo Okamoto, *Futatsu no Kirishitan Sho* 二つのキリシタン書, in Shomotsu Dōkōkai 書物同好會 ed, *Kyōdo Shiryō Tokubetsu Zōdaisatsu* 郷土誌料特別増大冊, Tokyo: Sakamoto Shoten 坂本書店, 1926, p. 22–24.

2 Johannes Laures, *Kirishitan Bunko: a manual of books and documents on the early Christian missions in Japan with special reference to the principal libraries in Japan and more particularly to the collection at Sophia University*, Tokyo: Sophia University, 1940. Suppl. 1941, 1951; 3rd rev. 1957. A revised version is available online as Sophia University's Laures Rare Book

bestsellers in Spain and Europe. After they returned to Nagasaki with the first European Printing Press, *Guía de Pecadores*, with its title phonetically transcribed as *Giya do peka-doru* ぎやどぺかどる, was printed in 1599 in two volumes[11]. The Japanese translation of *Libro de Oración y Meditación* has not yet been found. But there are historical documents to prove that it, too, was printed and contributed to maintain the faith of European missionaries as well as Japanese laity during the persecution of Christianity by the ascendant Tokugawa regime.[12]

4. The contents of the book

Fides no Qvio contains a detailed examination of the natural world based on contemporary knowledge of biology, physiology and astronomy, inducing readers to examine and contemplate the order and beauty of the universe (the perfect movements of the skies, the sun, and the moon, or the perfect functions of the human body), in an effort to prove the existence of only *one* Creator.

Luis de Granada's intended readership included in particular the *Conversos* and *Moriscos*, Jews and Muslims who had converted to Catholicism and their descendants who were deemed not to have assimilated Roman Catholic doctrines yet. In order to accommodate them to the Catholic faith, Luis de Granada began the *Primera Parte* by laying out a monotheistic view of the world. Similarly, when the *Primera Parte* was translated into Japanese as *Fides no Qvio*, the Jesuits made great efforts to convey basic Catholic dogma. Many key concepts and names of philosophers and saints, were phonetically transcribed into the Japanese syllable script, as in the case of *anjo* あんじょ (angel), *anima* あにま (soul), *natuura* なつうら (nature), or *tsuriyo* つりよ (Tulius Cicero), while the concept of God (*Dios* in Spanish) is represented by a symbol (ds) and given to read as *deusu* でうす. These phonetic transcriptions contributed to giving the work an exotic tone, marking these new concepts off as incompatible with then nascent pantheistic currents of thought mixing elements of Confucianism, Shintoism and Buddhism.

The translation is not comprehensive, as *Símbolo de la Fe's* thirty-eight chapters are abridged into thirty in *Fides no Qvio*. Chapters 34 to 37 of the Spanish original are almost completely replaced by a reiterative metaphysical explanation of the *animainterekichiiba* あにまいんてれきちいは (*Anima intellectiva* or intellectual soul), spanning 20 folios ("六十八オ"–"八十七ウ") in Chapter 29 of the Japanese text, which concludes with the immortality of the human soul. This unusual replacement of contents was aimed at convincing the Japanese of the existence of an immortal soul subject to God's Justice in the afterlife. Without an immortal soul, God's Judgment would have no meaning, and the morality the Jesuits envisioned for Japan would not be sustainable. As *Fides no Qvio* ("八十六ウ") clearly states:

court of Portugal, the Jesuit Mission in Japan gave precedence to the Portuguese language over Castilian Spanish.

Luis de Granada had written five volumes of his *Introducción del Símbolo de la Fe*, the fifth volume (*Quinta parte*) being a summary of the previous four. The Jesuits in Nagasaki had published a translation of Luis de Granada's Quinta Parte into roman alphabetical Japanese, under the title of *Fides no Doxi*, already in 1592[9]. It seems that the Jesuits had planned to also publish a Japanese translation of the second, third, and fourth volumes. Not only does the Index of *Fides no Qvio* refer to the extant book as the First Volume, but its Preface (p. "一二" [1 2]) also states:

> [This work] is divided into four volumes. The first volume shows the way to know God our Lord through the examination of every kind of creature in the world. The second volume refers to the Salvation of human beings, which is of incomparable benefit. The third volume makes it clear that the virtue of Faith is the foundation of man's goodness. The fourth volume challenges humans to the way to reverence, worship and admiration of God by referring to some of His prophecies, apocalyptic stories and incalculable miracles. (*Translation by Yoshimi Orii*)

However, there is no evidence to suggest that the second, third, and forth volumes were ever translated and published in Japan, again presumably due to the expulsion of the missionaries in 1614.

The book does not give the name of the translator or translators. Perhaps the Jesuits decided to omit names because the complex translation work was to be attributed jointly to all collaborators in the press. This had been the custom of the Jesuit Mission in Japan, except in a few early works published in roman alphabetical Japanese.

Yet, as mentioned above, the book's two proofreaders are identified. One of them, Martinho Campo, had met the original author Luis de Granada in Lisbon in 1584 as one of the four youths sent as ambassadors from 1582 to 1590 on a tour of Europe by Alexandro Valignano (1539–1616), the Jesuits' Visitor of Missions, to elicit financial and religious support from the Church and key Catholic powers.

At the time the mission left Japan, Valignano had already been planning to introduce a movable type printing press to Japan in order to facilitate the dissemination of important Catholic works. To underline his commitment, he had prepared several handwritten Japanese translations of Luis de Granada's texts. When the four Japanese youths met de Granada in 1584, they presented some of these manuscripts to him[10]. Presumably these were translations of *Guía de Pecadores* (The Sinners' Guide), mentioned above, and *Libro de Oración y Meditación* (The Book of Prayer and Meditation), which had become religious ing climate in which missionaries were placed just prior to their expulsion from Japan in 1614 by the Tokugawa shogunate.

The backside of the front cover (p. “六 (6)”) contains a fragment of *Taiheiki Nukigaki* 太平記抜書 (Excerpts from the *Taiheiki*, a classic Japanese war tale, in six volumes), also published from the Jesuit Mission Press, a complete set of which is in the possession of the Tenri Central Library in Tenri, Japan. *Taiheiki Nukigaki* is undated, but it was presumably printed after *Fides no Qvio*. The fragment was used as a lining for the front cover, and uncovered due to the (presumably Chinese) bamboo paper covering over it being broken.

The back cover also has a lining, which was concealed almost completely by bamboo paper and thus hardly readable. The conservation department of Harvard Library succeeded in safely uncovering this lining in February 2011, revealing it to be a fragment of the very same work, *Fides no Qvio* (two pages from fol. “八オ (8 recto)” and “八ウ (8 verso)”), but with significant differences in both wording and content. This fragment appears to be an abandoned version of fol. “八 (8)” of *Fides no Qvio*, tempting one to conclude that it reflects an earlier stage in the translation and printing process. However, the wording and translation of the fragment are significantly more refined than the existing fol. “八 (8)”, while its typeface suggests a much tighter shortage of movable types. In other words, this fragment may in fact reflect a later stage (of revision) in the translation and printing of this book. Use of pages from a revised version as lining for an earlier one is rather incomprehensible and calls for further investigation.

3. The Iberian sources of *Fides no Qvio*

Fides no Qvio is the translation of a book titled *Primera Parte de la Introducción del Símbolo de la Fe* (First volume of the Introduction to the Symbol of the Faith) written in 1583 by Luis de Granada (1504–88), a Spanish preacher and theologian of the Dominican Order who wrote many aesthetical-pastoral works in favor of the Catholic Reformation of the latter half of 16th century[8]. The *Primera Parte* was published in Salamanca by the press of *Los Herederos de Mathias Gast*, on which Luis de Granada always relied for the editing and printing of his works.

Symbolo da Fee is the title under which *Fides no Qvio* is listed in Harvard University's Hollis Catalogue. This is not the book's original title in Spanish (*Símbolo de la Fe*), but its Portuguese rendition as used in the sixth line of the *Licenca* (License) printed on the back of the title page (p. “八 (8)”). The underscore put in the sixth line may trace back to the days of publication (early 17th century). *Symbolo da Fee* was also given as the book's title in the catalogue of the auction in New York in 1921, which may explain its current listing in the Harvard Library catalogue. Since it operated under the patronage of the royal to avoid worm deteriorations at the time in Japan.

The volume's design is quite similar to that of *Giya do pekadoru* ぎやどぺかどる, a Japanese translation of "Guia de pecadores" (vide infra) published by the Jesuit Mission Press in Nagasaki earlier in 1599. The Mission Press had been using the same page design, movable types and colophons since the publication of *Rakuyōshū* 落葉集 in 1598. However, the metallic, movable types were already running short, and use of additional woodcut types is eminent (vide infra).

In the middle of the title page, the title ひてすの経 (Hidesu no kyō) is displayed vertically, with the subtitle 後生扶る道の教を信じ保つ義也 (go shō tasuku ru michi no oshie wo shin ji tamo tsu gi nari) ("Or believing and abiding by the teaching of the way to salvation in afterlife") added in two thinner lines. Two further vertical lines on either side of title and subtitle read 慶長十六年五月上旬鏤 梓 也 (kei chō ju roku nen go gatsu jō jun sini chiribamu nari) ("Printed in early May, in the 16th year of the Keichō era") on the right, and 御出世以来千六 百 十一年 (go shu sse i rai sen ro ppyaku ju ichi nen) ("In the year 1611 after the Lord's birth") on the left. The bottom of the page carries four horizontal lines in Latin, which translate as follows: In the Office of Gotō Thomae Sōin / From the typography of the Society of Jesus / With the Superiors'permission and order / In the year of the Lord 1611. Gotō Thomas (Tomé) Sōin (後藤登明宗印) was a prominent merchant, to whom the Jesuits had entrusted the press in around 1600 to reduce costs. All proceeds from the sale of books thereafter went to Sōin, who was to finance their publication and manage the overall upkeep of the press in turn. However, Sōin would only publish books approved by the Superiors of the Society[6].

The back of the title page (p. "八" (8)) carries the book's certificate in Portuguese: From Francisco Pasio, Jesuit Vice-Rector of Japan, on July 4th, 1611, under the name of the two proofreaders, Alvaro Diaz and Martinho Campo, and with permission of Luis Cerqueira, Bishop of Japan.

In what year *Fides no Qvio* was actually published is not entirely clear. Although the title page of the book indicates that it was published in 1611, an official correspondence from Diego de Mezquita in Nagasaki to the Jesuit General Claudio Acquaviva in Rome dispatched on 18 March 1612 indicates that at that time the book was still being printed[7].

The text of the book extends over 92 numbered folios. The first folio contains the index. Folio 41 (p. "九三–九四" (93–94)) is missing, presumably because someone cut it out. Folio 92 verso (p. "一九六" (196)) contains a list of *errata*. There are no illustrations.

In contrast to previous works from the same Jesuit press, which were printed almost exclusively using metallic movable types, *Fides no Qvio* was printed using many rough or bumpy pieces of movable type made from wood or metal. Moreover, the book does not always follow the grammatical and lexicographic conventions established in earlier Jesuit printings in Japan. For example, some ideograms (*kanji*) are replaced by indigenous syllables (*kana*) presumably because of a shortage of printing types. These signs of haste and material constraints in producing the book probably reflect the increasingly threatenwhile traveling in Italy as a bookseller's apprentice. Although he recalled it as very unique, unfortunately he did not mention where he bought it.

According to the book's reference card in University Archives, Ernest Stillman bought it in 1921 for 52.90 dollars from "Walpole", identified by Prof. Masayuki Toyoshima as Walpole Gallery in New York[5]. As noted by both Prof. Laures and Prof. Toyoshima, the book was acquired in 1907 by Charles Frederic Gunther (1837–1920), a business executive who had become wealthy in the candy industry in Chicago. Following Gunther's death, the book was again auctioned in 1921 in New York City. Ernest Stillman bought it on this occasion and kept it in his private collection in the same city, until donating the book to College Library of Harvard University in 1940, according to a memo in the book's flyleaf (p. "五").

Ernest Goodrich Stillman was born in 1881 in Newport, Rhode Island, as a son of James Stillman, the founder of National City Bank. While a student at Harvard in 1905, Ernest visited Japan in the entourage of future President William Howard Taft (1857–1930), who had come to confer with Prime Minister Tarō Katsura about a peace conference to end the Russo-Japanese War. The young Ernest even was present at a dinner party hosted by Emperor Meiji, on whom he commented in detail in his diary also preserved in Houghton Library together with personal photographs commemorating his journey. After graduating from Harvard University, Stillmann first tried his luck in business on the West Coast, only to return to New York to earn an M.D. from Columbia University in 1913 and join the Rockefeller Medical Institute as a researcher. In the last part of his life, Stillmann was a benefactor and honorable curator of the Japanese collection at Harvard University.

As Houghton Library specifically holds rare Western books and manuscripts, its collections have easily escaped the attention of scholars working on Japan. That *Fides no Qvio* should have been transferred to Houghton Library deserves special note. It could be considered a *Western* book as it was printed on the first Western typographical press brought to Japan by the Jesuits, even though the printing was done in Japan using Japanese characters and Japanese paper. The auction catalogue of Walpole gallery, a slip of which is pasted inside the book's hard case (p. "二一〇"), likewise notes that the book was published from the "First *European* Printing Press" (emphasis added) in Japan.

2. Bibliographical summary

The book's front and back covers measure 28.1×19.6 cm, while the pages with text measure 27.9×19.3 cm, according to the Japanese *Minoban* format which closey resembles the western folio. It is printed on Japanese *Minogami* paper in double-leaved Japanese binding, but all leaves have been cut open quite sharply. The book is overall conserved in good condition. The front cover is varnished with persimmon extract, customarily used

INTRODUCTION
REDISCOVERING FIDES NO QVIO

This is the first facsimile edition of the only known remaining copy of "Fides no Qvio" / *Hidesu no kyō* ひですの経 ("A Treatise of Faith"), one of the last works published by the Jesuit Mission Press in Nagasaki between 1590 and 1614. A Japanese translation from the Spanish of Luis de Granada's *Símbolo de la Fe* (*Symbolo da Fee* in early 17th century Portuguese), it first attracted the attention of specialists via a quotation depicting its cover and first page in the 1907 catalogue of Paul Gottschalk, an antiquarian bookseller in Berlin.[1] Attempts by researchers to locate the book and recover its text long remained without success, including the efforts of Prof. Johannes Laures S.J. as the compiler of *Kirishitan bunko*, the most important bibliography covering the history of the Jesuit Mission Press in Japan.[2]

The book was rediscovered in the summer of 2009 by Yoshimi Orii in Houghton Library at Harvard University, while conducting research funded by a grant from Nihon University in Tokyo. The high quality of the photographic reproduction of this facsimile edition was made possible through the kind assistance of Dr. Hope de Mayo, Philip Hofer Curator of Printing and Graphic Arts of Houghton Library. Yoshimi Orii also owes a debt of gratitude to the Real Colegio Complutense for facilitating her access to the Harvard Libraries. All who have contributed to this publication across the globe have done so in the hope that it will cast additional light on the history of early Ibero-Japanese relations, cultural and interreligious dialogue between Europe and Asia, and printing and typography at the turn of the 17th century.

1. Provenance

Fides no Qvio is preserved at Harvard University's Houghton Library under register number Typ. 684.11.435. The book was rediscovered when examining the card catalog of the private collection of Ernest Goodrich Stillman (1881–1949), a member of the Harvard class of 1908. This catalog consists of more than 5500 entries in ten boxes, sorted by author and topics. The reference card for *Fides no Qvio* was found under "Jesuit Relations"[3].

The history of the book's travels before being deposited in Houghton Library is complicated and still not entirely clear. For the almost three centuries between its publication and its appearance in Gottschalk's catalogue, there are no traces of its whereabouts. Paul Gottschalk (1880–1969) mentioned in his memoirs[4] that he purchased the work in 1906

そのまま60年が経過し、「晒されたまま目に付かず」という英語の表現の通り、そのままその並外れた重要性を知る学者の発見を待っていたのである。

この書の再称揚の功績は、折井善果博士にある。博士は、2009年のハーバード滞在中に本書の重要性に気付かれた。折井善果博士、豊島正之教授、白井純准教授が、本書に示された多大な関心と、その本文、翻訳、印刷術に就ての注意深い研究、及び本書解説に見える詳細な学術研究に対し、ハーバード大学と附属ホートン図書館は、深く感謝する。株式会社八木書店の八木壮一社長、及びその協力者の方々が、ハーバード図書館画像サービス部のデジタル画像から、斯くも優れた品質の複製本を造り上げて下さったのは、まことに有り難い事である。これらの方々の努力が結実したこの2011年は、正に本書原本の開板四百年紀に当たり、これはまことにふさわしく、又喜ばしいことである。

ハーバード大学ホートン図書館
印刷・版画部フィリップ・ホーファー記念キュレーター
ホープ・マヨ

ガードナー夫人に大きな影響を与えた。ガードナー夫人の私設美術館は1903年に開館し、中国ルームを置いて、夫人が日本旅行中、又はその後に購入した屏風や彫刻等を収めていた。

こうした種々のコレクション全てが、その後ボストンが日本美術・文化研究のセンターとして恒久的な先導者となる基礎を置いたのである。

スティルマン自身は、ハーバードで一年を過ごした後の1905年の7月から8月に掛けて日本を訪問している。彼の旅行日記は、現在ホートン図書館にあるが、アメリカ人旅行客の団体と共に日本各地の名所を巡り、着物・能面・漆器・骨董といった、典型的な土産物を買っている。当時のボストンの日本コレクションに寄与した者の多くは、ハーバード関係者であったが、日本美術への体系的な関心と、日本語・日本史研究が大学で始まるには、まだ間があった。日本旅行の準備段階で、スティルマンは、ハーバードの図書館に日本に関する情報が殆ど無い事を知った。この欠損を補うべく、彼は帰国後間もなく日本研究書を蒐集し始める。1907年から没年の1949年まで、ハーバードへ彼が寄贈した書籍・雑誌・パンフレット・写真帳は、日本の実生活のあらゆる面に関する一大コレクションとなっている。

『ひですの経』がハーバード大学に寄贈されたのは1940年であるが、それは、図書館印刷・版画部のフィリップ・ホーファー（1989〜1984）の要請による。ホーファーは、印刷・版画部を創始したキュレーターで、書籍の装飾だけでなく、版本・写本の文字装飾に関する歴史を再現するコレクションを作り上げようとしていた。印刷・版画部は、一義的には西洋文化中心ではあったが、比較対照のために他の蒐集も行なっていた。ホーファー自身が日本旅行をしたのは1920年で、その後、1950年代、1960年代から日本の巻物と書道の蒐集に熱心になり、それらは後にハーバードへ寄贈された。逸品・貴重品に対する彼の目は鋭く、『ひですの経』の特異さ・重要性が、彼の目を引いたのである。ホートン図書館に収められたのち、まずハーバード大学図書館のカード目録が採られた（後にオンライン図書目録に掲載された）が、最小限の記述しか無かった。即ち、「Luis, de Granada, 1504–1588, [Symbolo da fee. Traduzido em lingoajem japonica por alguns padres e irmaos da nossa companhia.] Nagasaqui, ex officina Goto Thomae Soin, typographi Societatis Iesu …, 1611.」とだけである。

序

『ひですの経』、即ち、1611年、長崎のイエズス会印刷所にて刊行されたルイス・デ・グラナダ *Symbolo da Fee* の和訳が、このたび複製本として上梓される事は、ハーバード大学ホートン図書館にとって喜ばしいことである。16世紀末〜17世紀初頭のイエズス会の日本布教は、日本・欧州の文化・宗教史上の一大事件であり、同様に、イエズス会による、ヨーロッパ風のプレス印刷術の日本での確立と、日本人の助力を得ての日本語文字の活字開発は、東西の印刷史上の重要局面である。

イエズス会が *Symbolo da Fee* の和訳を刊行した事は知られて久しいが、本書に複製されるものは、その現存唯一の伝本である。

本書は、アーネスト・グッドリッチ・スティルマン（1844〜1944）が、1921年にニューヨークのウォルポール・ギャラリーで購求した後、1940年にハーバード大学へ寄贈したものである。スティルマンは、1904年〜1907年の間ハーバード大学に学び、1908年に卒業した。その後、コロンビア大学の内科・外科教室で医学を学び、ニューヨークのロックフェラー研究所で医学研究員となった。

スティルマンがハーバードで学んだ時期は、ボストンに日本と日本文化の関心が非常に高まった時期であった。19世紀後半に於いて既に、日本を訪れていたボストンの住民は多い。20世紀はじめの10年間、こうした旅行経験者は、まだボストンの知的・文化的活動に積極的であって、彼らのコレクションが展示された公共施設も数々あった。スティルマンの時代には、エドワード・S・モース蒐集の日本製陶磁器はボストン美術館に展示されており、民俗手芸品はセーラム近郊のピーボディ科学アカデミー（現在はピーボディ・エセックス博物館の一部になっている）にあった。

ボストン美術館の日本関係展示には、アーネスト・フェノロサが作り上げた日本絵画の主コレクションの他に、印刷物・織物・陶磁器・武具といった様々の日本武術・工芸品が含まれており、これらはウィリアム・スタージス・ビグロー、チャールズ・ゴダード・ウェルド、デンマン・W・ロスといった、ボストン市民達の寄贈に掛かる。1904年以降、ボストン美術館の日本関係コレクションは、岡倉覚三（天心）の監督下に入ったが、彼はコレクターのイザベラ・スチュワート・

library catalogue, under the minimal entry: "Luis, de Granada, 1504–1588. [Symbolo da fee. Traduzido em lingoajem japonica por alguns padres e irmaos da nossa companhia.] Nagasaqui, ex officina Goto Thomae Soin, typographi Societatis Iesu..., 1611." There it remained for sixty years, hiding in plain sight (as the English saying goes), until it was noticed by a scholar equipped to identify it as the extraordinarily important artifact that it is.

To Dr. Yoshimi Orii belongs the honor of having recognized the book and its significance during a visit to Harvard in 2009. Harvard University and Houghton Library are most grateful to Dr. Orii, Professor Masayuki Toyoshima, and Professor Jun Shirai for their great interest in the work, their careful study of text, translation, and typography, and their detailed scholarly discussion in the commentary that accompanies this edition. We are also greatly indebted to Mr. Soichi Yagi, president of Yagi Bookstore Ltd, and his co-workers there for the excellent printed facsimile they have produced from the digital images of the original work supplied by the Imaging Services Department of the Harvard Library. It is most appropriate and gratifying that these efforts should come to fruition in 2011, the 400th anniversary of the original publication.

Hope Mayo

Hope Mayo
Philip Hofer Curator of Printing and Graphic Arts
Houghton Library
Harvard University

Weld, and Denman W. Ross. From 1904 the Japanese collections at the Museum of Fine Arts were overseen by the Japanese scholar Okakura Kakuzo, who also greatly influenced the collector Isabella Stewart Gardner. When Mrs. Gardner opened her private museum to the public in 1903, it included in its "Chinese Room" objects such as screens and sculpture that she had acquired on a trip to Japan or purchased subsequently. Taken together, these collections established the foundations of Boston's enduring pre-eminence as a center for the study of Japanese art and culture.

Stillman himself visited Japan during the months of July and August 1905, after his first year at Harvard. His diary of that journey, now at Houghton Library, shows that he traveled around the country in the company of other Americans, viewing the sights and purchasing typical souvenirs such as kimonos, masks, lacquer, and curios. Although many of those who contributed to the Japanese collections in Boston were affiliated with Harvard, systematic interest in Japanese art and the study of Japanese language and history came to the university only later. When preparing for his trip to Japan, Stillman found that the Harvard library held very little information about the country. Wishing to remedy this defect, he began shortly after he returned home to purchase works about Japan. Between 1907 and his death in 1949, he acquired and gave to Harvard a very large collection of books, journals, pamphlets, and photograph albums relating to every aspect of Japanese life.

When *Fides no quio* arrived at Harvard in 1940, it was claimed by Philip Hofer (1898–1984) for the Department of Printing and Graphic Arts. Hofer, the founding curator of this department of the library, was in the process of forming a collection intended to document not only the history of book illustration but also of printed and manuscript letter forms. Although the Printing and Graphic Arts collection has always focused primarily on Western culture, it also includes comparative examples from other traditions. Hofer himself first traveled to Japan in 1920, and later, in the 1950s and 1960s, began seriously collecting Japanese scrolls and calligraphy, which he eventually left to Harvard. He had a keen eye for the exceptional and the significant, and he perceived that *Fides no quio* was something unusual and important. After its arrival at Houghton Library, the book was described first in the Harvard library's card catalogue, and subsequently in the online

Foreword

Houghton Library at Harvard University welcomes the publication of this facsimile edition of *Fides no quio*, the Japanese translation of Luis de Granada's work *Symbolo da Fee*, printed at the Jesuit Mission press at Nagasaki, Japan, in 1611. The Jesuit mission to Japan in the late sixteenth and early seventeenth centuries was an important event in the cultural and religious history of Japan and of Europe. Likewise, the Jesuits'establishment of a European-style printing press in Japan, and their development, together with Japanese collaborators, of moveable printing types for Japanese characters, constitute significant aspects of printing history, both Eastern and Western.

Although it has long been known that the Jesuit Mission press printed a Japanese translation of *Symbolo da Fee*, the copy reproduced in this volume is the only one known to have survived. The book was given to Harvard University in 1940 by Ernest Goodrich Stillman (1884–1949), who acquired it by purchase in 1921 from Walpole Galleries in New York. Stillman attended Harvard College from 1904 until 1907, graduating with the class of 1908. Subsequently he studied medicine at Columbia University's College of Physicians and Surgeons and worked as a medical researcher at Rockefeller Institute in New York City.

Stillman's years as a student at Harvard were years of intense interest in Japan and Japanese culture in Boston. During the second half of the nineteenth century a number of Boston-area residents had visited Japan. In the first decade of the twentieth century many of these travelers were still active participants in the intellectual and cultural life of the city, and the collections they had formed could be viewed at several public institutions. By Stillman's time, the collection of Japanese pottery assembled by Edward S. Morse was on display at the Museum of Fine Arts Boston, and his collection of Japanese ethnographical artifacts at the Peabody Academy of Science (now part of the Peabody Essex Museum) in nearly Salem. The Japanese exhibitions at the Museum of Fine Arts also included the major collection of Japanese paintings formed by Ernest Fenollosa, as well as numerous objects representing various Japanese arts and crafts – prints, textiles, porcelain, arms and armor, etc. – donated by Bostonians William Sturgis Bigelow, Charles Goddard

【原本】

ハーバード大学ホートン図書館所蔵
Typ 684.11.435, Houghton Library,
Harvard University

【釈文・解説】

折井善果（おりい よしみ）（慶應義塾大学専任講師）
白井 純（しらい じゅん）（信州大学准教授）
豊島正之（とよしま まさゆき）（東京外国語大学教授）

ひですの経（きょう）

2011年11月30日　初版発行　　定価（本体23,000円＋税）

原本所蔵　ハーバード大学ホートン図書館
Houghton Library, Harvard University

発行者　株式会社　八 木 書 店
代表　八 木 壮 一
〒101-0052 東京都千代田区神田小川町3-8
電話 03-3291-2961〔営業〕・2969〔編集〕
Fax 03-3291-6300
Web http://www.books-yagi.co.jp/pub

製版・印刷　天理時報社
製　　本　博 勝 堂

ISBN978-4-8406-2084-0

不許複製　ハーバード大学ホートン図書館　八木書店